신문으로 공부하는 **말랑말랑**

시사 상식

종합편

신문이 술술 읽혀야 상식이 쌓인다

신문은 36페이지에서 40페이지 정도의 지면으로 이루어져 있습니다. 이를 한 권의 책으로 옮겨본다면 몇 페이지 정도 될까요? 하루의 신문 내용을 책으로 옮겨보면 약 200페이지 정도라고 합니다. 얇고 가벼운 신문이 이렇게 방대한 양의 정보를 담고 있었다니 새삼 놀랍지 않은가요? 게다가 책과는 다르게 신문은 여러 분야의 다양한 지식을 다룹니다. 하루치 신문은 책과 비교할 때 질적으로 전혀 뒤떨어지지 않는 다양한 내용들을 전해준다는 것을 알 수 있죠. 신문을 읽으면 전 세계 사회현상과 흐름, 전망, 관련된 역사, 문화 등을 배울 수 있습니다. 가장 저렴하게 지식을 습득할 수 있는 방법인 셈이죠.

교권침해

서울 서초구의 한 초등학교에서 1학년 담임교사가 스스로 목숨을 끊은 일이 있었죠. 그리고 극단적 선택의 이면에 교실에서 발생한 학교폭력과 이로 인한 학부모의 갑질과 폭언, 악성민원이 있었다는 의혹이 불거졌는데요. 가해·피해학생의 학부모 모두 자기 자녀만 극단적으로 감싸고 학폭의 근본 원인을 교사에게 돌리며 학교로까지 찾아와 폭언을 퍼붓는 등 극심한 스트레스에 시달렸다는 의혹이 제기됐죠.

챗GPT

챗GPT는 인공지능 연구재단 오픈AI가 개발한 대화 전문 생성형 인공지능 챗봇입니다. 사용자가 대화창에 텍스트를 입력하면 그에 맞춰 대화를 나누는 인공지능 서비스죠. 오픈AI가 직접 개발한 대규모 인공지능 모델 'GPT-3.5' 언어기술을 기반으로 합니다. 챗GPT는 인간과 자연스럽게 대화를 나누기 위해 수백만개의 웹페이지로 구성된 방대한 데이터베이스에서 사전 훈련된 대량생성 변환기를 사용하고 있죠.

신문으로 공부하는 **말랑말랑**

시사상식

종합편

SD에듀
(주)시대고시기획

이제는 스펙이 아닌 센스의 시대!

요즘은 잘생겼다는 칭찬보다 센스 있다는 칭찬을 더 듣기 좋아한다고 말하는 분이 많습니다. 이상형을 물어봐도 잘생기고 예쁘기보다 '센스 있는 사람'이라는 답변도 많이 듣게 되지요. 센스가 있다는 건 그만큼 세상과 잘 소통해 사람들이 원하는 포인트를 잘 잡는다는 말과도 일맥상통합니다. 주변 사람들을 즐겁게 만드는 센스는 Common Sense, 즉 상식을 바탕으로 할 때 나온다고 할 수 있는데요. 다방면의 상식이 많은 사람이 센스 있는 유쾌한 사람으로 인정받기 마련입니다.

그런데 일상과 밀접한 관련이 있는 상식들을 책상에만 앉아 머리를 싸매고 공부한다고 해서 내 것으로 만들 수 있을까요? 〈신문으로 공부하는 말랑말랑 시사상식〉은 "상식을 쌓기 가장 좋은 도구인 신문을 두고, 왜 두껍고 지루한 상식책을 살까?"라는 질문에서부터 출발했습니다. 이 책은 효율적으로 상식을 쌓을 수 있는 신문 읽기의 방법을 제시하고, 신문을 이해하는 데 꼭 필요한 기본상식들을 설명해 이해도를 높였습니다. 이번 〈개정판〉에서는 최근 가장 핫한 시사이슈들만 모으고 모아 한눈에 보기 쉽고 말랑말랑하게 풀었습니다.

이 책만 따라하면 더 이상 용어설명 위주의 지루한 상식책을 펼칠 일이 없습니다. 이제는 당신도 걸어다니는 상식사전이 될 수 있습니다.

이 책의 특징

- **첫 째** | 신문의 기본문법, 각 분야의 기본상식을 엄선해 155개 항목으로 정리
- **둘 째** | 말랑말랑 해설 읽고, 관련 기사 정독하고, 퀴즈로 마무리!
- **셋 째** | 지루하고 딱딱한 설명은 가라! 친절하고 말랑말랑한 해설로 상식UP!
- **넷 째** | 신문으로 상식을 업데이트할 수 있는 자신만의 상식 쌓기 노하우 전수
- **다섯째** | 대기업 · 공사공단 · 언론사 취업에 꼭 필요한 내용들을 단기간에 익힐 수 있는 필수 · 완벽 대비서!

왜 상식을 쌓아야 할까?

◯ 상식은 시민사회의 기본 소양

우리는 사회를 살아가며 '상식적', '비상식적'이라는 말을 흔히 사용합니다. 이는 상식이 사회 구성원들이 매끄럽게 소통하게 하는 수단이 된다는 의미입니다. 상식이 없다면 어떤 주제로 대화하면서 맥락을 잘못 이해해 쉽게 다투거나 제대로 된 의견교환을 할 수 없을 것입니다. 상식은 우리가 시민사회를 살아가면서 갖춰야 하는 기본 소양인 셈입니다.

◯ 문해력은 상식에서 나온다

최근 우리사회에서는 학생과 성인을 막론하고 '문해력'이 현저히 떨어진다는 분석이 잇달았습니다. 기본적으로 문해력은 글의 구조와 그 안에 담긴 어휘를 이해하는 능력을 뜻하지만, 더 나아가 어떤 사회현상을 스스로의 기준을 갖고 사고하는 것을 뜻하기도 합니다. 그러기 위해서는 상식이 필요합니다. 상식이라는 대상에 대한 기본적인 이해인 상식 습득이 선행되어야, 더 확장되고 심화된 사고도 나올 수 있는 것이죠.

◯ 기업은 상식이 있는 사람을 원한다

상식은 그 사람이 살아오며 축적해온 교양의 정도를 의미합니다. 공기업과 공공기관에서는 이미 인재채용 때 상식 필기시험을 치러 보통 이상 정도의 상식을 갖춘 지원자를 선발하고 있습니다. 또한 기업의 채용면접에서는 흔히 사회 현안과 트렌드를 묻는 질문이 나옵니다. 지원자가 얼마나 이슈에 기민하게 반응하고, 이에 발맞춰 사고하고 행동할 수 있는지 심사하는 것이죠. 이런 센스 있는 사람을 기업은 원합니다.

◯ 대입구술 · 면접에서도 상식이 필요해

상식이 많다는 것은 아는 것이 많다는 뜻이고, 많이 아는 사람은 할 수 있는 말도 많습니다. 대입논술과 구술 · 면접전형에서는 예상치 못한 질문에 즉흥적으로 사고하고 이를 정리해 언어로 풀어내는 능력이 필요합니다. 기본상식이 있다면 무엇보다 유리하겠죠? 이를 위해 평소 다방면의 상식을 쌓는 것뿐 아니라 해당 상식에 관해 스스로 생각을 정리해두는 것도 필요합니다. 그런 바탕이 있어야 비판적이고 창의적인 안목이 나올 수 있습니다.

그렇다면 왜 <말랑말랑 시사상식>일까요?

신문 읽는 법부터 차근차근

이 책은 신문 읽기를 바탕으로 하고 있습니다. 상식의 '보물창고'인 신문 읽는 법을 먼저 살펴보고, 기사의 정보를 습득하여 정리하는 법부터 상세히 알려줍니다.

꼭 알아야 하는 키워드만 쏙쏙

어떤 상식부터 공부해야 될지 모르겠다고요? 광범위한 다방면의 시사상식 키워드를 중요도와 시의성을 바탕으로 쏙쏙 엄선했습니다.

시사상식과 일반상식을 한번에

시사상식과 일반상식의 사전적 정의는 다르지만 꼭 구분해 공부할 필요는 없습니다. 이 책에서는 최신이슈는 아니더라도 늘, 혹은 다시금 화제가 되는 일반상식의 내용도 함께 실었습니다.

말랑말랑, 쉽고 친절한 설명

단순한 설명과 암기 위주로 된 기존의 상식책을 넘어, 읽으면서 정말 쉽고 재미있게 이해할 수 있는 친절한 설명을 곁들였습니다.

시의적절한 기사

상식 키워드가 실제 기사에서 어떻게 사용되는지 알아볼 뿐 아니라, 키워드를 더 깊게 이해하고 관련된 다른 정보는 무엇인지 파악하도록 하는 시의적절한 기사를 골랐습니다.

이해를 돕기 위한 시각자료

말랑말랑한 설명과 함께 이해를 돕는 그림 · 사진 · 도표 등의 시각자료를 넣었습니다. 풍부한 정보를 한눈에 파악할 수 있습니다.

한 번 더 이해하기 위한 퀴즈

키워드마다 읽은 내용을 한 번 더 복습하기 위한 다양한 유형의 퀴즈를 곁들였습니다. 실제 상식 시험에 출제되는 내용을 바탕으로 해 기출유형도 엿볼 수 있습니다.

이 책의 구성과 특징

---

①

쉽고, 빠르게
시사상식을 쌓는 공부법을 공개한다

신문을 이해하는 기본상식과 신문의 중요성을 깨달았다면, 이제
고 빠르게 시사상식을 쌓을 수 있을지 알아봐야겠죠. 우선 매일

②

시사상식 키워드 정리
1. 인구절벽(사회)

한 세대의 소비가 정점을 찍고 다음 세대가 소비 주약
가리킨다. 이는 경제 예측 전문가인 해리 덴트가 지
Cliff)〉에서 사용한 용어로 청장년층의 인구 그래프가
것이다. 그에 따르면 한국 경제에도 이미 인구절벽이

`관련기사` '인구절벽' 도래 … 2024년부터 일손 부족

센스 넘치는
지성인의 비결은?

❶ 시사이슈 정리법 공개

신문을 술술 읽으며 쉽고 빠르게
스스로 시사상식을 쌓아갈 수 있는
핵심 노하우를 대방출합니다.

❷ 시사용어 키워드 정리

꼭 알아야 할 용어, 모르는 용어의
정리법을 알려줍니다. 신문 읽기와
병행해 빠짐없이 키워드를 정리하
면 효과가 두 배가 되어 상식이 더
욱 풍성해집니다.

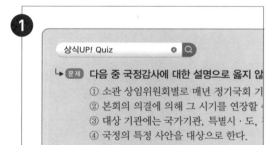

①

상식UP! Quiz

↳ `문제` 다음 중 국정감사에 대한 설명으로 옳지 않
　① 소관 상임위원회별로 매년 정기국회 기
　② 본회의 의결에 의해 그 시기를 연장할 수
　③ 대상 기관에는 국가기관, 특별시 · 도, 지
　④ 국정의 특정 사안을 대상으로 한다.

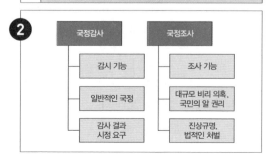

②

국정감사	국정조사
감시 기능	조사 기능
일반적인 국정	대규모 비리 의혹, 국민의 알 권리
감사 결과 시정 요구	진상규명, 법적인 처벌

지식을 풍성하게 하는
다양한 통로

❶ 상식 UP! 객관식 퀴즈

객관식 퀴즈를 풀어보면 조금 더
깊이 있는 상식을 쌓아갈 수 있습
니다. 말랑말랑한 해설과 함께 공부
하면 배경지식은 보너스!

❷ 설명을 돕는 그림과 도표

한눈에 보는 그림과 도표를 추가해
여러분의 이해를 돕고자 합니다.
더욱 생생하게 머릿속에 기억될 것
같죠?

① 🌐 **043** CPTPP

포괄적 · 점진적 환태평양경제동반자

CPTPP는 경제 · 무역과 관련된 협정입니다. CPTPP는 'C
Progressive Agreement for Trans-Pacific Partnership'
역하면 '포괄적 · 점진적 환태평양경제동반자협정'이라는 긴

② 정치 · 경제 · 사회 · 국제 · 문화 · 미디어 · 과학 · IT · 스포츠

韓, CPTPP 가입 땐 무역효과 10조
농축산 피해는 최대 2.2조

아세안(동남아국가연합) 규모 이상의 국가들이 동시다발적으로 자
는 '메가 FTA'가 글로벌 통상 판도를 바꾸고 있다. 점차 거대한 블
체로 연결되는 추세가 강해지면서다. 수출로 먹고사는 통상국인 현
택이 아니라 필수라는 게 전문가들의 진단이다. 국내 농축산업계

③

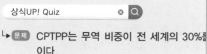

↳ **문제** CPTPP는 무역 비중이 전 세계의 30%를
이다.

↳ **해설** 전 세계 무역규모의 30%를 차지하는 최대
동반자협정)다. 2022년 2월 1일부로 발효됐

상식 키워드를 습득하는 효과적인 방법

❶ 말랑말랑한 설명

당신에게 꼭 필요한 설명! 말랑말랑하게 풀어 쓴 해설로 상식을 쉽고 재미있게 공부해보세요.

❷ 뉴스 속 상식

쉽고 말랑말랑한 설명을 읽어봤다면 관련 상식들이 어떻게 활용되고 있는지 직접 확인해보면 이해가 훨씬 쉽겠죠. 뉴스 속 상식은 여러분이 공부한 상식용어들이 뉴스 속에 어떻게 언급됐는지 보여줍니다.

❸ 기초 쌓는 ○X 퀴즈

확률은 반반! ○X 퀴즈를 풀어보며 상식에 대한 흥미를 늘리고 개념을 마무리해보세요.

취업문 뽀개기는 물론 취업 후 센스 있는 직장인 되기!

〈신문으로 공부하는 말랑말랑 시사상식〉과 함께라면 Mission Complete!

- 매일 업데이트되는 상식을 혼자서 쌓아가는 법을 알면 상식책은 필요없다!
- 신문이 술술 읽히려면 꼭 필요한 기본상식을 말랑말랑하게 공부하자!
- 신문과 퀴즈를 통해서 깔끔하게 상식을 암기하자!
- 취업에 반드시 필요한 일반상식의 핵심만 공략하자!

이 책의 목차

핵심공략법 말랑말랑 신문 읽기

Chapter1 Hot People

CONTENTS

이 책의 목차

Chapter4 경제·경영

CONTENTS

Chapter5 사회 · 교육

이 책의 목차

Chapter6 문화 · 미디어

Chapter7 과학 · IT

신문으로 공부하는
말랑말랑 시사상식
종합편

핵심공략법

말랑말랑 **신문 읽기**

신문이 술술
읽혀야 상식이 쌓인다

국내 대기업의 한 인사 담당자는 강연 때마다 이런 이야기를 한다고 합니다. "채용 면접관의 마음에 들고 싶다면 스펙을 쌓기보다는 종이신문을 읽으며 종합적 판단력을 키워라" 바로 신문 읽기의 중요성을 강조한 말입니다. 세계적인 투자자 워렌 버핏도 하루에 7가지 신문을 정독한다고 합니다. 그는 "나처럼 돈을 많이 벌려면 신문을 많이 읽어라"라고 조언했습니다.

신문은 36페이지에서 40페이지 정도의 지면으로 이루어져 있습니다. 이를 한 권의 책으로 옮겨본다면 몇 페이지 정도 될까요? 하루의 신문 내용을 책으로 옮겨보면 약 200페이지 정도라고 합니다. 얇고 가벼운 신문이 이렇게 방대한 양의 정보를 담고 있었다니 새삼 놀랍지 않은가요? 게다가 책과는 다르게 신문은 여러 분야의 다양한 지식을 다룹니다. 하루치 신문은 책과 비교할 때 질적으로 전혀 뒤떨어지지 않는 다양한 내용들을 전해준다는 것을 알 수 있죠. 신문을 읽으면 전 세계 사회현상과 흐름, 전망, 관련된 역사, 문화 등을 배울 수 있습니다. 가장 저렴하게 지식을 습득할 수 있는 방법인 셈이죠. 또 종이신문은 타이틀 크기, 지면 배치 등만 봐도 해당 이슈가 어느 정도 중요한지 그 중요도까지 파악할 수 있어 신문을 읽는 것만으로도 상황 판단력과 논리력을 키우는 훈련을 할 수 있습니다.

전 분야의 지식을 모두 섭렵할 필요는 없지만 자신에게 필요한 부분을 쏙쏙 뽑아 내 것으로 만드는 데는 신문만큼 좋은 도구가 없습니다. 한 기업 사장은 바빠서 업무 중에는 짬을 내 신문을 볼 시간이 없기 때문에 새벽 출근길에 반드시 신문을 읽는다고 합니다. 그것도 두 가지 신문을 말입니다. 짧은 시간 동안 신문을 읽어야 하다 보니 나름대로 신문을 읽는 방법이 있다고 하는데요. 그는 경제, 사회, 정치면 순으로 읽고 그 다음에 문화, 스포츠면을 읽습니다. 자신에게 필요한 정보가 담겨 있는 곳을 먼저 읽는 것이죠. 자신의 필요에 따라 각 분야의 지식을 빠르게 얻을 수 있다는 점이 신문의 가장 큰 매력입니다.

① 나도 기자다. 내가 기사를 쓴다면?

자신이 독자가 아니라 기자라는 생각으로 신문을 읽어야 합니다. 전문가들은 이러한 방법이 최소의 시간을 들여 최대 효과를 내는 방법이라고 말합니다.

🔷 신문읽기 3단계

1단계 : 1면에서 마지막까지 쭉 훑어보면서 큰 제목과 작은 제목의 내용만 간략하게 읽습니다. 5분에서 10분 동안 신문을 넘겨 보며 대략적인 이슈들을 파악하는 과정입니다.

2단계 : 주요한 기사들을 파악하면, 자신이 생각하는 중요도의 경중에 따라 어디에 초점을 둬서 읽을 것인지 결정합니다.

3단계 : 정독하며 필요한 부분은 스크랩합니다. 이때 사건 속에 담긴 의미와 미래의 전망을 파악하며 읽으려는 노력을 기울여야 합니다.

② 신문에서 이것만은 꼭 놓치지 말자.

🔷 글자만 보지 말자.

• 신문을 읽을 때는 글자만이 아니라 사진도 글의 내용만큼이나 중요합니다.

• 꼼꼼히 글자 하나하나에만 집중해서 읽기보다 속독으로 내용을 파악하는 것에 주력해야 합니다.

• 중요한 내용은 스크랩하며 흐름을 파악해야 합니다.

🔷 연재기사, 특집기사는 꼭 읽자.

• 기사의 기획의도를 생각해봅니다.

• 사건의 흐름을 파악하고 경험, 사고의 범위를 넓히는 데 도움이 됩니다.

🔷 경영을 배우고 싶다면 CEO의 사생활까지도 살피자.

• 경마장에 가면 무턱대고 말을 고르지 않고 말을 연구하며 신중에 신중을 기하는 사람들이 많습니다. 이와 마찬가지로 경영에 대해 알고 싶다면 신문에서 다양한 기업의 CEO에 대한 정보를 파악해 보기 바랍니다.

• 그리고 점차 범위를 넓혀가면 좋은 정보가 축적됩니다. 해당 기업의 파트너, 진출한 국가와 관련된 정보들로 하나하나 범위를 넓혀 간다면 경제·경영에 대한 지식이 쌓일 것입니다.

◆ 세계 석학, 포럼 등을 다룬 기사들도 놓치지 말자.

• 신문의 가장 큰 장점은 시공간을 초월한 다양한 경험을 선물해준다는 것입니다. 세계 석학들, 전문가들은 우리가 쉽게 만나볼 수 없으며, 이들의 해박한 지식은 우리가 단시간 내에 따라잡기가 어렵습니다.

• 이들의 글을 읽는 것은 우리가 시간과 비용을 들이지 않고 고급 정보를 축적할 수 있는 효율적인 방법입니다.

◆ 경제기사를 읽으면 성공이 보장된다.

• 처음에는 경제기사가 무슨 말인지도 모르겠고, 이해는커녕 써있는 말만 암기하려고 해도 도통 잘 되지 않습니다. 하지만 경제기사는 처음에는 어렵지만 자주 보면 금세 친숙해집니다.

• 경제 분야의 기사를 읽을 때는 먼저 경제의 흐름을 파악하고 경기의 움직임을 읽어야 합니다. 그리고 금융시장의 동향을 살피고 난 후 적절한 재테크 계획을 세워보기도 합니다.

◆ 1단짜리 단신도 소홀히 보지 말자.

• 가장 가볍게 보고 넘길 수 있으면서도 중간중간 중요한 정보들이 있을 수 있기 때문에 주의를 기울여야 합니다.

• 특히 짤막한 해외 단신에 주목하고, 기업 홍보기사의 경우 모두 믿지는 말도록 합시다.

쉽고, 빠르게
시사상식을 쌓는 공부법을 공개한다

신문을 이해하는 기본상식과 신문의 중요성을 깨달았다면, 이제는 어떻게 하면 쉽고 빠르게 시사상식을 쌓을 수 있을지 알아봐야겠죠. 우선 매일 조금씩이라도 신문을 읽고 정리하는 습관을 기르는 것이 좋습니다. 읽기만 하고 정리를 하지 않으면 지식을 쌓는 데 한계가 있을 수밖에 없기 때문입니다. 하루에 신문을 다 읽고 정리한다고 했을 때 기본적으로 두 시간, 속성으로 한다면 한 시간 정도는 시간을 들여야 합니다. 만약 그 정도의 시간도 짬을 내기 어렵다 싶은 날에는 하루 30분 정도, 중요한 기사만 읽고 지나가더라도 반드시 정리하는 시간을 가져야 합니다.

어떻게 공부를 해야 할지 구체적으로 알아볼까요?

① 읽고자 하는 신문을 자유롭게 선정합니다. 논조, 기자의 성향, 중립성 등을 고려하는 것도 중요하지만 우선 시사상식을 쌓고 싶다면 이는 크게 중요하지 않습니다. 신문을 읽을 때는 노트와 펜도 함께 준비해야 합니다. 그래서 신문을 다 읽고 한꺼번에 정리할 것이 아니라 신문을 읽으며 메모하고 필기하는 습관을 기르는 것이 좋습니다.

② 먼저 신문의 1면을 읽은 후 뒷부분으로 넘겨 사설을 읽습니다. 신문의 1면은 그날의 가장 중요한 사건·사고들을 한 눈에 보여주는 곳이고, 사설은 이슈가 되는 논쟁들이 무엇인지를 보여주는 곳이기 때문에 신문에서 가장 주목해야 할 부분입니다. 이렇게 신문의 1면과 사설을 읽으며 노트에 정리를 합니다.

2023.△△.△△. ○요일 〈○○일보〉

1면

- 일손 없어 불러놓고 … 횡포에 멍든 코리안드림
- 윤 대통령 "주 69시간제, MZ 의견 들어라" 지시
- 한일 정상 1박2일 회담, 신한일관계 선언할 듯

사 설

- 또 5 · 18 폄하 · 왜곡하는 여권, 엄중 처분해야
- 자극적 묘사, 인권침해 … OTT 부작용 논의할 시점
- 급식종사자 28% '폐 이상', 너무 늦은 조리환경개선

이렇게 정리하면 됩니다. 정말로 간단하죠? 하지만 하루, 이틀, 일주일, 오랜 시간 쌓이고 나면 이때 쯤에는 어떤 일이 있었는지, 사건의 흐름이 어떻게 바뀌어 왔는지를 파악할 수 있게 됩니다.

이것이 상식을 쌓는 첫 걸음이며 이렇게 쌓은 상식은 논술시험, 면접시험 등 각종 입사시험에서 시사이슈, 찬반 논쟁에 대한 답변 시에도 많은 도움이 됩니다.

③ 다음에는 기사 하나하나를 주의 깊게 읽고 정리해봐야겠죠. 기본적으로 신문을 읽고 정리하는 데 2시간 정도는 투자한다고 생각하면 됩니다. 하지만 시간이 부족하다 싶으면 1면에 나와 있는 제목과 관련된 기사들만 찾아 깊이 있게 읽는 것을 권유합니다. 하루씩 빼먹으면 이슈의 흐름이 끊긴다는 점에서도 그렇지만, 무엇보다 공부가 습관이 되지 않으면 매일매일 업데이트되는 상식을 공부할 수 없기 때문입니다. 하루에 2시간, 바쁘면 30분이라도 반드시 신문을 읽고 정리하는 습관을 들이시길 바랍니다.

④ 그렇다면 어떻게 정리해야 할까요?

기사 읽기 → 모르는 용어 적기 → 용어 설명 찾아서 내용 적기 → 관련되는 내용이 있다면 참고 사항으로 적기 → 각 용어 정리마다 마지막에는 〈관련 기사〉 내용을 한 줄로 요약 또는 제목만이라도 적기

이렇게 정리하면 됩니다. 그렇다고 너무 욕심 부리지는 말고, 하루에 5~10개 이내의 용어를 정리하는 것이 적당합니다. 정리할 때는 기사 하나를 읽고 정리를 끝내고, 다음 기사를 읽고 또 정리하고 이런 식도 좋지만 이 방식은 쉽게 지칠 수가 있습니다. 그렇기 때문에 기사를 읽고 생소하고 중요한 용어는 노트에 관련 기사의 제목과 함께 필기해둔 후에, 신문을 다 읽고 나서 적어둔 용어 설명도 찾아보고 하나하나 살을 붙여 정리해나가는 것도 좋은 방법입니다.

시사상식 키워드 정리

1. 인구절벽(사회)

한 세대의 소비가 정점을 찍고 다음 세대가 소비 주역이 될 때까지 경기가 둔화하는 것을 가리킨다. 이는 경제 예측 전문가인 해리 덴트가 자신의 저서 〈인구절벽(Demographic Cliff)〉에서 사용한 용어로 청장년층의 인구 그래프가 절벽과 같이 떨어지는 것을 비유한 것이다. 그에 따르면 한국 경제에도 이미 인구절벽이 시작되었다.

관련기사 '인구절벽' 도래 … 2024년부터 일손 부족

국내 인구가 감소세로 돌아섰다. 이른바 '인구절벽'이 기어코 현실화한 것이다. 인구 감소에 따라 2024년부터 '취업자 마이너스 시대'가 도래할 전망이다. 통계청의 장래인구특별추계(2017~2067년)를 토대로 15세 이상 고용률(60.9%)이 계속된다고 가정하면, 2024년 취업자는 전년보다 1만 9,439명 줄어든다. 취업자 감소 폭은 점차 확대돼 2027년 10만명(10만 1,750명), 2033년 20만명(21만 1,034명), 2040년 30만명(30만 1,589명)을 차례로 넘어선다. 한국 사회에서 처음 맞게 될 취업자 감소 시대는 인구 구조의 변화 때문이다. 취업자 마이너스 시대 사회의 모습은 고령자 비중이 28.1%에 달하는 '세계 1위 고령국가' 일본의 현재를 보면 능히 짐작할 수 있다. 한 해 일손 부족으로 문을 닫은 일본 중소기업이 수백 곳에 달한다. 대기업까지 구인난을 겪는 상황이다 보니, 상대적으로 임금·복지 경쟁력이 약한 중소기업은 말할 것도 없는 상황이다. 고령화 속도가 세계에서 가장 빠른 한국에도 곧 닥칠 현실이다. 65세 이상 고령자에게 지급하는 기초연금 제도를 유지하기 위해 2045년에 만 18세 이상 납세자는 1인당 연 240만원을 부담해야 할 것으로 예상된다.

참고 저출산·고령화 현상

저출산 현상은 태어나는 아이의 수가 감소하여 사회의 출산율이 낮아지는 현상이며, 고령화 현상은 전체 인구 가운데 만 65세 이상 노년 인구가 차지하는 비율이 높아지는 현상이다.

2. 칩4(국제)

미국이 한국, 일본, 대만과 함께 안정적인 반도체 생산·공급망 형성을 목표로 제안한 반도체동맹으로 미국에서는 '팹4(Fab4)'라고 표기한다. '칩(Chip)'은 반도체를, '4'는 총 동맹국의 수를 의미한다. 이는 미국이 추진하고 있는 프렌드쇼어링 전략에 따른 것으로 중국을 배제한 채 반도체 공급망을 구축하겠다는 의도로 풀이됐다. 미국은 반도체 설계가 전문화된 유명 팹리스업체들이 있고, 한국과 대만은 설계한 반도체를 생산·공급하는 파운드리 분야에서 1, 2위를 다투고 있다. 일본 역시 반도체 소재시장에서 큰 비중을 차지한다.

> **관련기사** '중국의 반격' 삼성전자·SK하이닉스 영향은?
>
> 미국으로부터 반도체 수출통제 압박을 받고 있는 중국이 역으로 미국 최대 메모리반도체 기업 '마이크론 테크놀로지' 규제에 전격 나서, 전 세계 반도체 공급망에 긴장감이 고조되고 있다. 수세에 몰린 중국의 반격이 본격 시작됐다는 '신호'로 읽히면서 미중 갈등이 극단으로 치닫는 양상이다. 특히 미국 주도의 '칩4 동맹'에 한국도 참여하고 있어 중국에 대규모 생산기지를 둔 국내 반도체 기업들은 이번 중국 조치 후속으로 국내 기업들도 제재 영향권에 들어설지 예의주시하고 있다.

> **참고** 프렌드쇼어링
>
> 코로나19와 러시아의 우크라이나 침공, 중국의 봉쇄정책 등이 촉발한 글로벌 공급망 위기로 세계경제가 출렁이자 미국이 동맹국 간 공급망을 구축하기 위해 전략적으로 움직이는 것을 말한다. 이를 통해 '믿을 만한 동맹국끼리 뭉쳐 상품을 안정적으로 확보'하겠다는 목적이지만, 중국과 러시아를 공급망에서 배제하려는 의도가 반영됐다는 분석도 있다. 이에 따라 미국은 유럽연합(EU), 호주정부 등과 협력을 강화하고 있으며 기업들도 자발적으로 프렌드쇼어링에 나서고 있다.

3. 허준이(인물)

허준이는 한국계 미국인 수학자로 미국 프린스턴대 교수 겸 한국 고등과학원(KIAS) 수학부 석학교수다. 2022년 한국계 수학자로서는 처음으로 수학 분야의 노벨상이라는 '필즈상'을 수상해 화제가 됐다. 미국 캘리포니아에서 태어난 그는 두 살 때 가족과 함께 한국으로 돌아와 초등학교부터 대학 학부와 석사과정까지를 마쳤다. 2007년 서울대학교 수리과학부·물리천문학부를 졸업했고, 2009년 같은 학교 수리과학부 석사학위를, 2014년 미국 미시간대학교에서 박사학위를 받았다. 박사과정을 위해 미국으로 유학길을 떠난 이후에는 '리드추측'과 '로타추측' 등 오랜 수학 난제들을 하나씩 증명하면서 수학계에 명성을 떨쳤다. 그는 뛰어난 연구업적과 왕성한 연구활동으로 사이먼스 연구자상, 삼성 호암상, 뉴호라이즌상, 블라바트닉 젊은과학자상 등을 받은 바 있다.

관련기사 정부, '제2의 허준이' 길러낼 수학자 지원 프로그램 추진

정부는 수학 분야 우수 연구자의 자유로운 연구를 장기간 지원하는 내용의 '허준이 펠로십'을 추진하기로 했다. 허준이 미국 프린스턴대 교수의 필즈상 수상 쾌거를 재현할 신진 연구자를 양성하기 위한 프로젝트로 대상자의 소속 기관도 국내로 제한하지 않기로 했다. 과학기술정보통신부는 만 39세 이하 청년 수학자를 대상으로 최장 10년 동안 매년 1억원 안팎을 지원하는 펠로십을 신설할 계획이다. 5년 차 중간평가만 한 차례 두어 자유로운 연구를 보장할 방침으로, 우선 6명을 시범지원한 뒤 확대 여부를 검토한다. 이와 함께 중고등학생과 대학생, 대학원생 20명가량을 별도 선발해 수학 분야 연구지도 등도 지원할 예정이다. 펠로십 추진은 "단기 목적으로 연구하지 않고 즐겁게 장기적인 큰 프로젝트를 할 만한 여유롭고 안정적인 환경을 마련했으면 한다"는 허교수의 의견이 반영된 결과로 알려졌다.

⑤ 정리는 노트에 해도 좋고, 컴퓨터 문서로 해도 좋습니다. 대신 3일에 한 번, 또는 일주일에 한 번은 꼭 정리한 내용들을 학습하고, 계속 내용들을 축적해나가야 합니다. 상식용어들을 정리하다보면 반복 등장하는 중요한 단어들이 눈에 띄고, 시대상을 대변하는 중요한 신조어들도 알게 될 것입니다. 이러한 용어들을 정리해두면 나도 모르는 사이에 상식이 쌓여 각종 시험, 수능, 논·구술, 토론 대회에서 좋은 성적을 거두는 밑거름이 될 것입니다.

신문으로 공부하는
말랑말랑 시사상식
종합편

CHAPTER 01

Hot People

검찰총장 출신의 대통령

2024년 윤석열정부가 출범 3년차를 맞게 됐습니다. 검찰총장 출신인 윤석열 대통령은 공정과 상식을 바탕으로 자유민주주의를 끊임없이 강조해왔는데요. 그러나 출범 직후부터 국정운영은 갖가지 잡음으로 삐걱거렸습니다. 취임 전부터 논란이 된 부인 김건희 여사의 도이치모터스 주가조작 의혹이 이어졌고, 2022년 미국순방 중에 민간인 동행 의혹, 대통령 비속어 논란 등 많은 사건사고가 발생했습니다. 정부와 관련된 의혹보도를 명확한 검증 없이 종종 '가짜뉴스'라고 치부하는 등 언론과의 갈등도 많았죠. 야권과의 소통과 협치도 거의 실종되었습니다.

그런가 하면 윤석열정부가 들어서며 우리의 외교노선에는 큰 변화가 있었는데요. 크게 보면 한미안보동맹과 한미일 공조를 강화해 북한과 중국, 러시아와 대치하는 태도를 취하고 있죠. 한미일 세 정상은 지속적으로 만나 북핵 위험에 맞서고 유사시 서로 군사적 도움을 주고받는 협력관계를 단단하게 굳혔습니다. 그러나 미국 대 중국·러시아라는 신냉전 구도에 우리나라가 적극적으로 끼어드는 것에 우려하는 시선도 많습니다. 우리는 지정학적으로 휴전 중인 북한을 머리에 이고 있고, 중국·러시아와도 밀접하죠. 중국은 무역시장에서 우리의 최대 교역국이기도 하고요. 많은 전문가들은 미국 등 우방국과 외교관계를 돈독하게 하는 것도 좋지만, 동시에 북중러와의 외교적 문을 완전히 걸어 잠가서는 안 된다고 지적했습니다.

또 윤석열정부는 그동안 경색됐던 한일관계를 회복하는 데도 힘썼는데요. 그럼으로써 2019년 일본정부가 우리 측에 단행한 수출규제를 중지하는 등 무역분쟁을 종결하고 한일셔틀외교를 복원하는 성과를 얻었습니다. 그러나 한편으론 일본에 지나치게 우호적인 '굴욕외교'를 편다는 논란도 일었죠. 2023년 3월 한일관계 정상화를 명목으로 내놓은 '일제강점기 강제징용 피해자에 대한 해법'에 일본의 진정성 있는 사과와 실질적 배상은 빠지게 되면서 피해자 측과 사회각계의 비판을 받기도 했고요. 또 일본이 숙원하고 공표했던 후쿠시마 제1원전 오염수 방류의 안전성을 나서서 홍보하려는 태도를 보여 많은 비판을 받았습니다.

한편 윤석열정부의 중간평가였던 제22대 국회의원 선거에서는 더불어민주당과 조국혁신당을 비롯한 범야권이 압승을 거뒀는데요. 야권이 내세운 '정권심판론'에 많은 유권자들이 호응한 결과로 풀이됐죠. 여소야대 정국이 계속되면서 윤석열정부의 국정운영 동력에도 타격을 입게 된 동시에, 국정쇄신도 강하게 요구받게 됐습니다.

정치 · 경제 · 사회 · 국제 · 문화 · 미디어 · 과학 · IT · **스포츠**　　　

사전에도 없는 단어 '공산전체주의', 윤석열 대통령은 어디서 배웠을까

사전에도 없는 '공산전체주의'라는 말이 대중적으로 알려진 건 **윤석열** 대통령이 지난 광복절 경축사를 시작으로 이 단어를 반복적으로 사용하면서. "공산전체주의를 맹종하며 조작선동으로 여론을 왜곡하고 사회를 교란하는 반국가 세력들이 여전히 활개치고 있다(광복절 경축사)", "공산전체주의 세력, 그 맹종 세력과 기회주의적 추종 세력들은 허위조작, 선전 선동으로 자유사회를 교란시키려는 심리전을 일삼고 있다(민주평통 연찬회)", "공산전체주의 세력과 기회주의적 추종 세력이 반일 감정을 선동하고 있다(국립외교원 60주년 기념식)" 등 발언이 쏟아졌다. 일각에선 윤 대통령의 이런 발언이 식민지 근대화론을 주장하고 이승만 · 박정희 독재를 옹호하는 뉴라이트 역사관과 궤를 같이한다는 지적이 나온다.

출처 : 경향신문/일부인용

상식UP! Quiz　　　　　　　　⊗ 🔍

↳ 문제　윤석열 대통령은 취임 초에 용산 대통령실로 출근하며 기자들과 간단한 문답을 주고 받는 (　　)을/를 진행했다. 빈칸에 들어갈 말은?

↳ 해설　도어스테핑이다. 대통령 등 주요 인사가 정문을 드나들 때 취재진들과 간단히 현안에 대한 문답을 주고받는 것을 말한다.

답 도어스테핑

돌아온 삼성의 총수

'국정농단 사건' 유죄판결로 취업이 제한됐던 이재용 삼성전자 부회장이 2022년 8·15광복절 특별사면으로 복권돼 정상적인 경영활동을 할 수 있게 됐습니다. 이 부회장은 국정농단 사건으로 징역 2년 6개월 형을 받고 복역하다가 2021년 8월 가석방됐습니다. 형기는 2022년 7월 종료됐지만 특정경제범죄가중처벌법상 5년간 취업이 제한된 상태였죠. 이 부회장을 비롯해 신동빈 롯데그룹 회장 등 경제인들도 복권 또는 사면을 받았는데요. 이에 대해 한동훈 법무부 장관은 "범국가적 위기 극복이 절실한 상황을 고려해 주요 경제인에게 경제발전에 동참할 기회를 줘 사면 효과를 극대화하고자 했다"고 말했습니다. 복권으로 '취업제한 족쇄'가 풀린 이 부회장은 경영 전면에 나서며 '뉴삼성' 구축에 속도를 낼 것으로 전망됐습니다. 재계는 이 부회장이 2022년 내 '부회장' 타이틀을 떼고 '회장'직에 오를 가능성이 큰 것으로 보기도 했는데요.

이로써 앞으로의 이 부회장의 리더십도 본격적인 시험대에 오를 것으로 전망됐습니다. 러시아-우크라이나 전쟁 장기화와 전 세계 인플레이션 및 긴축정책, 경기침체 등 국내외 악재가 산적하면서 경영환경이 불투명하기 때문이었죠. 여기에 미국 주도의 반도체 공급망 협의체 '칩(Chip)4'에 우리 정부가 참여할 가능성이 커지면서 삼성은 자칫 중국시장을 잃을 수 있는 처지에 놓이게 됐는데요. 이에 따라 이 부회장은 반도체 등 주력사업의 초격차 유지는 물론 시장의 우려를 잠재우고, 나아가 대규모 투자나 인수합병 등을 통해 새로운 성장동력을 키우는 데 총력을 기울일 것으로 예상됐습니다. 무엇보다 복권사유가 '경제위기 극복'인 만큼 이 부회장은 정부와 국민의 기대에 부응하기 위해 대규모 투자 및 고용에도 나설 것으로 전망됐습니다.

그리고 그는 2022년 10월 27일부로 삼성전자의 회장직에 올랐습니다. 부친인 고(故) 이건희 회장이 2020년 10월 별세한 지 2년 만이자 2012년 부회장으로 승진한 지 10년 만입니다. 그는 취임 일성으로 "국민에게 조금이라도 더 신뢰받고 사랑받는 기업을 만들어보겠다"면서 상생을 강조했습니다.

정치 · **경제** · 사회 · 국제 · 문화 · 미디어 · 과학 · IT · 스포츠

이재용, "기술인재 최우선"

이재용 삼성전자 회장이 '기술인재 중시' 메시지를 잇달아 내놓고 있다. 대내외 경영환경이 힘든 상황이지만 '세상에 없던 기술로 인류사회를 풍요롭게 하자'는 이 회장의 '뉴삼성' 비전을 흔들림 없이 이어가고 있다. 이 회장은 경북 구미시 구미전자공업고를 방문해 학생들과 간담회를 열고 "혁신을 책임질 기술인재들을 항상 응원할 것"이라고 강조했다. 이 회장은 그동안 제조업 경쟁력 강화를 위한 기술인재에 대해 관심과 애정을 보여 왔다. 이 회장이 기술인재에 각별한 애정을 갖는 이유는 "최고의 기술은 훌륭한 인재들이 만들어 낸다"는 경영철학 때문이다. 그는 상무 직급으로 지난 2006년 일본 출장길에 올랐는데, 한 일본 기업이 사내에 각종 기능대회 임직원 입상자 명단과 상패를 전시해 놓은 것을 보고 깊은 인상을 받았던 것으로 전해졌다.

출처 : 뉴시스/일부인용

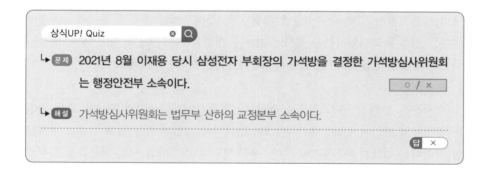

상식UP! Quiz

↳ 문제 2021년 8월 이재용 당시 삼성전자 부회장의 가석방을 결정한 가석방심사위원회는 행정안전부 소속이다.

○ / ✕

↳ 해설 가석방심사위원회는 법무부 산하의 교정본부 소속이다.

답 ✕

미스터 에브리싱

지난 2022년 11월 사우디아라비아의 왕세자 무함마드 빈 살만이 한-사우디 수교 60주년을 맞아 우리나라를 방문했습니다. 빈 살만의 방한은 그가 오기 전부터 화제가 됐는데요. 그가 머무르는 호텔은 출입구가 통제되고, 테러 등 혹시 모를 불상사에 대비하기 위해 무장한 경호요원들이 이중삼중으로 배치됐습니다. 출입구에는 가림막을 설치해 내부를 볼 수조차 없게 조치했죠. 빈 살만은 대체 어떤 인물일까요?

그는 '미스터 에브리싱(Mr. everything)'이라는 별명을 갖고 있습니다. 그야말로 모든 것이 가능한 남자라는 의미죠. 최대산유국인 사우디아라비아의 차기 왕위 계승권자이자 총리를 맡고 있습니다. 원래 사우디의 총리직은 국왕이 겸하는 것이 보통인데, 국왕이 왕세자에게 총리직을 양도했다는 것은 그의 권력이 얼마나 강력한지 시사하죠. 실제로 그는 2017년 왕세자에 책봉된 후 전대 국왕인 압둘라 국왕의 세력을 견제하기 위해 대숙청을 단행합니다. 부정부패를 뿌리 뽑겠다며 500명에 달하는 정재계 고위인사들을 호텔에 가두고 처벌을 가했습니다. 이 덕분에 압둘라 국왕의 파벌은 침몰했고, 빈 살만 왕족은 권력을 공고히 하게 됐죠.

그의 재산은 무려 2,500조원으로 추산되는데요. 이렇듯 권력과 재력을 모두 가진 이 왕세자의 방한이 주목받은 것은 그가 우리나라 기업과 손을 잡고 대규모 투자를 할 것이라는 기대감 때문이었습니다. 방한 당시 우리나라의 재계 거물들을 일렬로 모아놓고 면담을 하는 사진도 화제가 됐죠. 그는 먼저 윤석열 대통령과 만나 에너지 · 방위산업 · 인프라 건설 등에서 협력을 강화하기로 했고, 협력사업을 추진하는 '전략파트너십 위원회'를 설립해 제2의 중동특수를 기대케 했습니다. 또 우리나라 기업들은 사우디정부 · 기업 · 기관과 총사업규모가 40조원에 달하는 업무협약(MOU)을 맺기도 했죠. 또 빈 살만 왕세자는 640조원이라는 천문학적인 비용을 들여 사우디에 '네옴시티(Neom City)'라는 최첨단 · 스마트 신도시건설을 추진하고 있는데요. 이 프로젝트에 우리 기업들도 수주를 따내기 위해 전 세계 기업들과 경쟁을 벌이는 중입니다.

정치 · **경제** · 사회 · **국제** · 문화 · 미디어 · 과학 · IT · **스포츠**

실탄 마련 나선 빈 살만? …
사우디 '아람코' 60조원 지분 추가 상장

미국 일간지 월스트리트저널(WSJ)은 소식통을 인용해 아람코가 연내 사우디 증시에 대규모 지분 추가상장을 추진 중이라고 보도했다. 아람코는 사우디 실권자인 **무함마드 빈 살만** 사우디 왕세자가 대주주로 있는 세계 최대 석유회사. 추가지분상장은 사우디 리야드 증권거래소로 잠정 결정된 것으로 보인다. WSJ은 사우디가 해외상장에 따르는 법률 위험(리스크)을 피하고자 이 같은 결정을 내린 것으로 해석했다. 상장 시기는 이르면 연내 이뤄질 전망이다. 아람코의 이번 추가 지분상장배경으론 빈 살만 왕세자가 거론된다. 빈 살만 왕세자는 석유 위주의 산업에서 벗어난 새로운 먹거리를 마련하기 위해 다양한 정책을 펼치고 있다. 이에 따른 투자금 확보를 위해 아람코의 추가지분상장이 이뤄진다는 견해다.

출처 : 이코노미스트/일부인용

상식UP! Quiz

문제 사우디아라비아의 사막에 건설되는 미래형 신도시 프로젝트의 이름은?

① 옥사곤시티
② 레드씨시티
③ 뉴시티
④ 네옴시티

해설 네옴시티는 사우디아라비아의 빈 살만 왕세자가 추진하는 프로젝트다. 홍해 인근 사막에 최첨단의 미래형 신도시를 건설한다는 프로젝트로 사우디의 석유 개발 · 수출의존 경제를 제조업 중심으로 바꾼다는 계획이다.

답 ④

축구의 신, 고대하던 월드컵을 들어 올리다!

2022년 카타르월드컵 우승은 남미의 축구강국 아르헨티나 대표팀이 차지했습니다. 그리고 그 중심에는 '축구의 신' 리오넬 메시가 있었죠. 바라 마지않던 월드컵 우승을 차지하면서 메시는 명실상부 역사상 최고의 축구선수로 등극하게 되었습니다.

1987년생으로 2024년 기준 36세를 맞이한 메시는 이제 축구선수로서는 황혼기를 보내고 있는데요. 그는 스페인의 명문 축구클럽 FC 바르셀로나의 프랜차이즈 스타로 오랜 시간 활약했습니다. 그가 바르셀로나에서 이룬 업적은 수 없이 많은데요. 일부만 소개하자면 그는 8번의 스페인 프로축구리그 우승과 3번의 유럽 챔피언스리그 우승을 일궜고, 2008-2009시즌과 2009-2010시즌에는 팀이 한 시즌에 차지할 수 있는 우승컵은 모두 거머쥐는 대기록(6관왕)을 달성했죠. 개인적으로도 유럽 축구리그 최고의 선수를 뽑는 '발롱도르' 시상식에서 무려 8번이나 정상에 오르며 자타공인 최고의 축구선수가 되었습니다.

그는 팀의 재정적인 문제로 2021년 정든 바르셀로나를 떠나 2년간 프랑스의 파리 생제르맹 FC에 머물렀는데요. 그가 다시 친정 바르셀로나에 복귀할 것이라는 소식도 들려왔으나, 그는 모두의 예상을 뒤엎고 미국으로 향했습니다. 미식축구나 야구, 농구에 비해 인기가 없는 미국프로축구 무대에 도전하게 된 것이죠.

그가 2023년 새로이 둥지를 튼 인터 마이애미 FC는 정규리그 최약체인 꼴찌팀이었는데요. 그런데다가 유럽에 비해 미국은 원정경기를 위한 이동시간이 길고, 도시마다 환경도 크게 다른 탓에 제아무리 메시라고 해도 새로운 리그에 쉽게 적응하지 못할 것이라는 예상도 있었습니다. 그러나 그는 팀에 합류하자마자 7경기 연속 골을 터뜨리며 활력을 불어넣더니, 팀의 주역으로서 입단 1개월 만에 리그컵까지 우승하는 기염을 토했습니다. 그는 이로써 개인통산 44번째 트로피를 들어 올렸고, 인터 마이애미 FC는 2018년 창단 이후 첫 우승을 거뒀습니다.

입장권 가격 폭등 … '메시 효과'에 난리 난 미국

리오넬 메시가 미국프로축구 메이저리그사커 인터 마이애미 FC에 합류하면서 2차 티켓
시장에서 거래되는 시즌 후반기 입장권 가격이 폭등하고 있다. 인터 마이애미의 홈, 원
정 가릴 것 없이 입장권 가격이 모두 올랐다. 미국에서 비인기종목이었던 축구가 메시
의 합류로 지각변동이 일어나고 있다. 미국인들은 메시를 보기 위해 아낌없이 지갑을
열고 있다. 티켓아이큐가 제공한 자료에 따르면 인터 마이애미가 메시를 영입한 이후
홈 경기 입장권 평균가격이 152달러에서 864달러로 468% 상승했다. '메시 효과'는 뉴
욕, 로스엔젤레스와 같이 대도시에서 열리는 원정경기에서 더 뚜렷하다. 인터 마이애미
의 원정경기 티켓가격은 지난해와 비교해 18배에 달한다.

출처 : 한국경제/일부인용

 상식UP! Quiz

↳ 문제 **2022년 카타르 월드컵의 득점왕은?**
  ① 리오넬 메시
  ② 킬리안 음바페
  ③ 올리비에 지루
  ④ 해리 케인

↳ 해설 2022년 치러진 카타르 월드컵에서는 프랑스 국가대표 공격수인 킬리안 음바페가 7경
기 8골로 득점왕의 영광을 안았다.

 답 ②

세계를 매혹한 오징어게임의 아버지

대한민국이 배출한 영화감독이자 각본가인 황동혁 감독은 이제 세계에서 가장 유명한 스토리텔러 중 한 사람입니다. 2021년 OTT 플랫폼인 '넷플릭스'에서 그가 감독한 〈오징어게임〉이 방송돼 세계적인 인기를 구가했기 때문이죠. 80년대 골목 어귀에 아이들이 모여 하던 놀이들을 소재로 한 〈오징어게임〉은 전 세계에 신드롬을 불러일으켰는데요. 드라마를 본 외국인들이 딱지를 치고, 달고나를 쪼개는 모습을 SNS에 공유하기도 했습니다.

황 감독은 2007년 〈마이 파더〉로 장편영화 감독으로 데뷔했습니다. 이어서 2011년 청각장애인학교에서 실제 자행됐던 성폭력과 학대 사건을 바탕으로 한 〈도가니〉를 내놓으며 주목을 받기 시작했습니다. 이후 2014년 〈수상한 그녀〉, 2017년 〈남한산성〉을 연이어 흥행시키며 믿고 보는 감독으로 평가받기 시작했습니다. 황 감독은 앞선 〈마이 파더〉, 〈도가니〉처럼 다소 불편한 소재를 잘 다루는 감독이지만, 연출력과 흥행성을 인정받아 배급·제작사를 비롯한 영화계에서는 신임이 두터운 것으로 알려졌습니다. 그리고 2021년 〈오징어게임〉을 메가히트 시키면서 그 신임이 빗나가지 않았음을 증명했죠.

황 감독은 2008년부터 〈오징어게임〉의 이야기를 구상하기 시작했다고 합니다. 이듬해쯤 장편영화로서 대본은 완성했지만, 작품의 전체적인 분위기가 어둡고 폭력성이 짙어 투자를 받기 어려웠다고 하는데요. 시간이 흘러 '넷플릭스'의 과감한 투자를 받아 오리지널 시리즈로서 세상에 나오게 됐습니다. 〈오징어게임〉이 흥행하게 되면서 넷플릭스도 엄청난 투자 수익을 얻게 되었다고 하는데요. 황 감독은 "넷플릭스가 아니었다면 작품에서 표현하고자 하는 잔인한 모습과 급진적인 내용을 소화하기 힘들었다"며 〈오징어게임〉이 세상에 나온 배경을 설명했죠. 〈오징어게임〉의 히트는 해외 유수의 OTT 플랫폼에서 한국 콘텐츠에 관심을 갖고 투자를 고려하게 되는 계기가 되었습니다.

〈오징어게임〉은 세계적인 시상식에서도 많은 사랑을 받았습니다. 미국 골든글로브 시상식에서는 '깐부 할아버지'로 출연한 오영수 배우가 한국 배우 최초로 드라마 부분 남우조연상을 수상했고요. 2022년 에미상 시상식에서는 비영어권 작품 최초로 작품상과 남우주연상 등 6관왕을 차지했습니다. 황 감독도 감독상을 거뒀죠. 〈오징어게임〉은 2024년 내 시즌 2 공개를 예고하며 다시 기대감을 키웠는데요. 황 감독이 전 세계인들에게 또 어떤 스토리텔링을 보여줄지 기다려집니다.

정치 · 경제 · 사회 · 국제 · 문화 · 미디어 · 과학 · IT · 스포츠

황동혁 "오징어게임, 낙오되면 회복불능인 사회 향한 질문"

"누구나 엄청나게 경쟁적인 상황에 내몰리고. 경쟁에서 낙오되면 다시는 회복할 수 없을 정도의 상처를 입은 채 사회 밑바닥으로 점점 내몰리게 되죠." **황동혁** 감독은 '오징어게임' 속 문제의식에 관해 "'21세기에 들어서면서 자본주의가 어느 정도 한계를 드러내고 있는 것 아닌가'라는 생각을 했다"고 운을 뗐다. 이어 "'오징어게임' 속 성기훈의 입을 통해 '과연 누가 이런 경쟁 체제를 만들었는지, 누가 우리의 삶을 하루하루 절벽 끝에 서 있게 하는지'에 관한 질문을 던졌다"며 "누가 그런 시스템으로, (우리를) 게임 안의 말처럼 만들고 있는가에 대해 한 번쯤 되돌아보고 질문을 던지고 싶은 마음으로 작품을 만들었다"고 설명했다. 황 감독은 '오징어게임' 마지막 장면에서 성기훈이 전화에 대고 "나는 말이 아니야. 그래서 궁금해. 당신들이 왜 이런 짓을 하는지"라고 던지는 질문을 모두에게 하고 싶었다고 했다.

출처 : 연합뉴스/일부인용

상식UP! Quiz

↳ **문제** 드라마 〈오징어게임〉의 오영수 배우가 2022년 TV 남우조연상을 수상한 미국 할리우드 외신기자협회에서 수여하는 상의 이름은?

① 골든글로브　　　　　　　　② 에미상
③ 아카데미상　　　　　　　　④ 울프상

↳ **해설** 골든글로브 시상식은 미국 할리우드 외신기자협회에서 수여하는 영화상으로 〈오징어게임〉의 오영수 배우가 제79회 시상식에서 TV부문 남우조연상을 수상했다.

답 ①

006 루이스 룰라 다 시우바

돌아온 룰라 대통령

루이스 이나시우 '룰라' 다 시우바, 일명 룰라 대통령은 브라질의 제39대 대통령입니다. 그는 지난 2003년 제35대 대통령으로 당선되어 2006년 연임에 성공했고, 2022년 대통령 선거에서 승리해 3선을 이뤘습니다. 그는 2022년 10월 열린 브라질 대선에 노동자당 소속으로 출마해, 같은 달 30일 결선투표까지 가는 끝에 50.9%를 얻어 49.1%를 득표한 자이르 보우소나루 자유당 후보를 근소하게 물리쳤죠.

포퓰리즘 성향의 전임 보우소나루정부는 2018년 출범 이후 민주주의제도 위협, 코로나19 방역 실패, 빈부격차 심화, 아마존 열대우림 파괴 등으로 안팎의 질타를 받아왔습니다. 반면 룰라 대통령은 이전 2003~2010년 집권 당시 대규모 복지프로그램으로 빈곤율을 끌어내려 서민층의 희망으로 떠올랐습니다. 2017년에는 비록 대형 부패스캔들에 연루돼 정치적 어려움을 겪었지만, 당시 수사와 판결이 검사와 판사에 의해 편파적으로 진행됐다는 것이 드러나고 과거 유죄판결이 잇달아 '무효'로 돌아선 것이 가산점이 됐습니다. 다만 당선 이후 2023년 1월 보우소나루 전 대통령의 지지자들이 대선결과에 불복해 대규모 폭동을 일으키기도 했는데요. 지지자들은 수도 브라질리아의 의회에 난입해 기물을 파손하는 등 난동을 부렸습니다.

룰라는 초등학교도 졸업하지 못한 대통령으로도 유명합니다. 가난한 집안에서 태어난 그는 어릴 적부터 돈을 벌어야 했고, 금속을 가공하는 공장에서 일을 배웠는데요. 여기서 그는 불의의 사고로 새끼손가락을 잃기도 했죠. 이후 불합리한 노동환경에 문제의식을 느낀 그는 노동조합에서 활동하며 노동자의 권리보호를 위해 힘쓰는 등 노동운동에 투신했습니다. 그는 1980년 노동운동 동지들과 노동자당을 창당했고 1986년 연방하원의원 선거에서 당선되면서 정계에 진출했습니다. 그는 2003년 대통령으로서 첫 내각을 구성하며 자신의 정치철학인 이른바 '룰라주의'를 내세웠는데요. 브라질 국민의 가난을 뿌리 뽑기 위한 대규모 복지정책기조로서, 빈민에 대한 지원을 강화하는 것이 골자였죠. 아이들을 반드시 학교에 보낸다는 것을 조건으로 가족지원금을 지급하는 '보우사 파밀리아' 정책은 룰라주의의 꽃이라 할 수 있습니다. 이 정책은 그가 퇴임한 후 중단되었다가 2023년 다시 룰라가 집권하고 부활했죠.

한편 룰라의 재집권으로 중남미에 좌파정권이 물밀 듯 들어서는 '핑크타이드(Pink Tide)'가 재현됐는데요. 2018년 이후 중남미 경제 상위 6개국 중 브라질과 멕시코, 아르헨티나, 페루, 칠레, 콜롬비아 정권이 줄줄이 우파에서 좌파로 교체되면서 핑크타이드가 현실화됐습니다.

정치 · 경제 · 사회 · **국제** · 문화 · 미디어 · 과학 · IT · 스포츠

룰라, 아마존 개발 · 보호 · 빈곤퇴치 줄타기 '진땀'

브라질 대선에서 **루이스 이나시우 룰라 다 시우바** 후보의 당선이 확정됐을 때, 기후변화를 걱정하는 이들은 안도의 한숨을 쉬었다. 자이르 보우소나루 당시 대통령이 2019년부터 4년 동안 재임하면서 파괴한 아마존 열대우림을 룰라 당선자가 다시 보호해줄 것으로 기대했기 때문이다. 룰라 대통령은 이런 기대를 저버리지 않고 2030년까지 아마존 열대우림에서 불법벌목을 모두 중단시키겠다는 야심 찬 계획을 내놓았다. 브라질 정부는 룰라 대통령 취임 반년 만에 전년도 같은 기간보다 열대우림의 벌목이 3분의 1 남짓 줄어들었다고 밝혔다. 그러나 이런 초기 성과에도 룰라 대통령의 취약한 집권기반과 정책추진력 탓에 약속대로 아마존을 지켜낼지는 두고 봐야 한다는 목소리가 나왔다. 강력한 로비집단인 기업농 세력도 이러한 정책에 부정적이며, 아마존 지역의 개발 없이는 해당 지역의 빈곤을 해결하기 어려운 탓에 보호와 개발의 균형을 꾀해야 한다는 과제도 상존한다.

출처 : 한겨레/일부인용

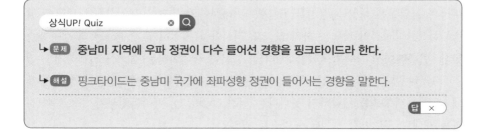

상식UP! Quiz

↳ 문제 **중남미 지역에 우파 정권이 다수 들어선 경향을 핑크타이드라 한다.**

↳ 해설 핑크타이드는 중남미 국가에 좌파성향 정권이 들어서는 경향을 말한다.

답 ×

미국을 이끄는 '캡틴 아메리카'

1942년 11월생인 조 바이든 미국 대통령은 1970년 카운티 의회 의원으로 정치를 시작했으며, 29세였던 1972년 델라웨어주에서 연방 상원의원에 당선돼 중앙 정치 무대로 뛰어들었습니다. 그는 36년간 상원의원을 지냈으며 버락 오바마 전 대통령 시절에는 8년간 부통령으로 재직했습니다. 그의 대권 도전은 세 번째 만에 이뤄졌습니다. 바이든이 제46대 대선에서 승리하면서 미국에는 최고령 대통령이 탄생했습니다. 더불어 부통령으로 당선된 카멀라 해리스는 최초의 여성 부통령이자 첫 흑인 부통령이라는 역사적 기록을 세웠습니다.

그러나 바이든이 취임하고 1년이 흐른 시점에서 자국에서 그의 지지율은 썩 좋지 못했는데요. 2021년 12월 실시된 자국민 여론조사에서 응답자의 56%가 바이든의 대통령 업무수행에 불만을 갖고 있는 것으로 나타났습니다. 가장 큰 원인은 경제정책에서 큰 성과를 올리지 못했기 때문으로 나타났는데요. 코로나19 팬데믹 이후 미국 내에 이어지고 있는 극심한 물가상승을 제대로 해결하지 못했다는 평가가 나왔죠. 게다가 공식 기자회견이나 언론 인터뷰 등 국민과의 소통이 부족했다는 이야기가 나오기도 했습니다. 일각에서는 바이든이 그의 정책에 비해 인기가 낮은 것이 언론을 통해 자신의 어젠다를 투명하게 내세우지 못한 탓이라고 분석했습니다.

바이든의 지지율은 이후로도 좀처럼 회복세를 띠지 못했는데요. 2024년 재선을 앞둔 2023년 9월을 시점으로 보면 그는 심각했던 물가상승을 어느 정도 진정시켰고, 미국의 실업률은 사상 최저치를 기록했죠. 러시아의 우크라이나 침공에 미군을 파병하는 등 직접적인 지원을 하지 않고도 러시아를 적절하게 재제하는 데 성공했습니다. 인플레이션 감축법 등 자국 이익을 충분히 극대화하는 정책을 시행하기도 했죠. 그러나 반등 없는 인기를 두고 여러 추측이 오갔습니다. 미국인들이 실제 통계에 비해 경제회복을 체감하지 못한다는 의견도 있었고, 바이든정부가 스스로의 성과를 제대로 홍보하지 못했다는 평가도 있었죠.

한편 바이든은 2024년 대선에서 전임 대통령인 도널드 트럼프와 리턴매치를 벌이게 됐는데요. 사법리스크를 털어내고 대선출마 자격을 회복한 트럼프의 지지층이 강하게 결집하면서, 두 사람의 지지율도 엎치락뒤치락한다는 여론조사 결과가 나왔습니다. 아울러 이번 대선은 역대 최고령 전·현직 대통령 간의 대결이라는 점에서도 화제를 모았습니다.

정치 · 경제 · 사회 · **국제** · 문화 · 미디어 · 과학 · IT · 스포츠

바이든정부, 9,100조원 예산안 발표

조 바이든 미국 행정부가 6조 9,000억(약 9,100조원)달러 규모의 2024 회계연도 예산안을 발표했다. 기업과 부자증세, 사회안전망 강화 등을 핵심으로 하는 정부 예산안은 향후 10년간 2조 9,000억달러(약 3,800조원)의 연방정부 적자 감소를 목표로 하고 있다. 하지만 예산처리권한을 가진 하원의 다수당인 공화당이 증세 등에 강력히 반대하고 있어 원안이 통과될 가능성은 거의 없다는 게 미 언론의 관측이다. 한국과 달리 미국의 행정부는 예산에 관한 권한이 없으며 예산안 편성 및 심의권한을 의회가 갖고 있다. 이에 따라 바이든정부가 발표한 예산안은 법적 구속력이 없으며 다만 의회에서의 예산 논의 때 참고자료가 된다. 이번 예산안에서 가장 눈에 띄는 것은 기업과 부유층에 대한 증세 방안이다. 이를 토대로 사회안전망을 확충하고 정부부채를 줄이겠다는 게 바이든 대통령의 구상이다.

출처 : 연합뉴스/일부인용

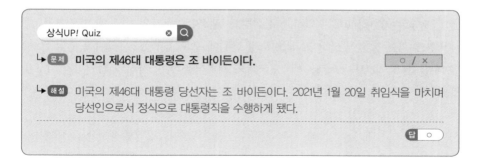

상식UP! Quiz

➡ **문제** 미국의 제46대 대통령은 조 바이든이다.   ○ / ✕

➡ **해설** 미국의 제46대 대통령 당선자는 조 바이든이다. 2021년 1월 20일 취임식을 마치며 당선인으로서 정식으로 대통령직을 수행하게 됐다.

답 ○

시진핑 리더십, 중국은 독재로

시진핑 주석은 2012년 제18차 전국대표대회에서 총서기 및 당 중앙군사위 주석에 선출되어 당·정·군 3대 권력을 장악하였습니다. 처음 중국의 지도자가 되어서 언론에 등장했을 때 그는 온화한 이미지였으나, 취임 이후 부패와의 전쟁을 선언하며 "호랑이에서 파리에 이르기까지 지위고하를 막론하고 한꺼번에 척결해야 한다"며 고위층부터 차례로 단죄하였습니다. 그는 현재도 '당풍염정(黨風廉政, 기품 있는 당과 청렴정치)'을 내세우며 부정부패에 강경한 모습을 보이고 있습니다. 그런데 한편으론 이러한 부패 척결이 결과적으로 시 주석의 정적 세력을 제거하고, 1인 독주체제를 굳히게 한 첫 단추가 되었다는 시각도 있죠.

시 주석은 그동안 장기집권을 위한 과정을 차근차근 밟아왔는데요. 2018년 전국인민대표대회 3차 전체회의에서 개헌의 방향성을 제시하며 '국가주석 및 부주석 임기 2연임 초과 금지' 조항을 삭제했습니다. 그간 중국에서는 주석이 10년을 집권하고 권좌를 이양하는 것이 규정으로 이어져왔는데요. 시 주석의 임기가 끝나는 2022년을 넘어 그 이상의 집권을 겨냥한 것이죠. 그리고 이어진 전 인민 개헌투표에서 이것이 성사되었는데, 별도의 가림막도 없이 투표가 진행되어 국제사회에서 논란이 일기도 했습니다. 그는 또 중앙군사위원회를 비롯한 군권을 장악하고, 2021년 11월에는 중국 공산당 100년 역사를 결산하는 '제3차 역사결의'를 통해 마오쩌둥, 덩샤오핑에 이은 중국 공산당의 제3지도자 반열에 오르고자 했죠. 그리고 결국 2022년 10월 16일 제20차 공산당 전국대표대회 개막식을 열며 자신의 집권 3기 시작을 알렸습니다.

시 주석은 '신시대 중국 특색 사회주의'라는 통치철학을 천명했는데요. '샤오캉(小康)', 즉 모든 중국 인민이 풍족하고 편안한 생활을 누리는 사회를 실현하겠다는 것이 핵심입니다. 이를 위해 '공동부유'라는 개념이 등장하기도 했죠. 경제 성장과 함께 만연한 빈부격차를 해소하고자 제시한 것으로 부의 재분배를 강조하는 것인데,

이 때문에 중국의 거대 기업들은 많은 압박을 받았죠. 또한 시 주석은 이 통치철학을 장기집권의 명분으로 삼고자 하고 있습니다. 중국은 우리와도 밀접한 국가인 만큼 시 주석의 향후 정치적 노선과 집권행보가 크든 작든 영향을 미칠 것으로 보입니다.

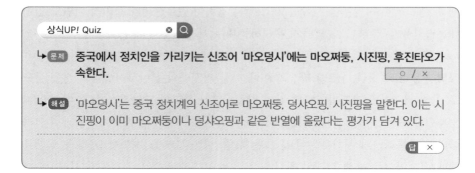

정치 · 경제 · 사회 · **국제** · 문화 · 미디어 · 과학 · IT · 스포츠

시진핑, 마오쩌둥 이후 첫 '영수' 오를듯 … '3연임 대관식' 절차 돌입

시진핑 중국 국가주석의 장기집권(3연임)을 확정하기 위한 마지막 준비 단계인 중국공산당 19기 중앙위원회 7차 전체회의(7중전회)가 베이징에서 시작됐다. 7중전회에서는 20차 전국대표대회(당대회)에서 확정하게 될 주요 안건들을 사전 논의하게 된다. 특히 마오쩌둥 이후 처음으로 시 주석에게 '인민 영수' 칭호를 부여하는 안건을 포함해 시 주석의 '핵심 지위'를 공산당 당헌에 추가하는 내용을 논의할 것으로 보인다. 20차 당대회를 준비하는 이번 7중전회는 모두 비공개로 진행되며 시 주석의 집권 연장을 사실상 공식화하는 작업이 진행된다. 특히 중국에서 헌법보다 더 높은 것으로 인식되는 당헌 개정안 등을 토론한다고 중국 관영 신화통신이 밝혔다.

출처 : 동아일보/일부인용

상식UP! Quiz

↳ 문제 중국에서 정치인을 가리키는 신조어 '마오덩시'에는 마오쩌둥, 시진핑, 후진타오가 속한다.

〇 / ✕

↳ 해설 '마오덩시'는 중국 정치계의 신조어로 마오쩌둥, 덩샤오핑, 시진핑을 말한다. 이는 시진핑이 이미 마오쩌둥이나 덩샤오핑과 같은 반열에 올랐다는 평가가 담겨 있다.

답 ✕

희극 배우에서 조국을 이끄는 영웅으로

우크라이나의 제6대 대통령인 볼로디미르 젤렌스키는 희극 배우 출신이라는 독특한 이력이 있습니다. 물론 과거 미국의 로널드 레이건, 과테말라의 지미 모랄레스 대통령처럼 배우 출신의 대통령이 없었던 것은 아니지만, 현재 젤렌스키는 전 세계 국가 정상 가운데서도 많은 주목을 받고 있습니다. 2022년 2월에 시작된 러시아의 우크라이나 침공 때문이죠.

우크라이나의 유대인 가정에서 태어난 젤렌스키는 키예프의 국립경제대학교에서 법학을 전공했습니다. 그는 17살 때부터 TV 쇼에 출연하며 방송생활을 시작했는데요. 그는 2015년 방영된 드라마 〈인민의 종〉에서 대통령 선거에 출마하는 역사 교사를 연기하며 인기를 끌었습니다. 우크라이나와 국제 정치 풍자를 담은 이 드라마를 통해, 젤렌스키는 실제로 대통령 후보로도 거론되기 시작했습니다. 그는 2018년에 드라마와 동명 정당인 '인민의 종'을 창당하기도 했는데요. 주변의 권유로 대통령 선거에 출마한 그는 놀랍게도 41세의 젊은 나이에 압도적인 표차로 우크라이나 대통령으로 당선되었습니다. 그는 호기롭게 부패 척결과 조세 개혁, 러시아와의 분쟁 종결을 외치며 정무를 시작했지만, 정치 경력이 전무한데다 정치적 기반도 없어 대통령직을 잘 수행할 수 있을지 우려하는 목소리가 많았습니다.

그러나 2022년 2월 나토의 확장과 이에 따른 러시아의 불안·서방과의 갈등 등으로 인해 러시아가 우크라이나를 전면 침공하면서 상황이 달라졌습니다. 미숙한 지도자인줄로만 알았던 젤렌스키는 수도인 키이우에 끝까지 머무르며 국민과 우크라이나군을 독려하기 시작했는데요. 그는 유럽연합(EU)과 국제연합(UN) 등 국제무대에서의 연설을 통해 전쟁의 참상을 알리고 군사적 지원을 요청하기 시작했습니다. 이로써 그는 희극 배우 출신의 대통령에서 전쟁의 한복판에서 조국을 이끄는 당당한 지도자로 올라서게 되었습니다. 그는 EU 가입을 시도하고 나토 가입 지지를 회원국에게 호소하면서, 전쟁의 판도를 바꾸려 노력했습니다. 또한 거센 우크라이나의 저항에 전쟁이 장기화되고 러시아가 우크라이나 함락을 쉽게 이뤄내지 못하면서, 젤렌스키의 영향력은 우크라이나 국민의 신뢰를 이끌어냈습니다.

한편 전쟁이 2년 넘게 지속되면서 러시아의 공세를 잘 버텨내던 우크라이나군은 점차 수세에 몰리기 시작했는데요. 2023년 대반격이 실패로 돌아가고 서방의 추가 군사지원이 지지부진하면서 큰 난관에 봉착했습니다. 젤렌스키는 다시금 미국을 비롯한 서방에 무기지원을 간곡히 호소하고 나섰습니다.

정치 · 경제 · 사회 · **국제** · 문화 · 미디어 · 과학 · IT · 스포츠

젤렌스키 "러, 핵전쟁 준비 중, 세계는 지금 조치 나서야"

볼로디미르 젤렌스키 대통령이 러시아가 핵전쟁을 준비하기 시작했으며 세계는 위협에 당장 대응해야 한다고 강조했다. 젤렌스키 대통령은 영국 BBC방송과의 인터뷰에서 러시아의 핵무기 사용 가능성과 관련해 "그들은 그들의 사회를 준비하기 시작했다. 그것은 매우 위험하다"고 밝혔다. 그는 "현재 시점에 그들은 그것을 사용할 준비가 되어 있지 않지만 의사소통은 시작했다"며 "그들은 핵무기를 사용할지 안 할지에 대해 (아직) 알지 못하지만 그것을 언급하는 것조차도 위험하다고 나는 생각한다"고 말했다. 그는 그러면서 러시아의 위협은 '지구 전체에 대한 위험'이기 때문에 지금 바로 조치가 필요하다고 강조했다. 그는 블라디미르 푸틴 러시아 대통령이 유럽 최대 원자력 발전소인 우크라이나의 자포리자 원전을 점령함으로써 이미 한 걸음을 내디뎠다고 주장했다.

출처 : 연합뉴스/일부인용

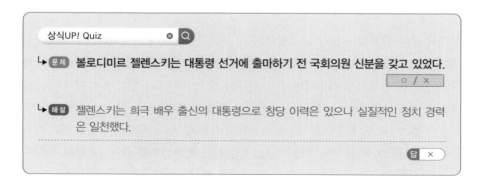

상식UP! Quiz

↳ **문제** 볼로디미르 젤렌스키는 대통령 선거에 출마하기 전 국회의원 신분을 갖고 있었다.

○ / X

↳ **해설** 젤렌스키는 희극 배우 출신의 대통령으로 창당 이력은 있으나 실질적인 정치 경력은 일천했다.

답 X

21세기의 차르

러시아의 독재자 블라디미르 푸틴은 두 번의 대통령 재임(8년간) 뒤 메드베데프 대통령 정부의 총리로 4년간을 지낸 뒤 또다시 2012년에 이어 2018년 러시아 대통령 선거에 출마·당선되었습니다. 3선 연임을 금지하는 러시아 헌법을 우회하기 위한 꼼수라고 비판받았죠. 푸틴 대통령은 '21세기의 차르'라고 불립니다. '차르'란 과거 제정 러시아의 황제를 일컫는 말입니다. 이렇듯 러시아 대통령 블라디미르 푸틴은 강력한 카리스마로 러시아를 휘어잡았습니다.

옛 소련 국가보안위원회(KGB) 요원과 총책임자를 거쳐 러시아의 총리와 대통령을 오가며 강한 러시아를 추구하고 있는 그는 언론 통제와 야당 탄압을 하고, 국제적으로도 힘을 과시하고 있지만 친서민 정책과 경제성장에 힘입어 러시아 내 지지율은 40% 수준을 유지했는데요. 또한 푸틴은 사람들에게 자신은 강한 사람으로, 러시아를 회복시켰고 유럽·미국에 맞서고 있다고 강조하면서 러시아가 마침내 강국으로서 부활했다는 것을 호소하기도 합니다. 사이가 좋지 않은 국가의 지도자들과 만날 때 의도적으로 몇 시간씩 지각을 하는 면도 유명하죠. 이렇게 구소련 시절의 강한 영향력을 대외적으로 되찾겠다는 정책으로 러시아 국내에서는 전폭적인 지지를 받으며 4선에 성공했습니다. 2020년에는 개헌 과정에서 자신의 재임 경력을 백지화시켜 30년이 넘도록 집권할 수 있는 길을 마련하기도 했죠.

그러나 푸틴 대통령은 2022년 2월 감행한 우크라이나 침공으로 인해 전 세계적인 비판을 받고 있습니다. 명분 없는 무리한 침공이었다는 비판과 함께 무자비한 폭격으로 민간인 사상자가 속출하면서, 푸틴 대통령은 카리스마 있는 독재자에서 학살자로 변해가고 있습니다. 러시아 내에서도 전쟁에 대한 반대 여론이 높아져 반전 시위가 벌어지기도 했는데요. 미국과 유럽의 각종 경제 제재로 러시아 경제도 위기를 맞게 됐죠. 이에 대응해 푸틴이 유럽으로 가는 천연가스를 끊어버리면서 상황은 더 악화되었습니다. 전쟁의 여파는 전 세계로 뻗어나가서, 자원과 식량 부족 문제가 만연하고 물가는 급등하는 세계 경제 위기의 그림자가 드리웠습니다. 이렇듯 러시아의 우크라이나 침공은 푸틴 대통령을 넘어 러시아 역사상 최대의 실책으로 기록될 형국입니다.

한편 푸틴은 2024년 대선에서 또다시 압승하면서 5선에 성공했는데요. 이로써 그는 과거 이오시프 스탈린 소련 공산당 서기의 29년 집권을 넘어서며 명실상부한 차르로 등극하게 됐습니다. 동시에 서방에 맞서는 그의 철권통치 또한 더욱 공고해지게 됐죠.

정치 · 경제 · 사회 · **국제** · 문화 · 미디어 · 과학 · IT · 스포츠　　｜　

푸틴, 우크라 점령지 합병 최종서명 … 러 영토 공식화

블라디미르 푸틴 러시아 대통령이 우크라이나 내 4개 지역 점령지 합병에 대한 법률에 최종 서명했다. 이로써 합병을 위해 점령지에서 실시된 주민투표 종료 이후 8일, 조약 체결 후 5일 만에 합병을 위한 러시아의 법적 절차가 모두 마무리됐다. 로이터 통신에 따르면 푸틴 대통령은 이날 러시아 의회가 보낸 도네츠크, 루간스크(우크라이나명 루한스크), 헤르손, 자포리자 등 4개 지역 합병 관련 법률에 서명함으로써 점령지 합병 절차를 완료했다. 전날에는 러시아 상원이 이들 점령지 합병 조약을 만장일치로 비준했다. 해당 조약은 하원에서도 만장일치로 통과됐다. 푸틴 대통령은 이들 점령지가 지난달 주민투표를 통해 러시아로의 영토 합병을 결정하자, 같은 달 크렘린궁에서 점령지와 합병 조약을 맺었다.

출처 : 연합뉴스/일부인용

상식UP! Quiz　　　　　　　

↳ 문제　푸틴 대통령이 우크라이나 영토였던 것을 2014년 러시아 영토로 병합한 지역은 크림반도이다.

〔 ○ / × 〕

↳ 해설　푸틴 대통령은 2014년 우크라이나 영토였던 크림반도를 러시아 영토로 병합하고 우크라이나 동부지역에 대한 군사적 긴장을 고조시켰다.

답　○

16년 만에 이루어진 독일의 정권교체

16년간 재임한 독일의 '마거릿 대처' 앙겔라 메르켈 총리가 2021년 12월 퇴임했습니다. 통일 독일의 첫 총리인 헬무트 콜과 동일한 장기간 재임 끝에 물러난 것인데요. 메르켈의 뒤를 이어 사회민주당 소속의 올라프 숄츠가 9대 연방 총리에 당선되었습니다. 1958년생인 숄츠는 20대 독일 총선이 열린 2021년 9월 26일 새 총리에 당선되며 정권교체에 성공했지만, 73일만인 12월 8일에야 취임식을 치렀습니다. 바로 녹색당, 자유민주당이라는 두 정당과의 대연정 협상에 합의해야 했기 때문인데요. 이 협상은 각 당의 고유 색깔인 빨강(사회민주당), 노랑(자유민주당), 녹색(녹색당)을 빗대어 신호등 연정으로 불리게 되었죠. 세 당이 지난 총선에서 가까스로 과반수의 의석을 차지하게 되면서 이 세 당은 연합 정부를 구성해 새롭게 독일을 이끌게 되었습니다. 이와 함께 2달에 걸친 연정 협상을 끝낸 숄츠 총리에 대한 평가도 새로워지게 되었죠. 각 당의 이해관계를 치밀하게 조정해 합의를 이끌어내야 했기 때문입니다.

숄츠는 17살이라는 어린 나이에 사회민주당에 가입하면서 정치에 입문하게 되었습니다. 그는 대학에서 법학을 전공하고 노동 변호사로 일하면서 사회·정치적 활동에 임하기 시작했죠. 항상 정의의 편에 서야 한다고 생각했던 숄츠는 해고 노동자들의 소송을 도맡았는데, 아이러니하게도 이 시절이 기업의 관점에서도 노동 문제를 생각해보는 계기가 되었다고 합니다. 그는 현재 자민당 내에서도 온건·중도적 성향으로 분류됩니다. 숄츠는 1998년 하원의원에 당선되면서 정치 현장에 뛰어들었고, 이후엔 함부르크의 시장과 메르켈 내각에서 노동부장관과 부총리 겸 재무장관을 역임했습니다.

그의 별명은 '숄츠'라는 이름과 Automat(자판기)의 합성어인 '숄초마트(Scholzomat)'라고 하는데요. 자판기처럼 돈을 넣으면 준비된 상품이 나오듯이 모든 것에 준비된 것처럼 보인다는 뜻이죠. 그의 침착하고 실용적인 정치적 성향을 엿볼 수 있는 대

목입니다. 마치 기계 같은 이미지 때문인지 그는 딱딱하고 유머감각이 부족하다는 평가를 받기도 했는데요. 그는 총선 당시 이런 지적에 "나는 서커스 감독이 아닌 총리에 출마한 것"이라 일갈하기도 했죠. 숄츠는 일단 전임 총리인 메르켈의 정책을 계승할 것으로 전망됐습니다. 아울러 그는 대연정에서 협의했던 석탄발전 퇴출 등 친환경 정책과 최저임금인상 같은 복지정책에도 중점을 둘 것으로 예상됐습니다.

정치 · 경제 · 사회 · **국제** · 문화 · 미디어 · 과학 · IT · 스포츠

독일 · 스페인 정상 "피레네 산맥 뚫는 가스관 추진해야"

독일 · 스페인 정상이 정상회담을 열고 '미드캣 가스관' 건설 강행 의지를 밝혔다. 미드캣 가스관은 피레네산맥을 관통, 스페인과 프랑스, 나아가 유럽 전체를 연결하겠다는 구상이다. 독일 · 스페인이 오랜 기간 추진 중이지만 두 나라와 모두 인접한 프랑스가 환경 문제 등을 들어 공개적으로 반대 의사를 밝히고 있다. **올라프 숄츠** 독일 총리는 이날 스페인 북부 도시 라코루냐에서 페드로 산체스 스페인 총리와 정상회담을 가진 뒤 공동 기자회견에서 "가스관을 연결해야 한다는 생각을 아주 널리 홍보하고 있다"고 밝혔다. 숄츠 총리는 프랑스가 가스관에 대한 반대를 철회할 수도 있다는 관측을 조심스럽게 내놓기도 했다. 최근 에마뉘엘 마크롱 대통령을 만났지만, 마크롱 대통령이 가스관 설립 가능성을 완전히 배제하지는 않았다는 인상을 받았다는 것이다. 로이터통신에 따르면 숄츠 총리는 기자회견에서 "어떤 가스관은 매일매일 경제성이 있지는 않을 수도 있다. 하지만 언젠가는 경제성을 확보하는 날이 올 수 있다"고 말했다.

출처 : 연합뉴스/일부인용

재선 성공한 대통령, 다음 과제는 국민통합?

에마뉘엘 마크롱 프랑스 대통령이 2022년 4월 24일 치러진 대통령선거에서 극우 성향의 마린 르펜 국민연합(RN) 후보를 누르고 재선에 성공했습니다. 이로써 프랑스 역대 최연소 대통령이라는 기록에 이어 2002년 자크 시라크 전 대통령 이후 20년 만에 재선에 성공한 대통령이 됐죠. 그는 재선이 확실시되자, "이제는 한 진영의 후보가 아니라 만인의 대통령으로서 모두를 위한 대통령이 되겠다"며 국민통합을 역설했습니다.

그는 프랑스 전 대통령인 프랑수아 올랑드 정부에서 경제산업디지털부 장관으로서 2년여 재직하며 각종 우파 정책들을 추진했고, 경제활성화 차원에서 관광지구 내 상점의 일요일 및 심야 영업 제한을 완화하는 경제개혁법을 발표했습니다. 대선 출마를 위해 장관직을 사임하며 자신은 좌파도 우파도 아니라고 밝히며, 기존 정치에 맞서 민주혁명을 일으키겠다고 주장하였습니다. 취임한 이후에도 중도 통합에 대한 그의 전진은 강하게 추진되고 있다는 평가를 받아왔습니다. 2016년 4월 중도 성향의 정당인 앙 마르슈를 창당하고, 39세의 나이로 제25대 프랑스 대통령에 당선된 그에 대한 화젯거리는 연일 끊이지 않았습니다.

그는 대통령 취임 후 많은 정치적 개혁을 시도했습니다. 부유세를 폐지하고 해고를 유연화하는 등 친기업 정책을 펼치는가 하면, 실업급여 제한, 노조 혁파 등의 노동 개혁 정책을 펼치기도 했죠. 초반에는 이런 개혁에 대한 반발로 지지율이 10%대를 기록하는 등 정치적 위기를 맞기도 했습니다. 2018년에는 유류세 인상에 반발하여 일어난 '노란 조끼 운동'으로 곤혹을 치르며 인상 계획을 철회하기도 했죠. 그러나 그는 반발이 있을 때마다 '국민 대토론회'를 개최하여 국민을 설득하려고 했습니다. 이래저래 국내 현안은 복잡하게 돌아갔지만, 그는 비교적 코로나19 위기를 잘 넘겼다는 평가를 받았습니다. 또 실업률을 낮추는 등 경제활성화에 성공하고, 불안한 외교상황에서도 중재자로서 유연하게 입지를 다졌다는 평가도 받았습니다.

마크롱, 당 대표들과 12시간 마라톤 회동 …
결과는 사실상 '빈손'

에마뉘엘 마크롱 프랑스 대통령과 각 정당 대표가 12시간에 걸친 마라톤 회동을 했지만 생산적인 결과물을 만들어내진 못한 것으로 알려졌다. 프랑스 일간 르몽드와 르피가로에 따르면 마크롱 대통령의 제안으로 전날 성사된 이번 회동은 12시간이 지난 새벽 3시께 마무리됐다. 이 자리는 마크롱 대통령이 정당 대표들에게 정부정책 추진 협조를 구하기 위해 마련했다. 현재 프랑스 하원은 여소야대 지형이라 정부정책을 위한 입법과정에 어려움을 겪고 있다. 대표적인 예가 전국을 극심한 내홍으로 몰아넣었던 연금개혁법안이었다. 그러나 이날 회동으로 결정된 사안은 최저임금 미만 직종의 문제를 논의하기 위해 '사회적 회의'를 조직하기로 한 게 전부라고 참석자들은 전했다. 마크롱 대통령이 여러 차례 언급한 국민투표를 두고도 많은 이야기가 오갔으나 국민투표에 올릴 안건 등에 있어서는 합의에 이르지 못한 것으로 알려졌다.

출처 : 연합뉴스/일부인용

상식UP! Quiz

↳ **문제** '제거하다, 치우다'라는 의미의 프랑스어에서 유래한 것으로 구체제 · 인물의 청산을 뜻하는 단어는 무엇인가?

① 네포티즘 ② 나르시시즘
③ 마키아벨리즘 ④ 데가지즘

↳ **해설** 데가지즘은 '제거하다, 치우다'라는 의미를 가진 프랑스어 'Dégager'에서 유래한 것으로, 구(舊)체제 · 인물의 청산을 뜻한다. 2011년 튀니지에서 23년간 독재한 벤 알리 정권의 축출을 요구한 시위에서 구호로 사용한 이후 각종 시위에서 종종 등장했다. 미국 시사지 애틀랜틱은 2017년 4월에 실시된 프랑스 대선에서 기존 유력 정당의 후보들이 탈락하고 '아웃사이더'라 불렸던 에마뉘엘 마크롱과 마린 르펜이 선전하면서 프랑스의 정치 지형이 바뀌고 있다고 분석하며 그 이념적 바탕을 '데가지즘'이라고 보았다.

답 ④

두 번의 선거 승리, 지지율은 불안

2021년 10월 스가 요시히데 총리의 뒤를 이어 일본의 총리 자리에 오른 기시다 후미오. 그는 1993년 정치계에 입문한 이후 중의원 선거에서 단 한 번도 낙선하지 않은 기록을 가지고 있습니다. 그는 무려 중의원 10선 의원인데요. 그는 아베 전 내각에서 우리의 외교부장관에 해당하는 외무대신으로서 2015년 한일 위안부 합의에 서명한 인물이기도 하죠. 정치적으로 봤을 때 그는 온건보수 성향에 해당하는 것으로 알려졌습니다. 일본의 총리는 내각총리대신이라고도 불리는데요. 집권당의 총재가 국정 운영을 담당하는 총리로 당선됩니다. 기시다 총리는 일본의 내각총리대신이자, 집권당인 자유민주당의 총재인 셈이죠.

지난 2022년 7월에는 아베 신조 전 총리가 참의원(상원) 선거 유세 중 총격을 당해 사망하는 충격적인 사건이 일어나면서 이에 반응한 보수표가 결집하게 되었는데요. 이후 참의원 선거에서 기시다 총리가 이끄는 자유민주당이 압승하게 되면서 장기집권의 발판이 마련되는 것이 아닌가 전망됐습니다. 전부터 2022년 참의원 선거는 기시다 내각의 중간평가라는 의견이 있었습니다. 또한 기시다 총리가 대표적인 개헌론자인 덕분에 개헌에 대한 논의도 탄력이 붙을 것으로 예상됐죠.

그러나 기시다 총리의 출범 후 1년 성적표는 그다지 훌륭하지 않았습니다. 자유민주당과 통일교(세계평화통일가정연합) 유착 의혹과 아베 신조 전 총리 국장을 둘러싼 논란 등으로 지지율이 급락하는 등 내각과 집권당 내 위기감이 확산했죠. 기시다 내각의 2022년 10월 지지율은 45%에 불과했는데요. '지지하지 않는다'는 비율이 '지지한다'는 응답 비율을 처음으로 넘어서게 되었죠. 국제 원자재값 상승과 엔화 가치 하락에 따른 물가 상승에도 기시다 내각이 적절히 대응하지 못하고 있다는 평가가 많았습니다. 2021년 중의원 선거와 2022년 참의원 선거에서 승리하면서 장기집권의 기반을 마련하기는 했지만, 총리 본인의 집권당 내 권력 기반이 탄탄하지 못해 향후 언제까지 총리직을 유지할 수 있을지는 불확실한 상황입니다.

日기시다, 도시락 먹다 中리창 쫓아가 …
"수산물 수입금지 풀어달라"

아세안+3(한 · 중 · 일) 정상회의에 앞서 **기시다 후미오** 일본 총리와 리창 중국 총리는 약 15분 간 선 채로 대화를 나눴다. 요미우리신문에 따르면 기시다 총리는 리 총리가 대기실에 들어갔다는 소식을 듣자 먹던 도시락을 남기고 서둘러 대기실로 찾아갔다. 당초 일본정부는 아세안 회의를 기회로 중 · 일 총리 간 정식회담을 계획했지만, 오염수 방류 문제로 중국이 비협조적인 태도를 보이면서 단시간 접촉에 그쳤다. 기시다 총리는 이 자리에서 리 총리에게 중국의 일본산 수산물 수입 전면금지조치를 철폐하라고 요구했으며, 일본정부의 방류에는 문제가 없다고 설명했다. 기시다 총리는 이후 기자회견에서 "내가 말을 걸었다고 해도 별로 틀리지 않는다"며 리 총리에 대해 "식견이 있는 분이라고 생각한다"고 말했다. 이 자리에서 리 총리가 기시다 총리에게 어떤 대답을 했는지는 알려지지 않았다. 그러나 이후 열린 중국과 아세안 회원국 간 정상회의에선 오염수 문제가 거론되지 않았다.

출처 : 중앙일보/일부인용

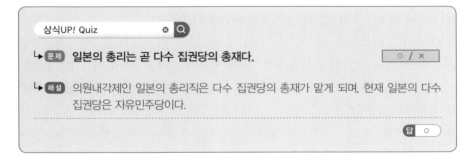

상식UP! Quiz

↳ 문제 일본의 총리는 곧 다수 집권당의 총재다.   ○ / X

↳ 해설 의원내각제인 일본의 총리직은 다수 집권당의 총재가 맡게 되며, 현재 일본의 다수 집권당은 자유민주당이다.

답 ○

21세기의 술탄

레제프 타이이프 에르도안 튀르키예 대통령이 2023년 5월 28일 대선 결선투표 끝에 재신임되었습니다. 그는 이로써 길게는 30년에 달하는 종신집권에 도전할 수 있게 됐는데요. 2018년 첫 취임한 에르도안 대통령은 이번 재선으로 2028년까지 추가로 5년 더 집권하게 됐습니다. 또한 중임 대통령이 임기 중에 조기대선을 실시해 당선되면 추가 5년 재임이 가능한 헌법에 따라 2033년까지도 집권할 수 있는 길을 열었죠. 이 경우 2003년 총리로 시작된 그의 집권기간은 30년까지로 연장됩니다.

의원내각제를 없애고 5년 중임의 제왕적 대통령제를 실시하는 이 같은 내용으로 헌법을 뜯어고친 이는 에르도안 바로 자신이었죠. 이 때문에 2017년 개헌 국민투표 당시에도 1인 지배체제가 민주주의를 훼손할 수 있다는 우려가 나왔습니다. 그런데 그는 앞서 2014년에도 총리 임기가 끝날 즈음 더 이상의 총리 연임이 불가능하자, 대통령 직선제로 개헌을 시도해 성공시켰는데요. 그는 튀르키예 역사상 최초의 직선제 대통령에 당선되며 집권을 이어갈 수 있었죠.

그는 기본적으로 이슬람 율법을 중요시하는 이슬람 원리주의와 권위주의를 표방하고 있습니다. 그는 튀르키예가 건국 당시부터 확립한 '세속주의'를 거부하는 스탠스를 취해왔죠. 2016년에는 이러한 기조에 반발한 군부가 군사쿠데타를 일으켰는데요. 러시아의 도움으로 가까스로 쿠데타를 진압하고 주동자와 연루된 세력을 대대적으로 숙청했습니다. 그리고 이 틈을 타 국민의 지지를 얻어 지지부진하던 제왕적 대통령제로의 개헌을 시도해 성공시킵니다.

그는 이렇듯 장기집권을 노리고 있지만 튀르키예의 경제와 내정 상황은 매우 좋지 못합니다. 그는 총리 시절에 비교적 튀르키예의 경제를 잘 이끌어 왔다고 평가받았습니다. 그가 2014년 직선제 개헌으로 대통령에 당선될 수 있었던 것도 국내총생산(GDP)을 집권 10년 사이 3배나 키운 공로를 인정받았기 때문입니다. 그러나 코로나19 팬데믹을 전후해 리라화 가치가 폭락하면서 튀르키예는 살인적인 물가상승에 허덕이고 있죠. 게다가 2022년 발생한 대지진 당시에도 부실대응 논란이 터지면서 정치적 책임론이 불거졌는데요. 거기에 외교에서는 북대서양조약기구(나토, NATO) 소속임에도 친 러시아 기조에 나토 확장을 은근히 반대하는 움직임을 보이고 있어, 미국과 서방국가들의 골칫거리가 되고 있습니다. 그러나 이러한 악재에도 그는 재선에 성공했는데요. 이에 힘입어 그가 제왕적 대통령제 하의 권위주의 통치를 더욱 강화할 것이라는 예측이 지배적입니다.

정치·**경제**·사회·**국제**·문화·미디어·과학·IT·스포츠

튀르키예, 에르도안 재선 후 기준금리 세 번째 인상

AP 통신에 따르면 튀르키예 중앙은행은 기준금리를 기존 17.5%에서 25%로 7.5%포인트 인상했다. 이는 **레제프 타이이프 에르도안** 대통령 재선 이후 3번째 기준금리 인상이다. 이 같은 조처는 지난 달 물가상승률이 전년 대비 47.83%에 달하는 등 그 전 월 39.5%에 비해 높아지면서 인플레이션 우려가 더욱 커진 데 따라 이뤄졌다. 에르도안 대통령은 이자받는 것을 죄악시하는 이슬람 교리에 따라 최근 수년간 살인적인 물가에도 금리를 인하하는 등 비정통적 경제정책을 고수했다. 이에 따라 리라화 가치는 30% 이상 하락했고, 여기에 대선을 앞두고 중앙은행이 리라화 방어에 나서면서 외환보유고 고갈현상이 더욱 심화했다.

출처 : 연합뉴스/일부인용

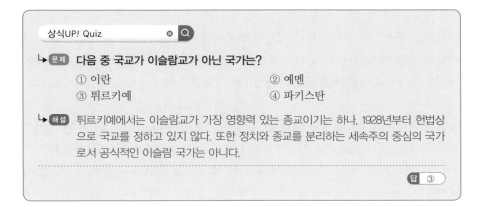

상식UP! Quiz

➥ 문제 **다음 중 국교가 이슬람교가 아닌 국가는?**

① 이란 ② 예멘
③ 튀르키예 ④ 파키스탄

➥ 해설 튀르키예에서는 이슬람교가 가장 영향력 있는 종교이기는 하나, 1928년부터 헌법상으로 국교를 정하고 있지 않다. 또한 정치와 종교를 분리하는 세속주의 중심의 국가로서 공식적인 이슬람 국가는 아니다.

답 ③

세상 모든 사람을 연결시키다

마크 저커버그는 미국 기업가이자 소프트웨어 개발자로서, 페이스북의 공동 설립자이자 회장 겸 CEO입니다. 그는 하버드대학교 재학 중 친구들과 함께 하버드대 학생들끼리 연락처를 공유하고 인맥을 관리하는 서비스인 페이스북을 만들었습니다. 페이스북은 2008년 말부터 세계 최대의 SNS 사이트였던 마이스페이스를 따돌리고 SNS 분야의 선두주자로 올라섰으며, 2012년 기업공개와 함께 마크 저커버그는 빌 게이츠 다음으로 정보기술 분야 2위의 부자가 되었습니다. 이후 그는 '인스타그램(Instagram)'과 모바일 메신저인 '왓츠앱(WhatsApp)', VR 기업인 '오큘러스(Oculus)'를 인수하며 덩치를 불렸습니다.

1984년 미국에서 태어난 그는 치과 의사인 아버지와 정신과 의사인 어머니 밑에서 자랐습니다. 11세 때, 아버지가 운영하는 치과 사무용 프로그램을 개발하기도 했으며, 고등학교 재학 중 음악재생 프로그램 시냅스를 제작해 마이크로소프트와 AOL(American On-Line)의 인수 및 고용 제안을 받았을 정도로 비범했죠. 그러나 그는 이러한 제안을 거절하고 2002년 9월 하버드대에 입학했습니다. 천재들은 가끔 '괴짜' 같은 면이 있는데 저커버그도 마찬가지였습니다. 페이스매시(Facemash)라는 이름의 프로그램을 만들어 장난삼아 배포한 것입니다. 기숙사에 있는 모든 여학생들의 사진을 해킹해서 우리나라에서 '이상형 월드컵'이라 불리는 서비스를 제공했습니다. 그런데 여기에 하루에만 무려 2만 3,000명이 접속하여 서버가 다운될 정도였다고 하네요. 이렇게 큰 인기를 누린 페이스매시가 25억명이 넘는 이용자가 가입한 세계 규모의 사이트로 성장했고 이것이 바로 페이스북입니다.

한편 저커버그는 가상현실인 메타버스의 가능성을 주목하고, 2021년 10월 페이스북의 사명을 '메타(Meta)'로 바꾼다고 발표했습니다. 기업명까지 바꾼 파격적인 결정을 한 것인데요. 그는 메타버스에 우리의 미래가 달려있다며, 화면 속에서만 이루어졌던 페이스북의 세계를 3차원 가상현실로 옮기는 준비를 하고 있습니다.

메타, VR 세계 '호라이즌 월드' 개설

3차원 가상세계를 뜻하는 '메타버스' 기업으로의 전환을 선언한 세계 최대 소셜미디어 메타 플랫폼(옛 페이스북)이 가상현실(VR) 세계 '호라이즌 월드'를 개설했다. 호라이즌 월드는 이미 2021년 베타 버전이 선별된 일부 오큘러스 VR 헤드셋 이용자들에게 공개된 바 있다. 초청된 사람들만 이용하는 방식을 바꿔 모든 이용자에게 무료로 개방한 것이다.

메타는 2014년 20억달러를 주고 VR 기기 업체 오큘러스를 인수했다. 메타는 그동안 틈새시장에 머무는 VR 시장을 확대하려고 분투해오다가 메타버스를 위한 기술과 제품, 서비스를 회사의 초점으로 삼겠다고 선언했다. **마크 저커버그** 메타 최고경영자(CEO)는 2021년 10월 사명을 메타로 바꾼다고 발표하면서 앞으로 1년간 메타버스 관련 기술을 개발하고 인력을 채용하는 데 100억달러를 지출하겠다고 밝힌 바 있다.

출처 : 연합뉴스/일부인용

 상식UP! Quiz

↳ 문제 **미국 기업가이자 소프트웨어 개발자인 페이스북의 공동 설립자는?**

① 마크 저커버그 ② 앤디 루빈
③ 래리 페이지 ④ 에릭 슈미트

↳ 해설 마크 저커버그는 하버드대학교 재학 중 친구들과 함께 하버드대 학생들끼리 연락처를 공유하고 인맥을 관리하는 서비스인 페이스북의 전신 페이스매시를 만들었다.

 답 ①

016 제프 베조스

혁신을 거듭하는 세계 최고 부자

제프 베조스는 세계 최대 전자상거래 기업 '아마존'의 창업자이자 전 CEO, 현 이사회 의장입니다. 아마존(Amazon)은 'A부터 Z까지 인터넷을 통해 고객이 원하는 모든 것을 제공한다'는 것을 모티브로 서비스를 계속해서 발전시켜나가고 있는 기업입니다. 영업이익율을 1%대로 유지하여 고객에게 물건을 최저가로 제공하기 위해 노력하는 반면 드론 배송과 물류 관리로 유통 혁신을 추구하고 있기도 하죠.

이런 아마존을 세운 베조스의 천재성은 어렸을 때부터 드러났다고 합니다. 그는 기계 분야에 관심이 많았고 성적도 우수해 프린스턴 대학교에서 이론물리학을 전공했지만 전기공학으로 전공을 바꿔 수석 졸업했다고 합니다. 졸업 후에는 유명 IT기업에 들어가 승승장구했고 금융업계의 거물이 되기도 했습니다. 하지만 그는 나이 스물아홉에 하던 일을 그만두게 되는데, 사업 아이템을 하나 떠올렸기 때문이었습니다. 그는 '인터넷을 활용해 물건을 팔면 좋겠다'는 구상을 했고 바로 회사에 사직서를 낸 뒤 도서전문 전자상거래 업체 아마존을 차렸습니다. 이후 혁신적이며 공격적인 사업 투자로 아마존을 키워냈는데, 비슷한 시기 창립된 이베이와 보더즈, 서킷시티 등의 경쟁자를 줄줄이 물리치고 압도적인 업계 1위가 되었습니다. 또한 제프 베조스는 2018년부터 2021년까지 미국 경제전문지 포브스가 발표한 개인 재산 보유 순위 1위에 올라 '세계에서 가장 부유한 사람'이 되었죠.

그는 아마존 외에도 다양한 산업에 손을 뻗고 있습니다. 클라우드 컴퓨팅과 서버 구축 서비스를 제공하여 업계 선두를 지키고 있으며, 2013년에는 언론사 워싱턴 포스트를 인수했습니다. 망해가던 언론사였던 워싱턴 포스트는 IT기술을 접목해 콘텐츠 혁신을 이뤄 현재 다시 활기를 찾고 있다고 합니다. 그러는가 하면 우주항공기업인 '블루오리진'을 세워 우주선 개발, 로켓 개발 등 다양한 민간 우주사업을 벌이고 있죠. 베조스의 블루오리진은 개발자이자 사업가로 비슷한 길을 걸어온 '일론 머스크'의 '스페이스X'와 자주 비교 대상이 되기도 합니다.

중산층 출신에서 억만장자 되다
베조스의 성공 비결

중산층 가정에서 자라 자기 힘으로 세계에서 가장 많은 부를 쌓은 사람이 있다. 아마존 창업자 겸 최고경영자(CEO)인 **제프 베조스**다. CNBC Make It에 게재된 '제프 베조스의 3가지 성공 비결'을 바탕으로 정리했다.

첫째, 2~3년 후를 내다보고 일한다. 베조스는 시야를 들어 2~3년 앞을 내다보라고 한다. 어려운 지금 상황만 바라보지 말고 2~3년 후에는 어떻게 될까 생각하면서 그 때를 위한 일을 지금 하라는 것이다.

둘째, 남의 시선을 신경 쓰지 않는다. 베조스는 2018년 한 인터뷰에서 "비판받지 않을 것이라고 믿는 것은 매우 순진한 생각"이라며 "비판은 인생의 일부분일 뿐이고 비판을 받아들여야 한다"고 말했다. 주위 사람들보다 더 높은 곳으로 도약하려면 그 사람들과 달라야 하고 그럼 의심과 비난은 필수코스다.

셋째, 비효율적인 시간을 가진다. 베조스는 비효율성이 아마존의 DNA 중 일부라고 말한다. 효율성이란 계획을 세워 잘 실행하는 것이다. 비효율성은 호기심에 따라 이것저것 시도해보는 것이다.

출처 : 머니투데이/일부인용

일론 머스크의 무모한 도전

우리에게 전기자동차 '테슬라' CEO로 잘 알려진 '일론 머스크'는 간편결제 서비스 '페이팔(PayPal)'의 공동창업자이기도 합니다. 그는 대학시절 친구들과 함께 이메일을 통해 송금하는 방법을 개발해 동종 회사였던 컴피니티와 합병하여 페이팔을 세우게 되었습니다. 후에 페이팔 지분을 판 머스크는 28살 나이에 수천억대 자산가가 되었습니다. 할리우드 영화 〈아이언맨〉 배역 연구를 하던 로버트 다우니 주니어는 주인공 '토니 스타크'의 영감을 젊고 추진력 있는 기업가 일론 머스크에게서 받았다고 이야기하기까지 했습니다.

젊은 나이에 부자가 된 머스크는 여기서 멈추지 않고 자신의 평생 꿈인 '화성 개발'에 눈을 돌리게 됩니다. 그는 자신의 꿈을 실현하기 위해 민간 우주기업인 '스페이스X'를 설립했습니다. 우주항공산업은 국가주도 사업이라고 생각했던 사람들 눈에는 무모한 도전이었습니다. 실제로 머스크는 이 우주사업을 위해 전 재산을 거의 투자했고 4번째 발사에서 겨우 로켓 발사에 성공했습니다. 4번째 발사로 NASA의 지원을 받게 된 스페이스X는 겨우 파산을 면하게 됩니다. 우주비행기술을 성공시킨 머스크는 이번에는 화성탐사기술 개발에 도전하게 됩니다.

화성개발을 위해 화성탐사 운용시설로 투자한 것이 바로 전기차 회사 '테슬라모터스'입니다. 이 때 솔라시티도 함께 투자해 태양광으로 전기차를 운용할 계획을 세우죠. 이후 테슬라 공동 CEO로 올라선 머스크는 기존의 고정관념을 깨고 전기차의 장점을 극대화한 고성능 차량을 선보임으로써 천문학적인 돈을 손에 거머쥐게 됩니다. 그는 계속해서 도전을 멈추지 않고 위성 인터넷 서비스인 스타링크, 대형 민간우주선 스타십, 합금을 이용한 사이버트럭 등을 꾸준히 시장에 선보이게 됩니다. 이제는 전기차나 신재생에너지 사업을 넘어 우주까지 넘보는 혁신가라고 할 수 있네요.

"머스크 스페이스X 우주관광 차원이 다르다"
민간인 4명 고도 575km 비행

일론 머스크 테슬라 최고경영자(CEO)가 이끄는 우주로켓 기업 스페이스X가 사흘간 지구 궤도를 도는 우주관광 로켓을 성공적으로 발사했다. 2021년 7월 블루오리진과 버진 갤럭틱이 하늘과 우주의 경계인 고도 100km 상공인 '카르만 라인'선에 근접했거나 미치지 못했다면, 스페이스엑스는 고도 575km를 비행한다는 점에서 차원이 다르다는 평가가 나온다.

스페이스X는 우주관광 프로젝트 '인스퍼레이션4'와 손잡고 민간인 4명을 태운 팰컨나인을 플로리다주 케네디 우주센터에서 발사했다. 팰컨나인에서 분리된 우주선 캡슐인 크루드래곤은 음속의 22배인 시속 27,359km속도로 지구를 돌았다.

목표 고도는 575km로 ISS(국제우주정거장) 400km · 허블 우주망원경 54km 보다 높았다. 또 지구 궤도 비행으로는 1966년 제미니 10호와 11호에 이어 세 번째로 높은 고도라는 평가를 받았다. 우주선 캡슐인 크루드래곤은 이번 비행을 위해 특수 제작됐다. 국제우주정거정과 도킹이 필요 없기 때문에, 도킹 어댑터를 떼어내고 유리 돔인 큐폴라로 부착했다. 이 부분이 화장실이기 때문에, 지구 전망을 갖춘 첫 화장실이라는 별명이 붙었다.

출처 : 매일경제/일부인용

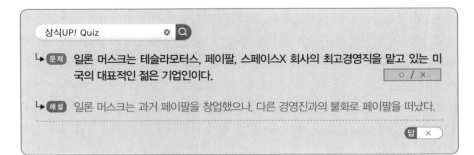

상식UP! Quiz

↳ **문제** 일론 머스크는 테슬라모터스, 페이팔, 스페이스X 회사의 최고경영직을 맡고 있는 미국의 대표적인 젊은 기업인이다.

o / x

↳ **해설** 일론 머스크는 과거 페이팔을 창업했으나, 다른 경영진과의 불화로 페이팔을 떠났다.

답 ×

올빼미파? 매파? 세계 경제대통령

미국 연방준비제도(Fed)의 의장은 '세계 경제대통령'이라고들 합니다. 미국의 달러 발행 권한, 지급 준비율 변경 권한, 기준금리 변경 권한 등 세계 경제에 지대한 영향을 미칠 요소들에 대한 변경 권한을 갖고 있는 중책이기 때문입니다.

2018년 2월 연임에 실패한 재닛 옐런 전 의장에 이어서 트럼프 전 대통령에 의해 새롭게 임명된 인물은 바로 제롬 파월입니다. 조지 H. W. 부시 대통령 때 재무부 차관을 역임했고, 2011년 오바마 대통령 때 연준 이사로 선출된 인물입니다. 그는 공화당원이면서 민주당 정부 때 연준 이사직에 오른 특이한 케이스인데요. 당시 미국의 국가부채 한도 증액에 반대하는 공화당을 중간에서 잘 설득해 행정부에 동조하게 만든 공로가 있었기 때문입니다. 파월과 친분이 있는 리처드 피셔 전 댈러스 연방은행 총재는 그에 대해 "매파도 비둘기파도 아닌 현명한 올빼미파"라며 "양쪽의 의견을 끝까지 듣고 최선의 결론을 찾으려 한다"고 평가했습니다.

잠깐! 올빼미, 매, 비둘기… 뭘 말하는 건지 모르시겠다고요? 경제에 대해서 얘기할 때 이 새들은 각각의 경제정책을 선호하는 사람들에 자주 빗대어져 표현되는 동물입니다. 매파는 경기가 과열 조짐을 보이면 통화를 거둬들이고 물가를 안정시키려는 긴축정책을 선호하는 사람들을 말합니다. 반대로 비둘기파는 경기 부양을 위해 더욱 돈을 풀자는 완화정책을 선호하는 사람들이죠. 둘 사이에 있는 올빼미파는 두 방법 사이에서 중간적인 성향을 보이는 중도파들을 가리킵니다. 올빼미파 파월은 2021년 11월 바이든 대통령의 재신임을 받게 되었는데요. 인플레이션 우려가 커진 미국 경제를 안정적으로 회복시킬 수 있는 인물로서 다시 선택을 받았습니다. 그런데 2022년에 들어도 미국의 물가가 좀처럼 가라앉지 않자, 파월은 11월까지 무려 네 번의 '자이언트 스텝(기준금리를 한 번에 0.75~1.00% 올리는 것)'을 감행하면서 매파 같은 행보를 보였습니다. 덕분에 우리나라를 비롯한 세계 각국도 강력한 긴축정책을 펼치게 되었죠.

파월 연준 의장, 제2의 '인플레이션 파이터' 되나

제롬 파월 미국 연방준비제도(Fed · 연준) 의장은 잭슨홀 심포지엄 연설에서 연준이 향후 수개월간 매파 기조를 유지할 것이라는 입장을 표명했다. 그는 인플레이션(물가 상승)을 잡기 위해 고강도 금리 인상으로 경기침체라는 대가를 치르게 한 '인플레이션 파이터' 폴 볼커 전 연준 의장의 행적을 성공이라 평가하며, 앞서 10년에 걸친 연준의 정책 실수를 볼커 전 의장이 바로잡았다고 강조했다. 파월 의장은 이번 긴축 사이클을 통해 연준이 빠르게 인플레이션을 통제할 것이라고 기대했다. 파월 의장은 "'목표를 달성할 때까지' 금리를 인상할 것이고 높은 수준의 금리를 유지할 것"이라고 말했다. 그는 이러한 긴축정책 때문에 경제성장률이 장기간 추세를 밑돌 수 있고 고용시장도 취약해질 수 있다면서도, "불행히도 인플레이션을 통제하기 위해 대가를 치러야 한다"고 말했다.

출처 : 조선비즈/일부인용

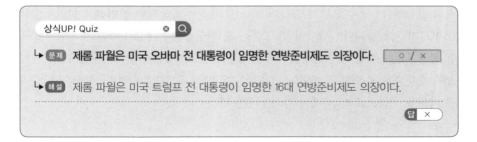

상식UP! Quiz

↳ 문제 **제롬 파월은 미국 오바마 전 대통령이 임명한 연방준비제도 의장이다.** ○ / ×

↳ 해설 제롬 파월은 미국 트럼프 전 대통령이 임명한 16대 연방준비제도 의장이다.

답 ×

70년 만에 왕관을 쓴 새로운 영국의 왕

찰스 3세 영국 국왕이 2023년 5월 6일 런던 웨스트민스터 사원에서 거행한 대관식에서 마침내 왕관을 쓰고 영국과 14개 영연방 왕국의 군주가 됐음을 전 세계에 공표했습니다. 영국에서 국왕의 대관식이 열린 것은 1953년 선왕인 엘리자베스 2세의 대관식 이후 70년 만입니다. 여왕의 서거 이후 찰스 3세가 왕위를 계승한 지 8개월 만이죠. 이날 대관식은 1,000년 가까이 이어져 온 전통의 틀을 대체로 따랐으나, 일부 의식에서는 시대의 변화를 반영했습니다. 불교, 유대교, 이슬람교 등 다른 종교지도자들이 대관식에 참석해 비종교적인 대관식 물품을 전달한 것도 사상처음 있는 일이었죠.

대관식은 화려하게 치러졌으나 동시에 군주제 유지에 대한 시각은 미묘하게 달라지고 있습니다. 영국은 브렉시트, 코로나19 이후 성장동력이 떨어졌고 물가상승률이 10%가 넘었습니다. '생계비 위기'라는 표현이 공공연해졌고, 의료·교통·교육등 공공부문에서 급여를 올려달라며 파업을 벌였죠. 대관식 참석자수를 70년 전의25% 수준으로 축소하고 행렬도 단축했지만 1억파운드(1,700억원) 이상으로 알려진 비용을 세금으로 대는 데 반감이 나왔습니다.

대관식 날 거리에서 '내 왕이 아니다(Not My King)'라는 구호가 터져 나온 것도 이런 배경에서입니다. 군주제폐지 시민단체 '리퍼블릭'은 "군주가 아닌 국민대표가국가원수가 돼야 한다"며 대관식시위 동참을 촉구해 관심을 받았죠. 왕실행사에 관심을 끄는 것을 넘어 행동에 나서는 사람들이 늘어난 것입니다. 군주제에 대한 영국인들의 지지가 갈수록 떨어지는 것은 찰스 3세에게 큰 고민거리죠. 어머니와 같은 카리스마나 인기도 없고, 왕실지지율마저 떨어지는 상황에서 달라진 세상에 걸맞은 왕실의 모습을 보여야 한다는 무거운 짐을 지고 있습니다. 국제적으로는 과거제국주의 식민지배 시절의 과오를 반성해야 한다는 목소리가 높죠. 분열된 영국인들을 아우르고, 왕실가족 내 잡음도 다스려야 합니다. 근본적으로는 군주제가 현대

민주주의에 걸맞지 않다고 보는 21세기 영국민들에게 왕실이 시대착오적이지 않다는 것을 보여주는 것이 중요하다는 지적이 나옵니다.

영국 찰스 3세 즉위 1년,
군주제 지지율, 18~24세에선 절반 이하

찰스 3세 즉위 1년을 앞두고 시행된 여론조사에서 군주제 지지율이 60%에 이르는 것으로 나타났다. 그러나 20세 전후에선 절반에 그쳤다. 영국 온라인 설문업체 유고브는 성인 2,020명을 대상으로 이뤄진 이번 조사에서 58%는 군주제가 영국에 좋다고 답했다고 밝혔다. 군주제를 지속해야 한다는 답변도 62%로 나타났다. 그러나 군주제를 둘러싼 세대별 의견 차는 여전히 큰 것으로 나타났다. 18~24세의 경우 군주제가 영국에 좋다는 답변은 30%에 불과했다. 이는 전체 평균보다 절반가량 낮은 것으로, 65세 이상의 77%와 뚜렷한 차이를 보였다. 군주제 지속과 관련해서도 18~24세는 37%만 긍정적으로 답했는데 65세 이상에선 80%에 달해 큰 차이를 보였다. 왕실 관련 전문가 에드 오원스는 젊은 층의 낮은 지지는 왕실로선 확실히 우려할만한 일이라면서 이 흐름을 되돌리긴 어려울 것이라고 말했다.

출처 : 경향신문/일부인용

상식UP! Quiz

문제 다음 중 입헌군주제 국가가 아닌 것은?
① 영국
② 덴마크
③ 태국
④ 네팔

해설 현존하는 입헌군주국에는 네덜란드, 덴마크, 노르웨이, 영국, 스페인, 일본, 태국, 캄보디아 등이 있다. 네팔은 1990년에 입헌군주정을 수립했으며 2008년 다시 절대왕정으로 회귀하려다 왕정을 폐지하고 민주공화국을 수립했다.

답 ④

이념논쟁에 휘말린 민족의 영웅

일제강점기 봉오동전투 · 청산리전투의 영웅 홍범도(1868~1943) 장군의 유해가 광복절인 2021년 8월 15일 고국으로 돌아와 대전현충원에 안장됐습니다. 서거 78년 만이자 구소련에 의해 연해주로 이주한 지 100년 만의 귀환이었죠. 그런데 귀환 후 꼭 2년 만인 2023년 8월, 홍 장군이 때 아닌 이념논쟁에 휘말렸습니다. 홍 장군이 소련공산당에 가입한 이력이 있다며, 우리 군이 육군사관학교 충무관 앞에 설치된 홍범도 · 김좌진 · 지청천 · 이범석 장군과 신흥무관학교 설립자 이회형 선생의 흉상을 철거하겠다고 나섰기 때문이죠. 논란이 커지자 홍 장군 흉상은 육사 외부로, 나머지 흉상들은 교내 다른 장소로 옮기겠다고 했는데요.

특히 국방부는 "5인 중 공산주의 이력이 있는 홍 장군의 흉상을 육사에 설치해 기념하는 것은 육사의 정체성을 고려할 때 적절하지 않다"고 주장했죠. 육사가 북한을 상대로 전쟁억제를 하고 전시에 이기기 위한 인력을 양성하는 곳인데, 공산주의 이력이 있는 사람의 흉상을 두는 것이 맞느냐는 겁니다. 육사 총동창회도 이에 찬성하고 나섰죠. 이어서 국방부는 용산 국방부 청사 앞에 설치된 홍 장군 흉상도 이전을 검토하고 있고, 해군 잠수함 '홍범도함'의 이름도 필요하면 변경하겠다고 했습니다.

국방부는 또 홍 장군이 1921년 6월 러시아 공산당 극동공화국 군대가 자유시에 있던 독립군을 사살한 자유시참변과 관련이 있다는 '의혹'을 제기하기도 했는데요. 그러나 독립운동사를 연구한 대다수 학자는 현재의 관점에서 역사를 판단해서는 안되며, 역사주의적 관점에서 국방부가 문제 삼는 홍 장군의 '공산주의' 이력이 6 · 25전쟁 이후 '반공', '빨치산' 등으로 우리 사회에 각인된 공산주의 개념과 다르다는 입장을 보였습니다. 또 당시 시대상황과 용어의 정확한 의미를 무시한 채 현대의 정치적 잣대만으로 역사를 평가하는 것은 무책임한 행동이라고 비판했죠. 더군다나 홍 장군은 이미 박정희정부 시절에도 '공산주의' 이력이 확인됐으나 소련공산당에 가입한 뒤 독립운동에 적대적 행위를 하거나 당원으로서 적극적으로 활동한 이력도 없고, 1962년 건국훈장 2등급인 대통령장을 받으며 만주에서 독립군을 지휘해 김좌진장군과 함께 공적을 올린 것이 인정됐습니다. 이러한 논란에 독립운동단체들은 군이 국가수호라는 본연의 임무를 등한시하고 때 아닌 이념논쟁에 뛰어들어 갈등을 조장하고 있다고 규탄했습니다.

정치 · 경제 · 사회 · 국제 · 문화 · 미디어 · 과학 · IT · 스포츠

역사학계 "정부 왜곡으로 평민 의병장 홍범도, 부관참시 당해"

역사학계가 육군사관학교 · 국방부가 내세운 **홍범도** 장군의 흉상 이전 이유를 정면으로 반박하며, 육사 교내 흉상 철거 계획의 철회를 촉구했다. 이들은 윤석열정부가 독립운동 지우기 등 '역사부정'을 행하고 있다고 강하게 비판했다. 한국역사연구회 등 51개 역사단체는 "국방부는 홍범도의 소련 공산당 가입 및 활동이력을 문제 삼았으며, 논란 와중에 대통령은 '이념이 중요하다.' 국가안보실장은 홍범도의 후반기 삶이 '육사교육에 맞지 않는다'고 했다. 육사와 국방부의 독립운동 역사 지우기, 독립운동에 대한 색깔론 제기가 윤석열정부와 공감 속에서 이루어졌다는 점이 명백해졌다"고 했다. 역사단체들은 "정부의 왜곡으로 홍범도가 부관참시 당했다"고 했다. 그러면서 육사와 국방부의 "홍장군은 자유시 참변과 연관되어 있다는 의혹이 있다"는 주장을 정면으로 반박했다. 역사단체들은 "역사학계는 다양한 자료를 비교분석해 자유시 참변의 기본성격이 통합방법을 둘러싼 독립군 부대들의 내분이었음을 밝혀냈다"며 "사망자를 낳은 무장해제의 책임은 고려혁명군 지휘부에 있었으며 홍범도는 유혈사태를 우려했고 무장해제에 가담하지 않았다"고 했다.

출처 : 경향신문/일부인용

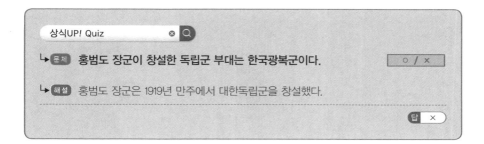

상식UP! Quiz

↪ **문제** 홍범도 장군이 창설한 독립군 부대는 한국광복군이다. ○ / ✕

↪ **해설** 홍범도 장군은 1919년 만주에서 대한독립군을 창설했다.

답 ✕

신문으로 공부하는
말랑말랑 시사상식
종합편

CHAPTER 02

정치·법률

노동자의 억울한 죽음에 대한 책임

2018년 태안화력발전소에서 비정규직 노동자였던 청년 고 김용균 씨가 안타깝게 목숨을 잃었습니다. 고 김용균 씨의 사망은 원청관리자가 하청노동자에게 직접 업무지시를 내린 불법파견 때문에 발생한 것으로 밝혀져 '죽음의 외주화' 논란을 일으켰는데요. 이 사건의 원인이 안전관련법안의 한계에서 비롯되었다는 사회적 합의에 따라 산업안전규제 강화를 골자로 하는 산업안전보건법인 '김용균법'이 2020년에 개정되었고, 이후 산업재해를 발생시킨 기업에 징벌적 책임을 부과하는 중대재해 기업처벌법(중대재해법)이 2021년에 입법됐습니다. 그리고 야당과 경제계의 반발 속에 같은 해 1월 8일 국회에서 통과되었죠.

산업안전법이 산업현장의 안전규제를 대폭 강화했다면 중대재해법은 더 나아가 경영책임자와 기업에 징벌적 손해배상책임을 부과합니다. 중대한 인명피해를 주는 산업재해가 발생했을 경우 경영책임자 등 사업주에 대한 형사처벌을 강화하는 내용이 핵심인데요. 노동자가 사망하는 산업재해가 발생했을 때 안전조치 의무를 미흡하게 이행한 경영책임자에게 징역 1년 이상, 벌금 10억원 이하의 처벌을 받도록 했습니다. 법인이나 기관도 50억원 이하의 벌금형에 처하도록 했죠. 2022년부터 시행됐으며 50인 미만 사업장에는 공포된 지 3년 후부터 시행됩니다.

중대재해법이 국회 문턱을 넘기까지는 많은 진통이 있었습니다. 경제계는 산업재해의 원인분석과 예방 대신 기업의 처벌에만 치중한다며 반발했고, 이에 여당이 처벌의 수위를 낮춰 법사위를 통과시키자 법안을 발의했던 정의당은 '살인방조법'이라며 비판했습니다. 법률을 집행하기 위한 시행령을 두고서도 노동계와 경제계는 입씨름을 벌였습니다. 경제계는 중대재해법과 시행령의 내용상 모호함 때문에 현장의 혼란이 가중되고 있다며 법률 이행과 예측가능성을 높이는 방향으로 개정과 보완을 거쳐야 한다고 했습니다. 준법의지가 있는 기업이라도 무엇을 어떻게 해야 할지 알 수 없는 규정이 수두룩하다고 주장했는데요. 반면 노동계는 시행령이 법

적용 범위를 좁혀놔 중대재해를 막기에는 역부족이라는 지적을 제기했습니다. 경영책임자의 안전보건 관리체계 구축 의무에 2인 1조 작업 편성은 포함되지 않았다고 비판했으며, 아울러 직업성 질병의 대다수를 차지하는 뇌심혈관계 질환 따위의 만성 질환이나 직업성 암 등이 적용 대상에서 제외돼 실효성이 없다고 주장하기도 했습니다.

정치 · 경제 · **사회** · 국제 · 문화 · 미디어 · 과학 · IT · 스포츠

중대재해처벌법 적용 사업장
산재 사망자 65%는 하청업체 소속

중대재해처벌법이 적용되는 사업장에서 산업재해로 숨진 근로자의 65%는 하청업체 소속인 것으로 나타났다. 국회 환경노동위원회 소속 더불어민주당 진성준 의원이 고용노동부에서 받은 자료에 따르면 중대재해처벌법이 시행된 2022년 1월 27일부터 약 8개월 동안 발생한 중대산업재해는 443건으로, 이로 인해 446명이 숨지고 110명이 다쳤다. 443건 중 현재 법이 적용되는 사업장에서 일어난 사고는 156건(35.2%), 2024년부터 적용되는 사업장에서 일어난 사고는 287건(64.8%)이다. 진 의원은 "중대재해처벌법 시행에도 불구하고 원청업체의 '위험 외주화'가 여전히 심각하다는 점을 보여준다"며 "원청업체가 관리 · 감독을 강화해 하청업체 노동자가 안전하게 일할 수 있는 작업 환경을 조성해야 한다"고 말했다.

출처 : 연합뉴스/일부인용

상식UP! Quiz

↳ 문제 중대재해 기업처벌법의 또 다른 이름은 '김용균법'이다.   ○ / ×

↳ 해설 '김용균법'은 산업현장의 안전규제를 대폭 강화한 법으로 산업안전보건법 개정안에 해당한다.

답   ×

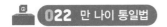

빠른 생일은 이제 그만!?

우리나라는 '세는 나이'와 '만 나이', '연 나이' 방식을 혼용해 사용해왔습니다. 세는 나이는 출생일로부터 1살이 되고 다음 1월 1일이 되면 1살씩 증가시키는 방법으로 일상에서 통용돼왔죠. 반면 만 나이는 대부분 국가에서 통용되는 나이계산법으로 출생 직후 0살에서 시작해 생년월일을 기점으로 1년이 지날 때마다 1살씩 늘어나는 방법이고, 연 나이는 현재연도에서 출생연도를 뺀 나이로 '0살'부터 출발해 해가 바뀌면 1살씩 올라가는 방식입니다.

문제는 현행법에서 사용되는 나이계산법이 달랐는데요. 우리나라는 1962년부터 민법상 공식적으로 만 나이를 쓰고 있으나 일부 법률에서는 현재 연도에서 출생연도를 뺀 연 나이를 적용해 일부 혼란의 여지가 있었습니다. 세금 · 의료 · 복지의 기준으로는 만 나이를 적용하고, 청소년보호법이나 병역법 등에서는 연 나이를 기준으로 법률을 적용해왔죠. 특히 코로나19 상황에서 방역패스는 연 나이가 기준인 반면 백신접종은 만 나이를 적용해 혼란이 빚어지기도 했습니다. 노사 단체협약상 임금피크제 적용연령으로 적혀 있는 '56세'를 어느 나이로 해석할 것인지를 놓고 벌어진 법적 분쟁이 대법원까지 간 사례도 있었죠. 소위 출생년도 앞에 '이른' 또는 '빠른'을 붙이게 된 것도 여러 나이가 혼재하기 때문에 생긴 혼란이었는데요.

그런데 2022년 12월 8일 민법 일부개정법률안과 행정기본법 일부개정법률안이 국회 본회의를 통과하면서, 모든 행정에 관한 나이계산은 다른 법령에 따른 특별규정이 있는 경우를 제외하고 만 나이 적용으로 통일하게 됐습니다. 이로써 개정안이 시행되는 6월부터 기존 '세는 나이'보다 최대 2살까지 어려지게 됐죠.

개정안이 통과하기까지 연령의 표준화가 사회적 혼란을 일으킨다는 목소리도 있었고, 또 오랜 전통방식을 파괴하는 것이라는 주장도 있었습니다. 그러나 실제로 만 나이가 통일돼도 그리 큰 사회적 혼란이 벌어지지는 않으리라는 시각이 지배적이었습니다. 법 개정의 취지는 나이 계산법 혼용에 따른 분쟁을 해소하는 데 맞춰져 있고, 오랜 시간 동안 확립된 사회적 인식이 법 개정으로 단번에 바뀔 수 있는 건 아니기 때문입니다.

'만 나이' 통일하지만, 보험 가입할 때는 '보험 나이' 적용 유의

나이계산법 혼용에 따른 사회적 · 행정적 혼선을 해소하고자 법령 · 계약상 연령을 **만 나이로 통일**하는 민법과 행정기본법 개정안이 국회에서 의결됐다. 그러나 사람의 생명 · 신체에 대한 보험사고 발생 시 보험금을 지급하는 보험상품의 경우 만 나이와 별도로 금융소비자에게 다소 생소한 '보험 나이'를 적용하기 때문에 이를 유의해야 한다. 보험 나이는 계약일 현재 실제 만 나이를 기준으로 6개월 미만의 끝수는 버리고 6개월 이상의 끝수는 1년으로 해 계산한다. 이후 매년 계약 해당일(최초계약일로부터 1년마다 돌아오는 날)에 나이가 증가하는 것으로 간주하는 개념이다. 생명보험이나 장기손해보험에서 적용되는데, 보험료 산출이나 가입나이 계산(가입 가능 여부 판단) 및 만기시점 확정 등에 활용되고 있다.

출처 : 조선일보/일부인용

상식UP! Quiz

문제 만 나이 통일법에 대한 설명으로 옳지 않은 것은?

① 2023년 6월부터 시행됐다.
② 초등학교 입학, 군입대에 만 나이가 적용된다.
③ 술 · 담배구입 가능 연령은 연 나이가 적용된다.
④ 만 나이는 출생일을 기점으로 실제 산 나이를 센다.

해설 만 나이 적용으로 나이계산법이 '만 나이'로 통일되지만, 기존에 '연 나이'로 적용되던 초등학교 입학시기나 군입대 연령 등은 달라지지 않는다.

답 ②

수사는 공평하게, 비리는 명백하게

우리나라는 대통령 측근이나 고위공직자 등 국민적 관심이 집중된 대형 비리 사건에 있어 검찰 수사의 공정성과 신뢰성 논란이 생길 때마다 특별검사를 도입하여 운용했습니다. 그러나 특별검사제도를 도입하기 위한 근거 법률을 제정하는 과정에서 그 도입 여부 및 특별검사의 수사 대상, 추천권자 등을 둘러싼 여야 간의 갈등이 끊이지 않았지요. 이를 해결하고자 미리 특별검사제도의 발동 경로와 수사 대상, 임명 절차 등을 법률로 제정해 두고 대상 사건이 발생되면 곧바로 특별검사를 임명하여 최대한 공정하고 효율적으로 수사하기 위한 상설특별검사제도를 도입하게 됩니다. 『특별검사의 임명 등에 관한 법률』이 바로 그것입니다.

주요 내용

- 수사 대상 − 국회가 정치적 중립성과 공정성 등을 이유로 특별검사의 수사가 필요하다고 본회의에서 의결한 사건, 법무부장관이 이해충돌이나 공정성 등을 이유로 특별검사의 수사가 필요하다고 판단한 사건
- 임명 − 대통령이 특별검사 후보 추천위원회에 2명의 특별검사 후보자 추천을 의뢰하고 추천을 받은 날부터 3일 내에 추천된 후보자 중에서 1명을 특별검사로 임명
- 특별검사 후보 추천위원회 − 위원회는 국회에 두고 위원은 법무부 차관, 법원행정처 차장, 대한변호사협회장, 기타 학식과 덕망이 있고 각계 전문 분야에서 경험이 풍부한 사람으로서 국회에서 추천한 4명 중에서 국회의장이 임명하거나 위촉
- 수사 기간 − 준비 기간이 만료된 날의 다음 날부터 60일 이내에 담당 사건에 대한 수사를 완료하고 공소제기 여부를 결정, 대통령의 승인 시 한 차례만 30일 연장 가능

시기	특별검사제 목적
1999년	한국조폐공사 노동조합 파업유도 및 전 검찰총장 부인에 대한 옷 로비 의혹사건 진상규명
2001년	주식회사 지앤지 대표이사 이용호의 주가조작 · 횡령사건 및 이와관련된 정 · 관계로비 의혹사건 등의 진상규명
2003년	남북정상회담 관련 대북 비밀송금 의혹사건 등의 진상규명
2003년	노무현 대통령의 측근 최도술 · 이광재 · 양길승 관련 권력형비리 의혹사건 등의 진상규명

2005년	한국철도공사 사할린 유전개발사업 참여 관련 의혹사건 진상규명
2007년	삼성 비자금 의혹 수사
2010년	검사 등의 불법자금 및 향응수수사건 진상규명
2012년	재보궐선거일 선관위와 박원순 서울시장 후보 홈페이지에 대한 사이버테러 진상규명
2012년	이명박 정부의 내곡동 사저부지 매입의혹사건 진상규명
2016년	박근혜 정부의 최순실 등 민간인에 의한 국정농단 의혹 사건 규명
2018년	드루킹의 인터넷상 불법 댓글 조작 사건과 관련된 진상규명
2022년	성추행 피해 공군 부사관 사망 사건 수사

정치 · 경제 · 사회 · 국제 · 문화 · 미디어 · 과학 · IT · 스포츠　　　

기댈 곳 없었던 故 이예람 …
특검 "다들 가해자 걱정만 했다"

고(故) 이예람 중사 사망 사건을 수사한 **특별검사**팀은 수사 과정에서 이 중사가 사망 전 2차 가해 등의 피해자가 됐던 정황을 발견했다고 밝혔다. 특히 성폭력 사건이 일어난 직후 가해자와 피해자 분리가 전혀 이뤄지지 않았고, 부대 내에선 오히려 가해자를 두둔하는 상황이 형성됐던 것으로 전해진다.

출처 : 뉴시스/일부인용

상식UP! Quiz　　　　　　　　

↳ 문제 **특별검사제에 관한 설명으로 옳지 않은 것은?**
　① 특별검사는 법무부 장관이 임명한다.
　② 국회가 본회의에서 의결한 사건은 특별검사의 수사 대상이 된다.
　③ 특별검사 후보자의 추천을 위하여 특별검사 후보 추천위원회를 구성한다.
　④ 최순실의 국정 농단 사건의 특별검사는 박영수 변호사이다.

↳ 해설 특별검사는 대통령이 임명한다.

답 ①

유령아동을 국가의 울타리로 안전하게

2023년 6월 수원시의 한 아파트 냉장고에서 출생신고가 되지 않은 영아의 시신 2구가 발견되는 끔찍한 사건이 발생했습니다. 이 사건은 감사원이 보건복지부의 정기감사 도중 병원의 출산기록은 있으나 출생신고가 되지 않는 아이들이 있음을 파악하고 전수조사하는 과정에서 드러났죠. 친모는 경제적 문제 때문에 남편에게는 낙태했다고 거짓말을 하고, 아이를 낳은 후 몰래 살해해 시신을 냉장고에 숨겼다고 진술했습니다. 잔혹한 사건 내용과는 별개로 정말 심각한 문제는 2015~2022년 사이에만 이렇게 태어난 기록은 있으나 신고는 되지 않은 유령 출생아가 무려 2,000명이 넘는다는 것입니다.

'유령아동' 문제의 심각함이 드러나자 정부·여당은 대책 마련의 일환으로 출생통보제를 도입했습니다. 출생통보제는 부모가 고의로 출생신고를 누락해 유령아동이 생기지 않도록 의료기관이 출생정보를 건강보험심사평가원(심평원)을 통해 지방자치단체에 통보하고, 지자체가 출생신고를 하는 제도입니다. 2024년 6월 30일부터 시행되며, 의료기관은 모친의 이름과 주민등록번호, 아이의 성별과 출생연월일시 등을 진료기록부에 기재해야 합니다. 의료기관장은 출생일로부터 14일 안에 심평원에 출생정보를 통보하고, 심평원은 곧바로 모친의 주소지 시·읍·면장에 이를 전달해야 합니다.

한편 출생통보제와 함께 미혼모나 미성년 임산부 등 사회·경제적 위기에 놓인 산모가 신원을 숨기고 출산해도 정부가 출생신고를 할 수 있는 '보호출산제'를 도입해야 한다는 주장도 나왔는데요. 자신을 숨기려 하는 위기 산모들은 보통 의료기관에서 아이 낳기를 꺼리기 때문에, 출생통보제가 도입되면 의료기관 외부에서 출산하고 그냥 유기하는 경우가 늘 것이라는 우려가 나왔죠. 그래서 정부는 산모의 신원을 보호하는 동시에 출생아에게도 안전한 양육환경을 보장하겠다는 취지로 보호출산제를 함께 도입했습니다.

보호출산제 없인 엄마도 아이도 '유령'

병원 출산기록은 있지만 출생신고가 불가능해 방치 · 유기되는 소위 '유령아동'의 비극을 막으려 국회가 **'출생통보제'**를 통과시켰지만 '절반의 성공'이라는 지적이 제기됐다. 출생통보제로 유령아동을 발견할 수는 있지만 구제에는 한계가 있어서다. 이에 부모가 친권을 포기하면 지방자치단체가 아이를 입양 보내는 '보호출산제'가 보완책으로 거론됐다. 보호출산제는 영아를 유기할 정도로 위기에 처한 산모가 양육을 포기할 수 있도록 한다. 대신 국가가 아기를 보호하고 보육하도록 허용한다. 무엇보다 산모가 신분노출을 피하기 위해 병원이 아닌 곳에서 남몰래 혼자 출산하려다 산모와 아이 모두가 위험해지는 것을 막을 수 있다. 이미 미국에는 '영아피난제', 프랑스는 '익명출산제', 독일은 '신뢰출산제'라는 이름으로 비슷한 정책을 시행하고 있다.

출처 : 서울신문/일부인용

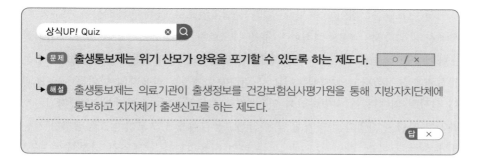

상식UP! Quiz

↳ 문제 출생통보제는 위기 산모가 양육을 포기할 수 있도록 하는 제도다. ｜ O / X ｜

↳ 해설 출생통보제는 의료기관이 출생정보를 건강보험심사평가원을 통해 지방자치단체에 통보하고 지자체가 출생신고를 하는 제도다.

답 X

노동의 자유냐, 경영의 자유냐

노란봉투법은 기업이 노조의 파업으로 발생한 손실에 대해 무분별한 손해배상소송 제기와 가압류 집행을 제한하는 등의 내용을 담은 법안입니다. '노동조합 및 노동관계조정법 개정안'이라고도 하죠. '노란봉투법'이라는 명칭은 2014년 법원이 쌍용차 파업에 참여한 노동자들에게 47억원의 손해를 배상하라는 판결을 내리자 한 시민이 언론사에 4만 7,000원이 담긴 노란봉투를 보내온 데서 유래했습니다. 이 노란색 봉투는 노동자의 월급봉투를 상징하는 것으로, 막대한 손해배상을 물게 된 노동자들이 이전처럼 월급통부를 받으며 순탄하게 노동하길 바라는 마음이었죠.

노란봉투법은 여야와 노동·경영계가 첨예하게 대립한 사안 중 하나입니다. 노동계에서는 노란봉투법이 사용자(기업)가 불법파업으로 인한 손해배상을 청구할 때 사용자의 입증책임과 더 엄격한 기준을 둠으로써, 노동자에게 무분별하고 가혹한 손해배상을 막을 수 있다고 주장했습니다. 또한 노동자가 사용자와 협상할 수 있는 교섭권을 보장한다고 설명했는데요. 노란봉투법에서는 사용자의 범위를 '근로조건에 실질적 지배력 또는 영향력이 있는 자'로 확대했습니다. 이렇게 되면 직접근로계약이 아닌 대기업과 하청업체 같은 간접고용관계에서도 교섭과 노동쟁의가 가능하게 되는 것이죠. 반면 경제계에서는 파업 허용범위가 '근로조건 결정'에서 '근로조건'으로 바뀐 점에 대해 이미 노사간에 결정된 근로조건을 두고도 노동쟁의를 일으킬 수 있다고 우려했습니다. 또한 사용자의 범위를 '실질적 지배력'이라는 애매한 용어로 확대해 노동쟁의가 무분별하게 늘어날 가능성이 있다고 주장했죠. 파업에 대한 손해배상을 청구할 때 사용자의 입증책임을 강화한 것도 사용자의 방어권을 무시한 것이라 지적했습니다.

노란봉투법은 19·20대 국회에서 발의됐지만 모두 폐기됐었는데요. 21대 국회에서는 더불어민주당을 비롯한 야당이 법안처리를 강하게 밀어붙였습니다. 우여곡절 끝에 겨우 국회 본회의에서 심의가 가능하게 된 노란봉투법은 여당인 국민의힘 의원이 모두 퇴장한 가운데 야당 주도로 통과됐습니다. 그러나 곧 정부가 '법률안 재의요구권'을 의결하고 윤석열 대통령이 이를 재가하면서, 노란봉투법은 다시 국회로 돌아와 재심의를 받게 됐죠. 노란봉투법은 사실상 폐기수순에 들어섰는데, 이에 대해선 뒤에서 더 자세히 알아보겠습니다.

정치 · 경제 · 사회 · 국제 · 문화 · 미디어 · 과학 · IT · 스포츠

경제단체의 읍소 …
"노란봉투법에 산업 붕괴, 조속히 폐기돼야"

한국경영자총협회와 한국경제인협회 등 경제 6단체가 **노란봉투법**(노동조합법 개정안) 폐기를 촉구하는 공동성명을 발표했다. 경제 6단체와 홍석준 국민의힘 의원은 여의도 국회 소통관에서 공동성명을 통해 "국회는 더 이상 노조법 개정안 논의로 산업현장의 혼란이 지속되지 않도록 환부된 법안을 폐기해야 한다"고 강조했다. 경제 6단체는 "국회로 환부된 노조법 개정안은 '사용자' 범위를 확대해 원 · 하청 간 산업생태계를 붕괴시키고 있다"며 "노동쟁의 개념 확대와 불법쟁의행위에 대한 손해배상책임 제한으로 노사분규와 불법행위를 조장하는 전 세계적으로도 유례가 없는 악법"이라고 설명했다. 그러면서 "앞으로 노사정이 사회적 대화를 통해서 근로자들의 권익향상과 기업 경쟁력 강화방안을 강구해 나갈 수 있도록 국회에서 도와주실 것을 부탁드린다"고 요청했다.

출처 : 머니S/일부인용

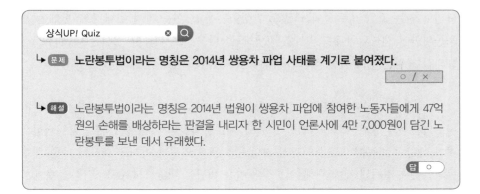

상식UP! Quiz

↳ 문제 노란봉투법이라는 명칭은 2014년 쌍용차 파업 사태를 계기로 붙여졌다.

○ / ×

↳ 해설 노란봉투법이라는 명칭은 2014년 법원이 쌍용차 파업에 참여한 노동자들에게 47억 원의 손해를 배상하라는 판결을 내리자 한 시민이 언론사에 4만 7,000원이 담긴 노란봉투를 보낸 데서 유래했다.

답 ○

국회의원의 불합리한 특권?!

국회의원에게는 여러 가지 특권이 있습니다. 기본적으로 먼저 입법을 할 권리가 있고, 탄핵소추를 할 권한과 검찰의 기소를 면제받는 기소면제특권이 있습니다. 또 보좌관과 비서관 등의 의전을 받을 수 있습니다. 국회에서 행한 발언이나 표결로 국회 밖에서 책임을 지지 않는 면책특권도 있죠. 그중 국회의원에게는 불체포특권이 있는데요. 체포는 우리가 흔히 알고 있듯이 경찰이나 검찰이 찾아와 수갑으로 결박해 수사기관에 연행하는 것을 뜻합니다. 국회의원은 혐의가 있어도 회기 중에 국회 동의 없이는 체포 또는 구금되지 않을 권리가 있죠. 물론 현장에서 범죄를 저질러 적발된 현행범인 때는 예외입니다.

국회의원이 이러한 특권을 갖게 된 것은 자유로운 의정활동과 국회의 기능을 보장하기 위함입니다. 수사기관에 체포되면 의정활동에 제약이 생깁니다. 입법으로 정치적 영향력을 발휘하든, 작게는 정치적 발언이나 활동으로 정부나 상대 당을 견제하는 데 지장이 있을 수밖에 없습니다. 정부와 여야·정당 간의 정치적 투쟁과 노림수로 정당한 의정활동이 가로막힐 수 있어 불체포특권을 둔 것입니다. 그러나 이를 남용해 수사가 진행 중인 국회의원의 체포를 막으려 소속정당에서 임시국회를 고의로 여는 소위 '방탄국회' 소집도 발생했는데요. 이를 막기 위해 2005년에는 체포동의안이 제출되면 본회의를 열고 보고한 다음, 24시간 후 72시간 내에 무조건 동의안 표결을 해야 하는 식으로 국회법이 개정됐습니다.

2023년 들어 정치권은 불체포특권으로 시끄러웠습니다. 2022년 지방선거 당시 비리혐의를 받는 하영제 국민의힘 의원의 체포동의안이 가결됐는데요. 국민의힘은 거대 야당인 더불어민주당이 앞서 자당의 노웅래 의원과 이재명 대표에 대한 체포동의안은 부결시킨 것에 대해 '이중잣대'라는 비판을 내놓기도 했죠. 민주당 측에서는 비리혐의와 증거가 명백한 하 의원과 윤석열 대통령을 위시한 검찰 세력의 정치탄압을 받는 이 대표의 경우는 엄연히 다르다며 맞섰습니다.

대장동 개발 의혹 등 사법리스크를 안은 이 대표의 체포동의안을 두고 이후 한 차례 더 표결이 열렸는데요. 위기 돌파를 위해 불체포특권 포기까지 거론했던 이 대표는 이를 뒤집으면서 자당 의원들에게 부결을 호소했습니다. 그러나 두 번째 표결에서 민주당 내부에서 대거 이탈표가 나오면서 9월 21일 그의 체포동의안이 가결됐죠. 이어 검찰은 곧 이 대표에 대한 구속영장을 법원에 청구했지만, 영장실질심사에서 기각되면서 이 대표는 한숨 돌리게 됐습니다.

정치 · 경제 · 사회 · 국제 · 문화 · 미디어 · 과학 · IT · 스포츠　　|　

인요한이 띄운 의원 특권폐지론

인요한 국민의힘 혁신위원장이 '의원특권폐지'라는 정치개혁의 신호탄을 쏘아 올렸다. 엄밀히 말해 특권축소다. 장기표 신문명정책연구원장도 여기에 다시 불을 지폈다. 하지만 그가 이끄는 시민단체가 올 상반기 여야 의원 300명 전원에게 특권폐지에 대한 의견을 물었지만, 겨우 6명만 찬성의견을 밝혔다. 그간 여야 각 당은 총선 전 등 국민눈치를 볼 필요가 있을 때마다 의원특권폐지란 깃발을 내걸었다. 그러나 이를 손바닥 뒤집듯이 뒤집으면서 빛이 바랠 대로 바랬다. 이는 국회의원직이 '신의 직장'이란 방증이고, 이러니 총선판은 늘 공급과잉 시장이다. 인 위원장은 의원 **불체포특권** 포기, 의원 숫자 10% 감축, 세비삭감 등을 혁신안으로 제시했다. 여야가 함께 나서지 않는 한 폐지는커녕 줄이기도 힘든 지난한 과제다. 인요한 혁신위가 띄운 특권축소 제안에 여야 의원들이 호응하면 다행일 것이다. 입법부 과잉 특혜를 내려놓도록 견인하는 과제도 결국 유권자의 몫이다. 여야를 막론하고 특권폐지에 찬성하는 후보자에게 한 표를 행사해야 할 듯싶다.

출처 : 파이낸셜뉴스/일부인용

상식UP! Quiz　　　　　ⓧ Q

↳ 문제　**국회의원의 불체포특권은 국회 회기 중에만 발동된다.**　　　ㅇ / ✕

↳ 해설　국회의원의 불체포특권은 국회 회기 중이고, 현행범이 아닐 경우에만 발동된다.

답　ㅇ

대통령과 정부의 강력한 정쟁수단

우리는 미디어에서 여야 정치인들이 싸우는 모습을 흔히 봅니다. 이러한 정쟁 때문에 정치 자체를 혐오하는 사람들도 많은데요. 여야가 협력하지 못하고 갈려 싸우는 이유에는 여러 가지가 있지만, 대개 서로의 정치적 논리와 이득 때문이죠. 국회는 입법기관이기 때문에 보통 입법하거나 법을 개정하는 과정에서 갈등이 잦습니다. 서로 자당에 정치적으로 유리하거나 민감한 법안을 입법하고 심의할 때 자주 다투죠. 앞서 본 '노란봉투법'처럼 말입니다. 여야는 자당의 정치이념을 관철하거나 자당의 지지세를 유지하고 결집하기 위해, 또는 공약을 지키기 위해 입법을 합니다.

그런데 여당보다 야당 의석이 많은 '여소야대' 형국에서는 야당이 의석수에 힘입어 자신들의 법안을 밀어붙이는 경우가 있습니다. 여당 입장에선 이를 막아야 하지만 법안이 국회 본회의에 회부되면 사실상 막을 방법이 없죠. 표결로 의결된 법안은 이제 대통령의 재가를 기다리게 됩니다. 그런데 최종적으로 대통령이 이 법안을 막을 방법이 하나 있습니다. 바로 '법률안 재의요구권'이죠.

법률안 재의요구권은 대통령의 고유권한으로 법률안 거부권이라고도 불립니다. 대통령이 국회에서 의결한 법률안을 거부할 수 있는 권리입니다. 한마디로 "국회가 의결한 이 법률안에는 문제가 있으니 다시 논의하라"는 것이죠. 법률안에 대해 국회와 정부 간 대립이 있을 때 정부가 대응할 수 있는 강력한 수단입니다. 대통령은 15일 내에 법률안에 이의서를 붙여 국회로 돌려보내야 하는데요. 국회로 돌아온 법률안은 재의결해서 재적의원 과반수 출석과 3분의 2 이상이 찬성해야 확정됩니다. 더 엄격한 조건 때문에 국회로 돌아온 법안은 결국 폐기되기 십상입니다. 다만 대통령은 이 거부권을 법률안이 아닌 예산안에는 행사할 수 없죠.

재의요구권은 사실 좀처럼 발동되지 않습니다. 왜냐하면 정부·여당과 야당의 갈등이 심해질 수 있기 때문입니다. 정치적 논리 때문에 꼭 필요한 법안까지 무조건 거부해버린다면, 여야 간에 협치는 실종되고 맙니다. 더욱이 그 법안이 민생을 위한 것이라면 결국 국민이 정쟁의 희생양이 되고 마는 것이죠.

'노란봉투법 · 방송3법' 재의 요구 …
윤석열정부 세 번째 거부권

윤석열 대통령이 '노란봉투법'과 '방송3법'에 대해 **법률안 재의요구권**을 행사했다. 양곡관리법 개정안, 간호법 제정안에 이어 세 번째다. 대통령실은 출입기자들에게 공지를 통해 "윤 대통령은 '노동조합 및 노동관계조정법 일부개정법률안 재의요구안', '방송법 일부개정법률안 재의요구안', '한국교육방송공사법 일부개정법률안 재의요구안', '방송문화진흥회법 일부개정법률안 재의요구안'을 재가했다"고 밝혔다. 거부권 행사는 앞서 더불어민주당 주도로 국회 본회의에서 해당 법안이 통과된 지 22일 만이다. 국회에서 이송된 법안은 15일 이내에 공포하거나 거부권을 행사해야 해. 한덕수 국무총리는 재의요구권 행사 시한을 하루 앞둔 이날 임시 국무회의를 소집해 거부권을 의결했다. 이에 따라 노란봉투법과 방송3법은 국회로 돌려보내졌다.

출처 : 뉴시스/일부인용

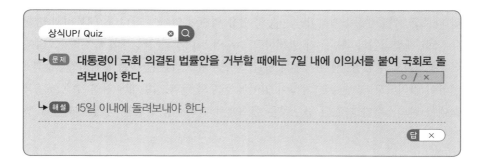

상식UP! Quiz

↳ 문제 　대통령이 국회 의결된 법률안을 거부할 때에는 7일 내에 이의서를 붙여 국회로 돌려보내야 한다.　　　O / X

↳ 해설 　15일 이내에 돌려보내야 한다.

답　X

나라님도 잘못하면 쫓겨납니다

지난 2017년 3월 10일, 우리나라 헌정사상 초유의 사건이 일어났습니다. 국가원수인 대통령이 파면 당했죠. 당시 박근혜 대통령의 탄핵심판과 헌법재판소의 인용 결정은 국내외로 화제가 됐습니다. 대통령의 비리와 주변인들의 국정농단 사태는 수많은 국민이 촛불을 들고 거리로 나서게 했고, 해외 언론들은 이토록 평화로운 국민의 시위가 국가의 지도자를 끌어내렸다며 놀라워했습니다. 그만큼 탄핵이라는 것은 한 국가에 있어 신문 1면에 대서특필될 만한 사건이고, 국정운영 중에도 흔히 일어나는 일은 아닙니다. 특히나 선출직인 대통령의 탄핵은 탄핵안을 발의하는 쪽에서도 국민적 공감이 없다면 정치적 부담이 매우 클 수밖에 없습니다.

탄핵은 신분이 보장된 고위직 공무원의 헌법·법률상의 잘못과 비리에 대해 국회의 소추에 의해 해임하거나 처벌하는 제도입니다. 우리나라의 탄핵은 국회에서 소추와 의결을 하며 의결 통과가 되면 대상자의 권한이 정지되고 이후 헌법재판소에서 탄핵의 최종 여부를 결정하죠. 국회에서의 필요정족수는 누가 탄핵되느냐에 따라 다르고, 헌법재판소에서 6인 이상의 인용 의견이 있어야 합니다. 대통령의 탄핵은 국회 재적의원의 과반수가 발의하고, 3분의 2 이상의 찬성해야 합니다. 그밖에 국무총리나 국무위원, 행정 각부의 장관, 헌법재판소 재판관 등은 재적의원 3분의 1 이상이 발의하고, 과반수의 찬성이 있어야 헌재의 탄핵 심판대에 세울 수 있죠. 국회에서 탄핵소추가 가결된 공무원은 헌재에서 탄핵결정이 있을 때까지 권한이 정지됩니다.

지난 2023년 2월 8일에는 이상민 행정안전부 장관의 탄핵소추안이 가결됐습니다. 헌정사상 최초로 국무위원이 탄핵 심판대에 서게 됐는데요. 이 장관의 탄핵소추는 2022년 이태원에서 발생한 '10·29 참사'의 부실 대응에 책임을 묻고자 진행됐습니다. 그는 국무위원으로서 헌법에 명시된 '국민의 안전과 생명을 보호할 의무'를 다하지 못했다는 비판을 받았습니다. 그러나 2023년 8월 헌법재판소는 이 장관에 대한 탄핵심판 청구를 기각하며, 그가 참사 대응·예방과정에서 헌법과 법률위반으로 파면될 만한 잘못이 없다고 결론지었습니다.

정치 · 경제 · 사회 · 국제 · 문화 · 미디어 · 과학 · IT · 스포츠

'박근혜 탄핵 시 계엄령' 문건작성 기무사령관,
도주 5년 만에 귀국 … 공항서 체포

2017년 박근혜 대통령 **탄핵** 당시 촛불집회를 무력진압하려던 '계엄령 문건' 의혹의 핵심 인물인 조현천 전 기무사령관이 해외 도피 5년여 만에 검찰에 체포됐다. 서울서부지검은 인천국제공항으로 입국한 조 전 사령관에 대해 체포영장을 집행한 뒤 청사로 압송했다. 조 전 사령관은 2017년 2월 '계엄령 문건작성 태스크포스'를 구성해 계엄령 검토 문건을 작성하도록 지시하고 이를 한민구 당시 국방부 장관에게 보고한 의혹을 받고 있다. 이 문건은 박근혜 전 대통령 퇴진을 요구하던 촛불집회를 무력으로 진압하기 위한 불법 계엄령 계획을 담고 있다.

출처 : 헤럴드경제/일부인용

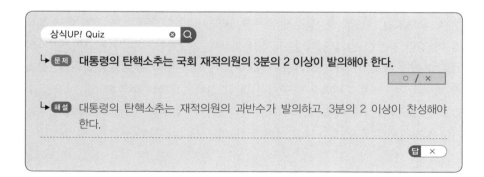

상식UP! Quiz

↳ 문제 대통령의 탄핵소추는 국회 재적의원의 3분의 2 이상이 발의해야 한다.

○ / ×

↳ 해설 대통령의 탄핵소추는 재적의원의 과반수가 발의하고, 3분의 2 이상이 찬성해야 한다.

답 ×

미공개정보에 의한 공직자의 사적이득 원천봉쇄

국회의원을 포함한 공직자들이 직무관련정보로 사익을 추구하지 못하도록 하는 이해충돌방지법이 지난 2021년 4월 29일 국회 본회의를 통과했습니다. 2013년 부정청탁금지법(김영란법)의 일부로 처음 발의된 이후 8년 만인데요. 19 · 20 · 21대 국회를 거치며 폐기와 재발의를 거듭하다 2021년 4월 대한민국을 흔든 한국토지주택공사(LH) 투기사태로 급물살을 탄 결과입니다.

'공직자 이해충돌방지법 제정안'은 공직자가 직무상 권한이나 취득한 정보를 활용해 사적이득을 취하는 행동을 방지하는 법안입니다. 미공개 정보로 재산상 이득을 취한 공직자는 7년 이하의 징역이나 7,000만원 이하의 벌금형에 처해집니다. 미공개 정보를 받아 이익을 얻은 제3자도 처벌대상이죠. 법 직접적용대상은 공무원과 공공기관직원 등 190만여 명입니다. 배우자와 직계존비속까지 포함할 경우 대상이 800만명까지 늘어날 수 있다는 분석도 나왔는데요. 공직자 가운데 차관급 이상 공무원, 국회의원, 지방의원, 정무직 공무원, 공공기관임원 등은 '고위공직자'로 분류돼 더 강한 규제를 받게 됩니다. 또 채용업무를 담당하는 공직자나 고위공직자의 가족이 해당 공공기관과 산하기관, 자회사 등에 채용될 수 없도록 했습니다. 공직자 및 배우자, 직계 존비속은 공공기관 및 그 산하기관과의 수의계약을 체결할 수 없도록 했고요. 이에 더해 토지와 부동산에 관련된 업무를 하는 공직자의 경우는 기준을 강화해 부동산 매수 14일 이내에 신고하도록 의무화했습니다.

'국회의원 이해충돌방지법'으로 불리는 국회법 개정안도 같이 의결됐습니다. 상임위 활동 같은 국회의원 업무의 특성에 맞춰 구체적인 회피 · 제재 절차를 명문화한 '패키지 법안'입니다. 21대 국회 후반기인 2022년 5월부터 국회의원들은 당선 30일 이내에 자신과 배우자, 직계존비속의 주식 · 부동산 보유 현황과 민간부문 재직 단체와 업무활동내용 등을 등록하게 됐습니다. 이해충돌 발생우려가 있다고 판단되는 경우 해당 의원은 위원장에 상임위원회 회피를 신청해야 하죠. 이런 의무를 위반한 의원은 국회법에 따라 징계를 받게 됩니다.

"국회의원 이해충돌 공개 규칙 제정해야"…
참여연대 헌법소원

참여연대는 헌법재판소 앞에서 "국회의원 이해충돌 방지 제도를 도입하는 국회법 개정안이 2021년 4월 통과됐지만 1년 5개월이 지나도록 관련 규칙 제정 의무를 이행하지 않았다"며 "이는 입법부작위라 위헌"이라고 주장했다. '국회의원 **이해충돌방지법**'이라고 불리는 개정 국회법이 시행되면서 2022년 5월부터 국회의원들은 윤리심사자문위원회가 상임위원회 배정 등에 반영할 수 있도록 당선 30일 이내 자신과 배우자, 직계존비속의 주식·부동산 보유 현황과 민간 부문 재직 단체 등의 내용을 등록하게 됐다. 이 법에 따라 의원 본인의 주식·부동산 보유 현황과 민간 부문 재직 단체 등의 내용이 공개될 수 있지만, 국회가 관련 규칙이 없다는 이유로 정보 공개를 거부하고 있다"고 참여연대는 전했다. 이어 "제도가 실질적으로 굴러가기 위해서는 시민 감시가 제대로 이뤄져야 한다"며 "규칙을 제정하지 않아 정보를 공개할 수 없다는 국회의 행태는 국민의 알권리를 명백히 침해한다"고 강조했다.

출처 : 연합뉴스/일부인용

상식UP! Quiz

↳ 문제 **이해충돌방지법은 공직자의 부당한 이득을 봉쇄하기 위한 법이다.** ㅇ / ×

↳ 해설 이해충돌방지법은 공직자가 직무상 권한이나 취득한 정보를 활용해 사적이득을 취하는 행동을 방지하는 법률이다.

답 ㅇ

030 구속영장

범인을 구속하려면 꼭 필요한 것!

죄를 지었으면 반드시 죗값을 치러야겠죠. 구속영장은 피고인이나 피의자를 구속하기 위해서 검사의 청구에 의해 법원이 발부하는 영장입니다. 수사기관에서 수사한 결과 피의자가 죄를 범하였다고 의심할 만한 충분한 이유가 있고, 일정한 주거가 없거나 증거를 인멸할 우려가 있을 때, 또는 도망치거나 그럴 염려가 있는 때에 피의자를 구속하기 위해서는 반드시 구속영장이 있어야만 합니다. 법원은 검사의 청구에 대하여 구속할 만한 이유가 타당하다고 판단하면 구속영장을 발부하고, 구속 이유가 타당하지 않다고 판단하면 영장 발부를 거부할 수 있습니다.

이때 신병이 확보된 피의자에 대한 구속영장은 '사후구속영장'이라고 부르고, 신병이 확보되지 않은 피의자에 대한 구속영장은 '사전구속영장'이라고 부릅니다. 먼저, 사전구속영장은 범죄 혐의가 확실하지만 아직 체포하지 못한 피의자에 대해 구속 여부를 판단하는 것입니다. 영장 발부 이후 피의자를 체포하는 데까지 걸리는 시간을 예상해 유효기간을 명시해 두기도 합니다. 반면, 사후구속영장은 피의자를 긴급 체포한 뒤 48시간 내에 청구하는 것입니다. 법원이 영장 발부 여부를 검토하는 동안 피의자를 구금한 뒤 영장이 발부되면 곧바로 구속을 집행합니다.

형사사건 처리 절차

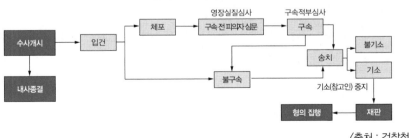

〈출처 : 검찰청〉

중앙지법 영장판사 전원 부장급으로 … 구속심사 강화하나

서울중앙지법에 따르면 최근 단행된 법관 정기인사 결과로 영장전담 판사 3명이 전원 바뀐다. 중앙지법은 전국 최대 검찰청이자 대형 부정부패 사건을 도맡아 수사하는 서울 중앙지검 검사들이 청구한 **구속영장**을 주로 심사해 발부 또는 기각을 결정하는 만큼 중 앙지법 영장전담 재판부가 어떻게 채워지는지는 법원과 검찰은 물론 법조계 전체의 관 심사가 아닐 수 없다.

그동안 중앙지법 영장전담 재판부는 부장판사급 2명과 일반 판사 1명으로 구성되는 것 이 보통이었다. 그런데 이번에 관례를 깨고 3명 모두 부장판사, 그것도 예전 같으면 고 등법원 부장판사 승진을 목전에 뒀을 '고참' 지법 부장판사급으로 충원한 것이다. 이를 두고 중앙지법이 영장심사 강화에 나섰다는 평가가 나온다.

출처 : 세계일보/일부인용

상식UP! Quiz   ⊗ Q

↳ **문제** 영장 없이 피의자를 긴급 체포할 경우 24시간 이내에 구속영장을 청구하여야 한다.

ㅇ / ✕

↳ **해설** 영장 없이 피의자를 긴급 체포했고 구속을 지속해야 할 경우에는 48시간 내에 구속영 장을 청구하여야 한다.

답 ✕

일벌백계! 불법행위는 꿈도 꾸지 마세요

2016년 사회를 떠들썩하게 했던 가습기 살균제 사건을 기억하시나요? 이유도 모른 채 산모와 영유아들이 고통스럽게 죽었고, 그 이유가 가습기 살균제 때문임이 밝혀 졌죠. 다수의 무고한 생명이 희생되어 전 국민을 슬프고 분노하게 했습니다. 이 사건으로 시민단체들은 강력하게 징벌적 손해배상제도(Punitive Damages)의 도입을 주장했습니다.

징벌적 손해배상제도란 일반적으로 기업이 악의적 · 고의적 불법행위를 통해 이익을 얻었을 경우 그 불법행위로 인한 피해자의 실제 손해액보다 훨씬 큰 금액의 배상금을 가해 기업에게 부과하여 비도덕적이고 반사회적인 행위에 제재를 가하는 형벌적 성격의 손해배상제도입니다. 영국에서 도입하기 시작하여 현재 미국 · 캐나다와 같은 영미법계 국가에서 채택하고 있습니다. 이에는 두 가지 형태가 있습니다. 특정 법률에 국한하지 않고 고의 · 악의적 불법행위에 판사 재량으로 무거운 배상액을 정할 수 있는 법리적 의미의 징벌적 손해배상과 개별 법률에 규정하여 위반 행위에 대해 2~3배의 배상액을 정하는 성문화된 형태의 징벌적 손해배상입니다. 가습기 살균제 사건으로 인해 도입이 논의되는 것은 순수한 의미의 영미식 징벌적 손해배상인 거죠.

징벌적 손해배상의 사례로는 2022년부터 시행된 앞서 살펴본 중대재해 기업처벌법이 있습니다. 여기서 중대재해란 산업재해 중 사망 등 재해의 정도가 심한 것으로, 중대재해 기업처벌법은 중대재해를 일으킨 경영책임자와 기업에 최대 5배의 징벌적 손해배상책임을 부과합니다. 즉 징벌적 손해배상이란 다시 말해 보상적 손해배상을 넘어 높은 금액의 손해배상을 통해 다음에 비슷한 불법행위가 또 생겨나지 않도록 하는데 그 목적이 있다고 할 수 있습니다.

상습 임금체불하면 징벌적 손해배상 …
근로기준법 개정안 발의

상습적인 임금체불에 대한 **징벌적 손해배상** 등의 내용이 담긴 근로기준법 개정안이 발의됐다. 시민 · 노동단체들은 임금체불은 생존을 위협하는 중대범죄 행위라며 개정안의 조속한 통과를 촉구했다.

이수진 더불어민주당 의원(비례대표), 참여연대, 양대노총, 민주사회를 위한 변호사모임 등은 서울 종로구 참여연대에서 '임금체불 근절을 위한 근로기준법 개정안 발의 기자회견'을 열고 "한국 사회의 임금체불 문제는 매우 고질적이고 심각하다"며 "국회가 발의된 근로기준법 개정안을 즉각 논의하고 통과시킬 것을 요구한다"고 밝혔다.

근로기준법 개정안에는 △상습 임금체불에 대한 징벌적 손해배상 도입 △임금체불에 대한 반의사불벌죄 실질적인 폐지 △임금체불 사업주의 공공부문 입찰 제한 방안 도입 등 내용이 담겼다. 이 밖에도 △임금채권의 소멸시효 기존 3년에서 5년으로 연장 △재직자의 임금체불에 대해서도 지연이자제 적용 등이 포함됐다.

출처 : 파이낸셜뉴스/일부인용

상식UP! Quiz

↳ **문제** 징벌적 손해배상제도는 가해자에게 피해자의 실제 피해에 상응하는 액수만을 보상하게 하는 제도이다.

○ / X

↳ **해설** 징벌적 손해배상은 가해자의 고의 · 악의적이고 반사회적인 행위에 대해 실제 손해액보다 훨씬 큰 액수의 배상액을 부과하는 것으로, 실제 피해에 상응하는 액수만을 보상하는 보상적 손해배상과 다르다. 가해자의 행위에 대한 처벌과 동시에 재발을 방지하기 위한 목적의 형벌적 성격의 제도이다.

답 X

국회에 대해 알아둬야 할 내용,
많아도 너~무 많아!

국회는 다양한 역할을 수행하고 있습니다. 먼저 입법에 관해서는 헌법 개정안의 제
안·의결, 법률의 제정·개정권을 가집니다. 법치국가에 있어 법률은 모든 국가작
용의 근거가 되므로 법률의 제정·개정 및 폐지는 국회의 가장 중요하고 본질적인
권한이라 할 수 있는 것이죠. 또한 조약의 체결·비준동의권을 행사합니다. 조약은
국민의 권리·의무와 국가재정에 중대한 영향을 줄 뿐만 아니라 국내법과 동일한
효력을 가지기에 행정부 독단으로 추진할 수 없습니다. 재정에 관해서는 예산안의
심의와 결산심사를 하는데, 예산은 국민의 부담인 조세를 전제로 하고 있을 뿐만
아니라 국민경제 전체에 미치는 영향이 크기 때문에 예산결산 과정에 국민의 의사
를 반영하는 것이죠. 일반국정에 관해서는 국정감사·조사권과 헌법기관 구성권,
탄핵소추권 그리고 긴급명령, 긴급재정경제처분·명령 승인권 등을 가집니다.

한편 국회는 일정한 기간을 정하여 소집되는데, 그 기간을 회기라고 합니다. 정기
회는 법정 회기로 매년 9월 1일에 집회하고, 회기는 100일을 초과할 수 없습니다.
앞서 살펴본 국정감사와 함께 다음 연도의 예산안을 심의·확정하고, 법률안 및 기
타 안건을 처리하며 국정에 관한 교섭단체 대표 연설 및 대정부질문 등을 실시합니
다. 임시회는 대통령 또는 국회 재적의원 4분의 1 이상의 요구가 있을 때 소집하는
데, 회기는 30일 이내로 합니다. 임시회에서는 주요 현안에 대해 정부 측 설명을
듣고 대책을 논의하거나 법률안 등을 처리합니다.

이러한 국회의 회의는 원칙적으로 공개합니다. 다만, 출석의원 과반수의 찬성이 있
거나 국회의장이 국가의 안전보장을 위하여 필요하다고 인정할 때에는 공개하지
않을 수 있습니다. 국회에 제출된 법률안과 기타 의안은 회기 중에 의결되지 못한
이유로 폐기되지 않는데, 이를 회기계속의 원칙이라 합니다. 그리고 부결된 안건은

같은 회기 중에 같은 내용의 안건에 대하여 다시 발의하거나 제출하지 못한다는 일사부재의의 원칙이 있습니다.

국회의 수장은 국회의장 1인과 국회부의장 2인으로 구성됩니다. 국회의원끼리 투표를 하여 다수결로 선출합니다. 다른 의안과 다르게 국회의장은 원칙적으로 무기명 투표로 시행하게 되어 있지요. 국회의장은 법률상 무소속 의원이 맡게 되어 있습니다. 국회의장은 입법부의 수장으로 의사를 진행함에 있어 최소한의 공정성이 요구되는 자리이기에 기존 소속 정당이 있더라도 형식상 당을 떠나 있게 하는 것이지요. 국회의장의 임기는 2년이며 한국 국회에서는 국회의장을 맡았던 국회의원은 더 이상 국회의원 선거에 출마하지 않는 관례가 있다고 합니다.

국회의장에게는 직권상정이라는 권한이 보장되어 있습니다. 국회 내에서 복잡한 과정을 필요로 하는 입법안과 의안의 처리 과정을 간략화하여 바로 본회의에 상정시킬 수 있는 권한입니다. 하지만 아무 때나 쓸 수 있는 권한은 아닙니다. 천재지변, 전시·사변 또는 이에 준하는 국가비상사태 혹은 모든 교섭단체 대표 의원과 합의하는 경우에만 상정할 수 있도록 제한되어 있죠.

또 국회를 살펴보면서 빼놓을 수 없는 부분이 바로 상임위원회(상임위)입니다. 정치에 대해서 기반 지식이 없는 분들이라면 이 상임위에 대해서는 생소해 하시거나 많이 들어보셨더라도 제대로 파악하지는 못하신 분들이 많을 겁니다. 우선 상임위원회는 국회 업무의 전문성을 확보하기 위한 목적으로 설립된 조직이라 할 수 있습니다. 입법 논의, 예산안 구성, 인사청문회 등의 전문적인 업무를 수행하기 위해 분야 별로 상임위를 구성하여 해당 분야 업무를 수행할 수 있는 의원이 소속되는 것이죠. 의원들은 여러 상임위에 중복하여 소속될 수 있습니다.

국회 안건별 정족수 정리

정족수	안건
재적 2/3 이상	국회의원 제명, 대통령 탄핵소추, 헌법개정안 의결, 국회의원 자격 심사 무자격 결정
재적 과반수의 출석, 출석 2/3 이상	법률안 재의결, 의안의 번안의결
재적 3/5 이상	무제한 토론의 종결 의결, 체계자구 심사 본회의 부의 요구, 신속처리안건 지정,
재적 과반수	계엄 해제 요구, 대통령 탄핵소추 발의, 일반 탄핵 소추, 국무총리 · 국무위원 해임 건의, 안건 신속처리 건의, 국회의장 · 부의장 선출, 헌법개정안 발의
재적 1/4 이상의 출석, 출석 과반수	전원위원회 의결
재적 과반수 출석, 출석 과반수	일반 의결
출석 과반수	국회회의 비공개 여부
재적 과반수 출석, 출석 다수	국회 임시의장 선출, 최고득표자 2인 발생 시 대통령 당선자 결정
재적 1/3 이상	무제한 토론 종결 발의, 무제한 토론 요구, 일반 탄핵 소추 발의, 국무총리 · 국무위원 해임 건의 발의
재적 1/4 이상	국회의원 석방 요구 발의, 국정조사 발의, 전원위원회, 임시회 소집 요구, 휴회 중 본회의 재개 요구
재적 1/5 이상	위원회 개회, 본회의 개회, 표결방식 변경 요구
50인 이상	예산안 수정
30인 이상	일반 의안 수정, 국회의원 자격심사 청구, 폐기된 법률안 본회의 부의
20인 이상	징계요구, 교섭단체 성립, 긴급현안 질문, 국무위원 · 정부위원 출석 요구
10인 이상	회의 비공개 발의, 일반 의안 발의

20대 청년층 "국회 최우선 과제는 경제"

20대 청년들이 뽑은 **국회**의 최우선 과제는 '경제 살리기'인 것으로 나타났다. 이들은 현행 법 제도가 낡아 시대 변화를 반영하지 못하고 있다고 지적했고, 경제사회적 문제 해결을 위해 법을 새로 만들기보다는 먼저 기존 제도를 엄격히 집행한 후 부족한 부분을 보완해달라고 주문했다.

대한상공회의소(대한상의)가 이 같은 내용을 담은 '국회 입법방향에 대한 미래세대 인식' 조사결과를 발표했다. 전국의 20대 청년 300여 명을 대상으로 실시한 전화 · 온라인 조사 결과다. 이에 따르면 20대 청년 10명 중 4명은 최우선 입법과제로 '경제활력 증진(42.5%)'을 꼽았다. 그간 국회가 집중했던 '근로자 · 소비자 권익 증진(26.0%)', '소외계층 복지 증진(15.3%)' 등은 상대적으로 뒷순위에 머물렀다. 현행 법체계의 문제점으로는 응답자의 94.5%가 법 제도가 낡아 4차 산업혁명 등 시대변화를 반영하지 못한다는 점을 꼽았다. 문제가 생길 때마다 새 규정을 신설하거나 부작용에 대한 검토나 보완 없이 취지만 보고 입법하는 경향이 있다는 답변도 89.6%에 달했다. 또 사회경제적 문제를 해결하는 방식에 대해 청년들은 신규입법(46.8%)보다 기존 제도를 엄격하게 집행한 후 부족한 부분 보완하는 입법을 논의(53.2%)하는 것을 선호하는 것으로 나타났다.

출처 : 중앙일보/일부인용

상식UP! Quiz

↳ 문제 **국회에 관한 규정 중 옳은 것은?**

① 한 번 부결된 의안은 같은 회기 중 다시 제출할 수 없다.
② 국회의원은 현행범이라 할지라도 회기 중 국회의 동의 없이 체포할 수 없다.
③ 임시국회는 대통령 또는 국회 재적의원 3분의 1 이상의 요구로 열린다.
④ 국회의장은 무기명투표로 선거하되 재적의원 3분의 2의 득표로 당선된다.

↳ 해설 '한 번 부결된 의안은 같은 회기 중에 다시 제출할 수 없다'는 내용은 일사부재의의 원칙이다.

답 ①

검찰 수사권은 과연 어디로?

2022년 5월 3일 문재인 당시 대통령이 이른바 '검수완박(검찰 수사권 완전박탈)' 법안 공포안을 의결했습니다. 대통령 의결로 검수완박 법안의 모든 입법 · 행정 절차가 사실상 마무리된 것인데요. 문 대통령은 법안에 대해 "검찰이 수사를 개시할 수 있는 범죄를 부패범죄와 경제범죄로 규정하는 등 검찰의 직접수사 범위를 축소하고 검찰 내에서도 수사와 기소를 분리해 나가는 한편, 부당한 별건수사를 금지하는 등의 내용을 담고 있다"고 소개했습니다. 이어서 "우리 정부는 권력기관 개혁을 흔들림 없이 추진했고 고위공직자범죄수사처(공수처) 설치, 검경수사권 조정, 국가수사본부 설치 등 권력기관의 제도개혁에 큰 진전을 이뤘다"고 강조했죠. 또한 "견제와 균형, 민주적 통제의 원리에 따라 권력기관이 본연의 역할에 충실하도록 하면서 국민의 기본권을 보장하기 위한 것"이라고 설명했습니다. 아울러 "이 같은 성과에도 검찰수사의 정치적 중립성과 공정성, 선택적 정의에 대한 우려가 여전히 해소되지 않았고 국민의 신뢰를 얻기에 충분하지 않다는 평가가 있어 국회가 수사와 기소의 분리에 한 걸음 더 나아간 것"이라고 강조했습니다.

검경수사권 조정, 공수처 설치를 거쳐 검수완박에 이르기까지 5년간의 검찰개혁은 마치 전쟁과도 같았다고 할 수 있는데요. 2022년 3월 9일 대선이 더불어민주당의 패배로 끝나자 곧바로 이어진 민주당 원내대표 경선에서도 검찰의 수사 · 기소권 분리문제가 화두로 떠올랐습니다. 문 대통령의 임기가 끝나기 전 검수완박을 완료하지 않으면 윤석열정부에서는 진전을 보기 어렵다는 게 민주당의 주장이었지만, 국민의힘 측에서는 검찰의 수사를 염두에 둔 "방탄입법"이라는 비판을 쏟아내 정국은 급격히 경색됐습니다.

그러나 이후 윤석열정권이 들어서자 검찰 출신인 한동훈 당시 법무부 장관은 취임 후 검수완박 대책 마련에 발 빠르게 움직였습니다. 검수완박법 시행을 한 달여 앞둔 2022년 8월 11일 그가 꺼내든 반격카드는 시행령 개정이었습니다. 이른바 '검수원복(검찰수사권 원상복구)'으로 불리는 이 개정안에서는 검찰이 직접 수사할 수 있는 부패범죄와 경제범죄의 범위를 성격에 따라 재분류하고 명확하게 규정함으로써 수사할 수 있는 범위를 대폭 확대했습니다. 야당에선 국회 입법기능 무력화라는 비판이 쏟아졌고, '시행령 쿠데타'라는 비난도 나왔는데요. 한 장관은 검찰의 수사 역량을 극대화하기 위한 조직개편도 추진했습니다. 강력부나 외사부 등 직접수사 부서를 복원하고, 형사부도 검찰총장 승인 없이 직접수사를 개시할 수 있게 했죠. 민주당은 곧 검수원복을 무력화할 입법을 추진할 것이라 예고했는데요. 이로써 검찰 수사권의 행방이 어떻게 될 것인지는 지켜볼 문제로 보입니다.

정치 · 경제 · 사회 · 국제 · 문화 · 미디어 · 과학 · IT · 스포츠　　　│

민주당 "민생수사 지연", 한동훈 "검수완박 때문"

여야가 국회 법제사법위원회 등 8개 상임위원회별로 열린 국정감사에서 '검수완박' 등을 두고 팽팽히 맞섰다. 특히 법사위의 법무부 국정감사에서는 최근 검찰의 민생사건 처리가 지연되는 원인을 두고 공방이 벌어졌다. 김승원 더불어민주당 의원이 "형사 · 공판부 수사 인력 대부분이 정치 수사에 동원돼 그런 것 아니냐"고 따지자 한동훈 법무부 장관은 "검수완박 때문"이라고 반박했다. 한 장관은 "지난 정부에서도 (정치권 수사를) 해봤는데 지금이 턱없이 적다"며 "별도 수사팀이나 특별수사팀을 꾸려 운영하고 있지도 않다"고 덧붙였다.

출처 : 매일신문/일부인용

상식UP! Quiz　　　　　　　　 ✕ ︎🔍

↳ **문제** 　검수완박법에 의하면 검찰이 수사에 착수할 수 있는 범죄는 부패범죄와 경제범죄다.　　　　　　　　　　　　　　　　　　　　　　　　　 ○ / ✕

↳ **해설** 　검수완박법은 검찰의 직접 수사권과 기소권을 분리하며, 직접 수사가 가능한 범죄를 부패범죄와 경제범죄로 축소하는 것이 골자다.

- -

답　○

국정을 감시하는 매의 눈

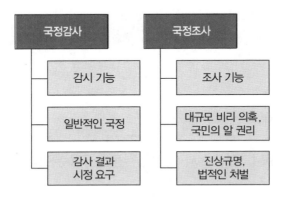

국정감사와 국정조사, 말은 비슷해 보이는데 무엇이 다른 걸까요? 국정감사는 국회가 국가 행정 전반에 관해 상임위원회별로 감사(監査)하는 것으로, 매년 정기국회 기간 중 30일 이내로 시행합니다. 다만 본회의 의결에 의해 그 시기를 연장할 수 있습니다. 대상기관은 국가기관, 특별시, 광역시 · 도, 정부투자기관, 한국은행, 농 · 수 · 축협중앙회와 감사가 필요하다고 본회의에서 인정된 감사원의 감사대상 기관입니다.

국정조사는 국회 차원에서 중요한 현안에 대해 진상 규명과 조사를 할 수 있는 권한을 말합니다. 국회 재적의원 4분의 1 이상의 요구가 있을 때 국회가 주체가 되어 행해지며 국정조사 과정과 결과는 공개를 원칙으로 합니다. 지금까지 5 · 18 광주 민주화운동과 5공비리, 삼풍백화점 붕괴사고, 상무대 비리 사건, 세월호 침몰사고, 박근혜정부 국정농단 사건, 용산 이태원 참사 등에 국정조사권이 발동됐습니다.

21대 국회 마지막 국정감사에서 다룰 미디어 이슈는?

21대 국회 마지막 **국정감사**가 진행되는 가운데 미디어와 관련해 어떠한 내용이 다뤄질까. 과학기술정보방송통신위원회에선 몇 년째 논란이 되는 포털뉴스의 공정성 문제가 다뤄질 것으로 보인다. 방송통신위원회는 제2기 '포털뉴스 신뢰성 · 투명성 제고를 위한 협의체'에서 포털뉴스를 법제화하고 검색제휴를 폐지하는 방안을 고려하고, 뉴스제휴평가위원회에서 입점 자격은 완화하며 퇴출은 엄격하게 하는 등 논의에 대해 이해관계자 의견을 듣고 있다. 이때 포털뉴스 법제화는 언론에 대한 정부개입이라는 우려가 제기될 수 있다. 입법조사처는 정부가 선제적으로 법제화로 대응하기보다는 우선 포털의 자구적인 정책적 결과를 유도하고 이러한 자정작용이 미흡할 경우 정부 차원에서 플랫폼에 대한 법제화 논의를 하는 방향을 검토할 필요가 있다고 제안했다.

출처 : 미디어오늘/일부인용

 상식UP! Quiz

↳ 문제 **다음 중 국정감사에 대한 설명으로 옳지 않은 것은?**
　① 소관 상임위원회별로 매년 정기국회 기간 중에 시행한다.
　② 본회의 의결에 의해 그 시기를 연장할 수 있다.
　③ 대상 기관에는 국가기관, 특별시 · 도, 정부투자기관 등이 있다.
　④ 국정의 특정 사안을 대상으로 한다.

↳ 해설 국정감사는 국정의 전반을, 국정조사는 국정의 특정 사안을 대상으로 한다.

 답　④

죗값을 다 안 치렀는데 왜 풀어주죠?

3·1절이나 광복절, 성탄절 즈음이 되면 신문에 종종 등장하는 기사가 있습니다. 정부에서 광복절 특사, 성탄절 특사 등 범죄자에 대한 특별사면을 검토한다는 기사죠. 특별사면은 대통령의 고유권한으로 특정 범죄인에 대해 남은 형의 집행을 면제하거나 유죄선고의 효력을 상실시키는 것을 말합니다. 보통 줄여서 '특사'라고도 하는데요. 특별사면은 정부 국무회의의 의결을 거쳐 대통령이 명령해 이루어집니다.

특별사면의 방법에는 가석방 혹은 복역 중인 피고인에게 남은 형기를 면제하는 '잔형집행면제'와 집행유예를 선고받아 유예기간이 지나지 않은 피고인에게 내려지는 '형선고 실효'가 있습니다. 사면에는 일반사면도 있는데 특별사면과 달리 대통령이 사면대상이 되는 범죄의 유형을 지정해 일괄적으로 시행하게 됩니다.

사실 이 특별사면은 이래저래 말이 많습니다. 대통령이 직접 사면 대상을 지정하기 때문에 대개 정치적 목적으로 행해지죠. 국회의 동의도 거치지 않기 때문에 이 특별사면으로 인한 또 다른 정치적 갈등도 종종 벌어집니다. 우리는 수감 중인 정치인들이 특별사면으로 풀려나거나 피선거권이 복권되는 경우를 흔히 볼 수 있습니다. 대통령이 전략적으로 총선 등 선거를 준비하기 위해 여권 인사를 의도적으로 사면하곤 하죠. 또 야권 인사를 사면해 이른바 '국민통합'을 노리는 때도 있습니다. 자신을 지지하지 않는 사람들의 마음을 달랜다는 명목이죠. 또는 경제를 살린다는 명목으로 경제계 총수를 사면해주기도 합니다. 이 같은 조치는 '정경유착'의 시선에서 자유롭지 못하죠.

특별사면의 성격 때문에 이런저런 정치적 논란이 끊이지 않으면서, 이를 제한하거나 차라리 없애버리자는 목소리도 나오고 있습니다. 누구나 '법 앞에 평등하다'는 법치국가로서의 정신에 위배된다는 것이죠. 특정목적으로 이뤄지는 사면권은 결코 남용되지 않아야 하겠습니다.

"사면법 개정, 특별사면권 제한 · 견제가 필요"

민주사회를 위한 변호사모임 권영국 변호사는 대통령의 사면권 제한 필요성을 강조했다. 대한민국 헌법 제79조에서 사면, 감형, 복권은 대통령의 헌법상 권한으로 규정돼있다. 대통령의 사면권은 '일반사면'과 '**특별사면**'이 있으며, 죄의 종류를 정하여 국무회의를 거쳐 국회의 동의를 받아야 하는 일반사면과 달리 특별사면은 법무부 장관이 위원장인 사면심사위원회의 특별사면 적정성 심사를 거쳐 법무부 장관이 이를 대통령에게 상신하고 국무회의를 거쳐 대통령이 재가한다. 대통령의 특별사면권은 그 행사에 대해 아무런 제한이 없어 권한이 남용될 수 있다는 지적과 비판이 꾸준히 제기되고 있다. 대통령의 특별사면권은 불완전한 입법, 공정하지 못한 재판, 자의적인 법집행으로 인한 문제를 해결하기 위해 명맥을 이어왔지만 한편으로 형사법 체계를 무력화하고, 정치적 남용 또는 자의적인 권한 행사 가능성이 늘 위험인자로 작용한다는 지적이다. 권 변호사는 사면법 개정을 통해 특별사면권 행사의 제한 및 견제장치를 마련할 필요가 있다고 강조했다.

출처 : 중기이코노미/일부인용

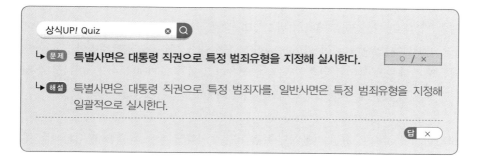

상식UP! Quiz   🔍

↳ 문제 **특별사면은 대통령 직권으로 특정 범죄유형을 지정해 실시한다.**   O / X

↳ 해설 특별사면은 대통령 직권으로 특정 범죄자를, 일반사면은 특정 범죄유형을 지정해 일괄적으로 실시한다.

답 X

잃어버린 빨간 날을 돌려드립니다

오래도록 기다려온 공휴일이 토요일이나 일요일과 겹치게 되면 기운이 빠지게 됩니다. 2021년만 해도 현충일과 광복절을 포함한 다섯 번의 공휴일이 주말과 겹쳐, 많은 사람들을 허탈하게 만들었습니다. 공휴일이 주말과 겹치는 문제 때문에 미국처럼 공휴일을 특정 주의 월요일과 금요일로 지정하자는 목소리가 나오기도 했죠.

그런데 2021년 광복절부터 주말과 겹치는 3개의 공휴일에도 대체공휴일을 적용하게 됐습니다. 국회는 2021년 6월 29일 본회의에서 이 같은 내용의 '공휴일에 관한 법률' 제정안을 의결했습니다. 종래에는 추석과 설, 어린이날에만 대체휴일을 적용했지만 법 제정으로 3·1절을 비롯한 4개의 국경일에도 적용됐는데요. 공휴일과 겹치는 주말 이후의 첫 번째 평일이 대체휴일이 됩니다.

애초 석가탄신일과 성탄절, 현충일은 공휴일이기는 하나 국경일이 아니기 때문에 제외됐는데요. 2023년부터 석가탄신일과 성탄절에도 적용하게 됐습니다. 더불어 5인 미만의 사업장에는 이 법이 적용되지 않는데요. 현행 근로기준법이 5인 미만의 사업장에는 공휴일 유급휴일 규정을 적용하고 있지 않기 때문이죠. 법률상 충돌여지가 있기 때문에 정부에서도 법안처리과정에서 난색을 표했습니다.

2021년 5월 10일 강병원 더불어민주당 의원은 공휴일 관련 규정을 법제화하는 제정안을 대표발의했습니다. "일과 삶의 균형을 이루고 양질의 지식과 창의성 발현으로 업무의 생산성을 높여 국내 산업경쟁력과 경제성장에 큰 기여를 할 것"이라는 게 입법 취지였습니다. 당연히 노동계는 환영의 뜻을 내비쳤지만 경제계는 강하게 반발했습니다. 주 52시간제 등으로 경영이 어려운 상황에서 기업의 부담이 더욱 가중돼 경쟁력이 약화될 수 있다고 우려했습니다. 인건비가 상승하면서 생산이 위축되고, 고용은 줄어드는 결과가 이어질 것이라고도 주장했죠. 야당에서도 5인 미만의 사업장에는 적용이 제외된다며, 무작정 급하게 밀어붙여서는 안 된다고 맞섰습니다. 그러나 결국 제정안은 진통 끝에 국회를 통과했습니다. 제정을 앞둔 시행령을 두고서도 경제계의 반발은 이어졌는데요. 한편 5인 미만의 사업장에도 대체공휴일법을 적용하라는 노동계의 목소리도 들리고 있습니다.

정치 · 경제 · 사회 · 국제 · 문화 · 미디어 · 과학 · IT · 스포츠

올해부터 공휴일도 유급휴일로 … 中小고용증가 부담 덜려면?

올해부터 중소기업의 노무 관리와 관련된 많은 제도들이 달라진다. 대표적인 것이 법정공휴일의 유급휴일 의무화다. 상시 근로자가 5인 이상, 30인 미만인 사업장까지 법정공휴일의 유급휴일이 의무화되고 **대체공휴일**이 적용된다. 법정공휴일이란 '관공서 공휴일에 관한 규정'에 의해 공휴일이 된 날로 일요일, 국경일, 설날, 부처님오신날, 어린이날, 현충일, 추석, 성탄절, 선거일 등이 해당된다. 고용 증가로 인한 부담을 덜기 위해선 경력단절여성 고용, 정규직 전환, 중소기업 사회보험료 지출 등 다양한 고용 관련 세액공제 혜택을 살펴봐야 한다. 세액공제는 매년 세법 개정과 함께 세부 내용이 변할 때가 많다. 또 사업연도마다 변동이 큰 중소기업 특성상 상시 근로자 수, 기업 규모, 소재지 등이 달라지면 공제액도 변화할 수 있다. 따라서 정확한 세액공제 금액을 산출하기 위해선 전문가의 상담을 꼭 거치는 게 좋다.

출처 : 동아일보/일부인용

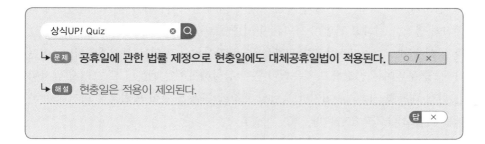

상식UP! Quiz

↳ 문제 공휴일에 관한 법률 제정으로 현충일에도 대체공휴일법이 적용된다. ○ / ×

↳ 해설 현충일은 적용이 제외된다.

답 ×

권력을 겨누는 칼이 될 것인가,
권력의 손에 쥔 칼이 될 것인가

권력을 감시하는 기관은 여러 곳이 있습니다. 감사원도 그 중 하나인데요. 감사원은 대통령의 직속 감사기관이라는데 큰 의미가 있습니다. 1948년에 국가의 수입과 지출을 검사하는 '심계원'과 공무원의 비리 등을 감찰하는 '감찰위원회'가 설치됐고, 이후 1963년에 이 둘이 합쳐지면서 감사원이 탄생했습니다. 감사원은 국가가 재정을 잘못 사용하거나 공무원이 비리를 저지르고, 행정과 법령·제도에 문제점이 있을 경우 이를 검사하여 수사기관에 고발하는 역할을 합니다. 다시 말해 현대판 '암행어사' 제도라고도 할 수 있죠.

감사원의 권한을 구체적으로 살펴보면 국가의 세입·세출에 대한 결산을 검사하고, 국가와 지방자치단체 등의 회계검사를 실시합니다. 이 회계검사에는 꼭 실시해야 할 필요적 검사사항과 필요한 경우에 실시하는 선택적 검사사항이 있습니다. 또한 행정기관과 공무원이 직무를 하다가 일으킨 비리를 적발하는 직무감찰을 행하죠. 감사가 시작되면 감사 결과 지적 사항에 대해 감사위원회가 심의·의결하여 최종적인 방침을 정하고 관련 수사기관에 이를 통보하고, 감사결과를 다음 해 대통령과 국회에 보고합니다. 이러한 권한을 가진 감사원의 지위는 독립적입니다. 어떤 기관·공무원이든 공정하고 치우침이 없이 감찰해야하기 때문이죠. 그래서 감사원은 현재 대통령 직속기관이지만 독립성 보장에 한계가 있어 입법부로 이전해야 한다는 의견도 나오고 있습니다.

그런데 윤석열정부 들어 이 감사원과 대통령실이 내통하고 있다는 의혹이 불거지기도 했는데요. 감사원의 실세라고 할 수 있는 사무총장과 대통령실의 국정기획수석이 주고받은 문자메시지가 기자에게 포착되어 논란을 불러일으켰죠. 문자메시지 유출이 일어나고, 그 무렵 감사원이 감사위원회 의결을 거치지 않고 문재인 전 대통령에게 서면 조사를 요구한 것이 보도되면서 감사원의 독립성이 흐려진 것이 아니냐는 문제가 제기됐습니다. 나아가 야권에서는 감사원이 대통령실의 지시를 받아 감사를 진행했다는 비판을 하기도 했죠.

공수처, '전현희 표적감사' 의혹 감사원 압수수색

공수처 특별수사본부는 서울 종로구에 있는 **감사원** 건물에 가서 압수수색에 착수했다. 국민권익위원회에도 검사와 수사관을 보내 수사에 필요한 자료를 확보하기 위한 절차를 진행 중이라고 밝혔다. 공수처는 우선 전현희 전 국민권익위원장이 제기한 유병호 감사원 사무총장의 '표적감사 의혹' 수사에 집중해 자료를 확보할 것으로 보인다. 공수처는 그동안 이 사건 고발인인 전 전 위원장을 수차례 불러 조사하는 등 '표적 감사' 의혹을 중심으로 감사원 관련 사건 전반을 파악하는 데 공을 들였다고 한다. 전 전 위원장을 상대로 자정까지 진행되는 심야조사도 수차례 진행했던 것으로 파악됐다. 전 전 위원장 고발 내용을 뒷받침하는 차원에서 권익위 직원 십수명을 참고인으로 조사도 했다. 최근 관련 압수수색 영장을 청구했으나 한 차례 기각됐고 재청구한 끝에 영장을 발부받을 수 있었다고 한다.

출처 : 한겨레/일부인용

상식UP! Quiz

↳ 문제 **감사원은 대통령의 직속 감찰 기구다.**　　　　　　　　ㅇ / ✕

↳ 해설 감사원은 대통령 직속 기구로서 그 독립성을 더욱 철저히 보장하기 위해, 소속을 입법부로 옮겨야 한다는 주장이 나오고 있다.

답 ㅇ

제7공화국, 올 수 있을까?

헌법은 국가의 기틀을 다지는 법으로 우리나라에서는 모든 법의 위에 존재하는 최고(最高)의 규범으로 인식됩니다. 우리나라에 헌법은 1948년 7월 17일 '제헌(制憲)'을 하면서 생겼습니다. 일제에서 해방된 우리나라는 1948년 5월 10일 UN 관리 하에 총선거를 실시하여 제헌국회 의원을 선출했고 이들이 두 달의 과정을 거쳐 나라의 기틀이 되는 헌법을 만들어낸 것이죠.

헌법(현행)에는 우리나라의 기틀이 담겨 있습니다. 우선 대한민국이 어떤 국가인지를 다루는 정체성(1장)과 국민의 권리 · 의무(2장)를 담고 있습니다. 그 다음으로 국가의 권력 기관인 국회(3장), 정부(4장), 법원(5장)의 설립 근거와 역할을 알려줍니다. 그리고 이를 보조하는 기관인 헌법재판소(6장)와 선거관리기관(7장)의 설립 근거와 역할도 알려줍니다. 이어서 대한민국의 지방자치(8장)와 경제(9장)에 대한 가치관을 규정하고 마지막으로 헌법의 개정(10장)에 대해 설명합니다.

헌법 개정 절차는 우선 충분한 사회적 논의를 거친 후 '개헌 제안'으로 공식적인 첫 걸음을 시작합니다. 현행 헌법상 개헌 제안은 국회 재적 의원 과반수 또는 대통령 발의로 가능합니다. 그 다음 단계인 국회 의결에서는 재적 의원 2/3 이상의 찬성이 필요합니다. 국회 의결일로부터 30일 이내에 국민투표를 실시합니다. 유권자는 국회의원 투표권자와 동일하며, 유권자 과반수의 투표, 투표자 과반수의 찬성으로 개헌안이 최종 통과됩니다. 개헌은 입법 유예기간을 두지 않으며 투표 결과가 나오면 대통령은 즉시 이를 공표하고 개정된 헌법은 발효됩니다.

현재 우리나라는 제6공화국 상태로, 이는 국가 체제와 정부수립 방식이 제헌 후 5번 변화했다는 것을 뜻합니다. 헌정사상 개헌은 여러 차례 있었지만 공화국 명칭의 카운트는 정부수립 방식이 변화할 때에만 이루어졌는데요. 새로운 개헌 논의는 무엇보다 정부 형태의 변화에 초점이 맞춰진 만큼 제7공화국으로 바뀔 확률이 큽니다.

폐기물처리장 설치는 '헌법 기본권 침해'?

광주 황룡강변에 들어서는 폐기물처리장을 반대하는 주민과 시민단체가 **헌법**이 보장한 기본권을 침해당했다며 관련 자치단체를 검찰에 고발했다. 광주 광산구 임곡동 주민과 광산시민연대는 광주 광산구청과 남구청의 부당한 행정업무를 적시한 고발장을 광주지검에 냈다. 임곡동 주민 등은 남구와 생활 쓰레기 및 폐기물 처리 위수탁 계약을 맺은 A 업체가 광산구 황룡강변에 사업장 신설을 추진하는 과정에서 각 지자체가 헌법을 위배했다고 주장했다.

고발인들은 '공무원은 국민 전체의 봉사자이며, 국민에 대한 책임을 진다'는 제7조 1항, '모든 국민은 건강하고 쾌적한 환경에서 생활할 권리를 가지며, 국가와 국민은 환경보전을 위하여 노력하여야 한다'는 제35조 1항을 근거로 제시했다. 광산구 관계자는 "사업계획과 다르게 설치한 시설물을 보완하도록 A업체에 명령했으며 최종 승인이 나온 상황은 아니다"며 "절차적 조건을 모두 갖춘다면 사업 허가를 취소할 근거가 없어 TF 구성을 주민들에게 제안했으나 아직 답변이 없는 상황"이라고 설명했다.

출처 : 매일경제/일부인용

상식UP! Quiz

↳ 문제 **다음 중 개헌 과정에서 필요없는 절차는 무엇인가?**

① 발의　　　　　　　　　② 국회 의결
③ 국민투표　　　　　　　④ 헌법재판소 판결

↳ 해설 개헌은 국회 혹은 대통령의 발의와 국회 의결 절차를 거쳐 국민투표로 결정된다. 헌법재판소의 판결은 개헌 과정에서 필요하지 않다.

답 ④

정치에 관심을 갖지 않으면
정치도 우리에게 관심을 갖지 않아요

선거 제도에 대해서 잘 모르시는 분이라면, 막상 투표를 하더라도 어느 때에 어떤 투표가 있는지에 대해선 감이 안 잡히시는 분들이 많을 겁니다. 대한민국에는 크게 세 개의 선거가 있습니다. 대통령을 선출하는 대선, 국회의원 300명을 선출하는 총선, 그리고 지방자치단체장과 지방교육감, 지방의회 의원을 뽑는 지선(지방선거) 입니다.

각각의 임기가 정해져 있고 정확한 날짜에 퇴임과 취임을 반복하기 때문에 대선, 총선, 지선의 시기는 대략 정해져 있습니다. 국회의원의 임기는 5월 30일부터 시작해 4년간 재임하기 때문에 총선은 4년마다 4월경에 실시합니다. 지선은 선출 공직자들이 7월 1일부터 임기를 시작하여 4년간 재임하기 때문에 4년마다 6월경에 실시합니다. 대선의 경우 2016년 탄핵 사태를 겪으면서 그동안 유지해오던 임기 기간이 바뀌었기 때문에 이제 5년마다 3월경에 치러져 당선자는 5월 10일부터 5년 간 재임하게 됩니다. 다른 선거 모두 탄핵, 개헌 등의 유사사태가 없을 경우에만 기존의 선거일이 유지되겠지요.

지방선거의 경우 정부 수립 이후에 1960년까지 세 차례 실시되었지만, 1961년 군 정이 실시되면서 지방자치제도 폐지와 함께 실시되지 않습니다. 이후 지방자치제 가 다시 생기면서 1991년 '제1회 전국동시지방선거'로 다시 실시됩니다. 현행 헌법 제8장은 지방자치제도를 실시하며 내용은 법률로 규정한다고 정하고 있습니다. 헌 법적으로 규정된 것은 지방의회와 지방자치단체장을 둔다는 것뿐이기 때문에 의회 와 지방자치단체장, 기타 선출 공직의 내용과 수는 입법 사안에 따라 얼마든지 바 뀔 수 있습니다.

이외에 결원 발생 시 하는 재·보궐선거가 있습니다. 정기적으로는 매년 4월 첫 번째 주 수요일에 실시하며, 그 전에 삼대 선거가 있을 경우 함께 실시합니다.

76년간 115번 바뀐 공직선거법

박정희 전 대통령이 1972년 12월 29일 비상국무회의에서 의결한 국회의원**선거법**(현 공직선거법) 개정안은 발의된 지 하루 만에 의결, 공포됐다. 10월 유신으로 국회가 해산된 상태에서 벌어진 일이었다. 이는 국회가 아닌 기구에서 선거법을 개정한 헌정사 유일한 사례다. 공직선거법은 1948년 미군정법령으로 제정된 이래 76년 동안 총 115번 바뀌었다. 개정마다 '민의를 제대로 반영하기 위함'을 내세우면서도 정작 국민적 동의를 얻는 과정은 부족했다는 비판이 나온다. 현 선거제는 비례대표제 도입(1963년), 중선거구제 도입(1973년), 소선거구제 환원(1988년), 준연동형 비례대표제 도입(2020년) 등 4차례 중대한 개정을 거친 결과다. 1948년 치러진 첫 총선, 제헌 국회의원 선거는 비례대표 없이 지역구 선거만 소선거구제로 실시됐다. 소선거구제는 현행 총선 방식으로, 인구 20만명 단위의 지역구에서 투표를 통해 1위 득표자를 선출하는 제도다.

출처 : 경향신문/일부인용

상식UP! Quiz　　

↳ 문제 **대한민국 헌법 제8조는 지방의회와 지방자치단체장, 지방교육감을 선출하도록 규정하고 있다.**
　　　　　　　　　　　　　　　　　　　　　　　　　　o / x

↳ 해설 헌법 제8조에는 지방선거를 실시하며 지방의회와 지방자치단체장을 둔다는 내용만 기술하고 있다. 그 외 지방 선거에 대한 사안은 법률로 규정되어 있다.

답　x

 **040** 국회의원

자신이 아닌, 국민을 위해 일합시다

18세 이상의 국민은 국회의원 선거에 출마할 수 있습니다. 국회의원 임기는 4년이며 중임이 가능합니다. 국회의원은 기본적으로 다른 직무의 겸직이 불가능합니다. 다만 국회법은 국무총리와 국무위원, 공익 목적의 명예직, 정당의 직, 공공기관·공공조합의 임직원만 겸직이 가능하도록 허락하고 있죠. 그리고 앞서 봤듯이 국회의원의 특권으로는 면책특권과 불체포특권이 있는데, 우선 면책특권은 국회의원이 국회에서 직무상 행한 발언과 표결에 대해 국회 외에서 책임을 지지 않는 것을 말합니다. 국회 내에서 책임을 추궁할 수는 있으나, 국회 관행상 국회 윤리특별위원회에 제소되어 징계를 받은 의원은 아직까지 없었습니다. 불체포특권은 국회의원은 현행범인 경우를 제외하고는 회기 중에 국회의 동의 없이 체포 또는 구금되지 아니하며, 회기 전에 체포·구금된 때에는 현행범이 아닌 한, 국회의 요구가 있으면 회기 중 석방되는 특권을 말합니다.

국회의원의 헌법상 의무로는 재물에 욕심을 내거나 부정을 해서는 안 된다는 청렴의 의무, 개인의 이익보다 나라의 이익을 먼저 생각하는 국익 우선의 의무, 국회의원의 신분을 함부로 남용하면 안 된다는 지위 남용 금지의 의무, 법에서 금지하는 직업을 가져서는 안 되는 겸직 금지의 의무 등이 있습니다.

국회의원 수행직무
- 헌법과 법률에 규정된 개정 절차에 따라 법률의 특정 조항을 수정·삭제하거나 새로운 조항을 추가한다.
- 국가나 국민에게 중대한 영향을 미치는 조약 또는 입법 사항에 관한 동의권을 행사한다.
- 정부의 예산안을 심의·확정하고, 국가의 수입·지출에 대한 결산을 심사한다.
- 국정감사 및 조사를 통해 국정 운영의 잘못된 부분을 적발·시정한다.

민주적 선거제도? … 비민주적 당헌당규

국회의원은 국민의 정치머슴이다. 이 머슴은 헌법기관이라는 상당한 지위를 누린다. 국민에게 무한 봉사를 한다면 많은 일들을 할 수 있다. 그러나 현실은 그렇지 못하다. 국회의원들은 일단 선거만 끝나면 유권자들과의 거리가 멀어지는 일이 반복되었는데 이번에는 개악된 선거법으로 유권자의 선택을 강요하는 형국이 되었다. 개 꼬리가 몸통을 흔드는 격이다. 선거법이 개악되고 유권자를 바지저고리로 전락시키는 또 다른 원흉은 기득권 유지에 초점이 맞춰진 비민주적 정당제도이다.

국내 정당 대부분은 제왕적 당대표를 두는 당헌당규를 채택하고 있어 국회의원들은 유권자보다 당대표를 더 의식하는 경우가 너무 많고 군대의 사단장과 사병과의 관계처럼 일사불란하게 보일 때도 있다. 국회가 진정한 국민의 머슴이 되도록 하기 위해서는 비민주적 정당 제도를 원천적으로 쇄신해야 한다. 동시에 풀뿌리 민주주의인 지방자치와 중복되면서 국회의 중앙정치 집중을 가로막는 현행 지역구 선거제를 폐지하고 국회의원 선거에서 유권자의 선택이 100% 반영되는 선출 방식을 강구해야 한다.

출처 : 통일뉴스/일부인용

상식UP! Quiz

↳ **문제** 다음 중 국회의원에 대한 설명으로 옳지 않은 것은?

① 임기는 4년이고, 단임이다.
② 선거에 후보로 나가기 위해서는 만 18세 이상이어야 한다.
③ 국회의원은 회기 중에 국회의 동의 없이 체포되지 않는다(현행범인 경우를 제외).
④ 국회의원은 기본적으로 다른 직을 겸할 수 없다.

↳ **해설** 국회의원의 임기는 4년이고, 중임이 허용된다.

답 ①

신문으로 공부하는
말랑말랑 시사상식
종합편

CHAPTER 03

국제·외교

다시 돌아온 중국의 큰손

'유커'란 여행객, 관광객을 뜻하는 '유객(游客)'을 중국어 발음으로 읽은 것입니다. 우리나라로 '여행·관광을 온 중국인'을 의미하죠. 유커는 특히 중국 단체관광객을 뜻하는 말로 언론과 국내 여행업계에서 많이 쓰입니다. 중국인 관광객들이 이런 특별한 용어로 특정된 이유는 이들이 씀씀이가 유명하기 때문입니다. 물품을 사더라도 대량으로 구매하고, 고가의 상품도 거침없이 구매하는 소비력을 자랑하죠. 그래서 이들을 통한 관광수지와 내수 활성화 효과를 기대해볼만 했습니다.

그러나 한동안은 이들의 움직임이 잠잠했었는데요. 그런데 2023년 8월 들어 우리 여행·호텔업계에서는 다시 유커를 맞을 준비로 분주해졌습니다. 중국정부가 6년 5개월 만에 한국행 단체관광을 전면 허용했기 때문이죠. 지난 2016년 경북 상주시에 미육군의 탄도탄 요격유도탄 체계 사드(THAAD)를 배치하는 문제로 한중갈등이 격화되면서 중국당국은 한국으로의 단체비자발급에 제동을 걸었습니다. 이후로도 중국당국의 한한령(限韓令)은 지속되었고, 또 코로나19 팬데믹이 터지는 바람에 중국발 단체관광은 미뤄졌는데요. 단체관광이 허용되자 곧 유커를 태운 크루즈가 항만에 속속 도착하기 시작하고, 유커가 주로 찾기로 유명한 서울 중구 명동의 상점가는 다시 활기를 찾기 시작했습니다.

한편 유커로 인한 관광수요가 어느 정도나 회복될 지는 지켜봐야 한다는 관측도 있습니다. 한중관계가 여전히 불안하고, 중국의 경기둔화 우려도 남아 있기 때문인데요. 우리나라의 2023년 상반기 관광수지는 46억 5,000만달러 적자로 2018년 이후 최대 적자를 기록했습니다. 코로나19의 엔데믹 전환 이후 아직 외국인 관광객 수요가 충분히 올라오지 않은 것이 요인이라고 하는데요. 이번 유커의 단체관광 허용으로 그 수요가 충분히 회복되었으면 합니다.

유커 귀환에 … 카지노주 등 '훨훨'

중국인 단체관광객 '**유커**'의 귀환이 예고되면서 카지노, 면세점, 화장품 관련 주가가 연일 들썩거리고 있다. 롯데관광개발은 최근 1개월간 주가가 46.2%, 코스맥스는 42.5%나 뛰었다. 상장지수펀드(ETF) 역시 유커 소비 관련종목들이 가장 수익률이 높았던 것으로 집계됐다. 한국거래소에 따르면 롯데관광개발은 지난 1개월간 주가가 46.2% 상승했다. 카지노를 운영하는 롯데관광개발은 중국인 관광객 관련 대표주로 꼽힌다. 최근 중국의 한국행 단체관광 금지 해제 소식이 전해진 이후 지속해서 주가가 오름세를 보이고 있다. 면세점도 호재를 맞았고, 화장품의 경우에도 아모레퍼시픽, LG생활건강 등 대장주뿐 아니라 토니모리, 제이준코스메틱 등 중소형주도 상승하고 있다.

출처 : 문화일보/일부인용

상식UP! Quiz

↳ 문제 **중국정부가 2016년 우리나라의 사드 배치에 대한 보복으로 자국에 내린 한류금지령은?**

↳ 해설 중국정부는 2016년 우리나라에 사드 배치가 결정되자 이에 대한 보복으로 한국 단체관광을 금지하고 자국 내 한국콘텐츠의 유통 · 소비를 금지하는 한한령을 내렸다.

답 한한령

 **042** 선진국

대한민국, 선진국의 자리에 오르다

우리나라는 선진국일까요? 경제규모나 산업·문화수준을 살펴보면 어느 정도 선진국 반열에 들지 않나 생각이 듭니다. 그러나 우리나라는 지금까지 공식적으로 개발도상국이었는데요. 지난 2021년 7월 2일 우리나라가 세계가 공인하는 선진국 지위에 올랐다는 소식이 들렸습니다. 이는 국제연합의 무역개발회의(UNCTAD)에서 결정된 사항이었는데요, 1964년 UNCTAD가 설립된 이래 개도국 그룹에서 선진국 그룹으로 이동한 사례는 우리나라가 처음입니다.

UNCTAD는 개발도상국의 산업화와 국제무역 참여 증진을 지원하기 위해 설립된 유엔 산하 정부 간 전문상설기구입니다. UNCTAD는 2021년 7월 2일 제68차 무역개발이사회 마지막 날 회의에서 만장일치로 우리나라의 지위를 선진국 그룹인 B그룹으로 공식 변경했습니다. 그동안 우리나라는 아시아, 아프리카 같은 주로 개도국이 포함된 A그룹에 속해 있었는데요. 지위변경으로 UNCTAD 내에서의 우리나라 활동에 직접적인 영향을 끼치는 것은 없을 것으로 예상되지만, 세계무대에서 주요 선진국으로 성장했다는 것을 공식적으로 인정받았다는 데 의의가 있습니다.

사실 우리나라는 이미 선진국으로 인정받는 수준에 올라서 있었습니다. 우리나라는 광복 후 약 50년간 600억달러에 달하는 국제원조를 받았죠. 그러나 1995년에 세계은행 원조대상국에서 제외됐고 1996년에는 선진국클럽이라는 경제협력개발기구(OECD)에 가입했습니다. 2009년에는 OECD 내 개발원조위원회 회원국이 되면서 '원조를 받는 나라'에서 '원조를 주는 나라'가 됐고, 국내적으로도 1987년에 대외경제협력기금(EDCF)을 설치해 공적개발원조도 지속적으로 늘려 왔습니다. 게다가 이전에 우리는 이미 세계 각국으로부터 선진국에 준하는 견제와 대우를 받아왔는데요. 2019년 트럼프 당시 미국 대통령은 경제성장을 이룬 국가들이 세계무역기구(WTO)에서 개도국 지위에 따른 혜택을 받지 못하게 하라고 미 무역대표부(USTR)에 지시하며 이에 해당하는 대표적인 국가로 중국을 비롯해 우리나라를 지목했죠.

그러나 선진국이란 단순히 자본과 이에 따른 생산규모 · 소득이 많은 나라를 의미하지는 않습니다. 실질적인 국민의 삶의 질도 중요하죠. 최근에는 선진국을 평가할 때 교육지수, 기대수명지수, 국민총소득(GNI)의 기하평균으로 산출하는 인간개발지수도 중요하게 고려되고 있습니다. 그런 의미에서 우리나라는 삶의 질에 있어서는 여전히 경제발전을 따라가지 못했다는 반성도 나오고 있습니다.

정치 · **경제** · 사회 · **국제** · 문화 · 미디어 · 과학 · IT · **스포츠**

"우리도 이제 선진국" … 외교부 해외원조 1조원 돌파

외교부의 공적개발원조(ODA) 예산이 처음으로 1조원을 돌파했다. '**선진국**'으로서의 국제 사회 기여를 늘리겠다는 의도다. 외교부는 3조 23억원으로 편성한 예산안을 국회에 제출했다. 지난해 2조 8,409억원과 비교하면 5.7% 증가한 규모다. 2015년 외교부의 연간 예산이 처음 2조원대에 진입한 이후 7년여 만에 3조원 시대에 진입했다. 올해 정부 전체 예산안(604조 4,000억원)에서 차지하는 비중은 약 0.5%다. 내년도 외교부 예산안의 가장 큰 특징은 해외 국가들에 대한 공적개발원조(ODA)가 크게 늘었다는 점이다. 외교부 전체 예산의 37%인 1조 1,149억원이 편성됐다. 올해 관련 예산(9,505억원)과 비교하면 17.3% 증액됐다. 김재휘 외교부 조정기획관은 "기존 외교활동 예산뿐 아니라 선진국으로서 국제사회에 대한 책임과 국격에 맞는 역할에 필요한 부분이라 부처 내부에선 의미있다고 평가한다"고 말했다.

출처 : 한국경제/일부인용

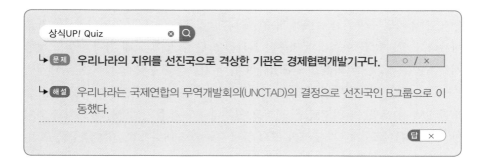

상식UP! Quiz

↳ 문제 **우리나라의 지위를 선진국으로 격상한 기관은 경제협력개발기구다.** ○ / ×

↳ 해설 우리나라는 국제연합의 무역개발회의(UNCTAD)의 결정으로 선진국인 B그룹으로 이동했다.

답 ×

포괄적 · 점진적 환태평양경제동반자협정

CPTPP는 경제 · 무역과 관련된 협정입니다. CPTPP는 'Comprehensive and Progressive Agreement for Trans-Pacific Partnership'의 약자로 우리말로 번역하면 '포괄적 · 점진적 환태평양경제동반자협정'이라는 긴 이름을 갖고 있죠. 본래 약자는 'TPP'였는데, 당시 주도국이었던 미국의 트럼프 전 대통령이 탈퇴를 선언하면서, 2018년 3월 나머지 총 11개국이 명칭을 CPTPP로 변경했습니다. 그래서현 가입국은 일본과 캐나다, 멕시코, 호주, 뉴질랜드, 베트남, 말레이시아, 싱가포르, 칠레, 페루, 브루나이 등 아시아 · 태평양 11개국입니다. 이 협정의 주요 내용은농수산물과 공산품 역내 관세 철폐, 데이터 거래 활성화, 금융 · 외국인 투자 규제완화, 이동 자유화, 국유기업 보조금 지원 금지 등이죠.

다자간 자유무역협정(FTA)인 이 CPTPP의 전략적 중요도는 점점 더 커지고 있습니다. 이미 영국과 중국, 대만도 가입을 추진하고 있죠. 우리나라 산업연구원의 조사에 따르면 CPTPP 참여국의 국내총생산(GDP)은 전세계 GDP의 12.8%에 이르고, 무역규모는 15.2%를 차지한다고 합니다. 일본이나 베트남 등 우리나라와 많은교역이 이루어지는 나라들이 가입되어 있고, 또 우리나라의 최대 무역시장인 중국이 가입신청서를 내면서 그 중요도는 더 커지게 되었는데요. 그래서 우리나라도 CPTPP에 가입하기 위한 준비에 착수했습니다. 정부는 CPTTP 가입신청서를 제출하겠다고 발표했죠. 아울러 무역증진 효과를 노릴 수 있고 국내 경제 체질도 상향시킬 수 있는 좋은 기회라고 덧붙였습니다. 우리나라의 통상 영토 또한 확대시킬수 있죠. 다만 신청서만 낸다고 가입할 수 있는 것은 아닙니다. 당초 이 모임을 주도한 일본이 우리나라의 가입을 꺼리고 있는데다가 기존 가입국들의 동의도 얻어야 하기 때문이죠. 게다가 관세가 거의 철폐 수준으로 내려가고, 가입국 중 농업 비중이 큰 나라가 많은 만큼 우리나라 농업계의 반발도 만만치는 않습니다. 가입국이되면 외국의 농산물이 낮은 관세를 타고 밀려들어 올 수 있기 때문입니다.

韓, CPTPP 가입 땐 무역효과 10조 …
농축산 피해는 최대 2.2조

아세안(동남아국가연합) 규모 이상의 국가들이 동시다발적으로 자유무역협정(FTA)을 맺는 '메가 FTA'가 글로벌 통상 판도를 바꾸고 있다. 점차 거대한 블록이 하나의 경제공동체로 연결되는 추세가 강해지면서다. 수출로 먹고사는 통상국인 한국에 메가 FTA는 선택이 아니라 필수라는 게 전문가들의 진단이다. 국내 농축산업계 반발로 머뭇거리고 있는 **포괄적 · 점진적 환태평양경제동반자협정(CPTPP)** 가입을 서두르는 등 미 · 중 패권 경쟁 사이에서 경제안보와 통상실리를 함께 구현하는 새로운 통상전략을 서둘러 마련해야 한다는 지적이다. CPTPP 가입 찬성 진영은 관세 · 비관세장벽 완화에 따라 한국 경제 전반과 수출 증가에 긍정적 효과가 있을 것으로 본다. 반대 진영에서는 가입에 따른 혜택은 적고 농어민 피해는 한 · 미 FTA에 필적한다고 반발한다.

출처 : 한국경제/일부인용

상식UP! Quiz　　　

↳ **문제** CPTPP는 무역 비중이 전 세계의 30%를 차지하는 최대 규모의 자유무역협정이다.

〔 ○ / X 〕

↳ **해설** 전 세계 무역규모의 30%를 차지하는 최대 자유무역협정은 RCEP(역내 포괄적경제동반자협정)다. 2022년 2월 1일부로 발효됐다.

고래 싸움에 새우 등이 터집니다

'투키디데스의 함정'이란 말을 들어보셨나요? 투키디데스는 〈펠레폰네소스 전쟁사〉를 저술한 고대 그리스인의 이름입니다. 〈펠레폰네소스 전쟁사〉는 페르시아 전쟁 뒤 이어진 기존 강국 스파르타와 신흥 강국 아테네의 충돌 과정을 다루고 있는데요. 기존 패권국과 신흥 강국의 갈등이 전쟁으로 번지는 과정이 잘 묘사되어 있습니다. 필연적으로 강대국들은 충돌하게 된다는 말을 하고자 할 때 이에 빗대어 '투키디데스의 함정'이라는 말을 씁니다. 현대 미국과 중국의 상황을 가리키는 것 같지 않나요?

경제면에서 미국과 중국의 갈등은 점점 커져갔습니다. 미국은 2017년 8월 중국산 알루미늄에 81%의 관세를 붙이고 2018년 3월에는 500억달러 규모의 중국산 제품에 25%의 관세를 부과하는 행정명령에 서명했습니다. 중국은 크게 반발하며 미국산 제품 30억달러 규모에 보복관세 부과 계획을 발표했죠. 이와 동시에 주요국 주가가 급등락을 보이고 원자재 가격은 급락하는 등 세계 경제가 요동치기 시작했습니다. 양국은 무역협상을 벌였으나 합의점을 좁히지 못한 채 관세 폭은 더욱 늘어만 갔죠. 특히나 중국은 현재 위기에 빠졌다는 분석이 계속해서 제기되었습니다. 중국이 표면적으로는 결사항전했지만, 실제 전면전에 나서기엔 미국에 비해 체력적인 부담이 큰 것이 사실이기 때문이지요.

하지만 2020년 1월, 미중은 가까스로 무역합의를 이뤘습니다. 중국이 미국산 농산물을 대거 구매하는 대가로 미국이 추가 관세 부과를 중단하는 내용이었지요. 당시 합의로 무역갈등의 가장 큰 원인이었던 무역불균형이 어느 정도 해결되어 분쟁은 '일시정지'가 되었지만, 양국 사이에는 아직도 '지식재산권 보호, 금융시장 개방, 환율 조작 중단' 등 합의해야 할 문제가 산적해 있다는 평입니다.

미중 무역, 규모 커졌지만 상호의존 줄어 ⋯ 디커플링 심화

지난 2021년 미중 무역규모가 사상 최대를 기록했지만 미국의 무역에서 중국이 차지하는 비중과 중국의 무역에서 미국이 점하는 비중은 계속 낮아져온 것으로 나타났다. **미중 무역전쟁**이 4년간 이어진 결과다. 양국간 전체 무역 규모가 늘어도 상호 의존도는 줄어 '디커플링(decoupling · 탈동조화)'이 가속화됐다는 분석이 나온다. 양국 간 무역 규모가 늘었음에도 전체 무역에서 차지하는 비중이 줄어든 이유는 2018년부터 미중 무역갈등이 본격화하면서 각종 무역 제재 조치가 발동된 영향으로 풀이된다. 한국무역협회 국제무역통상연구원이 발표한 보고서는 미국과 중국 모두 무역 제재 조치와 함께 자국 중심의 공급망 재편에 나서면서 양국 간 무역 비중이 더욱 감소했다고 분석했다. 또 디커플링이 지속되더라도 미국이 중국을 완전히 차단하기 보다는 중국의 기술 발전과 성장을 지연시키는 방향으로 움직일 가능성이 높다고 진단했다.

출처 : 연합뉴스/일부인용

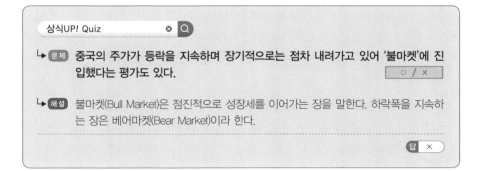

상식UP! Quiz

↳ 문제 중국의 주가가 등락을 지속하며 장기적으로는 점차 내려가고 있어 '불마켓'에 진입했다는 평가도 있다.

O / X

↳ 해설 불마켓(Bull Market)은 점진적으로 성장세를 이어가는 장을 말한다. 하락폭을 지속하는 장은 베어마켓(Bear Market)이라 한다.

답 X

 **045** 일대일로

현대판 실크로드라…

지난 2016년 우리나라는 한동안 사드 배치로 인한 중국의 각종 보복 조치들에 대한 논란으로 시끄러웠습니다. 특히 중국이 일대일로(一帶一路) 정상포럼에 우리나라에만 쏙 빼고 초대장을 보낸 사실은 실소를 터지게 했지요. 이건 너무 심하다 싶었는지 후에 초대를 하긴 했지만 사드 배치에 대한 반발심은 고스란히 느껴졌습니다. 그래도 중국은 이 포럼 이후 우리나라에 대한 반감이 조금은 누그러진 것 같은 행보를 보였습니다.

일대일로 정상포럼은 고대 실크로드와 바닷길을 통해 해외시장을 개척했던 역사에서 착안하여 중국의 시진핑 주석이 세운 21세기 육상 및 해상 실크로드 계획으로, 2014년 11월 개최된 아시아·태평양 경제 협력체 정상회의에서 시진핑 주석이 제창했습니다. 중국에서 시작해 중앙아시아와 이란을 거쳐 지중해 연안으로 이어진 고대의 교역로를 따라 21세기 경제협력벨트를 형성시키고, 바닷길로 중국·동남아시아·남아시아·중동·아프리카를 연결시키겠다는 것입니다. 이는 중국과 중국 이외의 유라시아 국가들을 연결하여 서로 협력하도록 하는 데 목표를 둡니다.

이것이 중국의 범아시아권 패권 획득 전략이라는 분석이 제기되는 바, 이에 맞서 미국과 일본은 '인도-태평양 전략'을 내세웠습니다. 미국과 일본이 인도와 같이 중국과 사이가 좋지 않은 지역 국가들과 손을 잡고 중국을 포위해 압박하는 전략으로 이해할 수 있습니다. 일대일로 정책과 같이 동남아에서 동아프리카에 이르는 국가와 각종 경제 이권에 참여하는 것을 목표로 합니다. 우리나라는 앞으로 어느 한 쪽을 선택해야 하는 상황에 직면하게 될 것으로 예상됩니다.

"중국, 1조달러 투자한 '일대일로' 손본다" ···
개도국 부채 급증

중국이 세계적 영향력을 키우기 위해 2013년부터 시작했던 '**일대일로**' 사업에 대한 대대적인 개혁을 진행하고 있다는 분석이 나왔다. 중국은 무려 일대일로에 1조달러(약 1,420조원)를 투입하고도 '빚의 덫(채무의 함정)'을 만든다는 비판을 받고 있는데다 개발도상국들이 잇따라 국가부도에 빠지면서 투자금 회수가 어려워진 상황에서 전략 수정이 불가피해진 것이다. 시진핑 중국 국가주석은 집권한 이듬해인 2013년부터 일대일로를 앞세워 개도국에 막대한 지원을 해왔다. 중국 정부에 따르면 지금까지 149개 국가, 32개 국제기구가 일대일로 협약을 체결했다. 중국은 자금력을 앞세워 돈을 빌려주며 부족한 인프라 개발까지 지원했다. 서방국 주도의 국제기구처럼 조건을 달지도 않았다. 개도국이 중국의 손길을 마다할 수 없던 이유다. 그러나 애초 자금 사정이 좋지 않던 이들 국가가 경제 상황이 더욱 어려워지면서 부채를 갚지 못하는 상황에 직면했다.

출처 : 한국경제/일부인용

상식UP! Quiz

↳ 문제 　시진핑 주석이 제창한 일대일로는 고대 중국이 서역에 비단을 비롯한 각종 상품을 전하던 교역로에서 착안한 것인데, 중국 중원 지방부터 중앙아시아를 지나 지중해 동안에 이르는 고대의 교역로를 무엇이라 하는가?

↳ 해설 　'실크로드(Silk Road)'는 독일의 지리학자 리히트호펜(Richhofen, 1833~1905)이 처음 사용한 용어로 중국에서 파미르 고원 등 중앙아시아를 경유해 지중해에 이르는, 고대의 교역로를 말한다.

답 　실크로드

자위대는 일본의 진짜 군대가 될까?

1945년 8월 15일 일본제국이 태평양전쟁에서 패망하자, 미국을 필두로 한 연합국은 무조건 항복한 일본을 점령했고, 일본 땅에 상륙한 미군과 연합군은 주권을 상실한 일본의 헌법을 뜯어고쳤습니다. 먼저 천황의 초월적 권력을 없애버리고 국정에 참여하지 못하게 했습니다. 이와 더불어 일본은 다시는 전쟁을 일으킬 수 없게 됐는데요. 이로써 선제공격을 할 군대를 가지지도 못하게 됐습니다. 이것이 평화헌법이라고 불리는 '일본국 헌법 제9조'의 내용입니다.

군대를 가질 수 없게 된 일본은 우리가 흔히 알고 있는 자위대(自衛隊)라는 군사조직을 꾸렸습니다. 자위대는 한반도의 6·25 전쟁 당시, 일본에 주둔하던 미군이 우리 국군을 지원하기 위해 떠나자 치안유지를 명목으로 창설한 경찰경비대에서 기원합니다. 물론 자위대라는 이름 그대로 최소한의 방어만 가능할 뿐 헌법상 상대국 혹은 지역에 선제타격을 가할 수 없습니다. 방어가 가능한 조건 또한 일본국으로 한정되어 있죠. 그러나 자위대의 전신인 경찰경비대는 창설 당시부터 꼼수라는 논란이 있었는데요. 헌법 제9조가 명시한 '전력'이란 실질적으로 전투를 수행할 수 있는 능력을 의미하는데, 단순한 치안유지를 넘어 국가 간 교전을 벌일 수 있는 수준에 이르렀기 때문이죠. 경비대는 보안대 등으로 이름을 바꾸면서 임무 범위를 점차 넓히기 시작했고, 이들 조직이 헌법에 위배된다는 비판에 대해서는 조직의 힘이 약하다는 식으로 어물쩍 넘어가려 했습니다. 그리고 1954년 7월 자위대법이 제정되면서 자위대가 공식적으로 출범했죠. 헌법상 '전력'을 가질 수 없었지만, 명백히 전력을 가진 군사조직을 스스로 만들어낸 것입니다.

일본은 이때부터 야금야금 제멋대로 헌법 해석을 이어가며 개헌카드를 꺼내들었습니다. 동시에 자위대의 전력도 차츰 보강했죠. 그러나 일본정부에서도 개헌은 쉽사리 성사되지 못했는데요. 그래서 일본은 자위권을 확대하는데 애를 썼는데, 처음에는 현실적인 타격을 자국의 영토·영공·영해에서 방어하는 수준에 머물렀다면,

그 영역을 벗어난 방어도 허용하게 됐습니다. 더 나아가 일본 침공의 징조가 보인다면 그 근원지까지 타격할 수 있다는 해석으로도 이어졌죠. 또 1990년대부터는 차츰 자위대 전력을 해외로도 보내기 시작했습니다. 이러한 '집단적 자위권'을 법 해석만으로 갖게 된 사이, 자위대의 '전력'은 무시 못 할 규모로 커졌습니다. 사실상 일본의 군대로서 취급되는 조직으로 성장했죠. 그러면서 자위대의 존재가 위헌이라는 인식도 점차 희석됐습니다.

일본은 아베 신조 전 총리로 대표되는 극우 세력이 정권을 잡게 되면서 개헌논의가 더욱 활발해졌는데요. 이들은 개헌의 당위성을 역설하면서, 시대가 변화함에 따라 이제 자위대를 헌법 제9조에 명기하는 개헌을 실시해야 한다고 주장했습니다. 그간 평화헌법을 수호해야 하며, 자위대가 위헌이라는 주장을 꾸준히 펴온 반대 세력들의 입을 잠재우기 위해 아예 자위대의 존재를 헌법에 명백히 각인시키려 하는 것이죠. 개헌에 성공할 경우 일본은 공식적이며 정식적인 군대를 다시 가지게 됩니다.

이재명 "독도 근해 한미일훈련, 日자위대를 군대 인정하는 것"

이재명 더불어민주당 대표는 국회 국방위원회의 합동참모본부에 대한 국정감사에서 한미일 대잠수함 훈련이 진행된 장소에 대해 비판했다. 이 대표는 합참 청사에서 열린 국감에서 지난달 있었던 한미일 대잠 훈련을 거론하며 "일본 **자위대**와 특히 독도 근해에서 합동(연합) 훈련을 하게 되면 자위대를 정식 일본군대로 인정하는 것 아니냐"고 따졌다. 그는 "그렇지 않다"는 김승겸 합참의장 답변에 "역사적으로 그렇게 해석될 여지가 있다"면서 "과거처럼 일본 근해나 남해에서 해도 되는데 왜 독도 근처에서 했는가"라고 의문을 제기했다. 이 대표는 "한미일 군사동맹은 단순한 문제가 아니다"라며 "일본이 독도를 자기 땅이라고 우기고 경제 침탈까지 하는데 뭐가 그리 급하다고 자위대를 정식 군대로 인정하는 근거가 될 수 있는 훈련을 독도 근처에서 하는가. 이게 바로 굴욕외교"라고 비판했다.

출처 : 연합뉴스/일부인용

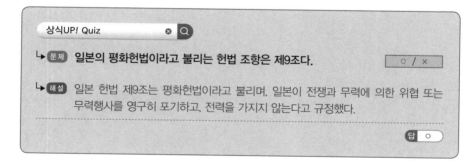

상식UP! Quiz

↳ 문제 일본의 평화헌법이라고 불리는 헌법 조항은 제9조다.

○ / ×

↳ 해설 일본 헌법 제9조는 평화헌법이라고 불리며, 일본이 전쟁과 무력에 의한 위협 또는 무력행사를 영구히 포기하고, 전력을 가지지 않는다고 규정했다.

답 ○

글로벌 경제를 움직이는 리더들의 모임

2010년 11월 우리나라를 떠들썩하게 했던 G20 정상회의를 기억하시나요? 전 세계 주요 국가의 정상들이 모이는 G20 정상회의가 서울에서 열려 큰 의미를 남겼지요. G20에 대해 좀 더 자세히 알아보겠습니다. G20은 선진 7개국 정상회담(G7)과 유럽연합(EU) 의장국, 신흥시장 12개국 등 총 20개국을 회원으로 하는 국제기구입니다. 미국, 일본, 영국, 프랑스, 독일, 이탈리아, 캐나다, 유럽연합(EU) 의장국, 러시아, 브라질, 인도, 중국, 남아프리카공화국, 멕시코, 사우디아라비아, 대한민국, 호주, 튀르키예, 아르헨티나, 인도네시아, 아프리카연합(AU) 등 총 21개국이 회원국으로 가입해 있습니다. 주요 국제 금융현안을 비롯해서 세계경제가 안정적으로 성장하고, 국제 금융위기의 재발을 막기 위한 방안들을 논의합니다.

G20의 시작을 거슬러 올라가 보면 1999년 개최된 G7 재무장관회의에서 국제금융 시장 안정을 위해 신흥시장국이 참여하는 G20 창설에 합의하여, 그해 12월 독일 베를린에서 제1차 G20 재무장관·중앙은행총재 회의가 개최되었고 2008년 미국 발 금융위기가 전 세계로 번지면서 그해 11월 G20 국가 간 정상급 회의를 최초로 개최했습니다.

2010년 우리나라에서 개최된 이후 2011년 프랑스, 2012년 멕시코, 2013년 러시아, 2014년 호주, 2015년 터키, 2016년 중국, 2017년 독일, 2018년 아르헨티나, 2019년 일본 순서로 회의를 개최했으며 2020년에는 사우디아라비아, 2021년에는 이탈리아, 2022년 인도네시아에 이어 2023년에는 인도에서 개최됐습니다. 현재 G20 구성원들의 인구를 합치면 전 세계 인구의 3분의 2에 달하기에 따라서 G20에서 결정되는 주요 현안들은 국제적으로 매우 큰 영향력을 끼치고 있습니다.

합의문 번번이 무산 G20, 이번엔 '해결사' 이름 달까

올해 열리는 **G20** 회의에 국제 경제계의 관심이 쏠리고 있다. 고물가 · 통화긴축 등으로 세계 경제의 침체 우려가 커지며 주요국들의 공동 대응 필요성도 커졌기 때문이다. 그러나 미국과 러시아 · 중국의 대립 등 지정학적 갈등이 갈수록 심해지며 협력보다 '각자도생'을 택하리라는 우려가 적지 않다. 이번 회동이 주목받는 건 세계 경제의 위기감이 고조되고 있어서다. 러시아의 우크라이나 침공이 촉발한 에너지 · 식량난으로 뛰는 물가를 잡으려 미국 등 각국이 큰 폭의 정책금리 인상에 나서며 금융시장 변동성이 커지고 글로벌 경기 침체 우려도 제기되고 있다. 재무장관회의의 첫 논의 주제도 여기에 초점을 맞추고 있다. 공급망 혼란과 통화긴축으로 경기둔화 우려가 큰 만큼 회원국들이 공동 대응 방안을 찾아보자는 거다.

출처 : 연합뉴스/일부인용

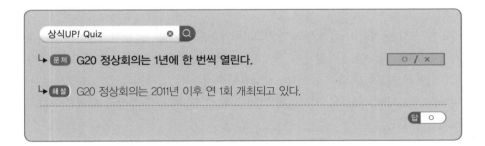

미국, 일본, 인도, 호주의 안보 모임

예나 지금이나 세계의 국가들은 서로 힘을 합쳐 안전망을 치고 국력도 키우려 합니다. 사실 서로 힘을 합친다고는 하지만 결국 편 가르기를 하는 양상을 보이게 되죠. 지금 세계의 헤게모니는 미국과 중국이 양분하고 있고, 그런 만큼 양국은 자기편인 나라를 모으기 위해 경쟁하고 있습니다. 자기편으로 만들기 위해서는 일단 친해져야 하고 자주 만나면서 긴밀히 소통하기 위해 모임도 만들어야 합니다. 쿼드(Quad)도 바로 그런 모임 중 하나입니다. 이 모임의 장은 미국이죠.

쿼드는 미국과 일본, 인도, 호주로 구성된 안보협의체입니다. 이 모임을 처음 제안한 나라는 다름 아닌 일본인데요. 2007년 아베 신조 당시 일본총리는 중국의 국력이 급성장하고 세계 패권까지 넘보게 되자, 동맹국인 미국을 필두로 인도와 호주에게 경제·군사적 연대가 필요하다고 손을 내밉니다. 처음에 쿼드는 비공식적인 안보 모임에 불과했고, 각 국가의 정권이 교체되면서 얼마간 중단되기도 했습니다. 그러나 미국과 중국의 갈등이 점차 격화되면서 2017년에 네 국가는 다시 모임을 갖기로 했죠. 그리고 지난 2020년 드디어 트럼프 당시 미국 대통령이 공식 국제기구인 쿼드의 출범을 발표합니다.

쿼드는 드러내놓고 '중국 반대'를 외치지는 않지만, 누가 봐도 반(反) 중국 성격이 짙었습니다. 애초에 중국을 견제하기 위한 모임이었으니까요. 중국은 처음에는 쿼드의 결집력과 영향력을 우습게보고 금방 와해될 거라 생각했지만, 시간이 갈수록 위기감을 느끼고 이에 반발하기 시작했습니다. 그러는 한편 쿼드는 우리나라와 뉴질랜드, 베트남을 포함시켜서 모임을 확대하는 쿼드 플러스를 구상하기도 했는데요. 쿼드가 출범할 당시 트럼프는 쿼드를 '인도-태평양판 나토(NATO)'라고 언급하면서, 태평양 동맹을 강화하겠다는 의지를 보이기도 했죠. 하지만 쿼드 가입국을 비롯해 아직 각국의 입장은 조심스러운데요. 특히나 우리나라의 경우 미국과 동맹국이긴 하지만, 중국의 눈치를 볼 수밖에 없는 입장인지라 가입 논의를 쉽게 진

전시키지 못하고 있죠. 실제로 중국이 우리나라의 쿼드 가입 여부를 몇 차례 문의했었다는 홍콩 매체의 보도도 있었습니다.

정치 · 경제 · 사회 · **국제** · 문화 · 미디어 · 과학 · IT · 스포츠　|　

중국견제협의체 쿼드 외교장관회의 …
"국제질서 위협 속 협력해야"

미국, 호주, 인도, 일본 4개국의 인도 · 태평양 지역 협의체로 중국 견제 성격이 강한 **쿼드** 외교장관회의가 뉴욕에서 열렸다. 토니 블링컨 미국 국무장관, 페니 윙 호주 외교장관, 수브라마냠 자이샨카르 인도 외교장관, 하야시 요시마사 일본 외무상은 이날 뉴욕에서 만나 쿼드 차원에서 역내 인도적 위기와 재난에 공동으로 대응하는 지침을 담은 문서에 서명했다. 블링컨 장관은 "우리가 직면한 중대한 도전과 기회를 고려하면 그 어느 때보다 협력하는 게 중요하다. 여기 누구도 이런 도전에 대응하고 기회를 살리는 데 필요한 일을 혼자 할 수 없으며 그게 쿼드의 원동력"이라고 말했다. 쿼드는 인태 지역에서 중국의 영향력을 견제하기 위한 협의체로 평가받고 있으며 최근 우크라이나 사태 등 지정학적 현안은 물론이며 코로나19, 기후위기 등 공통 관심사에 대해서도 함께 목소리를 내고 있다.

출처 : 연합뉴스/일부인용

상식UP! Quiz　⊗　🔍

↳ 문제　**쿼드는 미국 · 영국 · 캐나다 · 호주 · 뉴질랜드 등 영어권 5국가의 안보 협의체다.**

　　　ㅇ / ✕

↳ 해설　쿼드는 미국, 일본, 인도, 호주로 구성된 반(反) 중국 성격의 안보 협의체다. 미국 · 영국 · 캐나다 · 호주 · 뉴질랜드 등 영어권 5국가의 기밀정보 동맹체는 파이브 아이즈다.

답　✕

누구를 위한 해법일까?

2023년 3월 6일 서울 외교부 청사에서는 '강제동원 대법원판결 관련 정부입장 발표' 회견이 있었습니다. 박진 외교부 장관은 "국내적 의견수렴 및 대일 협의결과 등을 바탕으로 했다"면서 "일제 강제동원 피해자들에게 국내재단이 대신 판결금을 지급한다"고 발표했습니다. 행정안전부 산하의 '일제강제동원피해자지원재단'이 2018년 3건의 대법원 확정판결 원고들에게 판결금 및 지연이자를 지급하고, 계류 중인 관련소송이 원고승소로 확정될 경우에도 역시 판결금 등을 지급한다는 것입니다. 여기에 드는 금액은 포스코를 비롯해 16개가량의 국내 청구권자금 수혜기업의 자발적 기부를 통해 우선적으로 추진될 것으로 알려졌죠. 1965년 '한일청구권협정'에 따라 일본이 지원한 자금의 혜택을 본 국내기업들이 기부금을 모아서 우선 강제동원 피해자들에 대한 배상금을 변제하라는 것입니다.

정부가 발표한 강제동원해법은 일본이 한일청구권협정으로 강제동원 배상책임이 끝났다고 완강하게 버티는 상황에서 내린 고육지책으로 보였는데요. 박 장관도 회견에서 "일본 측이 일본정부의 포괄적인 사죄, 그리고 일본 피고기업의 자발적인 기여로 호응해오기를 기대한다"고 말해 피고기업의 동참을 희망한다는 뜻을 분명히 했습니다. 비록 피고기업의 배상 참여는 끌어내지 못했지만, 우리나라가 먼저 해법마련을 위한 기회를 열겠다는 것이었습니다. 그러면서 "이 해법이 대한민국의 높아진 국력에 걸맞은 우리의 주도적인, 그리고 대승적인 결단"이라고 추켜세웠습니다.

그러나 피해자 측은 강하게 반발했습니다. 애초 시작점이 된 대법원판결의 취지를 전혀 살리지 못했다는 지적도 나왔죠. 식민지배의 불법성과 전범기업의 반인도적인 불법행위에 대한 배상책임을 인정한 2018년 대법원판결을 사실상 무력화하는 것이라는 비판이 이어졌습니다. 생존해 있는 징용피해자 3명 모두 정부해법에 반대했는데요. 피해자 중 한 명인 양금덕 할머니는 "우리나라 기업들 동냥해서 주는 것처럼 하는 배상금은 안 받겠다"고 목소리를 높였습니다. 또 "잘못한 사람이 있는데 다른 사람이 사죄를 하고 배상을 한다는 게 말이 되느냐"며 "정부 마음대로 결정한 것은 받아들 수 없다"고 지적했습니다. 피해자들의 대리인단도 피고기업의 국내자산에 대한 강제집행절차를 계속하겠다고 밝혔습니다.

2023년 7월에는 정부가 제3자 변제 해법을 거부한 피해자들의 배상금을 공탁하려 했는데요. 그런데 광주, 수원, 전주 등 지방법원 곳곳에서 '피해자가 공탁을 원하지 않는다'는 등의 이유로 공탁을 수락하지 않는 결정을 했습니다. 정부가 이 결정에 이의를 제기했음에도 "불수리 결정에 이의를 제기할 이유가 없다"며 기각한 법원도 있었죠. 법원에서 공탁에 제동을 걸면서, 제3자 변제는 결국 정식재판을 거치게 됐습니다.

중앙대 교수 113명 "日 면죄부 주는 강제동원해법 철회해야"

중앙대 교수 113명은 성명을 내어 윤석열정부의 일제 **강제동원해법**에 대해 "일본의 역사 부정과 배상 회피에 면죄부를 주는 대일굴욕외교"라며 즉각적인 철회를 촉구했다. 이들은 "정부 해법은 일본의 군국주의 침략 자체를 망각의 늪에 던지려는 조치"라며 피해자들이 오랫동안 용기 있게 투쟁해 쟁취한 권리를 짓밟는 반인권적 행위이자 대법원 확정판결을 무시했다는 점에서 삼권분립원칙을 위반한 반헌법적 폭거"라고 비판했다. 정부가 발표한 일제 강제동원해법은 피해자와 유족이 손해배상소송에서 최종승소했거나, 승소할 경우 손해배상금과 지연이자를 일본가해기업이 아닌 국내기업이 모은 돈으로 '제3자 변제'한다는 것을 뼈대로 한다. 하지만 일본의 사죄와 배상이 담보되지 않은 졸속해법이라는 비판여론이 비등하다.

출처 : 연합뉴스/일부인용

상식UP! Quiz

↳ 문제 **한일기본조약이 체결됨에 따라 1965년 우리나라와 일본이 체결한 협정의 명칭은?**

↳ 해설 한일청구권협정은 우리나라와 일본 사이에 1965년 체결된 협정이다. 이 협정에서 일본은 한국에 대해 조선에 투자한 자본과 일본인의 개별 재산 모두를 포기하고 3억달러의 무상자금과 2억달러의 차관을 지원하며, 한국은 대일청구권을 포기하는 것에 합의했다.

답 한일청구권협정

050 후쿠시마 오염수 방류

바다는 앞으로 정말 안전할까?

2023년 8월 24일 일본정부가 국내외의 우려와 반대에도 후쿠시마 제1원자력발전소의 오염수 방류를 결국 개시했습니다. 2021년 4월 스가 요시히데 당시 일본 총리가 해양방류를 결정한 지 2년 4개월 만이며, 2011년 3월 11일 동일본대지진으로 후쿠시마 제1원전 사고가 발생한 지 12년 만입니다. 일본정부와 도쿄전력은 누적된 오염수를 ALPS라는 장치로 정화시켜 바닷물에 희석해 방류하겠다고 선언했죠.

오염수를 정화한다는 ALPS는 'Advanced Liquid Processing System'의 약자로 오염수의 방사성물질을 제거하기 위해 운용하는 장치입니다. '다핵종제거설비'라고도 하죠. 대지진으로 후쿠시마 제1원전이 폭발하자 원자로의 핵연료가 녹아내리면서 이를 식히기 위해 일본정부는 냉각수를 투입했습니다. 점차 시간이 흐를수록 지하수, 빗물 등이 유입되면서 방사성물질이 섞인 냉각수, 즉 오염수는 감당하기 어려울 만큼 늘어났죠. 이에 일본정부는 ALPS로 세슘, 스트론튬 등을 배출기준 이하로 제거해 해양 방류하기로 했는데, ALPS 처리과정을 거쳐도 삼중수소나 탄소14 등의 핵종은 제거할 수 없어 안전성에 대한 우려를 낳았습니다.

일본정부는 방류 전에 국제원자력기구(IAEA)에 오염수 처리과정에 대한 안전성 검증을 요청했는데요. IAEA는 '일본의 오염수 방류 행위가 국제적으로 협의된 원자력 안전기준에 부합하며, 환경과 주변 인구에 대한 영향이 미미할 것'이라는 내용의 최종보고서를 내놨습니다. 그리고는 향후 방류절차와 방류된 오염수의 성분 검사, 관리감독을 철저히 할 것이라 공언했죠. 또한 오염수를 정화하고 바닷물에 희석해 방류하는 이 같은 방식을 전 세계가 공통되게 사용한다고 했습니다. 아울러 방류되는 오염수는 마실 수 있을 정도로 안전하다고 덧붙였는데요.

이에 우리 정부와 여당은 "국제적으로 공인된 기구인 IAEA의 과학적 검증을 믿을 수밖에 없고, 국제사회의 일원으로서 방류를 인정해야 한다"고 하면서도 "그렇다고 방류를 찬성하거나 지지하는 것은 아니다"는 모호한 태도를 보였는데요. 또 일본과 IAEA의 입장을 대변하듯 방류의 안전성 우려에 대한 일일브리핑을 진행하는 등 해명과 대국민 설득에 적극적으로 나서 논란이 됐습니다.

야권과 환경단체 등은 애초에 원자력발전에 우호적인 IAEA는 중립적 검증이 불가능하며, 그 검증내용도 부실하고 믿기 어렵다는 입장입니다. 성분을 분석할 오염수 시료도 IAEA가 직접 채취한 것이 아닌 일본정부가 일방적으로 제공했다고 비판했죠. 원전사고로 인한 오염수 배출도 전례가 없는 일인 만큼 향후 안전성에 대해서 담보할 수 없다고 했습니다. 또 일본정부에 대해서는 "왜 오염수를 자신들 국토 안에서 처리하지 않고, 해양에 방류해 전 세계에 퍼뜨리는 것이냐"고 반발했는데요. 정부·여당은 이에 과학적 결론을 인정하지 않고 가짜뉴스를 퍼뜨려, 국민에게 불안감을 조장하고 있다고 맞섰습니다. 어민 등 국내 수산업종사자들은 우리 수산물은 안전하다며 호소하고 나섰죠.

오염수 방류는 앞으로 약 30년간 이어질 것이라 하는데 확실하진 않습니다. 이미 134만여 톤의 오염수가 1,000개에 달하는 탱크에 들어 있고, 현재도 지하수와 빗물 때문에 오염수가 늘어나는 실정이기 때문입니다. 오염수는 해류를 따라 지구 구석구석에 퍼지게 될 텐데요. 방류가 현실화된 만큼 정부·여당과 야당은 싸우기만 하지 말고 국민의 안전을 지키고 불안감을 덜 방법에 생각을 모았으면 합니다.

日 WTO · RCEP 반격에 …
中 "日 수산물 금수조치 완전 정당"

일본이 세계무역기구(WTO)에 중국의 일본산 수산물 전면금지 통보에 대한 반론서면을 제출한 가운데, 중국정부는 수산물 수입금지는 "완전히 정당하고 합리적인 조치"라고 재차 강조했다. 마오닝 중국 외교부 대변인은 일본기자의 관련 질의에 "우리는 일본의 오염수 해양방류 문제에 대한 중국의 엄숙한 입장을 여러 차례 밝혀왔다"면서 이 같이 답했다. 앞서 중국은 일본의 **오염수 해양방류** 개시에 대응해 일본산 수산물 수입을 전면금지했다. 이어 WTO에 "공중생명과 건강을 효과적으로 지키고, 위험을 완전히 억제하기 위한 긴급조치"라면서 일본산 수산물 수입을 중단할 것이라고 통보했다. 이에 대해 일본 외무성은 WTO에 "결코 받아들일 수 없다"면서 즉각 철회를 요구하는 반론서면을 제출했고, 같은 날 역내포괄적경제동반자협정(RCEP)에도 중국의 조치철회를 요구하는 토의를 요청했다.

출처 : 뉴시스/일부인용

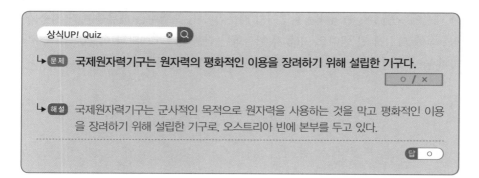

상식UP! Quiz

↳ 문제 **국제원자력기구는 원자력의 평화적인 이용을 장려하기 위해 설립한 기구다.**

O / X

↳ 해설 국제원자력기구는 군사적인 목적으로 원자력을 사용하는 것을 막고 평화적인 이용을 장려하기 위해 설립한 기구로, 오스트리아 빈에 본부를 두고 있다.

답 O

G7에 대항하는 신흥경제국 모임?!

브릭스(BRICS)는 브라질 · 러시아 · 인도 · 중국 · 남아프리카공화국의 신흥경제 5국을 하나의 경제권으로 묶은 신흥시장입니다. 브라질(Brazil), 러시아(Russia), 인도(India), 중국(China), 남아공(South Africa) 5국의 영문 머리글자를 딴 것이죠. 본래 창립국은 브라질, 러시아, 인도, 중국이고 2011년에 남아공이 공식회원국으로 가입하면서 기존 'BRICs'에서 'BRICS'로 의미가 확대되었죠. 사실 브릭스라는 명칭은 2001년 미국 골드만삭스자산운용 회장이던 '짐 오닐'이 위 네 창립국을 빠르게 성장하는 신흥경제국으로 꼽아 브릭스라고 부르면서 정립됐죠. 이러한 분위기를 타서 브릭스 4개국은 교류를 갖기 시작했고, 브릭스 정상회의가 2009년부터 시작이 돼 매년 열리고 있습니다. 이들은 회의를 통해 경제협력을 강화하고 상호 지속가능한 성장을 돕는 계획을 구상합니다.

지난 2023년 8월에는 남아공에서 15차 브릭스 정상회의가 열렸는데요. 이 회의에서 사우디아라비아와 이란, 아랍에미리트(UAE), 아르헨티나, 이집트, 에티오피아를 새 회원국으로 품게 됐죠. 브릭스의 주도권을 쥔 국가는 아무래도 중국과 러시아라고 할 수 있는데요. 이 두 국가는 브릭스의 회원국을 늘려 외연을 확장시키기 위해 적극적으로 목소리를 내고 있습니다. 그것은 이들이 현재 미국을 비롯한 G7과 서방 유럽국가와 대치하고 있는 국제정세 때문이죠. 러시아는 우크라이나 침공 이후로 서방의 경제 · 안보제재를 받고 있는 중이고, 중국은 최근 한국 · 미국 · 일본이 국제공조를 강화하고 있어 다른 나라들과 연대해야 하는 입장이죠.

그러나 한편 인도와 브라질은 브릭스를 G7과 미국에 대항하는 연대로 삼는다는 두 나라의 생각에 미온적인 태도를 보였습니다. 특히 룰라 브라질 대통령은 브릭스가 G7의 대항마가 아니라고 공개적으로 의견을 밝히기도 했는데요. 2023년 회의에서 5개국 정상은 예정된 기자회견까지 취소하고 새 회원국 가입에 대한 장시간의 토론 끝에 6개 국가를 새로 맞이하기로 결정했습니다. 이로써 브릭스의 정식회원국은 11개국으로 늘어났습니다. 뿐만 아니라 추가로 22개국이 공식적으로 가입을 요청했다고도 알려졌죠. 브릭스는 기존 5개 회원국만으로도 이미 전 세계인구의 42%, 영토의 26%, 국내총생산(GDP)의 23%, 교역량의 18%를 차지한다고 하는데요. 이들이 회원국을 점차 늘려 정말 G7의 대항마가 될 수 있을지는 지켜봐야 하겠습니다.

정치 · 경제 · 사회 · 국제 · 문화 · 미디어 · 과학 · IT · 스포츠

"너 친구 많아?" 중 · 러 브릭스 확장의 함의

캠프 데이비드에서 한 · 미 · 일 정상회의가 열린 후 중국은 신흥 경제 5개국 협의체 **브릭스(BRICS)**를 11개국으로 확장했다. 월스트리트저널은 "(중국과 러시아가) 서구권과 지정학적 · 경제적으로 치열하게 경쟁하는 상황에서 경제블록을 강화하려던 시진핑 중국 국가주석과 블라디미르 푸틴 러시아 대통령이 승리했다"고 평가했다. 신냉전 구도에서는 프렌드쇼어링(Friend-shoring)이 핵심이고, 결국 친구를 많이 두는 쪽이 유리하기 때문이다. 브릭스의 확장은 그간 자국 상황에 발목이 잡혀있던 푸틴 대통령이 본격적으로 신냉전이란 무대에 등장하는 계기가 됐다. 미국 등 서구권에서 중국의 대안으로 거론되는 인도를 다독이는 것도 푸틴의 몫이었다. 러시아 대통령실은 푸틴 대통령이 나렌드라 모디 인도 총리와 앞서 화상회의를 갖고 브릭스 확장의 중요성을 강조했다고 밝혔다.

출처 : 더스쿠프/일부인용

상식UP! Quiz

문제 브릭스(BRICS)는 2023년 회원국을 늘리면서 각 회원국의 영문 앞 글자를 딴 명칭을 변경할 것으로 알려졌다.

O / X

해설 브릭스는 회원국이 늘더라도 기존 5개 회원국 이름의 첫 알파벳을 딴 명칭은 유지할 가능성이 큰 것으로 전해졌다.

답 X

수장을 잃고 위기에 빠진 러시아의 민간군사단체

바그너그룹은 러시아의 민간군사기업으로 기업가 예브게니 프리고진과 러시아 특수부대 스페츠나츠의 전직 지휘관 드미트리 우트킨이 공동 설립했습니다. 전직 스페츠나츠 대원이나 러시아 예비군을 고용해서 여러 전장에 참전시켜왔는데요. 2014년 돈바스 전쟁에서 처음 모습을 드러냈고, 2022년 러시아의 우크라이나 침공 때도 참전해 러시아군을 지원했습니다. 또한 시리아와 리비아, 말리 등 중동·아프리카 지역에서 활동하면서 러시아의 영향력을 확대해왔죠.

그러나 이들이 벌인 민간인 학살, 포로 고문 등 각종 전쟁범죄는 큰 비판을 받고 있습니다. 전쟁에 관여하지 않은 이들은 보호해야 하고 인도적으로 대해야 한다는 제네바 협약은 철저히 무시하는 행보를 보였죠. 또 석방을 대가로 러시아 각지의 교도소에서 살인, 폭행 등 중범죄자들을 고용해 용병에 합류시켜 논란이 됐습니다.

한편 2023년 6월에는 그룹의 수장인 프리고진이 블라디미르 푸틴 러시아 대통령에 불만을 품고 반란을 일으켜 이목이 집중됐습니다. 프리고진은 우크라이나 전선에 배치된 그룹을 이끌고 전차를 앞세워 모스크바 인근 200km까지 진격했습니다. 그러나 알렉산드르 루카셴코 벨라루스 대통령의 중재로 푸틴 대통령과 프리고진 사이에 합의가 이뤄지면서 극적으로 상황이 해소됐죠. 프리고진이 반란을 일으킨 것은 러시아 국방부와의 재계약 과정에서 발생한 불화 때문이라 알려졌는데요. 프리고진은 국방부가 그룹 후방 캠프를 타격한 탓에 사상자가 발생했다고 주장하며, 국방장관을 응징하기 위한 '정의의 행진'을 하겠다고 선언했죠. 이들은 러시아 시민의 환호와 지지를 받으며 기세 좋게 진격했지만, 결과적으로는 반란에 실패한 셈이 됐습니다. 대체로 프리고진의 반란이 무모했다는 시각이 많았죠. 협상 타결로 반란이 종료되자 프리고진은 벨라루스로 망명했고, 그 이후로 행방이 묘연했는데요.

그런데 2023년 8월 23일 전용기를 타고 모스크바에서 상트페테르부르크로 향하던 프리고진과 공동설립자 우트킨 등이 비행 중 전용기가 추락해 사망했다는 보도가 나왔습니다. 요격인지 전용기 내부 폭발인지 추락원인은 명확히 밝혀지지 않았으나, 배후에는 푸틴 대통령이 있다는 설이 지배적이죠. 이렇게 수장 둘을 모두 잃은 바그너그룹의 미래는 불투명합니다. 후임 수장이 지정돼 아프리카 등지에서 러시아의 외교 도구 역할을 이어가게 될지, 이대로 와해될지를 두고 여러 전망이 나왔습니다.

정치 · 경제 · 사회 · **국제** · 문화 · 미디어 · 과학 · IT · 스포츠　　|　

바그너 수장 죽자, '반란 조력' 의혹 수로비킨 석방

러시아 민간군사기업 **바그너그룹** 반란 이후 종적이 사라져 추측이 분분했던 세르게이 수로비킨 러시아 항공우주군 총사령관이 최근 구금상태에서 풀려났다는 뉴욕타임스(NYT)의 보도가 나왔다. 러시아 국방부와 가까운 두 명의 미국관리에 의하면 수로비킨이 공식적인 구금에서 풀려난 것으로 보이지만 이동제한 등 러시아당국이 부과한 다른 제약사항들이 남아 있는지는 불분명하다고 말했다. 러시아 국방부와 가까운 소식통은 수로비킨이 바그너그룹 수장 예브게니 프리고진이 비행기 추락사고로 사망한 지 며칠 후 석방됐다고 말했다. 소식통은 수로비킨이 현재 계급과 러시아군 장교 신분을 유지하고 있으나 앞으로 군 경력을 쌓아갈 전망은 없다고 전했다. 시리아 전장에서 보여준 잔혹함으로 '아마겟돈 장군'으로 불렸던 수로비킨은 바그너그룹의 무장반란 이후 공식석상에서 모습을 감췄다. 미국 언론들은 그가 무장반란을 사전에 인지하고도 묵인했을 가능성을 제기했다. 러시아 내에서는 그가 체포돼 수감 중이라는 주장이 나오기도 했다.

출처 : 경향신문/일부인용

상식UP! Quiz

↳ 문제 **전쟁으로 인한 부상자 · 병자 · 포로 등을 보호하기 위해 체결한 국제조약은?**

↳ 해설 제네바 협약은 전쟁이나 무력분쟁이 발생했을 때 부상자 · 포로 · 피억류자 등을 전쟁의 위험과 재해로부터 보호하여 가능한 한 전쟁의 참화를 경감하려는 목적이 있다.

답　**제네바 협약**

네 땅 내 땅 따지다 전쟁 나겠네

조어도(센카쿠 · 댜오위다오) 분쟁은 조어도를 둘러싸고 일본과 중국 · 대만이 벌이는 영유권 분쟁을 말합니다. 조어도는 일본 오키나와에서 약 300km, 대만에서 약 200km 떨어진 동중국해상 8개 무인도인데, 현재 일본이 실효 지배하고 있으나 중국과 대만도 영유권을 주장하고 있습니다. 중국은 조어도는 역사적으로 중국 영토였으며 청일전쟁에서 일본이 대만을 점령하면서 처음으로 일본의 관할 아래 있었다가, 1945년 일본이 태평양전쟁에서 패하면서 대만이 중국의 일부가 됐으므로 중국의 영토라고 주장합니다. 반면, 일본은 조어도가 1895년 오키나와현에 정식 편입되었고, 1972년 오키나와현이 미국으로부터 반환될 때 이 섬들도 같이 반환되었으므로 일본 영토라고 보는 것이 타당하다고 맞서고 있습니다.

이어도 분쟁은 이어도를 둘러싸고 한국과 중국이 벌이는 영유권 분쟁입니다. 이어도는 제주의 마라도에서 서남쪽으로 149km, 중국 동부 장쑤성 앞바다 가장 동쪽의 퉁다오로부터 247km 떨어져 있는 수중 암초로서 한국과 중국이 주장하는 배타적 경제수역(EEZ)이 중첩되는 곳입니다. 양국은 1996년부터 해상경계 획정 협상을 벌이고 있지만 경계선을 정하지 못해 아직까지 이어도를 둘러싼 한 · 중 갈등은 계속되고 있습니다. 한국 정부는 이어도가 우리 영토에 근접해 있기 때문에 실리적인 점유를 통해 관할권을 행사한다는 전략인 반면 중국은 해안선의 길이나 배후 인구 등을 고려할 때 이어도의 관할권은 중국에 있다고 주장하고 있습니다.

남사군도는 동아시아의 대표적인 다자간 영토 분쟁 지역으로 동으로 필리핀, 남으로 말레이시아와 브루나이, 서쪽으로 베트남, 북쪽으로 중국과 대만을 마주하고 있어 6개국이 서로 영유권을 주장하고 있습니다. 중국은 남사군도의 섬들이 모두 자기 것이라고 주장했으나 2016년 헤이그 국제상설중재재판소는 중국의 주장을 기각하였고 영토분쟁은 지속되고 있습니다.

"외국 배 허락 맡고 들어와라"
중국, 영유권 분쟁 해역 '알박기'

중국이 자국의 '영해'라고 주장하는 해역에 진입하는 외국 선박에 대해 사전 신고제를 시행하자, 미국이 '항행의 자유' 침해라고 정면 대응할 뜻을 밝혔다. 이번 사우스차이나 모닝포스트의 보도를 종합하면, 존 서플 미 국방부 대변인은 전날 중국의 제도 시행에 대해 "어떤 연해국의 국내법과 규칙도 국제법이 보장한 선박과 항공기의 자유로운 항행권을 침범해선 안 된다"고 말했다. 중국은 동 · 남중국해 일대에서 일본 · 베트남 · 말레이시아 · 필리핀 등과 **영유권 분쟁**을 겪고 있다.

서플 대변인은 "일방적이고 불법적으로 영유권 주장을 강제하는 것은 항행의 자유에 대한 심각한 위협이자, 자유롭고 제약 없는 교역을 가로막아 연해국의 이익을 침해하는 처사"라며 "규칙에 기반한 국제질서와 자유롭고 개방된 인도─태평양을 지키겠다는 미국의 확고한 의지에는 변함이 없다"고 강조했다. 중국이 영유권을 주장하는 동 · 남중국해 공해상에서 진행해온 '항행의 자유' 작전을 지속하겠다는 뜻이다.

출처 : 뉴스1/일부인용

상식UP! Quiz

문제 다음 중 일본 · 중국 · 대만 간의 영유권 분쟁이 일어나고 있는 곳은?

① 조어도   ② 이어도
③ 남사군도   ④ 북방열도

해설 조어도는 일본 · 중국 · 대만이 벌이는 영유권 분쟁 지역이다.

답 ①

러시아에 맞서는 서방의 군사동맹

북대서양조약기구(North Atlantic Treaty Organization, NATO), 일명 나토는 미국과 서방 유럽을 아우르는 군사동맹체입니다. 나토는 냉전의 산물이라고 할 수 있는데요. 제2차 세계대전이 종전되고 1949년에 미국을 중심으로 영국, 프랑스, 이탈리아 등 서방 유럽 주요 국가들이 맺은 집단안전보장조약을 기초로 하고 있습니다. 미국이 소련의 위협에 맞서 유럽 국가들과의 군사적 관계를 공고히 함으로써 소련과의 패권다툼에서 승리하고자 한 것이죠.

2024년 4월을 기준으로 나토의 정식 회원국은 32개국입니다. 나토의 태생 자체가 미국과 소련의 냉전을 바탕으로 한 만큼, 나토와 러시아의 갈등은 현재까지도 이어지고 있는데요. 더욱이 나토가 러시아와 가까운 국가들로 회원국을 늘리는 '동진'을 하면서, 러시아의 고립과 이에 따른 위기감이 고조됐습니다. 러시아의 우크라이나 침공도 나토의 영역 확장에 따른 위기감 때문이라 할 수 있죠. 왜냐하면 지정학적으로 우크라이나가 서방과 러시아로 통하는 길목 요충지에 위치하고 있기 때문입니다. 그런데 아이러니하게도 러시아의 우크라이나 침공은 러시아의 고립과 유럽 주변국의 나토 가입에 더 불을 당기는 꼴이 되어버렸습니다.

사실 미국과 소련의 냉전 양상이 희미해지고 또 소련이 해체하게 되면서 러시아의 나토 가입에 대한 논의가 없었던 것은 아닙니다. 실제로 러시아에서는 고르바초프 이후 보리스 옐친 대통령의 친서방 기조로 가입 가능성을 타진하는 경우도 있었죠. 그러나 블라디미르 푸틴 대통령 집권 후에 옛 소련의 영토를 회복하고 당시의 헤게모니를 부활시키려는 움직임이 일어나면서 나토의 존재는 러시아를 끊임없이 자극하게 되었습니다. 또한 '테러와의 전쟁'이 끝나가고 미국의 시선이 중동에서 동유럽으로 다시 향하게 되면서 이러한 경향은 더욱 심화되었습니다. 바로 미국과 러시아의 '신냉전'이 시작하게 된 것이죠.

"뜻대로 안 되는 푸틴, 분통 터지겠네"…
나토 9개국, 우크라 가입 지지

블라디미르 푸틴 러시아 대통령의 야욕에 맞서 **북대서양조약기구**(NATO · 나토) 회원국인 유럽 국가들이 우크라이나의 가입에 대거 찬성 의견을 표명했다. AP 및 dpa 통신에 따르면 폴란드, 체코, 루마니아, 슬로바키아, 에스토니아, 라트비아, 리투아니아, 북마케도니아, 몬테네그로 등 9개 나토 회원국 정상은 이날 공동성명에서 "향후 우크라이나의 나토 회원국 지위와 관련, 2008년 부쿠레슈티 정상회의 결정을 확고히 지지한다"고 밝혔다. 2008년 회의 당시 나토 정상들은 우크라이나와 조지아를 향후 회원국으로 받아들이는 데에 동의했다. 다만, 구체적인 가입 시점을 적시하지는 않았다. 9개국은 "우리는 우크라이나의 주권과 영토 불가침성에 대한 지지를 재확인한다"며 "러시아가 우크라이나 영토를 병합하려고 시도하는 것을 인정하지 않으며, 앞으로도 절대 인정하지 않을 것"이라고 덧붙였다.

출처 : 매일경제/일부인용

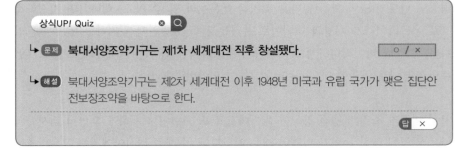

상식UP! Quiz

↳ 문제 **북대서양조약기구는 제1차 세계대전 직후 창설됐다.**   O / X

↳ 해설 북대서양조약기구는 제2차 세계대전 이후 1948년 미국과 유럽 국가가 맺은 집단안전보장조약을 바탕으로 한다.

답 X

세계를 향한 미국의 횡포?!

2022년 8월 조 바이든 미국 대통령이 '인플레이션 감축법(IRA, Inflation Reduction Act)'에 서명했습니다. 이 법률은 기후변화대응과 대기업 증세 등의 내용을 담고 있고, 2030년까지 온실가스를 40% 감축하기 위해 에너지안보 및 기후변화대응에 3,750억달러를 투자하는 내용을 골자로 합니다. 전기자동차의 보급을 확대하기 위해 전기차 구입에 세액공제를 해주는 내용도 포함됐죠. 북미(미국·캐나다·멕시코)산 전기차 가운데 북미에서 제조·조립된 배터리 부품의 비율과 북미와 자유무역협정(FTA)을 체결한 국가에서 채굴된 핵심광물의 사용비율에 따라 차등해 세액을 공제합니다. 수입전기차는 공제대상에서 제외됐고요.

그런데 문제는 우리 기업이 생산한 전기차도 그 대상에서 빠진다는 겁니다. 미국민들은 세액공제를 받기 위해 자연히 외국산 전기차나 미국과 사이가 안 좋은 중국 같은 나라에서 캔 광물로 배터리를 만든 전기차는 사지 않을 겁니다. 보조금 혜택을 받으려면 미국에 공장을 세워 전기차를 만들든가, 미국이나 미국과 FTA를 맺은 나라의 광물로 배터리를 만들어 팔아야 하는 겁니다. 그래서 우리 자동차 기업들은 부랴부랴 미국공장 착공을 서두르기도 했죠.

한편 IRA는 한미FTA와 세계무역기구(WTO)의 규범을 위반했다는 시각이 있습니다. WTO에서 내세우는 '최혜국 대우'와 '자유무역'이라는 원칙은 수출입 되는 어떤 상품이든 국적에 따라 차별받아서는 안 된다는 것인데요. 즉, 미국도 수입상품과 자국상품의 가치를 취급하는 데 차등을 둬서는 안 된다는 말입니다. 이 IRA 때문에 손해를 보는 국가는 우리만이 아니었는데요. 미국의 이러한 불공정한 처사로 유럽연합(EU)에서는 '유럽식 IRA'를 만들어 대응하겠다고 선언하기도 했죠. 이렇게 유럽 등 각국의 반발이 이어지면서 2023년 3월 미국은 IRA에 대한 세부규정을 내놓았습니다.

세부규정에선 전기차를 북미에서 최종조립해야 한다는 조항은 바꾸지 못했지만 렌트·리스용으로 판매되는 상업용 전기차는 이 조항을 적용받지 않게 되면서 국내 자동차 기업들은 한숨 돌리게 됐습니다. 또 배터리에 들어가는 핵심광물을 미국이 FTA를 맺지 않은 국가에서 수입해도 국내에서 가공해 50% 이상의 부가가치를 창출하면 세액공제를 받을 수 있도록 했는데요. 국내 배터리 업체들은 핵심광물의 80%를 중국에서 수입·가공해서 배터리의 양극재·음극재를 생산합니다. 당초 미국이 양극재·음극재를 배터리 부품으로 규정해 세제혜택을 받지 못할 것으로 우려했는데, 세부규정에서 이를 광물 처리과정으로 인정하면서 혜택을 받게 됐습니다.

정치 · 경제 · 사회 · 국제 · 문화 · 미디어 · 과학 · IT · 스포츠　　

미국 IRA 시행 1년 … 양극재 대미 수출 3배 늘었다

미국 중심의 공급망 재편을 추진하는 **인플레이션 감축법**(IRA) 시행으로 국내 이차전지 소재 업체의 대(對)미국 양극재 수출이 급증한 것으로 나타났다. 한국무역협회의 '미국 IRA 시행 지침이 한국 배터리 공급망에 미칠 영향' 보고서에 따르면 올 상반기 한국의 대미 양극재 수출 규모는 12억 4,000만 달러(약 1조 6,300억원)로 지난해 같은 기간보다 3배(191.4%) 증가했다. IRA 시행으로 한국 배터리기업의 미국 내 공장 증설로 양극재 수요가 크게 늘었기 때문이다. 한국의 전체 양극재 수출 중 대미 수출이 차지하는 비중도 2021년 4.0%에서 지난해 11.7%로 높아졌다. 올 상반기에도 16.6%로 계속 오름세다.

출처 : 뉴시스/일부인용

상식UP! Quiz　　ⓧ Q

↳ 문제　인플레이션 감축법에 따르면 중국산 배터리를 사용한 전기차는 세제혜택 대상이다.

○ / ✕

↳ 해설　중국산 핵심광물이나 배터리를 사용한 전기차는 세제혜택 대상에서 제외됐다.

답　✕

반도체로 중국 때리는 미국

반도체 칩과 과학법(CHIPS and Science Act), 일명 '반도체 지원법'은 미국이 중국과의 반도체산업·기술 패권에서 승리하기 위한 법률로 2022년 8월 인플레이션 감축법과 함께 시행됐습니다. 이 법률에 따라 미국 내 반도체공장 등 관련시설을 건립하는 데 보조금과 세액공제를 지원하는데요.

그런데 이 부분과 관련된 세부기준이 매우 까다롭고 불리해 논란이 됐습니다. 미국은 보조금 심사기준으로 경제·국가안보, 사업 상업성, 재무건전성, 기술준비성, 인력개발, 사회공헌 등 6가지를 공개했는데, 특히 재무건전성 기준을 충족하기 위한 조건으로 이를 검증할 수 있는 수익성 지표와 예상 현금흐름 전망치를 제출해야 합니다. 또 일정 이상의 지원금을 받은 기업의 경우, 현금흐름과 수익이 미국이 제시하는 전망치를 초과하면 초과이익을 미국정부와 공유해야 한다는 내용이 담겼죠.

더 나아가 향후 10년간 중국을 비롯한 우려대상국에 첨단기술 투자를 해서는 안 된다는 '가드레일 조항'도 내세웠는데요. 여기에 보조금을 받는 기업들은 군사용 반도체를 미국에 안정적으로 공급해야 하며, 미국의 안보이익을 증진시켜야 할 뿐 아니라 첨단 반도체시설에의 접근권도 허용해야 한다는 조항이 담겨 논란을 일으켰습니다. 우리 정부는 이에 대한 우려를 표명하기 위해 산업통상자원부의 통상교섭본부장을 백악관에 파견하기도 했죠.

한편 백악관은 반도체 지원법 시행 일 년 동안 460개가 넘는 투자의향서를 기업들이 제출했다고 밝혔는데요. 이와 함께 반도체와 전자제품에 대한 투자도 1,660억달러, 한화로 218조원에 이른다고 밝혔습니다. 물론 투자의향서를 제출한다고 해서 모두 지원을 받는 것도 아니죠. 백악관은 무엇보다 미국의 경제와 국가안보에 얼마나 기여하느냐에 따라 보조금을 지급할 기업을 선정하겠다고 밝힌 바 있습니다.

백악관 "美 반도체법 1년, 반도체 공급망 미국 내로 가져와"

미국이 **반도체 칩과 과학법**(반도체법)을 시행한 지 1년이 된 가운데, 백악관은 "일자리와 기회를 창출하면서도 반도체법의 시행으로 반도체 공급망을 미국 내로 가져왔다"고 평가했다. 조 바이든 미국 대통령도 "미국을 반도체 제조분야의 리더로 만들어 다른 국가에 덜 의존하도록 만들 것"이라고 밝혔다. 한편 중국 등 우려국에 첨단 반도체 투자를 제한하는 가드레일(보호장치) 조항에 대해서는 "자금지원을 받는 기술이나 혁신이 우려국에 의해 잘못 사용되는 것을 막기 위한 것"이라고 밝혔다. 이어 "미 상무부는 한국과 일본, 영국, 인도, 유럽연합 등과 접촉하면서 반도체법을 시행해나갈 것"이라고 덧붙였다.

출처 : 조선비즈/일부인용

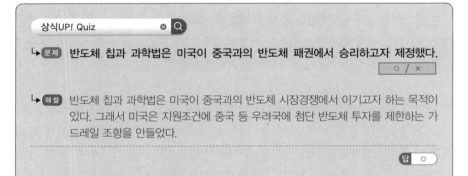

상식UP! Quiz

↳ 문제 **반도체 칩과 과학법은 미국이 중국과의 반도체 패권에서 승리하고자 제정했다.**

○ / ×

↳ 해설 반도체 칩과 과학법은 미국이 중국과의 반도체 시장경쟁에서 이기고자 하는 목적이 있다. 그래서 미국은 지원조건에 중국 등 우려국에 첨단 반도체 투자를 제한하는 가드레일 조항을 만들었다.

답 ○

CHAPTER 04

경제·경영

돈을 관리하는 사람이라면 지켜야 할 의무

리더십과 팔로워십에 대해 들어보셨나요? 리더십은 리더로서 가져야 할 덕목, 자격 등을 가리키고 팔로워십이란 '따르는 이'로서 가져야 할 덕목, 자격을 가리킵니다. 이처럼 영어 어미 '-ship'이 붙으면 '무언가가 가져야 할 것'들을 가리키지요. 이와 비슷한 단어로 멤버십, 파트너십, 프렌드십 등이 있겠네요. 이에 맞춰 스튜어드십 코드라는 단어의 의미를 비슷하게 유추해보면 '집사'인 'Steward'가 앞에 붙었으므로 '집사의 덕목과 자격'이라 할 수 있겠습니다. 여기에 규칙을 의미하는 'Code'가 붙어 있으므로 '명문화되었다'는 의미를 추가할 수 있습니다.

스튜어드십 코드가 처음 생긴 것은 바로 집사의 나라 영국입니다. 영국 재무보고위원회(Financial Reporting Council)에서 2010년 처음 도입한 '기업 의결권을 보유한 자산관리자에 대한 규칙'이지요. 대략적인 규정은 "투자 기업의 운영에 적극 참여하라, 의결권 행사의 방향을 합리적인 의사결정을 통해 진행하라, 명확한 가이드라인을 미리 정해놓으라, 모든 결정 과정을 투명하게 진행하며 주기적으로 보고하라" 등입니다. 그 요지는 "자산관리자는 수혜자의 이익을 위해 최선을 다하라"는 것으로 정리할 수 있겠네요. 우리나라도 금융위원회를 중심으로 2016년 12월 한국판 스튜어드십 코드인 '기관투자자의 수탁자 책임에 관한 원칙'을 운용하게 되었습니다.

한편 국민연금의 운용에서도 스튜어드십 코드를 반영하게 되었는데 이에 대해서는 우려의 목소리가 함께 제기되기도 했습니다. 국민연금이 5% 이상 지분을 가진 기업에 대해 의결권 행사를 할 경우 법적으로 공시를 하게 되어 있는데, 이 과정에서 필연적으로 기업 기밀이 유출될 상황이 있기도 하여 기업이 피해를 볼 수 있다는 점, 기업들의 막대한 지분을 보유한 국민연금의 의사 결정 방식에 정부와 시민단체가 참여할 수 있게 되어 비전문적인 경영간섭 또한 발생할 수 있다는 점입니다.

갑질 · 불법경영에 칼 빼든 국민연금

국민연금이 사회적 물의를 빚은 기업에 적극적으로 주주권을 행사키로 했다. 내부 경영 문제뿐 아니라 환경 등 사회적 사안에서도 적극적으로 목소리를 낸다는 방침이다. 보건 복지부와 국민연금공단에 따르면 공단은 이 같은 내용을 담은 '국민연금기금 국내주식 수탁자 책임 활동(**스튜어드십 코드**) 가이드라인'을 기금운용위원회에 보고했다. 스튜어 드십 코드는 연기금 등 대형 기관투자자가 주주 이익이나 공익을 위해 의결권을 적극적 으로 행사하라는 투자 규범이다.

국민연금은 보유 비중 1% 이상 기업이나 지분 5% 이상을 가진 기업에 스튜어드십 코드 를 행사키로 했다. 특히 부당지원, 오너 일가의 사익 편취, 배임 · 횡령, 부적절한 인사와 보수 등의 문제를 중점적으로 제재키로 했다. 우선 비공개 대화로 개선을 유도하되, 진 전이 없으면 공개서한 발송, 중점관리기업 선정, 임원 선임 · 해임 · 직무정지, 분할 · 합 병, 자산 처분 등으로 압박 수위를 높여간다. 최악의 경우 회사를 해산하는 방안까지 가 이드라인에 담겼다.

출처 : 이투데이/일부인용

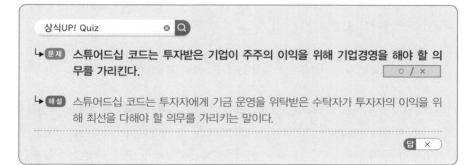

상식UP! Quiz

↳ **문제** 스튜어드십 코드는 투자받은 기업이 주주의 이익을 위해 기업경영을 해야 할 의무를 가리킨다.

○ / ×

↳ **해설** 스튜어드십 코드는 투자자에게 기금 운영을 위탁받은 수탁자가 투자자의 이익을 위해 최선을 다해야 할 의무를 가리키는 말이다.

답 ×

일자리 좀 늘려주세요!

국민 경제 초미의 관심사가 바로 고용률입니다. 취업인구비율이라고도 불리지요. 전체 15세 이상 64세 미만 생산가능인구 가운데 취업자가 차지하는 비율로 실질적인 고용창출능력을 나타냅니다. 예를 들어, 고용률이 80%라고 하면 일할 수 있는 사람 100명 중 80명이 취업자라는 거죠. 이러한 고용률은 '실업률' 통계에서 제외되는 비경제활동인구를 포함하여 계산하니까, 구직을 포기하였거나 노동 시장에 빈번히 들어오고 나가는 반복 실업자 등에 따른 노동 의욕 저하의 문제를 확인할 수 있습니다.

실업률은 실업자 수 ÷ 경제활동인구로 정의됩니다. 통계 작성 시 구직활동을 지속하다 취업될 가망성이 없다고 판단하여 스스로 취업을 포기한 '실망실업자'는 비경제활동인구로 편입되기 때문에 실업률 수치는 실제보다 실업률을 과소 추정하는 문제가 발생합니다. 이러한 한계 때문에 OECD는 실업률보다는 고용률을 적극 활용하기를 권장하고 있습니다.

고용률(%) = {취업자 ÷ (경제활동인구 + 비경제활동인구)} × 100

한편, 청년실업은 어느 나라나 늘 고민거리죠. 우리나라도 예외는 아니에요. 2024년 2월 기준 청년실업률은 6.5%, 일반 실업률보다 두 배 정도 높은 수치이죠. 체감 청년실업률이 무려 20%를 넘나든다고 하네요. 체감실업률은 구직 단념자와 불완전 취업자들까지 반영한 실업률입니다. 불완전 취업을 한 청년들이 늘면서 고용의 질에 영향을 받는 '확장실업률'이 주목받고 있죠. 확장실업률은 공식 실업률에 시간 관련 추가적인 근무 가능자나 잠재구직자까지 포함시키는 수치입니다. 실제 근무 시간대별 통계를 보면 2024년 2월 기준 주당 1~17시간 일하는 초단기 근로자는 288만 4,000명을 기록했습니다. 체감실업률은 이렇게 청년층에서 단기 아르바이트가 늘어난 현실도 반영하는 지표입니다.

앞서 문재인정부는 2022년까지 81만개의 공공 일자리를 만들겠다고 공언했지만, 이에 대해 IMF는 한국을 방문해 정부, 한국은행 등과 경제 동향과 전망, 위험 요인, 정책 권고 등에 관해 연례협의를 한 결과를 담은 '연례협의 결과보고서'에서 "공공부문에서 81만개의 일자리를 창출하겠다는 정부의 계획과 관련, 일자리 창출을 위해 공공부문 고용을 확대하는데 신중해야 한다"고 권고했습니다. 공공부문 일자리 창출은 민간부문에서 공급될 수 없는 서비스를 개발하는 것과 연계돼야 하지만 당시 한국의 정책이 그렇지 못하다는 지적을 한 것이었죠.

일자리를 많이 만들어 고용률을 높이는 것 자체는 그리 어려운 일이 아닐 수도 있습니다. 하지만 진정으로 고용률을 높이기 위해서는 가정과 병행할 수 있는 환경이 갖춰진 일자리, 더불어 자신의 능력을 활용할 수 있는 양질의 일자리가 마련되어야 할 것입니다.

연령계층별 고용률 현황(단위 : %)

구분	15~29세	30~39세	40~49세	50~59세	60세 이상
고용률	46.0	79.1	78.2	77.0	43.4
증감률	+0.5	+1.1	+0.6	+0.5	+0.6

〈자료 : 통계청, '2024년 2월 고용동향'〉

여성 고용률 60% 도달…
저임금 근로자 비율은 남성 2배

여성가족부는 제28회 양성평등주간을 기념해 여성과 남성의 모습을 부문별 통계로 살펴보는 '통계로 보는 남녀의 삶'을 발표했다. 발표에 따르면 지난해 여성 **고용률**이 처음으로 60%대에 진입했다. 15~64세 여성 고용률은 60.0%로, 2010년(52.7%)보다 7.3%포인트 상승해 처음으로 60%대에 진입했다. 그러나 여성 임금 근로자 중 저임금(중위임금의 3분의 2 미만) 근로자는 22.8%로 남성 저임금 근로자 비율(11.8%)의 2배가량이다. 저임금 근로자 비율은 2010년 남성 16.2%, 여성 39.8%였는데, 10여 년 새 각각 4.4%포인트, 17.0%포인트 줄었다. 성별임금격차는 2010년 대비 개선됐지만, 여성 임금근로자의 시간당 임금은 1만 8,113원으로 여전히 남성(2만 5,886원)의 70.0% 수준에 머물렀다. 여성 임금근로자의 월평균 임금은 268만 3,000원으로, 남성(413만 7,000원)의 65.0% 수준이다.

출처 : 연합뉴스/일부인용

상식UP! Quiz

↳ 문제 **고용률은 생산활동가능인구 가운데 취업자가 차지하는 비율을 말한다.**

○ / ×

↳ 해설 고용률은 전체 15세 이상 64세 미만 생산활동가능인구 가운데 취업자가 차지하는 비율을 말하며 실질적인 고용창출능력을 나타낸다.

답 ○

막힌 돈 줄 뚫어주는 중앙은행의 돈 풀기

경제신문에 자주 등장하는 '양적완화'는 금리 인하를 통한 경기부양 효과가 한계에 달했을 때 중앙은행이 국채매입 등을 통해 시중에 통화를 공급하는 정책을 뜻합니다. 경기부양 통화정책을 시행하려 하지만 정책금리가 0%에 근접하거나 혹은 다른 이유로 시장 경제의 흐름을 정책금리로 제어할 수 없는 이른바 유동성 저하 상황일 경우에 사용합니다. 유동성을 충분히 공급함으로써 시장의 거래량을 확대하기 위해 중앙은행은 채권이나 다른 자산을 사들임으로써 이율을 더 낮추지 않고도 돈의 흐름을 늘리게 됩니다.

이러한 양적완화는 시장의 구조적 위험을 감소시키고 경기후퇴를 막음으로써 시장의 자신감을 향상시킨다는 장점이 있지만, 양적완화의 필요량 예측이 과잉될 경우에는 지나친 인플레이션과 자국 통화 가치의 약세를 초래할 수 있습니다. 또한 저금리가 계속될 경우에는 다른 나라에서 자산 거품을 초래할 수도 있다는 위험성이 있습니다.

주요국의 양적완화 정책 사례는 다음과 같습니다. 지난 2008년 9월 미국의 리먼브라더스 사태 이후 글로벌 금융 불안이 실물부분으로 빠르게 확산되면서 경기침체가 심화되자 주요국의 중앙은행은 정책금리를 대폭 인하하였으나 효과를 보지 못했습니다. 이러한 상황을 타개하기 위해 영국 중앙은행은 비전통적 통화정책 수단인 양적완화 정책을 실시하게 되었지요. 미국 연방준비이사회는 리먼브라더스 사태 이후 정책금리 수준 달성에 필요한 규모 이상으로 유동성을 공급함으로써 사실상 양적완화 정책을 시작했습니다. 2020년에는 코로나19 사태로 모든 나라가 경제에 타격을 입자, 유력 통화를 지닌 선진국에서 양적완화 정책을 속속 도입했습니다.

긴축한다더니 '100조 양적완화' 혼란 자초 ···
"英, 이미 침체 진입"

영국중앙은행(BOE)이 무제한 국채 매입 카드를 꺼내며 영국을 비롯한 글로벌 금융시장의 급한 불은 껐지만 앞뒤가 맞지 않는 미봉책이라는 회의론이 커지고 있다. 물가를 잡기 위해 급격한 금리 인상을 시사한 지 하루 만에 이번에는 돈을 찍어 국채를 매입해 시중에 돈을 풀겠다고 했기 때문이다. 결국 영국정부가 감세 정책을 유턴해야 한다는 요구가 쏟아지는 가운데 스탠더드앤드푸어스(S&P)는 영국이 이미 경기 침체에 진입했다는 비관적인 분석을 내놓았다. 파이낸셜타임스(FT) 등에 따르면 시장에서는 BOE의 국채 매입에 대한 비판이 쏟아지고 있다. BOE는 30년물 국채금리가 5%에 육박하며 20년 만에 최고치를 찍자 국채 장기물을 무제한으로 사들이겠다고 전격 발표하면서 이 같은 **양적완화** 규모가 하루 최대 50억파운드씩 총 650억파운드(약 101조원) 규모에 달한다고 설명했다. BOE는 또 보유 국채를 시장에 팔아 유동성을 흡수하는 양적긴축 시작 시기를 연기한다고 밝혔다.

출처 : 서울경제/일부인용

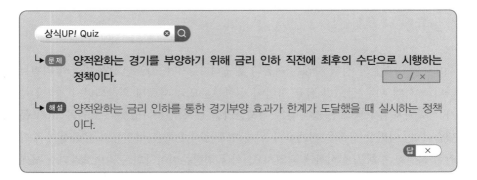

상식UP! Quiz

↳ 문제 **양적완화는 경기를 부양하기 위해 금리 인하 직전에 최후의 수단으로 시행하는 정책이다.**

○ / ✕

↳ 해설 양적완화는 금리 인하를 통한 경기부양 효과가 한계에 도달했을 때 실시하는 정책이다.

답 ✕

최저임금 1만원의 시대가 올까요?

우리나라는 시장의 수요와 공급에 따라 가격이 결정되는 시장경제 체제입니다. 하지만 시장에 정부가 개입하기도 하죠. 그 중의 하나가 바로 가격통제 정책입니다. 가격통제는 크게 최고가격제와 최저가격제 두 가지로 나뉩니다. 최고가격제는 시장에서 자율적으로 형성되는 가격이 지나치게 높다고 판단되면 설정하는 것으로, 정부가 가격의 상한선을 정해 그 수준 이상으로 거래되는 것을 법으로 금지하는 제도입니다. 비상시 또는 전시에 생활필수품에 대해 가격을 통제하는 방식이 대표적이죠. 이와 반대로 최저가격제는 정부가 하한선을 설정해 그 이하로 가격이 내려가지 못하도록 통제하는 제도입니다. 노동시장에서의 최저임금제도가 바로 그것입니다.

최저임금제는 임금의 최저 수준을 보장해 근로자의 생활안정과 노동력의 질적 향상을 꾀하는 것이 목적입니다. 우리나라는 1986년 12월 31일 '최저임금법'을 제정해 공포했고, 1988년 1월 1일부터 최저임금제가 본격 시행에 들어갔습니다.

근로자위원과 사용자위원, 공익위원 9명씩 총 27명으로 구성된 최저임금위원회는 매년 경제상황과 물가상승률, 생산성 향상 등을 고려해 다음 연도 최저임금을 심의·의결합니다. 최저임금 심의 법정 시한은 6월 29일이며, 고용노동부 장관이 최저임금을 확정 고시해야 하는 날짜는 8월 5일입니다. 최저임금위원회는 2024년도 최저임금을 시급 기준으로 2023년보다 2.5% 오른 9,860원으로 의결했습니다. 최저임금을 월급으로 환산하면 206만 740원(월 노동시간 209시간 기준)으로, 전년도보다 약 5만원이 인상되었습니다.

공무원 반발한 2.5% 임금 인상폭 …
335만명 최저임금도 적용

공직사회가 내년도 임금인상안 2.5%에 대해 반발 목소리를 높이고 있다. 임금인상폭이 낮아 하위직일수록 생계어려움이 크다는 것이다. 2.5%는 내년도 **최저임금** 인상폭과 같다. 전국공무원노동조합과 대한민국공무원노동조합총연맹은 용산 대통령실 인근에서 기자회견을 열고 "임금인상안을 철회해야 한다"고 촉구했다. 정부는 내년도 공무원 보수를 직급과 무관하게 2.5%로 일괄 인상하기로 했다. 노조는 "공무원보수위원회는 직급별 차등인상안(5급 이상 2.3%, 6급 이하 3.1%)을 정했다"며 "공무원보수위원회는 제대로 돌아가지 않고 있다"고 인상결정의 절차적 문제를 지적했다. 노조는 공무원 임금수준이 너무 낮다는 점도 인상안에 대해 반대 이유로 들었다. 9급 1호봉 기본급은 약 177만원, 7급 1호봉은 약 196만원이다. 노조는 "작년 공무원 보수 수준은 민간대비 83.1%로 역대최저"라고 비판했다. 이어서 코로나19 사태를 고려하면 공무원 임금인상폭이 사실상 마이너스라고 항변했다.

출처 : 서울경제/일부인용

상식UP! Quiz

▶ 문제 **다음 중 최저임금제에 대한 설명으로 옳지 않은 것은?**

① 저임금 근로자를 보호하기 위해 최저수준 이상의 임금을 지급하도록 강제하는 제도이다.

② 주 5일(하루 8시간) 근무 시 2024년 최저시급에 따른 한 달 월급은 2,014,440원이다.

③ 위반 시에는 3년 이하의 징역 또는 2,000만원 이하의 벌금이 부과된다.

④ 최저임금은 1인 이상 근로자를 사용하는 모든 사업 또는 사업장에 적용된다.

▶ 해설 2024년 최저시급은 9,860원으로, 주 5일 하루 8시간 근무했을 때, 주휴시간을 포함한 월급은 2,060,740원이다.

답 ②

세계 산업의 축제

올림픽, 월드컵과 함께 세계 3대 이벤트로 꼽히는 것이 무엇인지 알고 있나요? 다름 아닌 엑스포(세계박람회)입니다. TV 중계도 되지 않고 재미도 없을 것 같은 엑스포가 그렇게 대단한가 싶겠지만, 엑스포를 유치한다는 것은 굉장한 의미가 있습니다. 세계를 주름잡는 모든 첨단 산업기술과 문화를 만날 수 있는 자리이기 때문이죠. 세계와 인류가 어떻게 발전하고 있는지 생생히 지켜볼 수 있는 현장입니다. 세계산업문화축제라고 할 수 있는데요. 이 엑스포 개최가 불러일으키는 경제효과는 월드컵의 4배가량이라고 하죠.

최초의 근대적 엑스포는 1851년 영국 런던에서 열린 만국박람회라 할 수 있습니다. 이후로 세계 각국은 자신의 기술과 산업, 문화를 뽐내기 위해서 엑스포를 개최하고 참여했는데요. 이곳에서 전구와 축음기, 자동차 등 인류의 현재 삶을 만든 수많은 발명품들이 등장하기도 했습니다. 1928년에는 이 엑스포를 체계적으로 관리하고 유치 업무를 맡을 국제박람회기구(BIE, Bureau International des Expositions)가 설립되었습니다. 본부는 프랑스 파리에 있으며 1년에 2회 총회를 열고 엑스포 개최지를 선정하는 등 현재까지 중추적인 역할을 맡고 있습니다.

엑스포는 해당 국가의 정부에서 주최하는데요. BIE에서 공인하는 엑스포에는 등록박람회(세계박람회)와 인정박람회가 있습니다. 둘은 그 규모면에서 큰 차이가 있죠. 작은 규모의 인정박람회는 특정주제를 갖고 등록박람회 사이사이에 3개월간 개최됩니다. 최대 전시면적은 제한되어 있고, 개최하는 나라가 국가관을 만들어 참가국에 대여하는 방식입니다. 우리나라가 1993년 개최한 대전엑스포와 2012년 열었던 여수엑스포는 모두 인정박람회입니다. 대전은 '새로운 도약으로의 길', 여수는 '살아있는 바다 숨쉬는 연안'이 주제였죠. 반면 등록박람회의 주제와 전시면적에는 제한이 없고요. 개최간격은 5년이고 기간도 6개월이나 됩니다. 개최국은 전시할 부지만 마련해주고 참가국이 스스로 국가관을 만들어야 하죠.

2016년 우리나라는 등록박람회인 2030부산엑스포 유치 도전을 선언했습니다. 국제사회에 홍보활동을 펼치는 동시에 경쟁국과의 외교전을 치렀죠. 그러나 2023년 11월 열린 BIE 총회 최종투표에서 사우디아라비아 리야드에 참패하고 말았습니다. 기대가 컸던 만큼 아쉬움도 많았죠. 대체로 부산 유치의 당위성과 부산의 비전을 제대로 소개하지 못했다며 홍보전략에 문제가 있었다는 지적이 잇달았고, 또 판세를 제대로 읽지 못했다는 비판도 나왔습니다.

정치 · **경제** · 사회 · **국제** · 문화 · 미디어 · 과학 · IT · 스포츠

엑스포 무산에 국정 동력 흔들

윤석열 대통령은 대국민 담화를 통해 "범정부적으로 부산**엑스포** 유치를 위해 노력했으나 실패했다"며 "국민들을 실망시킨 점 정말 죄송하다"고 고개를 숙였다. 담화에서 '부족'과 '책임'을 세 차례씩 강조했고, 부산을 거점으로 하는 균형개발과 인프라 구축은 차질 없이 추진하겠다고 약속했다. 윤 대통령의 사과는 당일 새벽 부산엑스포 유치실패가 확정된 지 10시간여 만에 나왔다. 야권을 중심으로 책임론이 일자, 먼저 자세를 낮추고 진화에 나선 것으로 풀이됐다. 총선 국면에서 유치실패가 악재로 작용할 수 있다는 판단도 고려한 것으로 분석됐다. 하지만 유치실패에 따른 '후폭풍'은 피하기 어려울 것이란 관측이 지배적이다. 윤 대통령 스스로 취임 후 최대성과라고 자평했던 '외교'에서 자존심을 구긴 데다, 국민의힘의 '최대 텃밭'인 부산(PK)의 지역숙원이 좌초돼 지지율 타격이 불가피할 전망이다.

출처 : 뉴스1/일부인용

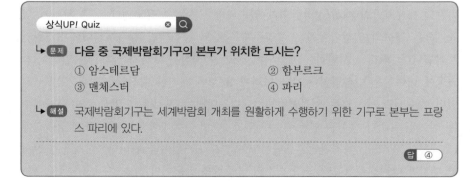

상식UP! Quiz

↳문제 **다음 중 국제박람회기구의 본부가 위치한 도시는?**
　　① 암스테르담　　　　　　② 함부르크
　　③ 맨체스터　　　　　　　④ 파리

↳해설 국제박람회기구는 세계박람회 개최를 원활하게 수행하기 위한 기구로 본부는 프랑스 파리에 있다.

답 ④

외국 돈의 가격 '환율', 이렇게 중요할 줄이야!

환율이란 쉽게 말해서 외국 돈의 가격으로, 외화 1단위를 얻기 위해 지불해야 하는 자국통화의 양을 의미합니다. 우리나라의 돈과 외국 돈을 교환할 때 외국 돈과 비교한 우리나라 돈의 값어치를 나타내지요. 이러한 환율은 물가상승률이나 금리 차이 등 여러 요인에 의해 영향을 받아 결정됩니다. 우리나라는 1997년부터 자유변동환율제도를 채택하여 정부의 개입 없이 순수한 시장원리에 따라 환율이 결정되도록 하고 있습니다.

환율하락과 환율상승의 관계를 살펴보면 다음과 같습니다. 먼저, 환율하락은 한국 원화의 통화가치가 상대적으로 상승하는 것입니다. 따라서 수입이 증대되고, 수출이 감소하며 외채 부담이 감소하는 효과가 있습니다. 또한 국제적인 영향력이 강화되는 결과를 초래합니다.

반면, 환율상승이란 자국의 화폐 가치에 대한 평가가 상대적으로 하락하는 것을 의미합니다. 이로 인해 통화의 대외구매력이 약해집니다. 반면 수출상품의 외화표시 가격도 내려가게 되는데요. 따라서 수출이 증가하고, 수입이 감소하며 외채 부담이 증가하게 됩니다. 이외에 인플레이션 현상이 일어나면서 물가가 상승하는 부작용을 초래할 수 있습니다. 이와 같은 환율은 국제수지나 물가, 금리 차이 등 다양한 요인에 의해 수시로 바뀔 수 있습니다. 그리고 각 국가의 정치적 · 사회적인 요인에 의해서도 변동될 수 있습니다.

환율방어 하느라 … 외환보유액 한 달 새 197억弗 줄었다

원 · 달러 **환율**이 장중 1,400원 아래로 하락했다. 킹달러에 1,440원대까지 치솟았던 환율은 금융당국의 직접 개입 등으로 달러가 약세로 돌아선 것이다. 반면 달러 강세가 지속된 영향으로 이번 달 외환보유액은 197억달러 줄어들며 글로벌 금융위기 이후 최대폭으로 감소했다. 서울 외환시장에서 원 · 달러 환율은 장중 1,400원이 무너지며 1,397원대까지 내려갔다. 원 · 달러 환율이 장중 1,400원 밑으로 하락한 것은 이달 22일 이후 처음이다. 이날 원 · 달러 환율은 전 거래일(1,410.1원)보다 7.7원 내린 1,402.4원에 마감했다. 그동안 원 · 달러 환율은 달러 강세로 상승세를 지속했다. 28일 장중 1,440원을 넘어서 금융위기 당시인 지난 2009년 3월 16일(고가 기준 1,488.0원) 이후 가장 높이 치솟았다. 이처럼 달러 강세가 지속되자 외환보유액도 크게 감소했다. 한국은행이 발표한 이달 말 외환보유액에 따르면 우리나라의 외환보유액은 4,167억 7,000만달러로 전달(4,364억 3,000만달러)보다 196억 6,000만달러(-4.5%) 감소했다. 전달에 이어 두 달 째 감소세가 이어진 것이다. 글로벌 금융위기가 발생한 지난 2008년 10월 274억달러 줄어든 데 이어 역대 두 번째로 크게 감소했다.

출처 : 파이낸셜뉴스/일부인용

상식UP! Quiz

↳ **문제** 환율이 오르게 되면 수출은 증가하고 수입은 감소한다. ◯ / ✕

↳ **해설** 환율상승은 수출에는 유리하고 수입에는 불리한 결과를 초래한다.

답 ◯

잠시 주식거래를 멈추게 하는 주문

사이드카와 서킷브레이커는 종종 혼동을 일으키는 개념입니다. 우선 사이드카(Side Car)는 선물시장이 급변할 경우 일정 기간 동안 매매금지를 통해 현물시장을 안정적으로 운용하기 위한 관리제도입니다. 즉, 프로그램 매매호가 관리제도의 일종으로 선물가격이 전일 종가 대비 5% 이상 변동된 상황이 1분간 지속하는 경우 선물에 대한 프로그램 매매를 5분간 중단합니다. 5분이 지나면 자동으로 해제되며 하루에 딱 한 번만 발동될 수 있습니다. 원래 사이드카는 보조좌석이 있는 오토바이를 일컫는 말로 선물시장의 과열 방지를 위한 보조적인 역할을 하고 있습니다. 1987년 이후 각 국가의 증시에 도입됐으며 우리나라에서는 1998년부터 시행되고 있습니다.

한편, 서킷브레이커(Circuit Breaker)는 주식시장에서 주가가 급등 또는 급락하는 경우 주식매매를 일시정지하는 제도입니다. 1997년 미국에서 사상 최악의 주가 대폭락 사태인 '블랙먼데이'가 발생하자 주식시장이 붕괴되는 것을 막기 위해 도입됐습니다. 이후 2020년 3월에는 코로나19 확산으로 뉴욕증시가 폭락하자 33년 만에 두 번째 서킷브레이커가 발동됐습니다. 코스피나 코스닥지수가 전날 대비 8%(1단계) · 15%(2단계) · 20%(3단계) 이상 등락한 상태가 1분간 지속하는 경우 시장 모든 종목의 매매거래를 중단하고, 20분간의 매매정지가 풀리면 10분간 동시호가로 접수해서 매매를 재개합니다. 우리나라에는 1998년 12월에 처음 도입되어 코스닥시장에는 2001년 10월에 도입됐고, 3단계에 걸쳐 발동할 수 있습니다. 주식시장이 개장한 지 5분 후부터 장이 끝나기 40분 전인 오후 2시 50분까지 발동할 수 있습니다.

사이드카와 서킷브레이커의 비교

구분	사이드카	서킷브레이커
대상	주식선물시장	종합주가지수
발동요건	선물가격이 전일 종가대비 5% 이상 (코스닥의 경우 6% 이상) 상승 또는 하락하여 1분 이상 지속되는 경우	종합주가지수가 전일 종가 대비 8 · 15 · 20% 이상 등락한 상태가 1분 이상 지속되는 경우

효력	주식현물프로그램 매매 5분간 정지	모든 주식거래(현물, 선물, 옵션) 20분간 중단
해제	5분 후 자동해제	매매중단 20분 경과 후 10분간 호가접수를 받아 단일가 매매체결 후에 접속, 매매 재개(지수가 상승하는 경우에는 발동되지 않으며 매매 중단 중 접수된 호가는 취소 가능)

정치 · **경제** · 사회 · 국제 · 문화 · 미디어 · 과학 · IT · 스포츠　　｜　

尹 대통령의 약속 '공매도 서킷브레이커' 힘 실린다

"불확실한 상황이 지속되는 것보단, '공매도 **서킷브레이커**'를 도입하는 게 낫지 않을까요." 정부가 내놓은 공매도 대책은 더 강한 칼을 원했던 개인투자자들의 성에 차지 않았다. 개인들이 요구한 개선 방안이 하나도 들어가 있지 않은 낙제점 대책이란 비판이 쏟아졌다. 시장 관계자들의 반응도 좋지 않다. 여론을 의식해 공매도 정책을 건드릴수록 자본시장의 주요 플레이어들이 떠나간다는 불만이다. 이럴 바엔 윤석열 대통령이 애초 공약으로 제시했던 '공매도 서킷브레이커' 도입이 합리적 대안이 될 수 있다는 주장이 힘을 얻는다. 금융투자업계에 따르면 김소영 금융위원회 부위원장 주재로 열린 자본시장 민간전문가 간담회에서도 공매도는 뜨거운 이슈였다. 특히 공매도 제한-재개 시점을 명확한 기준으로 준칙화하는 방안을 고려할 필요가 있단 제언이 나왔다. 윤 대통령이 애초 공약으로 제시했던 '공매도 서킷브레이커'를 도입하는 게 최선의 방법이란 설명이다.

출처 : 머니투데이/일부인용

상식UP! Quiz　⊗ Q

↳ 문제 　선물시장이 급변할 경우 현물시장에 들어오는 주문의 처리를 5분 동안 보류해 타격을 최소화하는 프로그램 매매호가 관리제도를 서킷브레이커라고 한다.

O / X

↳ 해설 　사이드카(Side Car)에 대한 설명이다.

답 ✕

선물거래, 왜 하는 건가요?

많은 경제 기사에서 '선물(先物, Futures Transactions)'이라는 용어를 자주 보셨을 겁니다. 경제 용어에 익숙하지 않다면 '남에게 호의로 주는 것'을 의미하는 선물(膳物)과 혼동하기도 합니다. 선물거래는 말 그대로 물건의 인수·인도 이전에 거래를 한다는 뜻입니다. 주로 곡물·귀금속·원유 등의 재화를 사고 팔 때에나 통화·채권·주식 등의 금융상품을 사고 팔 때에 자주 사용합니다.

선물거래는 왜 할까요? 선물거래가 생겨난 가장 기본적인 이유는 재화의 공급과 수요의 안정성을 확보하기 위함입니다. 현재를 기준으로 미래의 가격을 예측하여 거래한 선물거래는 물건의 가격이 오르게 되면 구매자는 이익을, 가격이 내리게 되면 손해를 보게 됩니다. 오로지 차익을 벌기 위해서 레버리지 투자를 하는 경우도 많습니다. 원유·곡물과 같이 다른 상품을 생산하기 위해 필요한 기초재화의 경우, 가격이 조금만 변동되어도 구매자는 큰 리스크를 얻게 됩니다. 이 때문에 항상 일정한 가격에 기초재화를 공급받기 위해 선물거래를 합니다.

반대로 공급자의 경우에도 마찬가지입니다. 재화를 생산하였는데 가격이 급락한다면 타격이 크겠죠? 이럴 경우를 대비해 아직 재화가 생산되지는 않았지만 미리 구매자와 구매가를 정해둔다면 리스크를 감내하지 않고 더 안정적으로 많은 재화를 생산할 수 있을 것입니다. 바로 선물거래는 이런 이유 때문에 한다고 볼 수 있습니다. 주식시장에서의 선물거래는 미래 가치를 판단하여 주식을 사고 싶으나 현재 구매 자금이 부족할 경우 혹은 여타 이유로 인해 현재 거래가 불가능할 경우 맺게 됩니다.

이런 선물 거래를 위해선 당사자 간 신뢰가 가장 중요합니다. 그래서 제도화된 거래소와 품질·규격 등의 표준화된 기준이 필수적이죠. 거래소는 거래 표준을 정하여 사소한 분쟁이 생기는 것을 막고, 거래자는 거래 이행을 보증하기 위해 청산소에 증거금을 예치합니다.

손병두 한국거래소 이사장
"단기금리 선물 · 탄소배출권선물 도입"

손병두 한국거래소 이사장이 해양 · 파생상품 금융중심지로 부산이 한 단계 도약할 수 있도록 지원을 확대하겠다는 뜻을 밝혔다. 손 이사장은 거래소 본사가 있는 부산국제금융센터(BIFC)에서 기자간담회를 열고 "부산 본사 2.0 시대를 맞아 파생 금융중심지 위상 강화를 위해 아낌없이 지원할 계획"이라고 밝혔다. 거래소는 우선 신성장 산업, 해외 투자 수요와 연계된 개별 주식 및 지수 등을 기초 상품으로 하는 다양한 파생 신상품 도입을 추진해 파생 상품시장을 활성화할 방침이다. 또 정부 2050 탄소중립정책과 부산시 탄소중립 분야 규제자유특구 사업을 지원하기 위해 배출권 시장을 활성화하고 탄소배출권 **선물**을 도입하는 방안도 추진한다. 거래소는 코로나19 확산으로 중단됐던 파생상품과 관련한 각종 국제회의도 정상적으로 부산에서 개최할 계획이라고 덧붙였다. 부산에 본부를 둔 거래소 파생상품시장에서는 지난해 말 기준 하루 평균 61조 9,000억원의 거래와 881만 계약이 이뤄지는 등 세계 7위 규모 위상을 확보했다. 작년 KRX금시장 거래 규모 역시 누적 거래량 25.5t으로 2014년 시장 개설 이후 24배 수준으로 증가했고, 거래대금도 1조 7,535억원으로 전년의 3배 규모로 성장했다.

출처 : 연합뉴스/일부인용

상식UP! Quiz

↳ 문제 선물거래를 하였으나 결제일에 거래 불이행(Default Risk)이 발생해 판매자가 손해를 보게 되면 거래소는 이에 대응할 법적 책임이 없다. ┌ ○ / × ┐

↳ 해설 『선물거래법』에 따라 거래소는 거래자들에게 일정 금액을 예치받아 보관하고 있어야 하며, 거래 불이행 발생 시 금액의 지불을 보장해야 한다.

답 ×

유망 벤처기업만 골라 골라!

열정과 훌륭하고 기발한 사업 아이템을 겸비했다고 해도 필요한 자금이 없다면 맨 손으로 사업을 꾸리기는 쉽지 않습니다. 분야에 따라 차이는 있지만 아이템을 개발 하고 홍보하는데 만도 보통 많은 돈이 들죠. 벤처캐피탈(Venture Capital)은 그런 벤처기업을 위한 곳입니다. 비록 성공에 대한 위험성은 크지만 뛰어난 아이디어로 무장한 벤처기업에게 자금을 지원하는 회사죠. 이들은 유망한 벤처기업을 골라 그 가능성을 따져보고 투자합니다. 단순한 자금뿐 아니라 아이템 개발에 필요한 기술 이나 장비를 제공하기도 합니다.

벤처캐피탈은 보통 해당 벤처의 사업 초기 때 담보 없이 자본을 투자하여 마음껏 성장할 수 있도록 돕습니다. 그리고 그 벤처기업이 무럭무럭 자라 기업공개(IPO) 를 통해 상장하거나 성과를 내었을 때 자금을 회수하여 수익을 올리는데요. 물론 워낙 위험성이 크다보니 수입은커녕 손실을 보는 경우도 있습니다. 보통 벤처캐피 탈의 투자는 소수의 투자자들을 매집하여 많은 벤처기업에 투자하는 일종의 사모 펀드 형식으로 이루어집니다. 그러한 방식으로 리스크를 최소화하려는 것이죠.

카카오부터 배달의민족, 당근마켓 등 스타트업 성공사례가 이어지면서, 창업에 대 한 열풍도 좀처럼 식지 않고 있습니다. 정부에서도 청년 창업에 대한 지원 정책을 끊임없이 구상하고 있죠. 고객의 니즈를 탐구하고 틈새시장을 찾는 창업가들의 노 력도 계속되고 있습니다. 이러한 상황에서 벤처캐피탈의 투자는 창업가들에게는 사막의 단비라고도 할 수 있겠네요. 한편 해외에서는 벤처캐피탈의 투자를 받은 스 타트업의 경영진이 그렇지 못한 경영진보다 더 뛰어난 사업역량을 보였다는 연구 결과도 있었습니다.

'캐치테이블' 잡아라 ⋯ 벤처캐피탈 러브콜 쇄도

레스토랑 실시간 예약 1위 서비스인 '캐치테이블'에 국내 **벤처캐피탈**들의 투자 러브콜
이 쏟아지고 있다. 1년 만에 추가 투자 유치에 나선 캐치테이블은 단숨에 300억원대
현금을 동원할 투자자들을 모집한 것으로 알려졌다. 회사측은 확보한 자금을 수익성
강화와 사업 확대에 투입할 계획이다. 벤처투자 업계에 따르면, 캐치테이블은 이르면
내달 중 약 320억원의 시리즈C 투자 유치를 마무리한다. 배달의민족과 직방, 크래프톤
등에 투자해 유니콘 기업으로 성장을 도운 알토스벤처스가 신규 투자자로 참여해 캐치
테이블의 성장세에 불을 붙이고 있다. 투자업계의 한 관계자는 "캐치테이블은 국내 식
당 예약분야 1위 사업자로 올라선 만큼 수익모델만 잘 자리 잡으면 큰 폭의 매출 성장
을 기록할 수 있을 것"이라며 "앞으로 외식업 전반으로 사업 확장도 가능할 것"이라고
기대했다.

출처 : 서울신문/일부인용

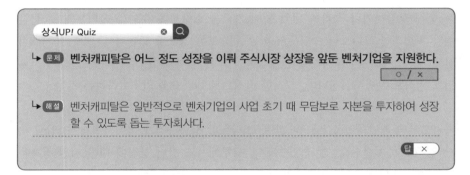

상식UP! Quiz

↳ 문제 **벤처캐피탈**은 어느 정도 성장을 이뤄 주식시장 상장을 앞둔 벤처기업을 지원한다.

O / X

↳ 해설 벤처캐피탈은 일반적으로 벤처기업의 사업 초기 때 무담보로 자본을 투자하여 성장
할 수 있도록 돕는 투자회사다.

답 X

취업 준비생인 나는 비경제활동인구에 속할까?

청년백수가 넘쳐나고 취업난이 어느새 익숙한 현실이 된 요즘, 일하는 사람과 일하지 않는 사람을 구분하는 기준은 어떻게 될까요? 먼저 만 15세 이상의 인구를 노동가능한 인구로 분류합니다. 이 중에서 일을 하고 있거나 구직활동 중인 사람을 경제활동인구라 하고, 그렇지 않은 사람을 비경제활동인구라고 합니다.

경제활동인구란 만 15세 이상인 사람들 중에서 일할 능력이 있고, 취업할 의사가 있으며 실제로 구직활동을 하거나 일하고 있는 사람들을 가리킵니다. 이러한 경제활동인구에는 취업자와 실업자가 모두 포함된다고 볼 수 있습니다. 취업상태에 있는지 아닌지에 따라 취업자와 실업자로 구분되지요. 취업자란 매월 15일이 포함된 1주일 동안 수입을 얻는 것을 목적으로 하여 1시간 이상 일한 사람입니다. 실업자는 일자리를 구하기 위해 구직활동을 했던 사람으로서 즉시 취업이 가능한 사람을 의미합니다. 이때, 아무리 취업 능력과 의사가 있더라도 현실적으로 취업이 불가능한 현역병, 의무경찰 등은 제외된다는 점은 알아두어야 합니다.

한편 2024년 2월 기준 경제활동인구는 2,895만명으로 전년 동월보다 35만여 명 늘었습니다. 여기서 경제활동참가율이란 생산가능인구 중 노동공급에 기여하고 있거나 그럴 의사가 있는 사람, 즉 취업자와 실업자로 분류된 사람의 비율을 뜻하지요. 만약 경제활동참가율이 감소했다면 노동시장으로 들어와 구직할 의사가 없는 사람이 늘었음을 의미합니다.

반면 비경제활동인구는 만 15세 이상 인구 중에서 취업자도 실업자도 아닌 사람을 가리킵니다. 일할 능력은 있어도 일할 의사가 없거나 아예 일할 능력이 없는 사람들을 의미하지요. 여기에는 가정주부, 학생, 노인, 심신장애자, 구직 단념자 등이 있으며 자발적으로 자선사업이나 종교단체에 관여하는 사람들도 포함됩니다.

정치 · **경제** · **사회** · 국제 · 문화 · 미디어 · 과학 · IT · 스포츠　|　

3년 넘게 취업 못한 청년 28만명,
30%는 "일 안해" 니트족

3년 넘게 취업하지 못한 청년이 28만명에 달한 것으로 나타났다. 이 가운데 일하지 않고 일할 의지도 없는 청년 무직자를 가리키는 '니트족'은 10만명에 육박했다. 연합뉴스의 **경제활동인구**조사 청년층(15~29세) 부가조사 마이크로데이터 분석에 따르면 올해 5월 기준 3년 이상 장기 미취업 상태인 청년은 27만 8,000명으로 집계됐다. 이들 중 미취업 기간에 집에서 어떤 활동을 하지 않고 '그냥' 시간을 보낸 청년은 9만 6,000명으로 집계됐다. 이들은 구직활동, 직업교육, 취업시험 준비, 육아 · 가사활동 등을 전혀 하지 않는다. 이는 1년 전(7만 1,000명)과 비교해 2만 5,000명(35.8%) 늘어난 수치다.

한국경제연구원은 2017년 기준 청년(15~29세) 니트족의 취업 기회 손실에 따른 경제적 비용이 연간 49조 4,000억원에 달한다고 분석했다. 한창 일할 나이의 청년층이 취업하지 않으면 이들의 노동 가치만큼 경제에 기회비용이 발생하고, 노동 투입량 감소에 따른 잠재성장률 하락을 초래하게 된다.

출처 : 중앙일보/일부인용

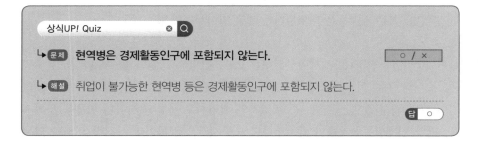

상식UP! Quiz

↳ **문제** 현역병은 경제활동인구에 포함되지 않는다.　　　ㅇ / X

↳ **해설** 취업이 불가능한 현역병 등은 경제활동인구에 포함되지 않는다.

답　ㅇ

소수점에도 나라가 흔들린다

2022년 11월 제롬 파월 미국 연방준비제도 의장이 4회 연속 자이언트스텝(한꺼번에 기준금리 0.75%포인트(p) 인상)을 발표했습니다. 이에 따라 한국은행의 금융통화위원회도 2022년 11월 기준금리를 0.25%p 더 끌어올렸죠. 미국의 기준금리가 우리나라를 웃돌면서 외국인 투자자금 유출은 물론 원화약세, 물가상승 압력이 커지게 되었습니다. 이로써 한국은행으로서는 경기를 고려해 금리인상과 동결 사이에서 고심할 것으로 예상됐죠. 지속해서 오르던 미국과 우리나라의 기준금리는 물가지표가 안정세를 띠면서 2023년 들어서는 동결을 연속으로 이어갔습니다.

기준금리란 한 국가의 각종 금리를 대표하는 금리입니다. 쉽게 말해 일반 시중은행들이 우리나라의 중앙은행인 한국은행으로부터 대출을 받을 때 적용되는 금리죠. 기준금리에 따라서 시중은행의 금리도 변하게 됩니다. 우리나라의 경우 7일물 환매조건부채권(RP)금리가 기준금리 역할을 하고 있습니다. 기준금리 변동은 동결과 0.25%p, 0.5%p, 0.75~1.0%p 인상·하로 이루어지는데요. 이 기준금리는 나라 경제에 상당한 파급력을 가지기 때문에 쉽게 변동되지 않습니다. 소수 단위의 변동에도 실물경제에 큰 영향을 끼치기 때문이죠.

일반적으로 기준금리 인상은 과열된 경제 상황을 안정시키기 위해 단행합니다. 금리를 높이면 기업과 가계는 대출에 부담을 느끼게 되고, 은행도 대출 결정에 신중해지죠. 사람들은 은행에 돈을 맡기게 되고, 이에 따라 과열되었던 소비와 투자도 진정세를 띠게 됩니다. 유동성이 그만큼 줄어들게 되는 것인데요. 아울러 주식이나 부동산 등 자산을 통한 기대수익이 낮아지게 되면서 자산가격도 하락하게 됩니다. 또한 금리인상은 환율과 물가에도 영향을 끼치게 되죠. 반면에 금리인하는 침체된 경제에 활력을 불어넣기 위해 시행합니다. 금리를 낮춰 시장에 유동성을 부여하고 소비와 투자를 진작하기 위한 목적이 있죠.

미국 기업 파산, 이달 급증 … "기준금리 인상 탓"

미국에서 파산을 신청한 기업이 전월보다 약 17% 증가했다. **기준금리** 상승. 인플레이션 등으로 인해 기업 파산이 급증한 것으로 보인다. 포천은 파산 관련 법률정보업체 '에픽 파산'과 미국파산연구소를 인용해 가계와 개인파산을 포함한 총파산 건수가 전년 동기 대비 13개월 연속 증가했다고 전했다. 특히 연방파산법 11조에 따른 지난달 파산건수는 1년 전보다 54% 증가했다. 물론 대기업이 다양한 부서를 포함해 여러 건의 파산을 신청할 수 있기에, 중복제출로 인해 통계가 부풀려질 수 있는 가능성은 있지만, 전체적으로 파산이 늘었다. ABI의 에드 플린 분석가는 "대기업이 중복으로 파산을 신청했을 수는 있지만, 대기업 파산이 급증한 것은 분명하다"며 "많은 부분이 금리 때문이며, 이례적으로 대기업을 중심으로 파산이 많아졌다"고 말했다.

출처 : 조선비즈/일부인용

　　　　　　　　❌ 🔍

↳ **문제** 우리나라의 기준금리는 한국은행의 금융통화위원회에서 연 8회 결정된다.

ㅇ / ✕

↳ **해설** 한국은행 금융통화위원회는 물가와 국내외 경제상황. 금융시장 여건 등을 고려하여 연 8회 기준금리를 결정한다.

답 ㅇ

누구에겐 천국, 누구에겐 지옥

오스트리아 출신 경제학자 루드비히 폰 미제스는 "보호무역주의의 원리는 전쟁의 원리이다"라고 말합니다. 반면 캐나다의 심리학자 스티븐 핑커는 "개방경제와 자유무역이 학살·전쟁과 부정적으로 직결되어 있다는 많은 연구가 있다"고 말했지요. 두 학자의 말에 따르면 보호무역을 하든 자유무역을 하든 각국은 전쟁을 하게 된다는 결론에 이르게 됩니다. 왜 이런 것일까요? 아마도 각자가 대변하는 입장과 처한 역사적 상황이 달랐기 때문이겠지요.

보호무역은 독일의 경제학자 프리드리히 리스트가 역설한 것으로 유명합니다. 자유무역에 반대되는 개념으로 자국의 경제적 이익과 산업의 보호를 위해 무역 수출입에 정부가 관여하는 것입니다. 국가가 특정 산업을 육성하고 싶으나 국제 경쟁력이 떨어져 조치를 취하지 않으면 자연히 도태될 우려가 있는 경우, 해당 산업이 국내 시장에서 경쟁력을 갖도록 보호적인 방법을 취하게 됩니다. 수입 경쟁 물품에 강한 관세를 매기거나 수입량을 제한하는 방식이 있죠.

이는 트럼프 행정부가 취한 경제 정책으로도 유명하지요. 트럼프 전 대통령의 자국 우선주의의 칼끝은 동맹국 한국도 빗겨가지 않았습니다. 미국은 한미 FTA가 일방적인 미국의 손해라며 재협상을 요구했고 특히 한국의 철강 수출을 규제해 한국 철강업계에 직격타를 입혔습니다. 미국 국제무역위원회는 2016년 한국산 냉연강판에 최고 65%의 반덤핑·상계 관세를 부과하였으나 미국 법원의 제지로 인해 현재는 28%의 관세를 적용하고 있습니다.

보호무역은 상대국가의 보호무역을 부르고 자유무역은 상대국가의 자유무역을 부릅니다. 자유무역과 보호무역, 무엇이 옳다고 할 수는 없지만, 적어도 때에 따라 맞는 정답은 정해져 있습니다. 그리고 잘못된 결정을 내릴 경우 그 결과는 어쩌면 돌이킬 수 없을지도 모릅니다.

WTO 사무총장 "선진국 보호무역주의, 개도국엔 위선적"

블룸버그통신 등에 따르면 응고지 오콘조–이웰라 세계무역기구(WTO) 사무총장은 독일 베를린에서 열린 재외 독일 공관장회의에서 "최근 일부 선진국의 일방적인 **보호무역주의 조치**와 다자간 무역시스템 · WTO에 대한 전반적인 거부감은 개발도상국에겐 이기적이고 위선적인 것으로 보인다"고 말했다. 그는 "다자간 무역을 통한 혜택으로 경제를 발전시킨 부유한 국가들은 이젠 공정하게 경쟁하길 원치 않으며 규칙이 아닌 힘에 기반한 시스템으로 전환하길 원한다"고도 꼬집었다. 응고지 사무총장은 특정국가를 적시하진 않았지만 블룸버그통신은 트럼프 행정부에서 시작해 바이든 행정부로 이어진 미국의 보호무역주의를 정조준한 것으로 해석했다. 2021년 임기를 시작한 그는 WTO와 다자무역체제 정상화를 전면에 내걸고 사무총장에 당선됐다.

출처 : 이데일리/일부인용

상식UP! Quiz

↳ 문제 **보호무역을 주창한 19세기 독일의 경제학자는 누구인가?**

↳ 해설 리스트는 1789년 독일 남부 뷔르템베르크에서 태어나 1817년 튀빙겐대학교 행정학 교수가 되었다. 이후 정치적으로 진보적 활동을 하다 1825년 국외추방 처분을 받고 미국에 망명하여 경제학 도서를 저술했다.

답 프리드리히 리스트

경영에 사회적 책임을 담다

ESG는 'Environmental', 'Social', 'Governance'의 앞 글자를 딴 용어로 기업의 비재무적인 요소인 환경과 사회적 책무, 지배구조를 뜻합니다. '지속가능한 경영방식'이라고도 하는데요. 기업을 운영하면서 사회에 미칠 영향을 먼저 생각하는 것을 말합니다. 사회적 책임감을 갖고 윤리적인 경영을 펼치는 것이죠. 우리나라에도 이 ESG경영으로의 전환을 발표한 기업들이 많습니다. 시대의 흐름에 따르는 ESG는 세계 경제계의 화두라고 할 수 있죠.

과거에는 기업들이 가시적인 성과를 얻는 데만 골몰하여, 그로 인해 지역사회를 등한시하거나 편법이나 비리 같은 불합리하고 건전하지 못한 경영방식을 택하는 경우가 있었습니다. 그러나 현재 맞닥뜨리게 된 위기 요소로 인해 ESG로의 전환을 꾀하게 되었다고 하는데요. 최근 더욱 가속화되는 기후변화나 코로나19 팬데믹 등의 전 지구적 위기, 또는 기업 내 비리 같은 불확실한 요소가 커지면서 기업을 더 오래 지속되게 하는 경영방식을 택하게 되었다는 것이죠. ESG는 지역사회와 공존하고 기후변화에 대처하며 지배구조의 윤리적 개선을 통해 지속적인 성과를 얻으려는 방식입니다.

기업들은 자사의 상품을 개발하며 재활용 재료 등 친환경적 요소를 배합하거나, 환경 캠페인을 벌이는 식으로 기후변화 대처에 일조하려 합니다. 또한 이사회에서 대표이사와 이사회 의장을 분리하여 서로 견제하도록 해 지배구조 개선에 힘쓰기도 하죠. 아울러 직원들의 복지를 강화하고, 지역사회에 보탬이 되는 봉사활동을 기획하는 등 사회와의 따뜻한 동행에도 노력하고 있습니다.

환경 · 지역사회 함께 챙긴다 … ESG 경영 앞장

SK이노베이션은 기존 사업을 친환경 위주로 전환하고 신규 친환경 사업을 지속 발굴하고 있다. 지난해 7월 국내 기업 최초로 '탄소 넷제로 특별 보고서'를 발간하고 10년 이내에 탄소 순배출을 절반 수준으로 감축하겠다고 밝혔다. 온실가스 감축에 더해 글로벌 탄소 감축 기여 효과를 정밀하게 측정하기로 하고, 종합적인 목표도 설정했다. 이 역시 국내 기업 중 최초다. 계열사 SK에너지는 넷제로의 일환으로 탄소중립 석유 제품을 국내 최초로 출시했고 2차전지 소재 계열사 SK아이이테크놀로지는 지난해 9월 RE100 가입을 완료했다. SK 울산 콤플렉스에는 친환경 열분해유를 정유 · 석유화학 공정 원료로 투입하는 등 SK이노베이션 및 계열사들은 다양한 친환경 프로젝트를 펼치고 있다. 이에 힘입어 SK이노베이션은 지난해 한국기업지배구조원의 **ESG** 종합평가에서 A+를 획득했다.

출처 : 아시아경제/일부인용

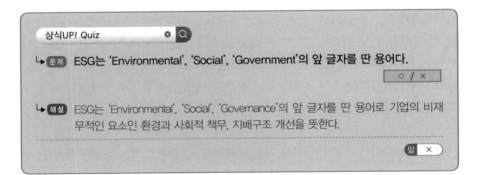

상식UP! Quiz

↳ 문제 ESG는 'Environmental', 'Social', 'Government'의 앞 글자를 딴 용어다.

○ / ×

↳ 해설 ESG는 'Environmental', 'Social', 'Governance'의 앞 글자를 딴 용어로 기업의 비재무적인 요소인 환경과 사회적 책무, 지배구조 개선을 뜻한다.

답 ×

신(新)성장동력을 만듭시다!

'규제'는 자본주의 국가에서 정부가 시장에 간섭하는 가장 기초적인 방식입니다. 이 것을 필요없다고 여겼던 과거 시장자유주의 국가들은 뼈아픈 고통을 겪은 뒤에야 규제의 중요성을 깨달았죠. 규제는 시장과 사회에 발생할 수 있는 여러 부정적 상 황을 예방하는 보호제로서의 역할을 하게 됩니다. 하지만 때때로 규제는 산업의 발 전을 막는 허들이 되기도 합니다. 과도할 정도로 가해진 비합리적 규제는 장기간 유지될 경우 기업들의 투자 정책을 비합리적으로 바꾸어, 전체 국가 경제의 모양을 왜곡시킬 수도 있죠. 그만큼 정부는 기술과 사회의 변화에 따라 규제가 필요 없는 곳에 씌워진 규제는 빠르게 해제시켜줘야 합니다.

신산업과 신제품에 대해 전체 산업을 대상으로 이뤄지던 기존의 규제를 일정기간 유예해주는 정부의 정책을 '규제 샌드박스'라고 합니다. '샌드박스(Sandbox)'는 아 이들이 모래사장에서 놀 때 사용하는 모래를 담는 놀이기구를 가리키지요. 기업들 이 모래사장의 아이들처럼 다양한 도전을 할 수 있도록 한다는 의미를 담고 있습니 다. 만약 사업자가 새로운 제품이나 서비스에 대해 규제 샌드박스를 적용받을 수 있게 된다면 기업은 기존 규제 때문에 내놓을 수 없었던 상품을 시장에 빠르게 내놓 을 수 있게 됩니다. 국가적으로는 국내 기업이 새로운 산업에 선점할 수 있게 되니 좋고 소비자는 새로운 상품과 · 서비스를 누릴 수 있으니 이득이 되는 셈이죠.

지난 문재인정부에서는 이런 규제 샌드박스 시스템을 뒷받침할 수 있는 5개 법안 으로 '행정규제기본법(신서비스 · 제품 우선 허용 · 사후규제 원칙), 금융혁신지원 특별법(혁신 금융서비스 규제 완화), 산업융합촉진법(규제 신속확인, 임시허가제), 정보통신진흥 · 융합활성화특별법(네거티브 규제원칙), 지역특화발전특구규제특 례법(지역 혁신성장 사업 규제 완화)'을 발표했고 법은 모두 입법화되었습니다.

한국만 있는 '갈라파고스 규제' 없앤다

정부가 외국보다 과도한 규제를 폐지하도록 하는 규제챌린지 제도를 도입한다. 우리나라에만 있는 '갈라파고스 규제'가 많아 경제 역동성이 떨어지고 산업의 국제경쟁력이 저하되고 있다는 지적에 따른 것이다. 국무조정실은 국정현안점검조정회의에서 이런 내용을 담은 '규제혁신 추진방향'을 발표했다. 국조실은 △규제 샌드박스 등 규제혁신 플랫폼 안착 · 발전 △신산업 5대 분야 규제 혁신 △기업부담 · 국민불편 5대 분야 규제 개선 등 세 가지에 중점을 두고 규제 혁신을 추진하기로 했다.

이에 따르면 이미 운영 중인 규제 샌드박스 제도를 활성화하는 한편 규제챌린지라는 새로운 제도를 만든다. 해외엔 없거나 외국보다 과도한 규제에 대해 담당 부처가 계속 둬야 하는 이유를 입증하지 못하면 규제를 개선토록 하는 것이다. 경제단체가 규제 개선 건의를 하면 소관 부처 입증위원회가 검토하고, 규제의 정당성을 입증하지 못하면 규제를 푸는 흐름으로 운영된다. 규제챌린지 제도엔 해외 사례가 없는 규제를 신설하는 것도 원칙적으로 금지하는 내용도 포함된다.

출처 : 중앙일보/일부인용

상식UP! Quiz

↳ 문제 신산업 분야에 대한 기업들의 투자를 유도하기 위해 정부가 규제를 완화 · 유예해주는 것을 무엇이라 하는가?

↳ 해설 규제 샌드박스는 기존의 규제가 기업의 신분야 투자에 허들이 됨에 따라, 정부가 특정 산업 혹은 기업에 규제를 유예 · 완화해주는 것을 가리킨다.

답 규제 샌드박스

국민연금은 또 하나의 세금?

몇 년 전 국민연금공단이 공단의 관리 운영을 위해 26년간 연금에서 떼어 사용한 금액이 5조원에 달한다는 소식이 들렸습니다. 이에 "국민연금공단의 관리 운영비용은 국고에서 나가야지 국민연금 기금에서 나가선 안 된다"는 주장이 일기도 했는데요. 기금을 관리하는 인원의 임금을 기금에서 끌어써서는 안 되는 것일까요? 무엇이 옳다고 하기는 어렵지만 국민연금의 기금 운용은 그만큼 '민감하다'고 말할 수 있을 것 같습니다. 온 국민의 관심사이기 때문이겠죠.

4.5%, 직장가입자가 국민연금에 가입할 경우 월 소득액에서 국민연금 납부액이 차지하는 비율입니다. 근로자가 4.5%를 납부하고 고용자가 4.5%를 납부해서 매월 자신의 월급의 9%만큼의 금액을 국민연금 기금으로 납부하게 되지요. 일부 단기 아르바이트직을 빼고는 소득이 발생하는 인원이라면 국민연금은 강제적으로 징수되며, 또 연금의 운용은 전부 운영기관과 국가에서 책임지다보니 못마땅한 시선이 많습니다.

무엇보다 가장 큰 논란이 되는 사안은 '기금 고갈'에 대한 문제입니다. 국민연금 재정추계전문위원회는 2023년 3월 향후 70년의 국민연금 급여지출과 적립기금 변화 추이 등을 산출한 '제5차 국민연금 재정추계 최종결과'를 발표했습니다. 위원회는 앞서 1월 국민연금이 현행대로 유지된다면 2041년부터 적자가 발생해 2055년 기금이 바닥난다는 시험계산결과를 내놨는데요. 합계출산율이 2023년 0.88명에서 상승해 2050년 이후엔 1.40명에 달할 것이라 예상해보면 소진시점은 2056년으로 1년 늘어났고, 0.98명에 그칠 것이라는 전망 하에서는 그대로 2055년이었습니다. 또한 기금투자 수익률을 1%포인트 높은 연 5.5%로 잡으면 소진시점은 2060년으로 5년 늘어났죠.

이러한 고갈 전망 때문에 정부는 연금개혁안을 짜는 데 골몰하고 있는데요. 우리나라는 국민연금이 만들어진 1988년 이래 두 차례 연금개혁을 이뤄냈습니다. 그러나 출산율이 바닥을 치닫고 불황으로 대내외 투자환경도 악화된 현재로서는, 획기적인 제도개혁 없이는 국민연금을 개선하기 어렵다는 게 중론입니다. 한편 정부는 2023년 10월 국민연금 종합운영계획을 발표하며 보험료 인상이 필요하다는 점을 강조했지만, 얼마나 인상할 것인지 그 정확한 목표 수치는 제시하지 못했습니다.

정치 · **경제** · **사회** · 국제 · 문화 · 미디어 · 과학 · IT · 스포츠　　|

국민연금 보험료율 1%포인트 당장 올려도 된다

국민연금 개혁에 대한 국민의 인식을 구체적으로 알 수 있는 조사가 나와 눈길을 끈다. 한국보건사회연구원은 국민연금 가입자 34명을 임금노동자(정규직과 비정규직)와 자영업자 및 나이(만 30대와 50대)를 기준으로 5개 그룹으로 구분해 초점집단면접(FGI) 방식의 조사를 벌였다. 연금개혁의 핵심쟁점 중 하나는 보험료율 인상이다. 다수 전문가나 시민들도 인상 자체엔 대체로 동의한다. 논점은 얼마를 올릴 것인가이다. 대다수 참가자의 의견을 요약하면, 1~2%의 보험료율 인상은 당장에라도 받아들일 수 있으나, 지금보다 6%포인트 즉 보험료율 15%까지의 인상은 받아들이긴 어렵다고 조사됐다.

출처 : 한겨레/일부인용

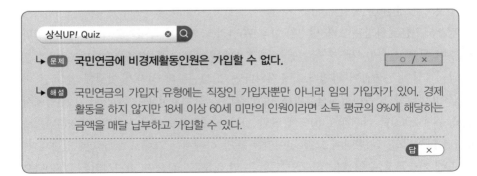

상식UP! Quiz

↳ **문제** 국민연금에 비경제활동인원은 가입할 수 없다.　　　　ㅇ / ✕

↳ **해설** 국민연금의 가입자 유형에는 직장인 가입자뿐만 아니라 임의 가입자가 있어. 경제활동을 하지 않지만 18세 이상 60세 미만의 인원이라면 소득 평균의 9%에 해당하는 금액을 매달 납부하고 가입할 수 있다.

답　✕

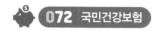

전 세계가 부러워하는 한국의 제도

오바마케어는 미국의 첫 의무 국가의료보험제도였습니다. 오바마 전 대통령은 오바마케어를 구상할 당시 '한국의 것을 모방했다'고 밝히며 한국의 국민건강보험을 극찬했습니다. 우리는 당연하게만 생각하던 국민건강보험, 외국인들은 모두 부러워서 난리라고 하네요.

우리나라에서는 의료보험법에 따라 국민건강보험이 보장하는 의료서비스에 대해서는 국가가 서비스의 가격을 미리 정해놓는 '의료수가' 제도를 적용합니다. 의사는 서비스마다 정해진 의료수가 이상의 이득을 취할 수 없지요. 이는 현재까지 국민들이 저렴한 가격에 의료서비스를 제공받을 수 있게 한 국민건강보험의 기반이기도 합니다. 반면 이에 대해 대한의사협회는 한국의 의료수가가 너무 낮다고 주장합니다. 대한의사협회의 '경제협력개발기구(OECD) 국가별 주요 의료수가 비교 연구' 보고서에 따르면 충수절제술(맹장수술)·제왕절개의 국내 의료수가는 다른 8개 나라와 비교해 가장 낮은 수준이었다고 하네요. 하지만 이렇게 낮은 의료수가가 국민의 건강복지 증진에 크게 기여하고 있는 만큼 의료수가 인상은 모두가 고민해봐야할 문제인 것 같습니다.

국민건강보험의 개혁에 대한 사회적 논의가 계속해서 일고 있습니다. 여러 주장이 나오고 있습니다만 크게는 현 상태를 유지하자는 측과 보장 범위도 넓히자는 측으로 나눌 수 있습니다. 현 상태 유지를 원하는 이들은 "노령화가 심해지고 건강보험료를 내는 이들이 줄어드는 사회 현실 상, 기금의 비축 여분을 더욱 많이 마련해야 하는데 보장 폭을 늘리는 개정안은 기금 쌓기를 힘들게 만들 것"이라고 말합니다. 보장 범위를 넓히자는 이들은 "강력한 국민건강보험이 오히려 국민들이 여타 민간보험에 가입할 필요성을 낮춰 국민 부담을 줄일 수 있으며 사회적 합의가 이뤄질 경우 중부담중복지 또한 하나의 길이 될 수 있다"고 강조합니다.

인권위, '5억 항암제' 킴리아 "건강보험 신속히 등재해야"

국가인권위원회는 초고가 항암제 '킴리아주(킴리아)' 등이 **국민건강보험** 적용대상에서 배제돼 있는 것과 관련해 "생명과 직결된 신약이 국민건강보험에 보다 신속하게 등재될 수 있는 제도를 마련할 필요가 있다"는 의견을 밝혔다.

인권위는 보도자료를 통해 이와 같은 권고사항을 보건복지부에 전달했다고 밝혔다. 인권위는 최근 급성림프구성백혈병, 미만성 거대 B세포 림프종 등에 효과적인 항암 치료제인 킴리아를 보건복지부에서 신속히 건강보험에 등재하지 않아 치료가 시급한 피해자들의 행복추구권 · 생명권 등을 침해했다는 진정을 접수한 바 있다.

인권위는 "이미 안전성이 검증되고 그 효능이 생명과 직결된 신약의 가격이 일반 개인이 감당할 수 없는 범위에서 형성되는 문제점은 국가 차원에서의 해결이 필요하다"며 "특히 저소득층 환자 등이 신약의 혜택을 받지 못하고 국민건강보험 등재를 기다리다 사망하거나 '메디컬 푸어'가 되는 상황이 발생하기도 하는 것은 문제가 있다"는 입장을 밝혔다.

출처 : 매일경제/일부인용

상식UP! Quiz

↳ 문제 **국민건강보험 제도에서 의료서비스의 수가를 결정하는 기관의 이름은 무엇인가?**

↳ 해설 건강보험심사평가원은 보건복지부 산하의 위탁집행형 준정부기관으로 국민건강보험과 관련된 심사와 평가 업무를 담당한다.

답 건강보험심사평가원

투자와는 무엇이 다를까?

지난 2021년 4월 한국주택토지공사(LH) 직원들의 부동산 투기 사태가 터지면서 온 나라가 분노에 들끓었습니다. 누구보다 조심해야 할 공사 직원들이 내부 미공개 정보를 활용하여 부당한 이익을 보려 한 것이죠. 직원들은 "우리는 부동산 투자를 하면 안 되는 것인가"라며 항변했지만, 이는 국민의 원성만 더 키울 뿐이었습니다. 덕분에 앞서 살펴본 '이해충돌방지법' 제정이 급물살을 타고 이루지게 되었죠. LH 직원들은 자신들의 행위를 '투자'라고 이야기했는데요. 그렇다면 우리가 흔히 말하는 투자와 투기는 무엇이 다른 걸까요?

대개 우리는 투자는 좋은 것, 투기는 나쁜 것이라 생각하지만 둘을 명확히 구별하기는 쉽지 않습니다. 둘 모두 자본을 매입해 수익을 내는 행위이기 때문이죠. 투자와 투기의 구별에 대해서는 다양한 시각과 의견이 있습니다. 투자의 귀재인 '벤저민 그레이엄'은 자신의 저서에서 '투자란 투자할 대상에 대한 철저한 분석을 거치고, 투자 후 원금의 보전과 적절한 수익을 보장하는 것'이라고 말했습니다. 즉 투자는 투자하는 대상의 진정한 가치에 주목하는 것이라는 말이죠. 반면 투기는 가치보다는 당장의 수익성을 생각하는 것이라고 합니다. 대상의 철저한 가치 분석 없이 위험성을 떠안고 시세차익을 얻기 위해 원금을 투입하는 것이죠. 이와 비슷한 맥락으로 지난 2021년 4월 가상화폐 시장이 한창 뜨거웠을 당시, 은성수 전 금융위원장은 가상화폐 매매 행위를 투자로 볼 수 없다고 했습니다. 가상화폐 자체가 실체가 없으니 내재하는 가치 자체가 없고, 따라서 인정할 수 없는 화폐라고 규정한 것입니다. 당연히 가상화폐 투자자들은 분노했고 그의 사퇴를 요구하는 국민청원까지 등장했습니다.

그렇다면 LH 직원들의 부동산 매매는 어떻게 바라볼 수 있을까요? 직원들은 당시 직접 사용할 토지가 아닌 농지를 구입했습니다. 통상 농지를 매입하기 위해서는 그 땅에서 농사를 지을 것이라는 '영농계획서'를 제출해야 합니다. 즉 농사를 지을 것이라는 계획이 확실히 소명되어야 하는 것이죠. 그러나 직장에 다니는 사람들이 직업적 규모의 농사를 병행하기란 쉽지 않습니다. 결국 그들이 농지를 구입한 데에는 개발로 인한 시세차익과 대토보상만을 노린 목적이 있는 것이죠. 위의 논리로 본다면 직원들의 행위는 투기로 판단할 수 있는 것입니다. 더욱이 직원들의 행위는 '농지법 위반'과 '시장교란행위' 등 엄연한 불법에도 해당됩니다.

아울러 주택 같은 부동산을 매입하는 경우에도 현재 살고 있는 집이 있음에도 실수요가 아닌 향후 가격상승과 그에 따른 시세차익만을 노렸다면 투기로 볼 수 있습니다. 그레이엄의 시각에서 본다면, '보금자리'라는 진정한 집의 가치를 무시한 채 이를 수익창출의 수단으로만 다루었기 때문입니다.

미공개 정보로 부동산 투기 … 前 인천 중구청장 압수수색

미공개 정보를 이용해 가족 명의로 부동산 **투기**를 한 혐의가 있는 김홍섭 전 인천 중구 청장에 대해 경찰이 압수수색을 벌였다. 김 전 구청장은 인천광역시 중구 구청장으로 재직하면서 미공개 정보를 이용해 인천시 중구 무의도의 임야 3만 3,000㎡를 아들 명 의로 36억원에 사들이고 시세차익을 얻은 혐의가 있다. 해당 임야는 여전히 보유 중인 것으로 알려졌다. 또한 김 전 구청장은 미공개 정보를 이용해 중구 영종도 덕교동의 대 지 2,000㎡를 여동생 명의로 4억원에 매입한 혐의도 있다. 해당 대지는 판 것으로 알려 졌다. 두 토지는 모두 인근에 도로가 개설될 예정이었으며, 경찰은 김 전 구청장이 해당 정보를 미리 입수해 가족들 명의로 토지를 매입한 것으로 보고 있다.

경찰은 정부합동특별수사본부로부터 김 전 구청장의 투기 의혹과 관련된 첩보를 듣고 내사에 착수했다. 현재 경찰은 김 전 구청장이 부패방지법뿐만 아니라 부동산실명제법 을 위반했는지도 조사하고 있다.

출처 : 조선비즈/일부인용

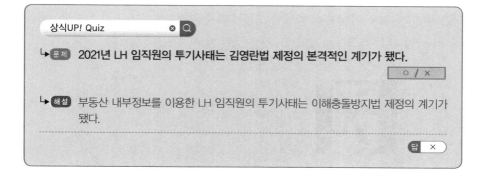

상식UP! Quiz

→ 문제 2021년 LH 임직원의 투기사태는 김영란법 제정의 본격적인 계기가 됐다.

○ / ✕

→ 해설 부동산 내부정보를 이용한 LH 임직원의 투기사태는 이해충돌방지법 제정의 계기가 됐다.

답 ✕

상황을 봐가며 은근슬쩍 발 빼기

길을 알 수 없는 구불구불한 미로를 헤매다가 출구를 찾았을 때의 기쁨과 해방감이 느껴지는 것만 같은 용어 '출구전략'. 출구전략은 원래 군사용어로 쓰이던 말로, 아군의 피해를 최소화하면서 전쟁을 끝내는 전략을 의미했습니다. 그런데 경제용어로 사용되면서 경기침체기에 경기를 부양하기 위하여 취했던 각종 완화 정책들을 경제에 부작용을 남기지 않게 하면서 서서히 거둬들이는 전략을 의미하게 되었습니다. 그리고 기업이 다른 기업을 인수·합병하였다가 가장 적절한 시기에 매각함으로써 이익을 실현하는 전략도 여기에 포함됩니다.

경기가 침체되면 기준금리를 내리거나 또는 재정지출을 확대하여 유동성 공급을 늘리는 조치를 취하게 됩니다. 이러한 조치는 나중에 경기가 회복되는 과정에서 과도하게 공급된 유동성으로 인해 물가가 상승하고 인플레이션을 초래하는 결과를 낳을 수 있습니다. 이에 따라 경제에 미칠 후유증을 최소화하면서 각종 비상조치를 정상화하여 재정 건전성을 강화해나가는 것이 바로 출구전략입니다.

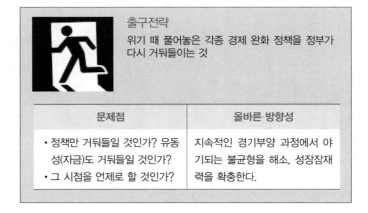

출구전략
위기 때 풀어놓은 각종 경제 완화 정책을 정부가 다시 거둬들이는 것

문제점	올바른·방향성
• 정책만 거둬들일 것인가? 유동성(자금)도 거둬들일 것인가? • 그 시점을 언제로 할 것인가?	지속적인 경기부양 과정에서 야기되는 불균형을 해소, 성장잠재력을 확충한다.

정치 · **경제** · 사회 · **국제** · 문화 · 미디어 · 과학 · IT · **스포츠**

G20 재무장관 집결 … 통화긴축발 침체위기 출구전략 짠다

주요국 통화긴축으로 경기둔화에 대한 우려가 커지는 가운데 G20 재무장관들이 모여
출구전략을 논의한다. 추경호 부총리 겸 기획재정부 장관도 참여해 공동대응 전선 구축
에 힘을 보탠다. 추 부총리는 출장기간 중 세계은행(WB) · 국제통화기금(IMF) 총재, 국제
신용평가사 및 주요국 재무장관과의 면담도 각각 진행할 예정이다. 우선 추 부총리는
글로벌 금융중심지인 미국 뉴욕에서 취임 이후 처음으로 한국경제설명회를 개최한다.
해외투자자들과 격의없는 논의로 한국경제에 대한 해외투자자들의 시각을 점검하고, 새
정부 경제정책방향에 대한 의견을 듣는다. 이튿날에는 전면 대면으로 개최된 기후행동
재무장관연합 제8차 장관회의에 참석한다. 미국 · 일본 · 독일 · 핀란드 등 78개 회원국
재무장관과 WB · IMF 등 주요 국제기구가 참석해 녹색 전환을 위한 경제정책 방향을
다룰 예정이다.

출처 : 뉴스1/일부인용

상식UP! Quiz

↳ **문제** 미군이 베트남전에서 전쟁을 종료하고 희생을 최소화하면서 빠져나오기 위해 사
용했던 전략에서 유래된 말로 경기회복 시점에서 금리인상, 흑자예산 등의 정책을
사용하는 것은?
① 후퇴전략　　　　　　　　② 출구전략
③ 회복전략　　　　　　　　④ 기만전략

↳ **해설** 출구전략은 각종 경제부양 정책을 경제에 부작용을 남기지 않게 하면서 서서히 거
둬들이는 전략이다.

답 ②

반도체 업계의 슈퍼을

지금 세계경제의 화두는 단연 반도체입니다. 세계는 치열한 반도체 전쟁을 벌이고 있죠. 이 살벌한 반도체 경쟁은 반도체를 많이 소비하는 국가와 많이 만드는 국가들을 합종연횡하게 하고, 저마다 반도체를 많이 가지기 위해 새 법률까지 만들어 상대국을 압박합니다. 우리나라도 그 현장 한복판에 있는데요. 우리나라의 대표적인 반도체 기업을 꼽자면 삼성전자와 SK하이닉스가 있습니다. 이 두 기업은 '파운드리(Foundry)'의 역할을 하고 있는데요.

파운드리란 반도체칩 생산기술과 설비를 보유해 반도체 상품을 위탁생산해주는 것을 말합니다. 이 명칭은 '주형틀에 쇳물을 부어 금속제품을 주조하는 공장'이라는 뜻을 가진 영단어 'Foundry'에서 유래했습니다. 제조과정을 담당하며 외주업체가 전달한 설계디자인을 바탕으로 반도체를 생산하는 역할을 합니다. 반도체 생태계에서는 빠질 수 없는 한 축을 담당하는데요. 대만의 TSMC가 대표적인 파운드리 기업입니다. 그 위세로만 치면 거의 독보적이죠. 시장조사업체 트렌드포스가 집계한 2022년 3분기 세계 파운드리 시장 점유율은 TSMC가 56.1%로 압도적 1위를 기록했고, 삼성전자가 15.5%로 그 뒤를 이었습니다. 사실 우리나라 삼성전자나 SK하이닉스는 반도체칩 설계와 생산을 함께하는 종합반도체기업이라고 할 수 있는데요. 생산하는 반도체칩에 자사의 로고를 새겨 내놓을 수 있는 세계에서 몇 안 되는 'IDM(Integrated Device Manufacturer)'입니다.

반도체칩의 성능이 점점 강력해지고 있는 만큼, 이에 대응할 제조기술을 갖추는 것이 중요해지면서 파운드리의 위상은 더욱 높아지고 있습니다. 반도체칩 공정은 현재 한창 '나노 공정' 시대를 달리고 있는데요. 반도체칩에 들어가는 소자가 나노미터(10억분의 1미터) 간격으로 빼곡하게 들어가게 제조하는 것을 나노 공정이라고 하죠. 3나노 반도체 양산은 이미 삼성전자가 2022년 6월 세계 최초로 성공해 시작한 바 있습니다. 삼성은 2025년까지 2나노 반도체 양산을 시작하겠다는 구체적인 로드맵을 발표하기도 했죠.

한편 '팹리스(Fabless)'라고 하는 기업도 있는데요. 파운드리와 달리 반도체 설계를 전문으로 합니다. 반도체를 설계하는 기술은 있지만 생산공정 기술이 없거나 비용에 부담을 느껴 위탁을 하는 경우, 또 비메모리(시스템) 반도체에 주력하는 기업이 이에 해당합니다. 애플, 엔비디아, 퀄컴이 대표적인 팹리스입니다.

정치 · 경제 · 사회 · 국제 · 문화 · 미디어 · 과학 · IT · 스포츠

삼성전자, "파운드리 5년 안에 TSMC 뛰어넘는다"

삼성전자 파운드리가 출범 5년 만에 매출 200억달러를 처음 돌파했다. 삼성전자는 초격차 기술을 바탕으로 업계 1위인 대만 TSMC를 바짝 추격한다. 삼성전자는 지속적으로 2나노미터(10억분의 1m) 공정부터 TSMC를 압도할 기술력을 갖췄다는 자신감을 비치고 있다. 경계현 삼성전자 반도체 부문 사장은 대전 KAIST에서 열린 '삼성 반도체의 꿈과 행복 : 지속가능한 미래' 강연에서 "냉정하게 얘기하면 삼성전자의 파운드리 기술력이 TSMC에 1~2년 뒤처져 있다"며 "TSMC가 2나노미터 공정에 들어오는 시점부터는 삼성전자가 앞설 수 있다"고 말했다. 그는 "5년 안에 TSMC를 앞설 수 있다"고 장담했다.

출처 : 뉴시스/일부인용

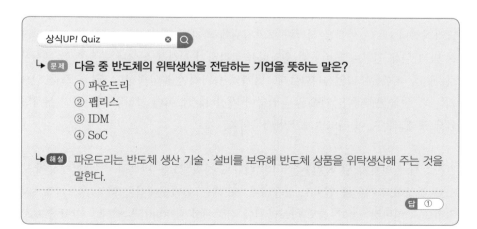

상식UP! Quiz

문제 다음 중 반도체의 위탁생산을 전담하는 기업을 뜻하는 말은?

① 파운드리
② 팹리스
③ IDM
④ SoC

해설 파운드리는 반도체 생산 기술 · 설비를 보유해 반도체 상품을 위탁생산해 주는 것을 말한다.

답 ①

빅테크 기업에 부는 무서운 칼바람

'레이오프(Layoff)'라는 말을 들어보았나요? 우리말로 번역하면 '일시해고'라고 합니다. 기업이 경영악화를 맞아 대규모로 인력을 감축하는 것이죠. 특히 최근 몇 년 사이 미국의 거대 테크기업에서 벌어지고 있는 일인데요. 테크기업 감원축적 사이트 '레이오프(Layoffs.fyi)'의 집계에 따르면 2022년 미국 테크기업 감원규모는 1,032개사 15만 5,126명이었으며 2023년의 규모는 그 유명한 구글까지 포함해 154개사 5만 5,324명입니다. 1년 사이에 21만명에 달하는 직원이 잘려나갔죠.

무서운 레이오프 바람은 기업규모와 관계없이 테크업계 전반에 휘몰아 쳤습니다. 아마존, 메타, 마이크로소프트 등 내로라하는 소위 '빅4 테크기업'에서만 5만명 이상이 해고됐죠. 대규모 해고 계획을 발표하지 않은 것은 그중 애플뿐이었습니다.

승승장구하던 미국의 테크기업들이 이렇게 대규모 인원감축에 나선 것은 무엇 때문일까요? 지난 10여 년간 테크업계는 호황을 맞아 가파른 성장세를 보였는데요. 여기에 코로나19로 비대면 트렌드가 확산되고 디지털 산업 수요도 늘면서 테크기업들은 많은 직원을 채용했습니다. 그러나 팬데믹이 엔데믹으로 전환되고 상황이 달라지면서 테크기업들은 심각한 경기침체에 빠지게 됐습니다. 기업들은 재정악화를 막기 위해 인건비를 비롯해 운영비를 삭감하기 시작했죠. 직원들은 이런 무서운 칼바람을 피할 수 없었습니다. 테크업계의 숙명적인 불안정성도 레이오프를 일으키는 데 한몫했습니다. 기술은 끊임없이 발전하는데 이에 발맞춰 따라가지 못하면 금세 도태되는 것이 테크업계이기 때문이죠.

갑작스레 실업자가 된 직원들은 이런 대규모 정리해고를 단행한 기업에 대항해 노조를 결성하고 시위를 벌이고 있습니다. 또 최근 인터넷에서는 미국 테크기업에서 일하던 우리나라 근로자들도 하루아침에 직장에서 잘려나가 막막해진 상황을 토로하는 글들을 쉽게 찾아볼 수 있는데요. 그러나 이 같은 대량해고는 좀처럼 끝나지 않을 기세입니다. 일부 경제분석가들은 재정위기를 벗어나기 위해선 해고규모가 외려 더 늘어야 한다고 지적하고 있습니다.

정치 · 경제 · 사회 · 국제 · 문화 · 미디어 · 과학 · IT · 스포츠

실리콘베이에 부는 차디찬 '레이오프' 칼바람

최근 미국의 거대 테크기업들이 대규모 인원감축 '레이오프'를 진행했다. 판도가 급변하니 재정유출을 막고 경쟁력을 키우는 게 우선이라는 판단이다. 줌, 이베이, 디즈니, 보잉, 델, 구글, 마이크로소프트, 페이팔 등 시장을 선도하는 거대 글로벌 기업들이 잇달아 **레이오프**를 선언하며 실리콘베이에 찬바람이 일고 있다. 최근 몇 년 스타트업이 우후죽순 생기면서 취업문이 열렸으나 성공의 그림자 뒤엔 무서운 파도가 일고 있었다. 대규모 레이오프가 일어나게 된 가장 큰 이유로 코로나19 팬데믹과 불안정한 산업적 특징을 꼽는다.

출처 : 문화뉴스/일부인용

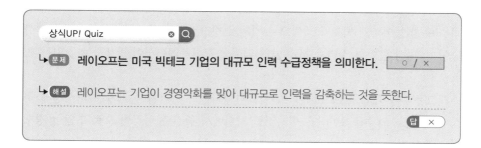

상식UP! Quiz

↳ **문제** 레이오프는 미국 빅테크 기업의 대규모 인력 수급정책을 의미한다. ○ / ×

↳ **해설** 레이오프는 기업이 경영악화를 맞아 대규모로 인력을 감축하는 것을 뜻한다.

답 ×

경제를 쥐어짜니, 나오는 건 서민들 한숨뿐

스크루플레이션(Screwflation)은 쥐어짤 만큼 어려운 경제 상황에서 체감물가가 올라가는 상태를 말합니다. '돌려조인다, 쥐어짜다'라는 의미의 스크루(Screw)와 인플레이션(Inflation)의 합성어이며, 물가 상승으로 인해 소비액이 늘어나 경제지표상으로는 경기가 회복단계에 들어섰다고 보이기도 하지만 실질구매력은 줄어드는 상태입니다.

스크루플레이션은 물가 상승과 실질임금 감소, 주택가격 하락과 임시직의 증가 및 주가 정체 등으로 중산층의 가처분소득이 줄어들었을 때 발생합니다. GDP와 1인당 소득은 상승하는 것처럼 보이더라도 들어오는 돈은 줄어들고 나가야 할 돈은 늘어나는 상황이 중산층을 쥐어짜는 것입니다. 이에 따라 소비가 위축되고 실질적 경기는 되살아나지 못하는 상황이 지속되는 것이죠. 중산층의 소비가 살아나야 생산과 고용이 늘어나게 되고 궁극적으로 경제가 성장하기 마련이지만, 돈이 없는 중산층이 더 이상 활발한 소비를 하지 않게 되어 스크루플레이션이 발생하는 것입니다.

스태그플레이션(Stagflation)이 경기가 침체되면서 물가가 올라가는 거시경제 현상인 반면, 스크루플레이션은 미시적인 차원에서 중산층 임금이 오르지 않아 경제가 팍팍해지는 상태를 가리키는 용어입니다. 지난 2011년 미국 헤지펀드 시브리즈 파트너스의 더글러스 카스 대표는 "미국 경제는 스태그플레이션보다 더 해결하기 어려운 스크루플레이션 상황에 빠져 있다"고 언급한 적이 있습니다. 카스 대표는 중산층의 가처분소득 감소 요인으로 물가 상승과 실질임금 감소 외에도 1970~1980년대와 달리 연방준비제도이사회(FRB)에 강력한 리더십을 가진 폴 볼커 전 의장 같은 사람이 없는 것을 문제로 꼽기도 했습니다.

다양한 인플레이션

초인플레이션 (하이퍼인플레이션)	인플레이션의 범위를 초과하여 경제학적 통제를 벗어난 인플레이션
스태그플레이션	경기 침체기에서의 인플레이션으로, 저성장 · 고물가 상태
애그플레이션	농산물 상품의 가격 급등으로 일반 물가도 덩달아 상승하는 현상
리디노미네이션	화폐 가치에 대한 변동 없이 화폐 액면단위를 낮추는 것
슬럼프플레이션	스태그플레이션보다 더 심각한 상태로서, 경기가 후퇴하는 가운데 일어나는 물가 상승

정치 · **경제** · **사회** · 국제 · 문화 · 미디어 · 과학 · IT · 스포츠　　　

서민물가 오르고 쓸 돈은 부족하고,
스크루플레이션 발생 가능성 증가

중산층의 가처분소득이 제자리걸음을 하면서 소비가 위축돼 경기침체가 이어지는 **스크루플레이션**(Screwflation)이 발생할 수 있다는 우려가 제기됐다. 가계빚은 늘어나고 있지만 소득은 줄고 장바구니 체감물가까지 오르면서 서민 살림살이가 점점 팍팍해진 탓이다. 각종 경제지표에 따르면 매년 점차 소매판매가 부진해지는 모습을 보이고 있다.

출처 : 이투데이/일부인용

상식UP! Quiz　　　　　　　⊗ 🔍

↳ 　**스태그플레이션, 애그플레이션과 함께 서민경제의 3재(三災)라고 불리며 물가와 경기가 상승하지만 소득은 주는 상황을 설명한 용어는 무엇인가?**
　　① 스크루플레이션　　　　　　② 에코플레이션
　　③ 매니플레이션　　　　　　　④ 초인플레이션

↳ 해설　스크루플레이션은 쥐어짤 만큼 소득이 줄어드는 상황에서 체감물가가 올라가는 상태이다.

답　①

친환경의 딜레마

바야흐로 친환경의 시대입니다. 지구온난화를 비롯한 환경위기에 세계 정상들이 모이는 자리에서도 친환경이 주요 담론이 되고 있습니다. 각국의 정부에서는 탄소배출을 감축하자는 세계적 기조에 앞 다투어 참여하고 있죠. 그런가하면 많은 기업들은 친환경적인 방식으로 상품을 만드는데 몰두하고 있는데요. 그런데 한편으론 세계적으로 대두된 이 친환경이 또 다른 경제적 위기를 만들어내기도 합니다. 그린플레이션(Greenflation)이 바로 그 중 하나입니다.

그린플레이션은 친환경을 뜻하는 '그린(Green)'과 화폐가치 하락으로 인한 물가상승을 뜻하는 '인플레이션(Inflation)'의 합성어입니다. 친환경 정책이 아이러니하게도 물가를 높이게 된다는 뜻인데요. 정부는 친환경정책을 펼치면서 탄소를 많이 배출하는 산업에 규제를 둡니다. 예를 들어 탄소를 많이 배출하는 기업에 부과하는 탄소세 같은 규제가 있죠. 이러한 규제 때문에 필수원자재의 생산이 어려워지고 곧 생산감소로 이어져 가격이 상승하게 되는 것입니다.

그린플레이션은 인류가 기후변화에 대응하기 위해 노력할수록 사회의 유지·발전에 드는 전반적인 비용이 상승하는 역설적인 상황을 일컫습니다. 가령 재생에너지 발전을 장려하면서 화석연료 발전설비보다 구리가 많이 들어가는 태양광·풍력 발전설비를 구축해야 하는 상황이 여기에 해당합니다. 이로 인해 금속원자재 수요는 급증했지만 원자재 공급량이 줄어들면서 가격이 치솟게 되는 것이죠. 그린플레이션은 경제적 불황과도 연결될 소지가 있어 만만하게 볼 일은 아닙니다. 그래서 전문가들은 정부가 친환경 발전에 필요한 자원을 확보하고, 그린플레이션에 대처할 구체적인 방안을 찾아야 한다고 조언합니다.

"탈탄소화 과정에서 그린플레이션을 극복해야 한다"

탄소 중립이 전 세계적으로 진행되면서 금속 · 에너지 등 친환경 원자재가격이 빠르게 오르고 생산재 전반의 원가 상승, 비용 전가, 소비자물가 상승으로 이어지고 있다. 탄소 중립의 부담 현상인 **그린플레이션** 우려가 커지고 있다. 실제로 핵심 광물의 수요와 가격이 급격히 상승하고 있다. 작년에 전기차 배터리에 필요한 코발트 가격은 119%, 니켈은 55%, 리튬은 569%나 폭등했다. 완성차 부품의 경량화 소재인 알루미늄과 마그네슘의 가격도 상승세다. 원자재를 대량으로 공급하는 중국에서 환경규제와 전력 부족으로 공장가동률이 하락하면서 공급이 급감했다. 그린플레이션은 불행하게도 스태그플레이션(경기 침체 속 물가 상승)으로 이어질 수 있다. 근로자는 오른 물가를 반영한 임금 인상을 요구하게 된다. 기업은 오히려 현장의 노동력 의존을 줄이고, 자동화에 투자하면서 제품 가격을 높인다.

출처 : 뉴스1/일부인용

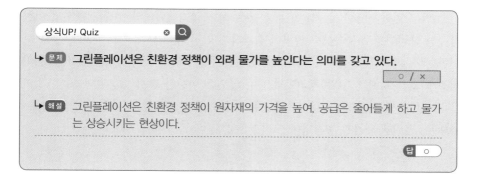

상식UP! Quiz

↳ 문제 그린플레이션은 친환경 정책이 외려 물가를 높인다는 의미를 갖고 있다.

○ / ×

↳ 해설 그린플레이션은 친환경 정책이 원자재의 가격을 높여, 공급은 줄어들게 하고 물가는 상승시키는 현상이다.

답 ○

079 리디노미네이션

돈의 혁명! 화폐단위가 아래로 아래로

리디노미네이션(Redenomination)은 화폐단위를 변경하는 것, 즉 화폐개혁을 의미합니다. 화폐의 액면가를 동일한 비율의 낮은 숫자로 변경하는 조치로, 화폐단위를 하향 조정하는 것이죠. 화폐단위를 1,000대 1 혹은 100대 1로 바꾸는 식입니다. 화폐의 단위가 작아지기 때문에 거래할 때의 편의성이 높아지고 인플레이션 기대심리가 억제되고 자국 통화의 대외적 위상이 제고되는 효과 등이 기대됩니다.

화폐개혁이란 기존 화폐의 유통을 전면 금지하고 새 돈으로 교환토록 하는 통화정책을 말합니다. 물가의 급등 등 경제 문제가 원인이지만 지하자금 색출과 같은 정치적 목적으로도 활용됐습니다. 1953년 시행된 제2차 화폐개혁은 화폐단위를 '원'에서 '환'으로 변경하는 것이 골자로, 2월 15일 발표돼 2월 17일 전격 시행되어 단이틀 만에 원과 전(錢) 등 기존화폐 사용을 전면 금지했습니다. 한국전쟁으로 인한 막대한 군비지출로 물가상승 압력이 심각하게 커진 데 따른 조치로, 세수 부족으로 인한 재정 적자를 해결하려는 의도도 있었습니다. 교환 비율은 100원당 1환. 개혁 직전 최고가 지폐는 1,000원권이었으며, 앞면은 이승만 당시 대통령의 초상, 뒷면은 파고다공원 전경이었습니다. 이 돈은 10환권으로 교환됐고, 10환권의 앞면에는 남대문, 뒷면엔 해금강 총석정이 그려졌습니다.

한편 새 화폐 가운데 최고액 지폐는 1,000환권으로 크게 상승한 물가를 반영한 것이었습니다. 화폐개혁 직전 1조 1,367억원에 달했던 은행권 발행액은 개혁 2주 뒤 76억 5,100만환으로 축소됐습니다. 경제사학자들은 제2차 화폐개혁이 시중의 과잉구매력을 흡수하고 경제부흥자금을 마련했다는 점에서 성공한 개혁으로 평가합니다.

1962년 원(₩)에 통화단위 자리를 넘겨줄 때까지 '9년 천하'에 그쳤지만 환의 흔적은 지금도 남아 있습니다. 가령 한국은행이 만든 '동전'이 처음 등장한 것은 '환'의 시기인 1959년 10월이었습니다. 무궁화가 그려진 10환, 거북선의 50환, 이승만의 100환이 발행됐습니다. 세종대왕의 모습이 처음 화폐에 새겨진 것도 이 시기였는데 당시 1,000환권 앞면에 나타난 이승만이 1960년 4·19혁명으로 하야하면서 그 자리를 세종대왕이 차지한 것입니다.

그런데 5·16 쿠데타 후에 집권한 군사정권이 1962년 6월 부정축재자의 지하자금을 양성화하려고 제3차 화폐개혁을 단행해 환의 역사는 짧게 끝나버렸습니다. 이 때문에 그해 5월 처음 선보인 저축통장을 든 모자(母子)그림의 100환 지폐는 발행 26일 만에 사라졌습니다. 당시 교환비율은 10환당 1원(₩). 제3차 화폐개혁은 미비한 준비와 예기치 못한 예금 동결조치 등으로 경제에 큰 혼란을 일으켰습니다. 지하자금 색출 역시 기대에 못 미쳤습니다. 그러나 당시 정해진 '원' 체계는 50여 년이 지난 현재까지 이어졌고, 그간 리디노미네이션도 없었습니다. 3차 개혁 당시 최고액권 지폐는 500원이었으며, 현재는 5만원으로 정확히 100배가 됐습니다.

리디노미네이션의 효과와 비용

효과	비용
지하경제 양성화 • 거액 현금의 신권 교체 과정을 통해 세원 기반 확보	**실물투기·자금유출** • 현금을 실물에 투자하거나 해외로 유출
원화 위상 제고 • 현재 1달러당 1,000원대인 환율이 낮아짐	**물가 상승** • 이전 액면가에 비추어 가격에 둔감해진 틈을 타 가격 인상 러시 우려
재무제표 등 장부 기장 간편	**경제 불안 심리**
경기부양 • 유효수요 확대를 통한 IT업체 등의 수익증대	**기기교체 등 비용** • 금융권 ATM 등 장비와 소프트웨어 교체

화폐 액면가 낮추는 '리디노미네이션' 고민해봐야

달러 환율을 보면 경제협력개발기구(OECD) 38개의 회원국 중에서 달러당 환율이 4자리인 유일한 국가가 한국이다. 거기에 다른 국가와의 환율을 비교했을 때도 우리나라의 환율 숫자가 높은 편이다. 즉 같은 액수에서 우리나라 돈의 가치가 그만큼 낮다는 얘기다. 그러다 보니 표기를 하는 데 있어서도 어려움이 생기기도 한다. 이러한 상황에서 실제로도 여러 가게들에서는 가격을 표시할 때 4만원보다는 4.0으로 표기하기도 한다. 그래서 한 편에서는 **리디노미네이션**을 주장하고 있다.

리디노미네이션은 주로 인플레이션, 경제 규모 확대로 인한 거래 가격 증가와 숫자의 자릿수 증가가 유발하는 계산상의 불편함 등을 해결하기 위해 시행한다.

리디노미네이션만으로는 경제생활의 실질적 변화를 가져오지는 않는다. 화폐 가치가 변하는 것도 아니고, 상품 가치나 경제상의 양도 변하지 않고 단지 화폐의 숫자만 변하는 것이기 때문이다. 하지만 숫자의 변동으로 체감에 따라 어느 정도 영향을 끼칠 수는 있다.

출처 : 한국경제/일부인용

상식UP! Quiz

↳ 문제 **다음 중 리디노미네이션에 대한 설명으로 옳지 않은 것은?**

① 모든 지폐와 은행권의 액면을 동일한 가치의 낮은 숫자로 발행하는 것이다.
② 화폐의 숫자가 너무 많아서 발생하는 국민들의 계산이나 회계 기장의 불편, 지급상의 불편을 해소하는 데 목적이 있다.
③ 인플레이션 기대심리를 유발할 수 있다는 문제점이 있다.
④ 화폐단위가 변경되면서 새로운 화폐를 만들어야 하기 때문에 화폐 제조비용이 늘어난다.

↳ 해설 리디노미네이션의 장점은 인플레이션 기대심리를 억제할 수 있다는 것이다.

답 ③

빨리 배신하는 사람이 승자가 된다?

리니언시(Leniency)는 '자진신고자 감면 제도'라고도 하며, 담합행위를 한 기업들의 자진신고를 유도하여 기업 간 상호불신을 자극하고, 담합을 방지하도록 하는 제도입니다. 중세 가톨릭 교회 시절 고해성사로 죄를 고백하면 용서받는 면죄부의 개념이라고 할 수 있지요. 조사에 착수하기 전 담합 사실을 처음 신고한 업체에는 과징금 100%를 면제해주고, 2순위 신고자에게는 50%를 면제해줍니다. 이 제도를 통해 담합 참가 기업 상호 간의 불신을 자극하여 담합을 사전에 방지하는 효과를 얻을 수 있습니다.

리니언시 제도의 가장 큰 장점은 적발하기 어려운 담합행위를 적발하는 데 유용하다는 것입니다. 하지만 이 제도를 몇몇 기업들이 악용하면서 단점도 생겨났습니다. 2011년 생명보험회사들이 보험예정이자율 담합을 했던 사건을 예로 들 수 있습니다. 이때 삼성·교보와 같은 대기업이 운영하는 생명보험사들은 자진신고제도를 통해 1, 2순위를 차지하면서 과징금을 감면받았습니다.

하지만 얼마 후에 또 다시 보험사들이 변액보험 담합을 시도했는데, 이번에도 대기업 보험사들이 치열한 자진신고 순위 싸움을 하며 감면 혜택을 받았습니다. 담합을 주도한 것은 대기업이 운영하는 생명보험사들이었음에도 불구하고 리니언시를 악용해 감면 혜택을 받았고, 중소 보험회사들은 대형 회사들만 믿고 담합에 참여했다가 더 많은 과징금을 물게 된 것이죠.

열차 담합 '맏형'이라더니 … 현대로템 과징금 323억 면제, 왜?

현대차그룹 계열사인 현대로템이 열차 구매 입찰에서 담합한 사실이 적발돼 공정거래위원회로부터 부과 받은 과징금 323억원 전액을 면제받은 것으로 확인됐다. 이는 담합사실을 가장 먼저 공정위에 자진신고한 것 때문이라는 해석이 나온다. 한국거래소 등에 따르면 현대로템은 최근 정정공시를 통해 "공정위 의결에 의해 철도차량 입찰담합에 따른 과징금(323억 600만원) 납부 면제를 받았다"고 밝혔다. 공정위는 독점규제 및 공정거래에 관한 법률에 따라서 담합행위를 제일 먼저 자진신고한 경우 과징금 등을 감면해주는 **리니언시** 제도를 운용하고 있다. 앞서 공정위는 열차 구매 입찰에서 사전에 낙찰예정자를 결정하고 물량을 배분한 현대로템과 우진산전, 다원시스에 과징금 총 564억 7,800만원을 부과했다.

출처 : 중앙일보/일부인용

상식UP! Quiz

↪ 문제 담합행위를 한 기업들에게 자진신고를 유도하는 리니언시에 대한 설명이다. 다음 괄호 안에 들어갈 숫자로 적절한 것은?

> • 담합 사실을 처음 신고한 업체에는 과징금 (　　)%를 면제해준다.
> • 2순위 신고자에게는 (　　)%를 면제해준다.

① 80, 50　　　　② 80, 40　　　　③ 100, 60　　　　④ 100, 50

↪ 해설 조사에 착수하기 전 담합 사실을 처음 신고한 업체에는 과징금 전부를 면제해주고, 2순위 신고자에게는 50%를 감면해준다.

081 엥겔지수

치솟는 식탁물가, 서민 등골 더 휘겠네

엥겔지수는 가계의 총 소비지출액에서 식료품비가 차지하는 비율입니다. 1857년 독일의 통계학자 엥겔이 가계지출을 조사한 결과 저소득 가정일수록 총 소비지출액 중에서 식료품비가 차지하는 비율이 높고, 고소득 가정일수록 식료품비가 차지하는 비율이 낮다는 현상을 발견하였는데, 이를 '엥겔의 법칙'이라고 합니다. 엥겔지수에 따른 구분을 구체적으로 살펴보면 엥겔지수가 0.5 이상일 경우 후진국, 0.3~0.5이면 개발도상국, 0.3 이하일 때 선진국으로 구분합니다.

식료품은 생존을 위해 필수적이기 때문에, 어느 가정에서든 일정 정도는 소비해야 하지만 무조건 많이 소비해야 만족도가 높은 재화는 아니기 때문에 소득이 증가하더라도 식료품비는 크게 증가하지 않습니다. 그렇기에 소득이 적을수록 식료품비 지출의 비중이 크고, 반대로 소득이 많을수록 식료품비 지출의 비중은 낮은 경향이 있습니다. 통계학자 엥겔은 소득이 증가할수록 생계비에서 식료품비가 차지하는 비율은 감소하는 대신 교육과 위생, 오락, 통신비용 등의 문화비가 두드러지게 증가하며, 의류비, 주거비 등은 큰 변화가 없다고 설명했습니다.

엥겔지수와 비교해서 또 다른 지수들도 함께 알아볼까요? 지니계수는 오늘날 가장 널리 사용되는 불균형의 정도를 나타내는 통계학적 지수로, 사회적 불평등의 정도를 측정하는 로렌츠 곡선상에서 소득의 불평등함을 나타내는 지표가 됩니다. 한편 슈바베지수는 가계 소득 중에서 주거비용이 차지하는 비율이며, 빈곤의 척도로 사용됩니다. 슈바베지수가 높을수록 총 소득 중에서 주거 비용이 차지하는 비중이 큰 것이므로 가구의 주택부담 능력은 떨어진다고 볼 수 있기 때문에 슈바베지수가 높을수록 저소득 가구에 가깝고, 슈바베지수가 낮을수록 고소득 가구에 가깝다고 할 수 있습니다.

치솟는 밥상물가에 엥겔지수, 21년 만에 최고

가계 소비지출 가운데 식료품 · 음료비가 차지하는 비중인 **엥겔지수**가 21년 만에 최고치로 치솟았다. 가계가 바깥 활동과 여가활동을 자제한 동시에 밥상물가가 고공행진을 이어간 영향으로 풀이된다.

한국은행 경제통계시스템에 따르면 올해 1분기 가계의 국내 소비지출액(217조 7,558억 원 · 명목 기준) 가운데 식료품 · 비(非)주류음료 지출(29조 166억원)이 차지하는 비중은 작년 4분기 대비 0.1%포인트 상승한 13.3%로 집계됐다. 분기 기준으로 2000년 2분기(13.5%) 후 가장 높았다. 지난 1분기 식료품 · 비주류음료 지출은 역대 최대치였다.

엥겔지수는 통상 소득이 높아질수록 낮아진다. 소득이 늘어나는 만큼 식음료비 지출보다는 오락 · 문화 등 여가생활 씀씀이가 상대적으로 커지기 때문이다. 엥겔지수는 1990년 20%대에서 2019년 11.4%로 지속해서 내려가는 추세를 보였다. 하지만 2020년 엥겔지수는 12.9%로 반등했다. 바깥 활동과 여가활동을 줄이고 집에서 식사를 해결하는 '집밥족'이 늘어난 결과다. 2021년 들어서는 엥겔지수가 오름세를 지속했는데 식음료 물가 상승도 영향을 미쳤다는 분석이다. 1분기 식료품 · 비주류음료 물가는 작년 동기 대비 8.2%나 뛰었다. 원자재 가격이 고공행진한 2011년 3분기(9.0%) 후 최고치다.

출처 : 한국경제/일부인용

상식UP! Quiz

 생활수준을 나타내는 지표로 사용되는 '엥겔지수'는 소비지출 총액에서 이것이 차지하는 지출 비율이다. 이것은 무엇인가?

① 옷 구입비 　　② 식료품비 　　③ 주거비 　　④ 여행비

 엥겔지수는 가계의 총 소비지출액에서 식료품비가 차지하는 비율이다.

답 ②

금융과 비금융을 넘어서다

임베디드 금융(Embedded Finance)은 쉽게 말해 금융기업이 아닌 기업이 금융상품을 제공하는 것을 말합니다. 종래처럼 비금융기업이 다른 금융기업의 금융상품을 단순히 중개하거나 재판매하는 것을 넘어 스스로 핀테크(FinTech) 기능을 갖는 것입니다. 임베디드 금융은 코로나19 팬데믹과 함께 비대면 문화가 확산되면서 덩달아 떠오르게 되었는데요. 디지털 뱅킹이 보편화되고 거의 모든 것들이 온라인으로 연결되는 현 시대에서, 굳이 비금융기업의 애플리케이션을 떠나지 않고도 바로 금융상품을 이용할 수 있는 점이 소비자에게 어필한 것입니다. 임베디드 금융은 기업이 부수적인 금융수익을 얻는 좋은 수단이 되고 있습니다. 비금융기업은 핀테크 전문 업체의 도움을 받거나 금융기업과의 제휴를 통해서 고객에게 금융서비스를 제공합니다. 비금융기업의 상품이 팔리면서 금융기업의 상품도 이용하게 되니 서로에게 이득이 된다고 할 수 있겠죠. 물론 핀테크 업체도 두 기업을 연결하며 수익을 얻을 것이고요.

임베디드 금융의 대표적인 사례는 미국의 전기차 기업 테슬라에게서 찾을 수 있는데요. 테슬라는 운전자의 운전 습관이나 운행기록 등을 분석해서 사고의 위험성을 파악합니다. 그리고 적절한 보험 상품을 제공하는데요. 이러한 자체 보험 서비스는 테슬라의 수익의 많은 부분을 차지하고 있죠. 네이버 같은 포털 사이트에서 굳이 다른 금융기업의 서비스를 이용하지 않아도 상품을 결제할 수 있는 '네이버페이' 또한 임베디드 금융이라 할 수 있습니다. 세계적 IT 기업 구글은 자사의 지도 애플리케이션으로 네비게이션을 이용하는 고객들에게 정산 서비스를 제공하기도 합니다. 임베디드 금융은 그저 낯선 용어가 아니라 이미 우리 주변에 깊숙이 들어와 있는 것이죠.

테슬라 보험? 임베디드 금융 확산에 은행들 '촉각'

언택트 문화가 대세로 자리 잡으면서 **임베디드 금융**이 확산하고 있다. 이에 대항해 국내 금융사들의 역할과 경쟁력을 높여야 한다는 조언과 함께 관련 기업을 인수하는 것도 대응 방법으로 지목됐다. 모바일 앱 사용이 확산하면서 구독 등을 기반으로 모든 것을 서비스로 제공하는 트렌드에 대한 관심이 높아졌고 비금융 기업을 통해 다양한 금융서비스를 제공하는 임베디드 금융도 부각됐다. 이에 시장도 가파르게 성장 중이다. 임베디드 금융은 2020년 225억달러를 기록했고 2025년까지 10배가 넘는 2,300억달러로 성장할 것으로 전망되고 있다. 임베디드 금융의 가장 비근한 예로는 아마존과 구글 등 빅테크를 통한 금융 서비스 활용을 꼽을 수 있다. 이들 회사는 풍부한 데이터를 바탕으로 금융 서비스를 함께 제공하면서 기존 서비스의 가치 재창출과 함께 고객 충성도를 높이는 효과를 보고 있다.

출처 : 비즈니스워치/일부인용

상식UP! Quiz

문제 임베디드 금융은 금융기업에서 일반 비금융기업의 상품을 함께 제공하는 것이다.

○ / ✕

해설 임베디드 금융은 비금융기업에서 자사의 상품에 금융서비스를 함께 제공하는 것을 말한다.

답 ✕

검은 백조가 나타나면 엄청난 일이…

나탈리 포트만 주연의 영화 제목이기도 한 '블랙스완'은 통념상으로는 전혀 예측할 수 없었던 불가능한 일이 일어나는 것을 의미합니다. 즉, 극단적이고 예외적이어서 발생할 가능성이 없어 보이지만, 일단 발생하면 엄청난 충격과 파급효과를 가져오는 사건을 가리키는 말입니다. 그 시작은 17세기 말 네덜란드의 한 탐험가가 검은 백조를 발견하면서 통념이 무너지는 충격을 받았다는 데서 유래했습니다. 이전까지 인류에게 발견된 백조는 모두 흰색이었기 때문에 유럽인들은 모든 백조가 흰색이라고 믿어 왔습니다. 검은 백조의 발견은 '도저히 일어날 것 같지 않은 일' 또는 불가능하다고 인식된 상황이 실제 발생하는 것' 그 자체였죠.

이후 2007년 미국의 금융분석가 나심 니콜라스 탈레브는 자신의 저서에서 블랙스완의 개념을 '과거의 경험으로 확인할 수 없는 기대 영역 바깥쪽의 관측값으로, 극단적이고 예외적이며 알려지지 않아 발생 가능성에 대한 예측이 거의 불가능하지만 일단 발생하면 엄청난 충격과 파장을 가져오고, 발생 후에야 적절한 설명을 시도하여 설명과 예견이 가능해지는 사건'이라고 정의했습니다. 그는 자신의 저서에서 예상치 못한 위기 상황으로 글로벌 금융위기가 발생하고, 증시가 대폭락할 것이라는 예측을 내놓았는데, 실제로 2008년 글로벌 금융위기가 닥쳐오면서 블랙스완은 더욱 유명한 용어가 됐습니다.

한편, 블랙스완과 함께 자주 등장하는 개념으로 '화이트스완'이 있습니다. 화이트스완이란 반복적으로 일어나는 금융위기 속에서 마땅한 해결책을 제시하지 못하는 상황으로, 역사적으로 되풀이돼온 금융위기를 의미합니다. 누리엘 루비니 미국 뉴욕대 교수가 이름 붙인 용어로, 금융위기의 공통적인 징후로 완화된 통화정책, 금융시스템에 대한 느슨한 감독과 규제, 금융권의 과도한 부채, 민간과 공공부문의 과도한 차입과 부채 등을 제시했습니다.

블랙스완을 넘어 '그린스완'이 온다

녹색 백조를 뜻하는 '그린스완(Green Swan)'. 이 말은 2007년 금융전문가 나심 니콜라스 탈레브가 서브프라임모기지 사태를 예언하면서 언급한 '**블랙스완**(Black Swan)'에서 파생됐다. 200여 년 전 유럽인들에게 백조는 흰색이었다. 하지만 1697년 호주에서 검은 백조, 흑고니가 발견됐다. 경험칙을 무너뜨리는 사건이었다. 탈레브는 '가능성이 없는 것처럼 보이지만 일단 일어나면 엄청난 파급력을 지닌 것'으로 블랙스완을 묘사했다. 여기에 기후위기를 얹은 것이 그린스완이다. 그린스완은 기후변화가 초래하는 경제 · 금융 위기를 뜻한다.

그린스완과 블랙스완은 비슷하다. 과거에 기반을 둔 미래 예측을 통해선 예상하기 어렵고, 다양한 변수로 인해 나타나며, 동시에 여러 부문과 국가에 심각한 영향을 초래한다. 단 블랙스완은 2008년 글로벌 금융위기처럼 발생한 뒤에야 설명되지만 그린스완은 과학자들이 경고하듯 어느 정도 예견할 수 있다. 보고서는 "기후변화의 영향이 언제, 어디서, 어떻게 나타날지는 불확실한데도 야심 찬 행동이 필요하다는 것은 확실하다"고 말한다.

경제학자들이 블랙스완을 분석한다면, 그린스완의 토대는 과학자들로부터 나온다. 블랙스완은 주로 실물 · 금융경제에 영향을 준다. 충격이 오래갈 수 있으나 수습이 가능하다. 하지만 그린스완의 충격은 되돌릴 수 없다. 경제시스템뿐 아니라 인간의 삶과 생태계에 손을 뻗치기 때문이다.

출처 : 경향신문/일부인용

 상식UP! Quiz

↳ **문제** 극단적이고 아주 예외적이며, 잘 알려져 있지 않아 발생 가능성에 대한 예측이 거의 불가능하지만 일단 발생하면 엄청난 충격과 파급효과를 가져오는 것을 무엇이라 하는가?

① 블랙카멜   ② 블루이글
③ 블랙스완   ④ 화이트버드

↳ **해설** 블랙스완은 통념상으로는 전혀 예측할 수 없었던 일이 일어나는 것을 의미한다.

답 ③

더 이상 부채를 책임질 능력이 없다

디폴트는 영어의 'Default Value'에서 유래한 말로, 별도 설정을 하지 않은 초기값이나 기본 설정값을 말합니다. 이것이 경제에서 은행 융자나 공사채(公社債) 등에 대해 채무자가 원리금을 갚지 못하게 되는 것을 다른 말로 '채무불이행(債務不履行)', 즉 디폴트라고 합니다. 국가가 대상인 경우에는 국가 부도를 의미합니다. 채무자가 디폴트 상황에 처했을 때 다른 사람들한테 알려주는 것을 디폴트 선언이라고 하며 한 융자계약에서 디폴트 선언을 당하면 다른 채무에 대해서 채권자가 일방적으로 디폴트 선언을 할 수 있는데, 이것을 '크로스디폴트'라고 합니다.

디폴트(Default)가 발생할 경우 채무자는 채무에 대해 모든 의무가 없어지지만 자신의 재산 통제력도 상실하게 됩니다. 채권자의 경우 담보가 있으면 담보를 압류해서 채무를 상쇄하고 담보가 없으면 채권액에 상응하는 채무자의 재산을 압류해서 채무를 상쇄할 수 있습니다. 단, 채무자의 재산이 채권자가 소송을 걸 수 있는 국가의 사법력이 미치는 영역에 있어야 합니다. 이 말이 급속도로 퍼지게 된 것은 2010년 국채만기로 인한 유럽연합 금융위기의 중심인 PIIGGS에 속한 그리스가 2015년 7월 1일부터 디폴트에 들어갔기 때문입니다.

비슷한 용어로 모라토리엄(Moratorium)이 있습니다. 디폴트가 아예 빚을 갚을 수 없는 상황에 빠졌거나 빚을 갚을 능력이 없음을 알려주는 것이라면, 모라토리엄은 빚의 상환을 일시적으로 미루는 채무지급유예상황입니다. 디폴트보다는 낫지만 둘 다 신용도 하락 측면에서는 비슷한 것이죠.

탈원전의 역습 … '디폴트' 궁지몰린 한전

한국전력공사가 탈원전 부메랑을 맞고 **디폴트**(채무불이행) 위기에 직면했다. 올해 원가 이하로 전기를 판매한 한전이 내년 3월부터 자금 조달이 불가능한 상황에 빠질 전망이다. 한전은 자산 매각 등으로 돌파구를 찾지만 눈덩이처럼 불어나는 적자를 막기에는 역부족이다. 구자근 국민의힘 의원이 한전에서 받은 자료에 따르면 현재 한전은 부족 자금 90% 이상을 회사채발행으로 조달 중이며 올해 30조원 내외의 순손실이 예상된다. 이에 내년 3월 한전이 금년 결산정산을 완료하면 자본금과 적립금 기준액이 삭감돼 필요한 사채를 조달하기 어려워 디폴트에 빠질 것으로 보인다. 전력업계에서는 SMP를 주로 결정하는 액화천연가스(LNG) 대신 전력 생산비가 비교적 저렴한 원전을 이용하는 방안이 있었지만 '탈원전' 정책으로 한전 경영난이 심화됐다고 지적했다. 전원 믹스가 원전, 석탄 등 저원가 발전 중심에서 LNG, 재생에너지 위주로 변하면 연료가격 변동에 취약해져 국제 연료가격 급등 시 전력시장 충격이 증폭됐다.

출처 : 디지털타임스/일부인용

상식UP! Quiz　　　　　　　⊗ Q

↳ **다음 중 디폴트를 선언한 사례가 아닌 것은?**

① 2001년 아르헨티나
② 2009년 두바이
③ 2015년 그리스
④ 2015년 푸에르토리코

↳ 해설 2009년 두바이는 최대 국영기업 두바이월드의 채무에 대해 모라토리엄을 선언했다. 그에 따라 두바이는 물론 인근 중동국가 채권이 세계 주요 금융시장에서 폭락했고, 국내 증시에도 불똥이 튀어 코스피지수가 7일 만에 1,600선이 무너졌다.

답 ②

한국형 산업 녹색분류체계

K-택소노미(K-Taxonomy)는 어떤 경제활동이 친환경적이고 탄소중립에 이바지하는지 규정한 한국형 녹색분류체계입니다. 환경개선을 위한 재화·서비스를 생산하는 산업에 투자하는 녹색금융의 '투자기준'으로서 역할을 하는데요. 환경에 악영향을 끼치면서도 '친환경인 척'하는 위장행위를 막는 데 도움이 됩니다.

2021년 12월 30일 환경부가 발표한 지침에 따르면, 한국형 녹색분류체계에는 모두 69개 경제활동이 포함됐습니다. 이 중 '녹색부문'이 64개, '전환부문'이 5개인데요. 녹색분류체계에 포함됐다는 것은 온실가스 감축, 기후변화 적응, 물의 지속가능한 보전, 자원순환, 오염방지 및 관리, 생물다양성 보전 등 '6대 환경목표'에 기여하는 경제활동이라는 의미입니다. 또 녹색부문이 '탄소중립과 환경개선에 기여하는 진정한 녹색경제활동'이라면 전환부문은 '진정한 녹색경제활동은 아니지만 탄소중립을 달성하기 위해 과도기적으로 필요한 경제활동'을 뜻합니다.

분야별로 보면 관심을 끈 발전분야에선 태양광과 태양열 등 재생에너지 생산활동과 관련된 기반시설 구축활동 등이 녹색부문에 들어갔습니다. 'LNG(액화천연가스)·혼합가스 기반 에너지 생산'과 'LNG 기반 수소 생산'이 전환부문에 조건부로 들어가기도 했습니다. 산업분야에선 수소환원제철(철광석에서 산소를 분리하는 환원제로 석탄 대신 수소를 사용)과 비탄산염시멘트를 생산하거나 불소화합물을 대체·제거하는 등 '탄소중립 핵심기술'을 활용한 제조활동이 녹색부문에 포함됐죠.

그런데 정부가 애초 제외됐던 원자력발전을 K-택소노미에 포함키로 하면서 원전에 대한 논쟁이 다시 불거졌습니다. 원전은 현시점에서 '가장 싸고 탄소배출량이 제일 적은 발전원'으로 평가되지만, '안전'과 '폐기물'이라는 큰 문제를 가진 발전원입니다. '탈원전'을 추진하는 정권에서 '친원전' 정권으로 교체되자 환경부가 사회적 합의 없이 녹색분류체계에 원전을 포함했다는 비판이 나왔습니다.

'K–택소노미' 채택된 원전, 생태계 회복 · 수출 탄력 받을 듯

정부가 '친환경 경제활동' 기준인 **K–택소노미**(녹색분류체계)에 원자력발전을 포함키로 하면서 국내 원전 산업의 생태계 회복에 한층 탄력이 붙을 전망이다. 또 해외에서 원전에 대한 신뢰성 재고로 수출에 우호적인 환경이 조성될 것으로 보인다. 그러나 고준위 방사성폐기물 처분시설 확보 등 안전에 대한 우려도 더욱 고조될 것으로 예상된다. 원전 집중에 따른 신재생에너지 축소를 우려하는 목소리도 있다. 환경부는 이날 원전을 포함하는 녹색분류체계 개정안을 공개했다. 원전이 '친환경' 에너지라는 점을 정부가 공식화한 것이다. 정부가 원전 확대에 속도를 내면서 환경단체들은 방사능 유출 우려와 핵연료 보관 및 핵폐기물 처리 문제 등을 우려하고 있다.

출처 : 연합뉴스/일부인용

상식UP! Quiz

↳ 문제 K–택소노미는 계획 · 발표 당시부터 원전을 발전에 활용하겠다는 항목이 개설되어 있었다.

○ / ×

↳ 해설 K–택소노미는 당초부터 원전을 발전에 활용하겠다는 계획이 없었다. 친원전 기조인 윤석열정부가 들어서며 환경부의 지침으로 원자력 발전이 택소노미에 포함됐다.

답 ×

환경을 지키겠다는 기업들의 자발적 약속

지난 2022년 제20대 대선후보 토론회에서 화제가 되었던 용어가 있습니다. 바로 RE100인데요. RE100은 재생에너지 전기 100%(Renewable Electricity 100%)의 약자로서 기업들이 경영활동에 필요한 전력을 100% 재생에너지로 충당한다는 뜻입니다. 물론 기한은 지금 당장이 아닌 2050년까지 100%를 달성한다는 것이죠. 이 2050년이라는 기한 연도는 최소 가입 요건이며 그 목표는 기업마다 다르게 설정하여 더 앞당길 수도 있습니다. RE100에 말하는 재생에너지는 우리가 흔히 알고 있는 태양광이나 풍력을 의미합니다.

RE100은 2014년에 영국의 비영리단체인 기후그룹과 탄소공개프로젝트가 처음 제시했습니다. 막대한 전력을 사용하는 기업들이 기후위기에 자발적이고 선도적으로 대응하자는 취지에서 만들어진 캠페인이죠. RE100에 참여를 선언한 기업은 빠르게 늘어나고 있습니다. 2024년 1월까지 RE100에 가입한 글로벌 기업은 모두 426개입니다. 우리나라의 경우에는 제조업의 에너지 사용량 중 전력에 대한 의존도가 48%나 돼 기업이 부담해야 할 비용이 막대하다는 이유로 2020년 초까지만 해도 RE100 참여 기업이 전무했습니다. 그러나 RE100이 세계적으로 확산함에 따라 2020년 말부터 LG화학, SK하이닉스, SK텔레콤, 한화큐셀 등이 잇따라 참여를 선언했습니다.

우리나라는 2021년 한국형 RE100인 K-RE100 제도를 도입했는데요. 전력을 사용하는 기업이 한국에너지공단의 K-RE100 관리 시스템을 통해 재생에너지를 사용한 실적을 바탕으로 재생에너지 사용 확인서를 발급받게 됩니다. 이 확인서로 재생에너지로 생산한 전력을 구매할 수도 있고, RE100 캠페인 운영에도 활용할 수 있습니다.

LG엔솔, RE100 이사회 정책자문기구 선정

LG에너지솔루션이 기업의 사용 전력 100%를 재생에너지로 충당한다는 글로벌 캠페인 협의체인 **RE100** 이사회에 자문 역할을 하는 기업으로 선정됐다. 업계에 따르면 LG에너지솔루션은 RE100 이사회의 '정책자문기구(Advisory Committee)'로 최근 선정됐다. RE100 이사회는 재생에너지 관련 전문성과 경험, 미래 RE100 달성 계획 등을 평가 · 심사해 정책자문기구에서 활동할 기업 또는 전문가를 선정한다. 2020년부터 2022년 초까지 1기 RE100 정책자문기구가 활동했고, 2기 정책자문기구가 2022년 3월부터 2년간 활동한다. 국내 산업계는 물론 글로벌 배터리 업계에서 RE100 정책자문기구로 선정된 기업은 LG에너지솔루션이 처음이다.

출처 : 연합뉴스/일부인용

상식UP! Quiz

↳ 문제 우리나라 기업들은 K−RE100 제도를 통해 재생에너지로 만든 전기를 구입할 수 있다.
○ / ×

↳ 해설 우리나라는 한국형 RE100인 K−RE100 제도를 도입해 기업이 재생에너지 사용 실적을 이용해 재생에너지로 생산한 전력을 구매할 수 있도록 했다.

답 ○

회사 몰래 회사 차리기

많은 직장인들이 한번쯤은 내 사업장을 갖는 것을 꿈꾸곤 합니다. 힘들고 팍팍한 직장생활에 지치거나, 스스로 기막히게 좋은 아이디어를 떠올리게 되면 내 회사를 차리는 상상을 하게 되죠. 최근에는 빼어난 스타트업들이 우리 산업경제계 곳곳에서 활약하고 그 가치를 엄청나게 높이면서, 좋은 아이템이 있으면 창업에 도전하는 스타트업 열풍이 불기도 했습니다. 그러면서 직장에 다니며 또 다른 창업을 준비하는 사람들도 나타나고 있는데요. 이를 '스텔스(Stealth) 창업'이라고 합니다. 스텔스는 다른 이들이 알지 못하도록 '비밀스럽게 행한다'는 의미죠.

대기업이나 중견기업 가운데서는 사내에 벤처동아리를 만들고 대회도 운영하면서 직원들의 창업을 지원하기도 하지만, 많은 중소기업들은 그런 여건을 조성하기 어렵습니다. 또 직원들이 직장에 다니며 창업을 준비하는 것을 달갑게 여기지 않죠. 본 업무에 지장이 있을 수 있으니까요. 그래서 직장에서의 업무경험을 바탕으로 퇴근 후나 주말에 몰래 아이템을 구상하고 사업자금을 마련하는 직장인들이 늘어나고 있습니다.

회사에 다니면서 창업을 준비한다는 것이 '로우 리스크-하이 리턴(Low Risk-High Return)'이라는 인식도 이 같은 트렌드를 이끌었습니다. 창업은 실패할 위험성을 안고 있지만, 본 직장에 다니고 있으니 그만큼 리스크를 낮출 수 있다는 거죠. 창업에 대한 열망은 있지만, 쉽게 직장을 그만둘 수 없는 사람들이 스텔스 창업을 시도하고 있습니다. 그리고 이런 사람들을 위해 정부나 지자체, 전문업체들은 창업 준비 프로그램을 운영하고 있습니다.

창업 꿈꾸는 직장인 퇴근 후 가는 곳은? …
'스텔스 창업' 뜬다

직장을 다니면서 창업을 준비하는 '**스텔스 창업**' 사례가 늘고 있다. 창업은 하고 싶지만 바로 회사를 그만두기에는 조심스러운 직장인들이 월급으로 생활을 유지하고, 창업 아이템이 구체화 돼 본 궤도에 오르면 갈아타는 것이다. 실제로 많은 직장인들은 창업을 꿈꾸고 있는 것으로 나타난다. '벼룩시장구인구직'이 직장인 2,013명을 대상으로 설문조사를 실시한 결과 응답자의 70.1%가 '향후 창업에 도전할 의향이 있다'고 밝혔다. 상당수 대기업 · 중견기업의 경우 '사내벤처 육성 프로그램'이 마련돼 있어 대놓고 창업을 준비할 수 있는 분위기다. 하지만 중소기업의 경우 그렇지 못하다. 직원의 업무 집중도를 떨어뜨리는 요인이라고 보기도 한다. 직장인 입장에서도 자신의 아이디어에 확신을 갖고 열정을 바쳐 창업하더라도 실패할 확률이 매우 높은 게 현실이다. 이 때문에 용기를 내지 못하고 회사와 '불편한 동거'를 이어가는 상황이 계속된다.

출처 : 머니투데이/일부인용

상식UP! Quiz

↳ **문제** 스텔스 창업은 사내 창업 동아리를 둔 기업에 재직 중인 직장인들이 시도하게 된다.

○ / ×

↳ **해설** 스텔스 창업은 직장에서 창업시도를 펼치기 어려운 직장인들이 외부에서 몰래 시도하는 창업을 말한다.

답 ×

이제는 유통기한이 아닌 소비기한!

식품에 기존의 유통기한 대신 소비기한을 표기하는 '소비기한 표기제'가 2023년 1월 1일부터 시행됐습니다. 식품의약품안전처(식약처)는 2023년 1월부터 식품 등에 표시하는 '섭취해도 안전에 이상이 없는 기한'을 영업자 중심의 유통기한(Sell-by Date)에서 소비자 중심의 소비기한(Use-by Date)으로 바꿔 표기하도록 했는데요. 유통기한은 통상 품질안전 한계기간의 60~70%로, 소비기한은 80~90%로 설정됩니다. 유통기한이 소비기한으로 바뀌면서 표기되는 기간이 길어지는 셈이죠. 식품 등의 표시·광고에 관한 법률개정으로 식품업체는 2023년 1월 1일부터 식품(우유는 2031년 적용)의 날짜표시에 기존의 유통기한 대신 소비기한을 적습니다.

식약처는 시행을 한 달 앞두고 업체들이 활용할 수 있도록 품목별 '참고값'을 제시했습니다. 참고값은 식약처가 제시하는 식품의 잠정적인 소비기한입니다. 각 업체는 이 참고값보다 짧게 소비기한을 정하면 되죠. 업체는 원칙적으로 소비기한을 설정할 때 자체적인 실험을 거쳐야 하지만, 참고값을 활용하면 자체실험을 하지 않아도 됩니다. 유통기한이 소비자에게 유통·판매가 허용되는 기간이라면 소비기한은 소비자가 보관조건을 준수했을 경우 식품을 먹어도 안전에 이상이 없다고 판단되는 기간입니다. 통상 소비기한이 유통기한보다 기니 업체는 식품폐기량을 줄일 수 있게 되죠.

소비기한의 반영은 유통기한이 섭취가능 기한으로 인식돼 유통기한이 지난 제품을 섭취해도 될지에 대한 혼란이 있고, 이에 따라 불필요하게 폐기되는 식품도 많다는 점이 고려됐습니다. 또 유럽, 미국, 일본, 호주 등 대부분의 경제협력개발기구 국가들이 소비기한을 사용하는 국제적 추세도 반영했습니다. 하지만 보관기간이 길어지는 만큼 식품안전성에 대한 우려도 나왔죠. 식약처는 "소비자가 소비기한으로 표기한다는 것을 인식할 수 있도록 명칭을 바꾸고, 각종 실험을 통해 단계적으로 제품별 실제 소비기한을 표기할 계획"이라고 밝혔습니다.

"소비자 10명 중 8명, 소비기한 표시제 효과적으로 생각"

식품을 판매할 수 있는 기한이 유통기한에서 **소비기한**으로 바뀐 가운데 소비자 10명 중 8명은 소비기한을 효과적이라고 본다는 조사결과가 나왔다. 티몬은 소비자 1,020명을 대상으로 설문조사를 실시한 결과 이같이 나타났다고 밝혔다. 통상 소비기한은 유통기한보다 길다. 유통기한은 '품질안전 한계기간'의 60~70%지만 소비기한은 식품마다 다르긴 하나, 통상 80~90%로 정하기 때문이다. 소비기한 표시제는 1년간은 계도기간으로 운영되고 우유의 경우에는 2031년부터 소비기한 표시가 적용된다. 소비기한이 효과적이라고 본 이유로는 '식품폐기를 줄일 수 있어서(51%)', '날짜가 지나도 먹어도 되는지 고민할 필요가 없어서(49%)'를 꼽았다.

출처 : 연합뉴스/일부인용

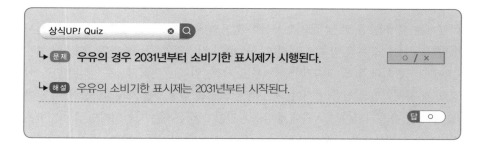

상식UP! Quiz

↳ 문제 우유의 경우 2031년부터 소비기한 표시제가 시행된다.　　　ㅇ / ✕

↳ 해설 우유의 소비기한 표시제는 2031년부터 시작된다.

답 ㅇ

최소한의 자원으로 이익을 극대화!

여러분은 체리피커(Cherry Picker)라는 용어를 알고 있나요? 기업의 상품이나 서비스를 구매하지 않으면서 자신의 실속 차리기에만 관심을 두고 있는 소비자를 말합니다. 한마디로 기업의 상품이나 서비스에서 단물만 쏙쏙 빼먹는 사람들을 뜻하죠. 그런데 최근에 고물가가 지속되고 생활이 점점 더 팍팍해지면서 체리피커에서 진일보한 개념도 생겨났습니다. 바로 체리슈머(Cherrysumer)입니다. 체리피커에 소비자를 뜻하는 'Consumer'를 합한 말인데요. 해마다 새로운 소비트렌드를 전망하는 김난도 교수의 '트렌드 코리아'에서도 소개된 개념이죠.

체리슈머는 간단히 말하면 '알뜰한 소비자'를 뜻합니다. 단물만 빼먹는 체리피커가 부정적인 의미가 강했다면, 체리슈머는 남들에게 폐를 끼치지 않는 선에서 극한의 알뜰함을 추구한다는 점에서 비교적 긍정적입니다. 한정된 자원을 최대한으로 활용하는 이들의 소비형태는 합리적이라고 평가되는데요. 예를 들어 OTT 계정에 가입하는 비용을 줄이기 위해, 비용을 나누고 계정을 공유할 사람들을 구하기도 하고요. 때로는 음식 배달비를 아끼기 위해 함께 배달을 시키고 배달비를 나눌 사람들을 온라인에서 찾기도 합니다. 또 물품을 살 때 번거롭더라도 필요한 만큼만 그때그때 구입하면서 낭비를 줄입니다. 그래서 이들의 소비는 매우 계산적이고 전략적이죠.

1인 가구가 늘어나고 고금리·고물가가 지속되면서 이 체리슈머들을 공략하기 위한 기업들의 마케팅도 활발해지고 있습니다. 대량의 묶음상품보다는 큰 상품을 조각으로 나누어 판매하는 경우도 늘어나고 있죠. 예를 들어 엄두도 못 낼 값비싼 와인을 병이 아닌 잔으로 나눠 판매하는 식으로 말입니다. 이와 함께 충동구매를 하지 않는 꼼꼼한 체리슈머들을 끌어들이기 위해 다른 기업보다 저렴한 상품을 더 좋은 품질로 내놓는 것이 무엇보다 중요해졌습니다.

고물가 시대, 합리적 소비층 체리슈머 공략

잇따른 물가 상승으로 소비심리가 위축되고 있는 가운데 알뜰하고 현명한 전략적 소비를 추구하는 **체리슈머**가 외식업계의 화두다. 외식업계에서는 자체 앱과 자사 몰에서 할인 및 증정 프로모션을 진행하는 등의 전략으로 합리적 소비층인 체리슈머 고객의 '락인 효과'를 기대하고 있다. 카페 프랜차이즈 브랜드 '커피베이'는 멤버십 회원 대상으로 '그린베이 프로모션'을 진행하고 있다. 이번에 3회차를 맞이한 그린베이 프로모션은 커피베이 친환경 활동인 '고그린 캠페인'의 일환으로 다회용컵 사용 장려를 위해 기획된 프로모션이다. '카페보니또'는 단골고객에게 차별화된 서비스를 제공하고자 '카페보니또 멤버십'을 운영하고 있다. 멤버십 카드를 발급받은 모든 고객들에게, 즉시 10% 메뉴 할인제공 및 구매액의 2% 추가적립 혜택을 준다.

출처 : 머니투데이/일부인용

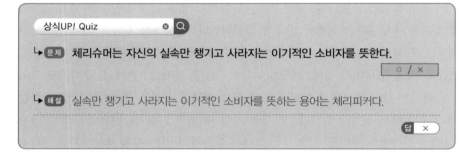

상식UP! Quiz

↳ **문제** 체리슈머는 자신의 실속만 챙기고 사라지는 이기적인 소비자를 뜻한다.

O / X

↳ **해설** 실속만 챙기고 사라지는 이기적인 소비자를 뜻하는 용어는 체리피커다.

답 X

기민하고 민첩하게 시장에 대응한다

구글과 아마존 같은 기업들이 세상을 움직이고, 우리나라에서도 카카오, 당근마켓 같은 IT기업들이 유니콘 기업으로 떠오르면서, 다른 영역의 기업들도 IT체제로의 전환과 이에 대응할 소프트웨어 개발을 시도하고 있습니다. IT기업들의 활약과 함께 경영계에 떠오르는 것이 있는데요. 바로 애자일(Agile)입니다. 애자일은 원래 소프트웨어를 개발하는 기업에서 통용되던 하나의 방법론이라고 할 수 있습니다. 쉽게 말해 개발사들이 소프트웨어 개발에 실패하지 않도록 조직을 이끌고 업무를 해나가는 방식 중 하나입니다.

통상 소프트웨어를 개발하기 위해서는 고객의 요구에 맞춰 큰 프로젝트를 기획하고 각각의 개발과정을 체계적으로 설정해둡니다. 그리고 개발자들이 이에 알맞게 각자의 개발업무를 하며 소프트웨어를 완성해내죠. 이러한 방식을 폭포수 (Waterfall) 방법론이라 하는데요. 그런데 고생 끝에 개발한 소프트웨어가 고객의 마음에 들지 않는다면 어떻게 할까요? 또 고객이 어느 정도 완성된 소프트웨어 결과물을 보고서 갑작스레 판이한 요구를 해온다면 어떨까요? 개발사 입장에서는 난감할 수밖에 없습니다.

애자일은 고객이나 시장의 요구에 짧은 주기로 그때그때 대응하기 쉽도록 고안됐습니다. 애자일은 '기민한', '민첩한'이라는 의미를 갖고 있는데요. 하나의 소프트웨어를 개발하기까지 처음에는 고객의 요구에 맞춰 대략적인 스케치만을 제시하고, 고객의 추가적인 요구에 따라 그때그때 수정해가면서 결과물을 완성해가는 것입니다. 그러면 애써 만들어놓은 소프트웨어를 뒤엎을 필요도 없고, 고객의 요구를 훨씬 수월하고 정확하게 반영할 수 있겠죠.

애자일은 2000년부터 그 필요성이 대두되기 시작했는데요. 2001년에는 17명의 개발자들이 조금 더 '가벼운 방식'으로 소프트웨어를 개발하는 애자일의 이념을 담은 애자일 선언문(Agile Manifesto)을 만들어 전 세계로 배포했습니다. 그러면서 많은 개발사들이 애자일 방법론을 채용하기 시작했죠. 최근에 이 애자일은 소프트웨어 개발을 넘어 마케팅, 의사결정, 인사관리 등 다양한 경영분야로까지 적용되고 있습니다.

정치 · 경제 · 사회 · 국제 · 문화 · 미디어 · 과학 · IT · 스포츠

행안부, 당근마켓 · 토스 · 우리은행과 애자일 혁신 전략공유

행정안전부는 정부세종청사에서 '애자일 혁신, 조직의 성공전략'을 주제로 워크스마트 포럼을 개최한다고 밝혔다. 당근마켓은 성장 원동력이 된 '애자일 개발문화'를 소개하고, 공개와 공유, 자율과 책임을 중심으로 한 기업의 '수평적 문화'를 발표한다. 토스를 운영하는 비바리퍼블리카는 고객수요를 즉각 반영할 수 있는 애자일 서비스 개발에 대해 발표한다. 정부와 같이 거대한 조직규모를 가진 우리은행은 애자일한 조직운영을 통해 외부 환경변화에 대응하는 신속한 의사결정에 대해 발표한다.

출처 : 아시아경제/일부인용

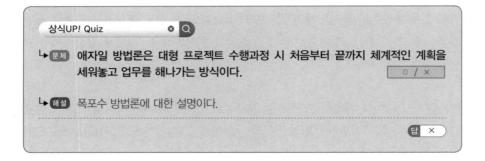

상식UP! Quiz

↳ 문제 애자일 방법론은 대형 프로젝트 수행과정 시 처음부터 끝까지 체계적인 계획을 세워놓고 업무를 해나가는 방식이다.

○ / ×

↳ 해설 폭포수 방법론에 대한 설명이다.

답 ×

091 불황형 흑자

흑자는 흑자인데 무늬만 흑자

최근 무역과 관련한 경제기사를 보다보면 '불황형 흑자'라는 용어가 등장하는데요. 흑자면 흑자지 불황형 흑자란 무슨 의미일까요? 상식적으로 무역에서 흑자는 수입보다 수출이 더 많을 때 나타나죠. 그런데 불황형 흑자란 경기 불황기에 수출보다 수입이 더 감소해 수출입 결과가 흑자로 나타나는 것입니다. 수출과 수입 모두 다 마이너스인데, 결과적으로 수입이 더 적어 무늬만 흑자로 기록된 것이죠.

최근 우리나라의 수출은 지속해서 내리막길을 걸었습니다. 2023년 8월을 기준으로 수출액 감소가 11개월째 이어졌는데요. 이렇게 수출이 연속 하락을 겪은 가장 큰 이유는 우리나라 반도체 업황이 부진했고, 최근 중국의 경기도 좋지 않다보니 대중국 수출량이 감소했기 때문입니다. 전문가들은 중국경제가 회복되기 전까지는 수출 부진이 이어질 것이라는 전망을 내놨습니다. 그런데 이 와중에 수입은 왜 더 줄어든 것일까요? 그것은 유가가 낮아지면서 수입하는 에너지도 함께 줄어들었기 때문입니다. 원유, 가스, 석탄 등 에너지 수입이 모두 줄어들었죠.

이처럼 무역수지는 여러 가지 상황에 의해 결정이 됩니다. 우리나라처럼 제조업 중심의 수출로 먹고 사는 국가에게 무역수지는 무엇보다 중요한데요. 최근처럼 불황형 흑자가 나타난 것은 결국 경제활동 자체가 크게 둔화되고 있다는 의미입니다. 경제성장도 마찬가지겠죠. 2023년 2분기의 우리나라 경제성장률은 0.6%에 그쳤습니다. 그나마 수출보다 수입이 더 줄어 나온 초라한 성적표였죠. 단순히 성장했다고 가슴을 쓸어내릴 상황은 아니라는 뜻입니다. 정부에서는 수출 물량이 그래도 상승세를 기록하고 있어 우리 무역수지에 긍정적 신호가 되고 있다고 설명하기도 했습니다.

불황형 성장에 물가마저 들썩 … 'S의 공포' 경고음 커진다

불황형 성장의 우려가 커지는 가운데 잠잠했던 국제유가 · 물가마저 들썩이고 있어 '스태그플레이션 공포'가 다시 엄습하는 모습이다. 2분기 한국경제는 0.6% 성장했으나, 사실상 '무늬만 성장'에 가깝다. 기획재정부 · 한국은행에 따르면, 1분기 성장을 주도한 민간소비는 2분기 들어 마이너스 전환했고, 정부소비 역시 외환위기 이후 최저치를 기록했다. 그나마 순수출이 경제성장을 이끌었으나, 이마저도 '**불황형 흑자**'에 가깝다. 수출 증가가 아니라, 수입이 줄어든 규모가 수출 감소폭을 웃돌면서 나타난 결과이기 때문이다. 정부는 중국의 경제활동 재개효과와 유커의 귀환 등을 들며 상반기 침체됐다가 하반기 회복을 기대하지만, 시장의 평가는 냉정하다. 조경엽 한국경제연구원 경제연구실장은 "민간소비 위축 등 경제여건이 부실화하고 있고, 중국 등 주요국의 경기회복 지연으로 연말까지 경기반등을 이뤄내긴 사실상 어렵다"고 말했다.

출처 : 한국일보/일부인용

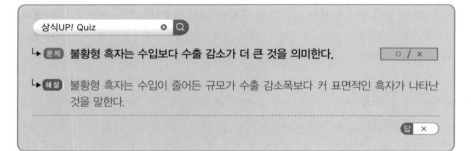

상식UP! Quiz

↳ 문제 **불황형 흑자는 수입보다 수출 감소가 더 큰 것을 의미한다.**   ○ / ×

↳ 해설 불황형 흑자는 수입이 줄어든 규모가 수출 감소폭보다 커 표면적인 흑자가 나타난 것을 말한다.

답 ×

늘었다 줄었다 고무줄 관세

외국에서 우리나라로 들어오는 상품들에는 각각 세금이 붙게 되는데 이를 '관세'라고 부르지요. 국경을 넘어서 출입하는 물품에 대해 부과되는 조세를 의미합니다. 이러한 관세에는 여러 종류가 있습니다. 탄력관세란 정부가 즉각적으로 관세율을 인상하거나 인하할 수 있는 권한을 갖고 있는 관세입니다. 관세에 탄력성을 부여했다고 볼 수 있습니다. 본래 국가가 수입품에 대해 관세를 부과하는 경우에는 국회에서 제정된 법정관세율에 따라야 하지만 급격히 변동하는 국내외적 여건 변동에 민첩하게 대응할 수 있도록 권한의 일부를 정부에 위임하여 법률이 정하는 범위 내에서 행정부가 실행관세율을 변경하도록 한 것입니다.

이러한 탄력관세에는 반덤핑관세, 보복관세, 조정관세, 상계관세, 긴급관세, 할당관세 등이 있습니다. 먼저 반덤핑관세는 외국의 물품이 정상가격 이하로 수입되어 국내산업이 실질적인 피해를 받거나, 받을 우려가 있을 때에 그 물품과 수출자 또는 수출국을 지정해 당해물품에 대하여 관세 외에 정상가격과 덤핑가격과의 차액(덤핑차액)에 상당하는 관세(덤핑방지관세)를 추가하여 부과하는 것을 말합니다.

조정관세는 값싼 외국제품이 수입되어 국내 생산자들이 큰 피해를 입을 경우 이를 보호하기 위해 관세율을 일정 기간 동안 상향 조정하는 제도이지요. 일시적으로 세율을 조정하여 부과하는 과세입니다. 한편 할당관세는 수입품의 일정한 수량을 기준으로 부과하는 관세이고, 긴급관세는 중요 국내 산업의 긴급한 보호, 특정 물품 수입의 긴급한 억제 등의 필요가 있을 때 특정 물품의 관세율을 높여서 부과하는 관세입니다.

인니 · 이스라엘산 2만여 개 수입품 관세 없애거나 내린다

앞으로 인도네시아와 이스라엘에서 수입하는 물품에 부과하는 관세 대부분이 단계적으로 사라지거나 인하된다. 기획재정부는 국무회의에서 이 같은 내용의 '자유무역협정 (FTA)의 이행을 위한 관세법의 특례에 관한 법률 시행령' 개정안을 심의 · 의결했다고 밝혔다. 이번 개정은 최근 체결한 한–인도네시아 포괄적경제동반자협정(CEPA)과 한–이스라엘 FTA 주요 내용을 국내법에 반영한 것이다. CEPA는 자유무역협정의 하나로 양국 간 상품 · 인력이동과 포괄적 교류 · 협력까지 포함한다.

개정안에 따르면 협정 발효 이후 차질 없는 이행을 위해 인도네시아, 이스라엘산 수입 물품에 적용되는 협정관세와 함께 긴급관세, 상계관세 등 **탄력관세** 절차를 시행령에 반영했다. 긴급관세는 상대국으로부터 수입하는 특정물품의 수입이 증가해 국내 산업에 심각한 피해나 시장교란이 발생하면 인상한다. 상계관세는 직 · 간접적으로 보조금 등을 받아 정상가보다 낮은 가격으로 수입되는 물품에 대해 보조금에 해당하는 금액을 관세로 부과한다. 조만간 공포할 시행령에 양국별로 각각 1만 1,000여 개 품목에 대한 협정 관세율표를 별표로 담고 향후 협정이 발효되면 인도네시아산은 전체품목의 95.8%, 이스라엘산은 95.2%에 해당하는 수입물품에 대한 관세가 단계적으로 철폐 · 인하된다.

출처 : 뉴시스/일부인용

상식UP! Quiz   ✕ 🔍

 물가 불안, 통상 협상 등 긴급하고 특별한 상황이 빚어져 관세율을 인상 또는 인하할 필요가 있을 경우, 그때그때 국회에서 법을 개정하는 것이 어렵기 때문에 제한된 범위 내에서 행정부가 조정할 수 있게 한 세율은?

① 조정관세   ② 할당관세
③ 긴급관세   ④ 탄력관세

해설 탄력관세란 국내 산업을 보호하기 위해 일정한 범위 내에서 정부가 관세율을 인상 또는 인하할 수 있는 권한을 갖도록 한 관세제도이다.

답 ④

기름 값이 세계를 주무른다

아무리 친환경에너지가 대세라고는 해도 아직 우리는 석유 없이는 살 수 없습니다. 제품을 생산하는 공장에서는 석유가 필요하고, 생산된 제품을 유통하는 화물차와 선박, 비행기도 석유 없이는 움직일 수 없습니다. 그만큼 화석연료의 대표주자인 석유의 영향력은 대단한데요. 우리는 이따금 뉴스에서 국제유가가 상승하거나 하락해서 전 세계가 술렁댄다는 소식을 접할 수 있습니다. 얼핏 생각하면 기름 값이 오르고 내리는 것이 나와 무슨 상관이 있을까 싶지만, 국제유가는 우리가 체감하는 실물경제에도 엄청난 영향을 끼칩니다. 앞서 말했듯이 공장이 기름 값이 비싸 제품을 충분히 못 만들면 공급도 줄어들고, 거기에 더해 유통에 쓰이는 운송수단이 운행을 못하면 감소한 공급이 더 주저앉을 것입니다. 그렇게 되면 당연히 물가는 상승하게 되겠죠. 기업은 적자를 보게 될 것이고요.

이러한 유가는 거래되는 유종에 따라 각각 다릅니다. 국제원유시장에서 거래되는 유종은 세 가지인데요. 뉴욕상업거래소(NYMEX)에서 거래되는 '미국 서부텍사스산 중질유(WTI)', 런던선물거래소(ICE)에서 거래되는 '영국 북해산 브렌트유', 그리고 싱가포르에서 현물로 거래되는 '두바이유'입니다. 그중 우리나라는 주로 두바이유를 수입해 쓰고 있죠. 석유는 배럴당 가격으로 거래되는데, 1배럴은 158.987 리터에 해당합니다. 각 유종은 생산되는 지역의 상황에 따라 가격이 달라집니다. 예를 들어 보통 우리가 알고 있는 석유파동 즉 오일쇼크는 주로 두바이유 생산지인 중동지역에서 일어났죠. 중동에서 발생한 전쟁 등 정치적 갈등이나 서방과의 관계 악화로 원유 생산량을 고의로 줄이면서 전 세계 경제에 큰 악영향을 끼쳤습니다. 또한 유종은 원유가 함유한 유황의 양에 따라서도 가격이 다른데요. 유황이 적을수록 이를 걸러내야 하는 비용도 적게 들기 때문에 가격이 저렴해집니다. 유황의 함유량은 WTI가 가장 적고 다음이 브렌트유, 마지막으로 두바이유가 가장 많다고 합니다.

유가상승에 수입금액 25%↑ … 교역지수 11개월 연속 악화

국제유가와 원자재 가격 상승으로 국내 수입금액지수가 15개월 연속 상승세를 이어갔다. 반면 국제유가 상승으로 수출한 단위로 수입할 수 있는 상품의 양을 뜻하는 '순상품교역조건지수'는 11개월 연속 하락세를 지속했다. 한국은행이 발표한 '무역지수 및 교역조건'에 따르면 이달 수입금액지수는 25.5% 오른 148.55로 나타나 15개월 연속 상승세를 이어갔다. 손진식 한국은행 경제통계국 물가통계팀 팀장은 "수입금액지수가 상승한 것은 국제유가와 원자재 가격이 상승한 원인이 컸다"고 말했다. 이달 월평균 두바이유 가격은 배럴당 92.4달러를 기록해 1년 전(60.9달러) 대비 51.7% 폭등했다. 전월(83.5달러) 대비로도 10.7% 급등했다. 러시아가 우크라이나를 침공하면서 공급 우려에 국제유가가 큰 폭으로 뛴 영향이다.

출처 : 뉴시스/일부인용

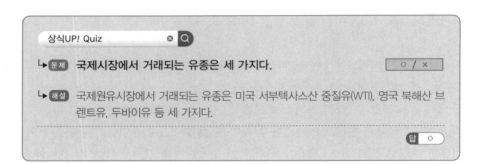

상식UP! Quiz

↳ 문제 **국제시장에서 거래되는 유종은 세 가지다.** ○ / ×

↳ 해설 국제원유시장에서 거래되는 유종은 미국 서부텍사스산 중질유(WTI), 영국 북해산 브렌트유, 두바이유 등 세 가지다.

답 ○

신문으로 공부하는
말랑말랑 시사상식
종합편

CHAPTER 05

사회·교육

원인 모를 범죄, 흉흉한 사회, 시민은 불안

2023년 여름 즈음부터 우리사회에서는 일면식도 없는 사람을 이유 없이 흉기로 위협하고 다치게 하는 사건이 크게 이어졌습니다. 무고한 시민이 안타깝게 살해당하는 비극도 있었죠. 이렇게 불특정다수를 목표로 명확한 동기 없이 저지르는 범죄를 '이상동기 범죄' 또는 흔히 '묻지마 범죄'라고 합니다.

7월에는 서울 신림역 길거리에서 묻지마 칼부림이 발생했고, 8월에는 성남 서현역에서 차량을 돌진해 사람들을 들이받고 인근 백화점에 들어가 칼을 휘두른 사건이 터졌습니다. 이 두 사건으로 3명이 안타깝게 목숨을 잃었고, 많은 이가 부상을 입었죠. 이후에도 흉기를 소지한 채 길거리를 배회하다가 경찰에 붙잡히는 사건이 이어졌는데요. 이 와중에 관심을 받아보려 온라인상에 살인 예고글을 작성해 경찰에 입건되는 철없는 사람들이 눈살을 찌푸리게 했습니다.

날벼락 같은 사건이 이어지자 시민들은 불안에 떨었습니다. 가스 스프레이, 전기충격기 등 호신용품의 판매가 늘었다는 보도도 나왔죠. 사회 분위기가 어두워지면서 정부·여당은 대책마련에 나섰는데요. 경찰은 흉기난동 우려가 높은 대형 쇼핑몰 등 다중밀집장소에 특별치안활동을 실시하겠다고 밝혔습니다. 곧 번화가 대로변에는 경찰특공대 장갑차가 등장했고, 소총으로 무장한 경찰특공대 대원들이 시민들 사이를 오가며 순찰했죠. 이 때문에 더욱 불안함을 느끼고 흉흉한 분위기를 실감한다는 시민들의 목소리도 나왔습니다. 이런 가운데 또다시 대낮 신림동의 등산로에서 성폭행 살인사건이 터지면서 경찰이 '보여주기식 치안활동'에만 매달렸다는 비판이 나왔는데요. 여기에 국무총리와 경찰청이 폐지된 의무경찰을 치안강화를 위해 부활시키겠다고 했다가 번복하는 등 갈팡질팡 촌극 같은 일이 벌어지기도 했습니다.

전문가들은 잇따른 이상동기 범죄에 대해 현실에서 겪은 불만과 열등감이 불특정다수에 대한 보복심리로 발전했다고 분석했습니다. 그러나 아예 구체적인 동기를 알 수 없는 경우도 있었죠. 서현역 칼부림 사건의 피의자는 조현병 병력이 있고 피해망상 증세가 있으나, 이것만으로는 현실에서 칼부림을 일으킨 명확한 동기와 연결짓기 어렵다고 했는데요. 전문가들은 각각 범죄의 원인은 다르더라도 앞선 사건들이 방아쇠가 돼 향후 유사범죄가 연쇄적으로 터질 수 있다며, 이상동기 범죄를 근본적으로 예방할 범정부적 대책을 세워야한다고 지적했습니다.

정치 · 경제 · **사회** · 국제 · 문화 · 미디어 · 과학 · IT · 스포츠

12년 전 스승에 흉기 휘두른 20대 남성 … 범행동기는?

대전 한 고등학교에서 교사에게 흉기를 휘둘러 크게 다치게 한 20대 남성이 재판에 넘겨졌다. 대전지검 형사3부는 살인미수죄로 A씨를 구속기소했다고 밝혔다. A씨는 대전 대덕구 한 고등학교에 침입해 교사 B씨를 살해하려는 마음으로 흉기로 10여 차례 찌르고 달아난 혐의를 받는다. 교사 B씨는 A씨가 다니던 대전의 다른 고등학교 교사로 근무했으나 담임을 맡지는 않았다. 검찰은 A씨가 정신질환 피해망상으로 특정인 대상의 **이상동기 범죄**를 벌인 것으로 보고 있다. A씨는 B씨 등 다수 교사와 동급생으로부터 집단 괴롭힘을 당했다고 주장했으나, 조사결과 A씨 주장은 피해망상에 따른 것으로 사실이 아닌 것으로 드러났다. 또한 A씨가 앓고 있는 정신질환이 범행동기로는 작용했으나, A씨가 범행의 범죄성과 위법성에 대해 인식하고 있는 만큼 범죄행위 자체에 영향을 미쳤다고 보기는 어려워 심신장애로 인한 감경사유는 없다고 판단했다.

출처 : 문화일보/일부인용

상식UP! Quiz

↳ 문제 **이상동기 범죄는 범죄 이유를 특정할 수 없고 불특정다수를 대상으로 하는 범죄를 말한다.**

○ / ×

↳ 해설 이상동기 범죄는 묻지마 범죄라고도 하며 일반적이지 않은 동기를 가지고, 불특정다수를 향해 벌이는 범죄다.

답 ○

 **095** 가스라이팅

당신은 잘못됐고 그것은 내가 결정한다

2010년대 후반에 들어 '가스라이팅(Gaslighting)'이라는 말이 사람들의 입길에 오르내리고 있습니다. 가스라이팅은 1938년 공연된 영국의 연극 〈가스등(Gas Light)〉에서 유래한 용어인데요. 세뇌를 통해 정신적 학대를 하는 것을 의미하며, '가스등 효과'라고도 불립니다. 보통 수평이 아닌 권력이 비대칭적으로 놓인 관계에서 주로 이루어집니다. 타인의 심리나 상황을 교묘하게 조작해 그 사람이 스스로 의심하게 만들어 타인에 대한 지배력을 강화하는 행위라고 할 수 있죠.

연극 〈가스등〉에서 주인공인 남성은 보석을 훔치기 위해 윗집의 여성을 살해합니다. 문제는 윗집에 들어가 보석을 찾으려면 가스등을 켜야 하는데, 그렇게 되면 가스를 공유하는 다른 집의 등이 어두워지게 된다는 겁니다. 따라서 남성이 보석을 찾을 때마다 그의 집도 어두워지는데, 이를 이상하게 여기는 부인의 의심을 죽이기 위해 그는 부인을 이상한 사람으로 몰아갑니다. 아내는 점차 스스로를 정말 잘못되었다 여기고 제대로 현실을 파악하지 못하게 되죠.

현재 범죄에서 자행되는 가스라이팅도 이와 같은 방식을 띕니다. 상대방의 기억이 틀렸다고 주장하고, 있던 일을 없는 것으로 만들어버리며 잘못하지 않은 일을 잘못했다고 몰아세웁니다. 그리고는 자신의 행동을 정당화하는 것이죠. 이러한 가스라이팅은 가정과 학교, 군대, 직장과 같은 일상생활에서 발생할 수 있습니다. 가정에서는 부모가 자식을 지나치게 통제할 때 흔히 가스라이팅을 범하는 경우가 있죠. "다 너를 위해서 하는 말이다", "모두 네가 잘 되길 바라는 마음에서 이러는 것이다"라는 표현이 이에 해당한다고 볼 수 있는데요. 통제와 학대의 과정에서 이러한 표현으로 자신을 정당화하게 됩니다. 직장에서는 부하직원을 무능력자로 질책하면서 깎아내린다든지, 나쁜 평판을 만들거나 과장되게 전달하는 방식으로 부하직원에 대한 통제권을 가지려 합니다.

결국 가스라이팅은 본인의 실익과 만족을 위해서 상대방을 조종하는 것이라 할 수 있는데요. 가스라이팅 피해자에 대한 적극적인 심리상담뿐 아니라 범죄에 가스라이팅이 작용했다면 이에 대한 처벌을 강화하고, 가스라이팅이 발생할 수 있는 사회조직의 수직적 문화도 바뀌어야 한다는 목소리가 각계에서 나오고 있습니다.

정치 · 경제 · **사회** · 국제 · 문화 · 미디어 · 과학 · IT · 스포츠

가정 · 직장 등서 끊이지 않는 '가스라이팅 범죄'

서울서부지법에서 첫 번째 재판이 열린 '마포 오피스텔 살인 사건'은 **가스라이팅** 범죄의 다면성과 심화성을 나타냈다. '34kg 시신사건'으로도 불리는 이 사건은 20대 청년 김모씨(20)와 안모씨(20)가 고교 동창 A씨(20)를 두달 가량 서울 마포구 소재 한 오피스텔에 감금하고 폭행해 사망에 이르게 한 사건이다. A씨는 사망 당시 34kg의 심각한 저체중 상태로 케이블 타이에 묶여 있었다. 해당 사건은 성인 남성이 동년배 친구들로부터 감금생활과 임금착취, 가혹행위를 당했다는 점에서 가스라이팅 의혹을 받았다.

이외에도 가스라이팅 범죄 유형은 더욱 다각화되고 있다. 무속신앙에 빠져 지인의 사주를 받고 60대 친모를 때려 숨지게 한 '안양 세 자매'는 징역 7년을 받았고, 살해를 지시한 지인 B씨에겐 징역 2년 6개월이 선고됐다. 재판부는 "B씨가 경제적 도움을 많이 주는 등 세 자매와 단순한 인간관계 이상으로 B씨에게 의지하고 있는 것으로 보인다"며 '지배적 관계'를 인정했다.

출처 : 파이낸셜뉴스/일부인용

상식UP! Quiz   ⊗ 🔍

↳ 문제 **상황조작을 통해 상대방의 판단력을 잃게 하고 지배하는 심리적 학대방식은?**
  ① 중상모략   ② 그루밍
  ③ 프레이밍   ④ 가스라이팅

↳ 해설 타인의 심리나 상황을 조작해 그 사람이 스스로를 의심하게 만들어 자존감과 판단력을 약화시킴으로써 타인을 지배하는 행위를 가스라이팅이라고 한다.

답 ④

모두 함께 살 수는 없나요?

경리단길, 해방촌, 서촌, 북촌, 성수동, 망원동 등 예전에는 작고 조용하던 동네들이 언제부터인가 많은 사람들이 찾는 곳이 되었습니다. 그러면서 자연스럽게 음식점, 카페 등 상권도 발달하게 되었지요. 사람들이 많이 찾아 동네가 활기를 띠고 주민소득이 증가하는 것은 좋지만 이렇게 되면 젠트리피케이션이 나타나게 되어 문제가 됩니다.

젠트리피케이션(Gentrification)은 지주계급 또는 신사계급을 뜻하는 '젠트리(Gentry)'에서 파생된 용어로, 1964년 영국의 사회학자 루스 글래스(Ruth Glass)가 처음 사용했습니다. 런던 서부에 위치한 첼시와 햄프스테드 등 하층계급의 주거지역이 중산층 이상의 계층 유입으로 인하여 고급 주거지역으로 탈바꿈되었습니다. 때문에 기존의 하층계급 주민은 치솟은 주거비용을 감당하지 못하고 살던 곳에서 쫓겨나는 일이 있었습니다. 젠트리피케이션은 이렇게 기존에 살던 주민들은 다른 지역으로 이주하고 유입된 중산층이 지역 주민을 구성하게 되면서 지역 전체의 구성과 성격이 변한 것에서 유래했습니다.

우리나라에서도 젠트리피케이션 현상이 각지에서 나타나면서 사회적인 문제가 되고 있습니다. 그 대표적인 곳이 해방촌, 경리단길, 성수동 서울숲길 그리고 망리단길이라 부르는 망원동 등입니다. 각 지자체는 이러한 현상을 예방하기 위해 거주 중인 예술인들을 지원하기도 하고, 건물주와 임차인 간 적정 수준 임대료를 유지하기로 하는 일명 '상생협약'을 적극적으로 권장하기도 합니다.

빅데이터로 상권-젠트리피케이션 분석
"소상공인 정책도 데이터 기반으로"

정부가 소상공인을 위한 전용 빅데이터 플랫폼 구축에 착수한다. 소상공인시장진흥공단(소진공)이 보유한 상가 정보와 카드사 등 민간이 보유한 매출 데이터 등을 결합, 소상공인 · 상권 관련 신규 정책을 추진하기 위해서다. **젠트리피케이션**(상가 내몰림)부터 실시간 상권 현황까지 다양한 융합 데이터를 제공하는 것이 목표다.

관련 업계에 따르면 소진공은 이달 중으로 소상공인 빅데이터 플랫폼 구축을 위한 정보화전략계획(ISP/ISMP) 수립에 들어간다. 기존 소진공에서 운영하던 상권정보시스템을 고도화하는 동시에 빅데이터 통합 분석 기반 시스템을 신규 구축한다. 이를 위해 최근 외부 전문가를 충원해 전담 조직까지 지난달 설치했다.

중소벤처기업부에서는 플랫폼을 통해 도출한 데이터를 소상공인 경영혁신 지원체계 수립, 소상공인 특화 서비스 개발 지원 등에 활용한다는 계획이다. 인공지능(AI) 기반 상권 분석, 소상공인 창업시뮬레이션과 같은 신규 서비스가 가능할 것으로 보인다.

출처 : 전자신문/일부인용

상식UP! Quiz

▶ 문제 **다음의 사례는 어떤 현상에 대한 해결방법인가?**

- 해방촌 신흥시장 – 소유주 · 상인 자율협약 체결, 향후 6년간 임대료 동결
- 성수동 – 구청, 리모델링 인센티브로 임대료 인상 억제 추진
- 서촌 – 프랜차이즈 개업 금지

① 스프롤 현상   ② 젠트리피케이션
③ 스테이케이션   ④ 공동화 현상

▶ 해설 사례들은 낙후된 지역이 여러 가지 환경 변화로 인기 지역이 됨에 따라 지가나 임대료가 상승하게 되면서 기존에 살던 주민들이 다른 곳으로 밀려나게 되는 젠트리피케이션 문제를 해결하기 위한 방안들이다.

답

먼저 사서 비싸게 파는 사람이 진짜 임자

스위스의 명품 시계 브랜드인 롤렉스의 매장에서는 시계가 아닌 공기만 판다는 말이 있습니다. 매장에 가도 시계를 구입하기가 그만큼 어렵다는 뜻인데요. 상품 공급이 줄면서 매장에 상품이 입고되기만 하면 어떻게든 구매하려는 사람들이 줄을 잇고 있습니다. 이는 롤렉스뿐 아니라 다른 명품 브랜드에서도 나타나고 있는 현상인데요. 이렇게 명품을 구매해서 몇 배의 웃돈을 얹어 되팔아 차익을 남기는 사람들이 늘어나고 있습니다. 이들을 우리는 리셀러(Reseller)라고 부르죠.

사실 리셀러는 '되팔렘'이라는 멸칭으로도 불리고 있습니다. 그만큼 이들이 시장에 끼치는 영향도 크다고 할 수 있는데요. 리셀을 전문으로 하는 사람들이 한정판과 희소한 상품들을 독점하다시피하면서 일반 소비자들의 불만도 커지고 있습니다. 이들은 매장 앞에서 노숙까지 하는 아르바이트를 고용해 조직적으로 움직이면서 상품을 그야말로 '싹쓸이'하고 있는데요. 명품 브랜드만이 아니라 화제로 떠오른 신상품이나 한정판 MD 상품, 컬래버레이션 운동화, 희소 LP판이나 아이돌 굿즈 등 희귀하고 가격을 올려 팔 수 있을 만한 물건이라면 가리지 않고 구매하고 있습니다. 오프라인에서는 아르바이트를 쓰고, 온라인에서는 매크로 프로그램을 가동하면서 상품을 구하고 있죠. 이런 상품들은 다시 엄청나게 가격이 붙어 중고시장에 등록됩니다. 중고거래 플랫폼인 '당근마켓'을 위시한 중고시장이 활성화되면서 리셀러들의 입김은 더욱 세지고 있습니다. 이러한 행위들은 또한 시장을 교란시킬 수 있죠.

명품 브랜드 샤넬은 리셀러들을 막기 위해서 의심스런 구매 내역이 확인되면 구매를 제한하는 제도를 시행하기도 했는데요. 특히 자사의 특정라인 상품의 경우 일년에 한 사람이 한 개의 상품만 구매할 수 있도록 했습니다. 그러나 아르바이트를 고용해 활동하는 리셀러들의 특성상 이런 조치는 무용지물에 불과했는데요. 그런데 사실 이런 리셀러가 기승을 부리기 시작한 것은 명품 브랜드들이 가격을 연달아

인상한 영향도 있었습니다. 이는 코로나19로 매출 타격을 입은 브랜드들이 명품 소비율이 높은 우리나라를 비롯한 아시아 지역을 중심으로 가격인상을 단행한 것으로 풀이됐습니다. 또 2022년에도 환율의 영향으로 몇 차례 가격인상이 있었는데요. 가격인상이 이어졌지만, 명품 수요는 가라앉지 않았죠.

유명 명품 브랜드의 가격조정정책 때문에 상품의 가치가 유지되고 오히려 인상되는 현상이 발생하자, 이를 재테크 수단으로 활용하려는 리셀러들에게 힘을 불어넣었다는 분석이 있습니다. 또한 코로나19로 억눌렸던 소비가 폭발하고, 젊은 MZ세대를 중심으로 명품과 재력을 과시하는 이른바 '플렉스(Flex)'라는 풍조가 확산되면서 이러한 시장 흐름은 더 이어질 것으로 보입니다.

진상 리셀러에 분통터지는 소비자

중고거래 시장이 커지면서 전문 **리셀러**들에 대한 원성도 높아지고 있다. 리셀러는 희소성 가치가 있는 물건에 웃돈을 얹어 되파는 사람을 뜻한다. 리셀러 탓에 일반인들의 구매 기회가 적어지고, 시장 가격을 혼란시킨다는 지적이다.

명품업계에 따르면 지난달 서울 시내 한 백화점 샤넬 매장에 경찰이 출동했다. 한 전문 리셀러가 "원하는 가방이 입고될 때까지 나가지 않겠다"며 3시간가량 매장에서 버티고 있었기 때문이다. 명분은 휴대전화 충전이었다. 샤넬은 '클래식백 미디움'과 '가브리엘 백팩' 등 인기 상품이 입고되는 날짜와 시간을 공개하지 않는다. 이 때문에 하루 종일 줄을 서도 원하는 상품을 가지지 못하는 경우가 많다. 결국 보다 못한 점장이 경찰에 신고를 했고, 해당 리셀러가 매장을 떠나는 것으로 일단락됐다. 이 리셀러로 인해 입장을 기다리던 소비자들이 1~2시간가량 더 기다려야 하는 불편함을 겪었다.

전문 리셀러들이 등장한 것은 프리미엄 때문이다. 보통 리셀러들은 정가에 10% 마진을 붙여 판매한다. 백화점 기준 846만원인 샤넬 클래식백 미디움은 900만원이 넘는 가격에 팔린다. 488만원인 가브리엘 백팩 리셀가는 600~700만원 선에 형성돼 있다. 한 백화점 관계자는 "최근에는 일반인들도 리셀에 뛰어들면서 캠핑용 의자까지 동원되는 등 경쟁이 치열하다"고 말했다.

출처 : 매일경제/일부인용

상식UP! Quiz

↳ 리셀러가 구입하는 상품은 명품 브랜드로 한정되어 있다.   ○ / ×

↳ 해설 리셀러는 명품 브랜드뿐 아니라, 비매품인 MD 상품이나 한정판 신발, 새로 출시된 게임기 등 희소성 있는 상품들을 구매하여 프리미엄을 붙여 중고시장에 판매한다.

 답 ×

이토록 깨지지 않는 유리라니…

2014년 프랑스 파리의 안 이달고 시장, 2016년 이탈리아 로마의 비르지니아 라지 시장, 일본 도쿄의 고이케 유리코 시장까지 미국·영국·프랑스·이탈리아·일본 등 세계의 주요 선진국에서 여성 정치지도자들의 당선 소식이 잇따르면서 '유리천장이 깨지고 있다'는 말이 나오고 있습니다.

유리천장(Glass Ceiling)은 직장 내에서 여성들의 승진 등 고위직 진출을 막는 보이지 않는 장벽을 일컫는 단어입니다. '눈에 보이지는 않지만 결코 깨뜨릴 수 없는 장벽'처럼 충분한 능력이 있는 여성에게 비공개적으로 승진의 최상한선을 두거나 승진 자체를 막는 상황을 표현한 말입니다. 겉으로 보기에는 어떠한 제한도 없지만 비공식적으로는 조직 내에 관행과 문화처럼 굳어진 부정적 인식으로 인해 고위직으로의 승진이 차단되는 상황을 빗대어 표현한 것이라고 합니다. 이는 오늘날 성별로 인한 차별이 많이 완화된 것 같지만 여전히 존재하고 있음을 나타냅니다.

앞서 언급한 세계 주요 도시의 시장뿐만 아니라 국가 정상으로서 여성의 활동도 두드러지고 있습니다. 독일의 메르켈 전 총리, 이탈리아의 멜로니 총리 등이 대표적입니다. 최근에는 '유리천장'이라는 표현이 처음의 의미보다 확대되어, 현재는 성별뿐만 아니라 어떤 영역에 있어 부당한 제한을 받는 사람이 겪는 모든 장벽을 가리키는 용어로까지 폭넓게 사용되고 있습니다.

금융권 '유리천장' …
12만 임직원 중 여성 임원 21명

금융감독원 전자공시시스템에 따르면 4대 은행과 3대 생명보험사, 3대 손해보험사, 4대 신용카드사, 6대 증권사 등 금융회사 20곳의 임직원 11만 9,039명 중 여성임원은 22명에 불과했다. 이마저도 한 명이 금융회사 두 곳의 임원을 겸직해 사실상 21명이다. 4대 은행 중에는 하나은행과 신한은행 임원이 각각 23명, 24명이지만 여성은 존재하지 않았다. 국민은행은 20명 중 여성은 박순애 감사위원과 박정림 여신그룹 부행장 등 2명 뿐이다. 이들 대형 금융회사 20곳의 직원은 11만 8,194명이며 이 가운데 여직원이 47.7%로 절반에 육박한다. 일부는 여직원이 많은 곳도 있다. 하지만 12만명에 가까운 임직원 중 여성임원이 21명에 그치는 것은 그만큼 '**유리천장**'이 존재한다는 것을 뜻한다. 여성들은 결혼과 출산, 육아휴직 등을 거치며 경력단절이 일어나고 이로 인해 승진 대상에서 제외되는 경우가 적지 않다. 또 희망퇴직이 있을 때마다 남성보다 대상자로 더 쉽게 오른다는 지적도 있다.

출처 : KBS/일부인용

상식UP! Quiz

↳ **문제** 여성들의 영향력 있는 고위직 승진을 가로막는 회사 내 보이지 않는 장벽을 무엇이라 하는가?

↳ **해설** 유리천장은 충분한 능력을 갖춘 사람이 비공식적인 직장 내 성차별이나 인종차별 등의 이유로 고위직으로의 승진이 이뤄지지 않는 것을 일컫는 말이다.

답 유리천장

은퇴와 동시에 시작되는 먹고 살 걱정

크레바스(Crevasse)는 빙하가 흘러내리면서 균열이 생겨 만들어지는 틈을 말합니다. 겉으로 보인다면 피할 수 있지만, 눈에 덮여 드러나 보이지 않을 때 자칫 발을 헛디뎌 빠지게 되면 매우 위험하다고 하는데요. 그 깊이가 50~100m에 달하는 것도 있다고 합니다. 한 번 빠지게 되면 탈출하기가 쉽지 않죠. 소득 크레바스는 이 깊은 틈처럼 은퇴 후 연금을 받을 때까지 소득이 없는 기간을 뜻합니다. 정확히는 '생애 주된 직장'의 은퇴 후를 말하는데요. 평생직장의 개념이 희미해지고 정년도 짧아지는 현 시대에서 소득 크레바스의 골은 더욱 깊어지고 있습니다.

통계청의 2019년 발표에 의하면 직장인은 평균 49.5세에 퇴직하며, 국민연금 수령 시기가 65세이므로 평균 15.5년 동안 소득 공백 시기가 있는 것으로 나타났습니다. 아울러 2020년 한 금융회사가 퇴직자를 대상으로 설문한 결과에 따르면 퇴직자 가운데 절반 이상은 새로운 일을 하고 있으며, 가구당 월평균 수입은 약 393만 원에 불과한 것으로 조사됐는데요. 60%가 넘는 퇴직자들이 퇴직 후 생활비를 30% 정도 줄였다고도 응답했습니다.

이것은 소득 크레바스가 퇴직 시기를 맞은 5060세대의 생계에 큰 위협이 될 수 있다는 것을 시사합니다. 더군다나 현재의 5060세대는 위로는 노부모를 봉양해야 하고, 아래로는 자녀들을 뒷바라지해야 하는 낀 세대라고 할 수 있죠. 여기에 자신들의 생활까지 영위해야 하니 삼중고를 겪고 있다고 할 수 있습니다. 그리고 연금을 받는 후에도 경제적 어려움은 이어질 수 있는데요. 실제로 2021년 우리나라 65세 이상 노인의 빈곤율은 43.4%로 OECD 국가 가운데 가장 높은 것으로 전해졌죠. 동시에 2021년 대검찰청이 발표한 결과에 따르면 2020년에 65세 이상 고령자 10만 명당 479.9명이 재산관련범죄를 저질렀는데, 이는 지난 2010년에 비해 약 135% 증가한 것이라고 합니다.

우리나라는 지난 2017년 이미 고령사회로 들어섰고, 평균수명도 2020년에 81세로 조사되었는데요. 은퇴 후 노후시간이 갈수록 길어질 전망에 따라 소득 크레바스를 비롯한 노후대비 문제를 깊게 고민하고 시급히 해결해야 한다는 사회적 요구가 커지고 있습니다.

정치 · 경제 · 사회 · 국제 · 문화 · 미디어 · 과학 · IT · 스포츠

5060 소득 크레바스, 민관 협력으로 풀어야

5060세대가 직면한 가장 큰 문제는 '소득 크레바스'다. 이들 세대는 일부 대기업 출신을 제외하고는 제대로 된 재취업 교육을 받아본 적이 없다. 중앙정부와 지자체의 일자리 지원 대책이 청년층과 노년층에 집중된 결과다.

상황이 이렇다보니 직장에서 밀려나온 5060세대는 소득 크레바스를 줄이기 위해 저임금, 생계형 일자리로 내몰릴 수밖에 없다. 이명민 숙명여대 행정학과 교수는 "자산 축적을 제대로 못한 가구의 경우 큰 경제 충격이 올 경우 노인 빈곤으로 이어질 가능성이 높다"고 우려했다.

전문가들은 지금이라도 5060세대의 일자리 문제를 국가적 과제로 인식해 민관이 머리를 맞대고 해결 방안을 모색해야 한다고 입을 모은다. 손유미 한국직업능력개발원 부원장은 "퇴직자에게 양질의 일자리를 제공하는 것은 5060의 생계유지 측면에서도 중요하다"고 말했다. 그러면서 "노동시장에서 이탈한 5060세대에게 일은 세상과 계속 소통하는 차원에서 의미가 있다"고 덧붙였다.

출처 : 서울경제/일부인용

상식UP! Quiz ⊗ 🔍

↳ **문제** 은퇴 후 국민연금을 받을 때까지 소득이 없는 기간을 뜻하는 용어는?

① 소득 크레바스   ② 트리핀 딜레마
③ 임금피크   ④ 래칫효과

↳ **해설** 크레바스(Crevasse)는 빙하가 흘러내리면서 얼음에 생기는 틈을 의미하는 것으로, 소득 크레바스는 은퇴 당시부터 국민연금을 수령하는 때까지 소득에 공백이 생기는 기간을 말한다.

답 ①

고등학생도 수강신청을 한다?!

고교학점제는 고등학생도 대학생처럼 진로와 적성에 맞는 과목을 골라 듣고 일정 수준 이상의 학점을 채우면 졸업할 수 있도록 한 제도입니다. 고교학점제 제도 하에서 일부 과목은 필수로 이수해야 하고, 3년간 총 192학점을 이수하면 졸업할 수 있습니다. 교육부는 이 고교학점제를 2025년에 전면적으로 시행하기 위해, 2023년부터 부분적으로 도입한다고 밝혔는데요.

학생이 진로와 적성에 따라 수업을 골라들을 수 있는 고교학점제에서는 다양한 선택과목들을 개설함으로써 자율성을 살린다고 합니다. 1학년부터 진로를 감안하여 들을 수업을 선택하게 되죠. 아울러 다른 학교의 수업을 들을 수도 있고, 온라인이나 학교 밖 전문가의 수업을 통해서도 학점을 이수할 수 있습니다. 또한 전면 도입되는 2025학년도에 1학년을 제외한 2·3학년은 성취평가제를 실시할 것이라 하는데요. 기존처럼 상대평가로 내신 9등급을 산출하지 않고, 대학교처럼 각 과목이 요구하는 성취도에 따라 평가가 5단계로 나눠질 예정입니다. 절대평가의 성격을 띠게 되는 것이죠. 2021년 문재인정부 당시 유은혜 교육부총리는 고교학점제의 단계적 도입을 발표하며 "고교학점제는 학생 선택을 존중하는 학생맞춤형 교육과정을 구체화한 정책으로, 우리 교육의 큰 전환점이 될 것"이라고 설명했습니다.

고교학점제를 도입하며 기존 학년제에서 학점제로 교육과정의 대변화를 맞게 됐는데요. 그래서 한편으론 이 제도를 두고 비판과 우려도 많습니다. 먼저 상대평가 방식인 현행 수능체제와 맞지 않기 때문에 2028학년도 대학입시 전형부터 뜯어 고쳐야 한다는 의견이 지배적입니다. 또 선택과목을 다양화하기 위해서는 교사인력을 확충해야 하는데, 학령인구가 점점 줄고 있는 현 상황에서는 쉽지 않죠. 학교생활을 하면서 차차 진로탐색을 하지 않고, 1학년부터 일찌감치 진로를 정해 수업을 듣고 계속 나아간다는 것도 학생 입장에서는 부담이 됩니다. 또 성취평가를 잘 받을 수 있는 과목에만 학생이 몰릴 수 있다는 우려도 있죠. 이 밖에도 다른 우려들이 제기되는 상황인데요. 새 제도의 도입으로 학교현장에 충격이 예상되는 만큼 부분 도입 때부터 일어나는 혼란을 잘 정비해 정말 학생들에게 도움이 되는 제도로 자리매김했으면 합니다.

정치 · 경제 · **사회** · 국제 · 문화 · 미디어 · 과학 · IT · **스포츠**

고교학점제 따른 절대평가 확대하려면 다양한 대입전형 필요

교육부가 **고교학점제** 보완을 위한 전문가 협의체를 꾸리고 고1 공통과목 성취평가제(절대평가) 시행 등 세부사항 논의를 시작했다. 고교학점제는 고교생이 진로 · 적성에 맞는 과목을 골라 듣고 일정 수준 이상의 학점을 채우면 졸업할 수 있도록 한 제도다. 현재 일부 고교에서 시행하고 있으며 2025학년도부터 학교현장에 전면 적용될 예정이다. 하지만 교육계에서는 세부사항에 대한 추가 논의와 학교현장의 준비를 위해 시간이 더 필요하다는 목소리가 나온다. 예를 들면 현재 성취평가와 9등급 상대평가를 병행하는 1학년 공통과목을 성취평가제로 전면 전환할지 등에 대해 찬반이 엇갈린다. 대학관계자들은 성취평가제 취지에 공감하며, 성취평가 결과를 대학입시에서 제대로 활용하려면 다양한 전형방법을 모색해야 한다고 제안했다.

출처 : 연합뉴스/일부인용

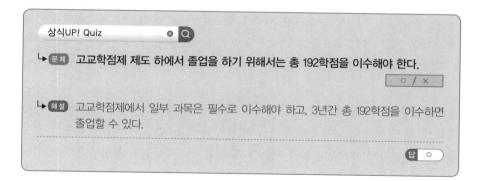

상식UP! Quiz

↳ 문제 고교학점제 제도 하에서 졸업을 하기 위해서는 총 192학점을 이수해야 한다.

O / X

↳ 해설 고교학점제에서 일부 과목은 필수로 이수해야 하고, 3년간 총 192학점을 이수하면 졸업할 수 있다.

답 O

우리도 어엿한 노동자입니다

플랫폼 노동자는 디지털 플랫폼을 통해 노동력을 제공하는 노동자를 말합니다. 정보통신기술이 고도로 발전하면서 이를 활용해 다양한 서비스를 제공하는 디지털 플랫폼이 우후죽순 나타났고, 여기에 노동 수요가 발생하면서 플랫폼 노동자도 자연스레 등장하게 되었죠. 플랫폼 노동의 유형에는 크게 두 가지가 있습니다. 먼저 소비자가 온라인을 통해 플랫폼으로 서비스를 주문하면 이를 즉각 제공하는 '온디맨드 웍(On-demand Work)'이 있습니다. 차량공유, 배달, 쇼핑대행, 가사도우미 서비스 등이 여기에 해당하죠. 두 번째는 업무를 맡기려는 사람이 온라인 플랫폼을 통해 노동자를 공모하면, 이에 선발된 사람이 위탁을 받아 노동력을 제공하는 '크라우드 소싱 웍(Crowd Sourcing Work)' 형태가 있습니다. 웹소설, 수기 작성, 디자인, 데이터 가공 등 작업한 결과물들을 온라인으로 제공하는 일을 하죠.

그러나 한편으론 이 플랫폼 노동자의 노동현실에 대한 문제도 끊임없이 되풀이되고 있는데요. 이들은 보통 특수형태근로종사자로서, 전통적 의미의 노동자처럼 회사에 종속된 근로계약을 맺는 것이 아닙니다. 이들의 노동은 비전속적이고 초단기간 노동력을 제공하며, 근로시간과 장소도 때마다 달라집니다. 계약은 형식상의 위탁계약으로만 이루어질 뿐이죠. 그러다보니 아직 이들을 바라보는 사회의 시선이 밝지 만은 않습니다. 정식으로 일하는 노동자가 아닌 단순히 거쳐 가는 아르바이트로 치부하는 경우도 많죠. 그러다보니 근무 과정에서 겪는 불이익이나 피해에 대해 제대로 보상받지 못하거나 하소연할 수 없는 처지가 되기 쉽습니다. 이들의 노동인권문제는 이미 도마에 오른 지 오래되었죠.

우리 주변에서 가장 흔하게 만날 수 있는 플랫폼 노동자는 음식 배달 노동자입니다. 1인가구가 부쩍 늘어난 데다, 사람들이 '배달의민족' 같은 음식 배달 서비스를 많이 이용하게 되면서 음식 배달 노동의 수요는 꾸준히 유지되고 있습니다. 그리고 이 배달 노동자들의 목숨을 앗아간 사고도 자주 보도되고 있죠. 지난 2021년 8월에는 서울 선릉역 인근에서 한 배달 노동자가 화물차에 치여 목숨을 잃는 사고가 있었습니다. 노동자와 차주, 어느 한편을 쉽사리 탓할 수 없는 안타까운 사고였죠. 민주노총의 서비스노조는 이 사고의 원인이 '배달 플랫폼 간의 속도 경쟁'이라는 성명을 냈습니다. 사실 도로에서의 무모하고 위험한 운전 때문에 배달 노동자에 대한 사회적 인식은 좋지 않은데요. 노조는 이렇게 도로에서 목숨을 걸어야 하는 이유가 '배달 속도가 생명'이라는 플랫폼의 경영전략이 배달기사들을 압박하고 있기 때문이라고 주장했습니다.

소비자를 만족시키기 위한 새로운 아이디어가 창출되고, 이에 대한 소비자의 반응도 나오면서 디지털 플랫폼은 더욱 활황을 띨 것으로 전망됩니다. 더불어 플랫폼 노동자들의 유형도 다양화되고 그 수도 늘어날 만큼 이제는 현실이 된 이들의 노동 인권에 대해서도 구체적인 개선 방안이 나오길 바랍니다.

속도 경쟁 내몰린 배달 플랫폼 노동자, 핵심 쟁점은?

비대면 서비스 사용량이 증가하면서 수요가 급격하게 증가한 **플랫폼 노동자**는 서비스 사용이 늘어난 만큼 많고, 다양한 종류의 위험을 마주하고 있다. 그러나 플랫폼종사자 보호법은 국회에 계류됐고, 정부의 각종 지원 사각지대에 있다.

수많은 직장인들과 자영업자들이 본업을 떠나 향하는 곳은 배달 플랫폼이다. 가지각색의 사정을 가진 많은 사람들이 생계를 위해 부업으로 배달 플랫폼을 택한다. 보수적인 조직 문화를 벗어나 새로운 기술과 혁신으로 주목받았던 배달 플랫폼 산업은 급격한 성장세를 기록한 만큼 해결해야 할 과제도 분명히 존재한다. 구교현 라이더 유니온 사무국장은 우선적으로 해결해야 할 과제가 배달 라이더들의 '안전운임제'라고 답했다. 노동자의 과속 · 과로 등을 방지하기 위해 적정 운임을 법으로 보장하는 '안전운임제'는 현재 건당 책정되는 운임체계를 택배와 배달에 소요되는 운송원가 및 적정 소득을 기준으로 개편하는 게 골자다. 해당 제도를 통한 적정 운임료 현실화와 안정화가 서비스 향상과 노동자와 시민의 안전도 보장할 수 있다는 설명이다. 구 사무국장은 "현재 전반적으로 배달료에 있어서도 변동성이 상당히 크다. 프로모션이라는 이름으로 특정 시간대에 국한해 배달료가 높게 책정되는 경우가 있는데, 왜 이렇게 높게, 낮게 책정되는지 기준을 알 수 없고, 그렇다보니 라이더들은 특정 시간대에 과도한 속도를 낸다. 과속을 부추기는 양상의 가업 정책은 문제가 있다고 생각한다"고 말했다.

출처 : 프라임경제/일부인용

 상식UP! Quiz

↳ **문제** 플랫폼 노동의 유형 중 하나인 '온디멘드 웍'은 수기 작성, 디자인, 데이터 가공 등 작업한 결과물들을 온라인으로 제공하는 일을 하는 것을 말한다. ○ / ×

↳ **해설** '온디맨드 웍(On-demand work)'은 소비자가 온라인을 통해 플랫폼으로 서비스를 주문하면 이를 즉각 제공하는 형태로 차량공유, 배달, 쇼핑대행, 가사도우미 서비스 등이 해당한다.

답 ×

받은 만큼만 일할 겁니다

최근 젊은 MZ세대 직장인들을 중심으로 이른바 '조용한 사직(Quiet Quitting)'이라는 근로 문화가 확산되고 있다고 합니다. 조용한 사직이란 직장을 그만두지는 않지만 정해진 업무시간과 업무범위 내에서만 일하고 초과근무를 거부하는 노동방식을 뜻하는 신조어입니다. 'Quiet Quitting'을 직역하면 '직장을 그만두겠다'는 의미이지만 실제로는 '직장에서 최소한의 일만 하겠다'는 뜻이죠. 이 신조어는 미국 뉴욕에 거주하는 20대 엔지니어기사 자이드 플린이 자신의 틱톡 계정에 올린 동영상이 화제가 되면서 전 세계로 확산됐습니다. 워싱턴포스트는 이에 대해 직장인들이 개인의 생활보다 일을 중시하고 일에 열정적으로 임하는 '허슬 컬처(Hustle Culture)'를 포기하고 직장에서 주어진 것 이상을 하려는 생각을 중단하고 있다는 것을 보여주는 현상이라고 분석했죠.

조용한 사직이 등장한 데에는 여러 사회적 배경이 있는데요. 먼저 '평생직장'이라는 개념이 사라지고 이직을 포함한 근로 문화가 느슨해지면서, 일에 대한 의미가 달라지고 있기 때문입니다. 수십 년간 한 회사에 인생을 바쳤던 기성세대와 달리, 조용한 사직을 추구하는 직장인들은 '열정을 다해서 일해 봤자 나에게 실질적으로 돌아오는 것은 없다'고 느낀다는 것입니다. 회사가 나의 삶을 책임져주지 않는다는 것이죠. 또 물가는 하루가 다르게 치솟는데 승진은 고사하고 급여도 이에 따라가지 못하면서, '열심히 일을 하고 돈을 벌어도 결국 나의 삶에 변화는 오지 않는다'는 생각이 조용한 사직을 이끌어냈다는 분석이 있습니다. 아울러 코로나19 팬데믹을 지나며 재택근무가 활성화되면서 비교적 자유로운 근무환경이 조성된 것도 영향을 줬습니다. 이렇게 조용한 사직을 추구하는 직장인들이 나타나면서 기성세대 직장인들과 갈등도 일어나고 있다고 하는데요. 기성 직장인들은 '개인적인 영역도 중요하지만 직장에서는 팀워크로 완성되는 업무도 있는데, 젊은 세대들은 사생활이 무조건 우선이 되는 것 같아 씁쓸하다'는 반응도 보였습니다.

월급만큼만 일하는 '조용한 사직' MZ세대엔 이미 대세

직장인 5년차 A씨는 최근 '**조용한 사직**'이라는 말에 큰 공감을 느끼고 있다. '조용한 사직(Quiet Quitting)'이란 실제 퇴사를 하진 않지만, 마음은 일터에서 떠나 최소한의 업무만 하려는 태도를 뜻하는 신조어다. A씨는 "최근 '조용한 사직'이란 단어에 너무 크게 공감한다"며 "친구들 중 10명에 9명이 다 동의할 정도로 요즘 우리 세대 직장인들에겐 보편적인 현상 아닐까 싶다"고 설명했다. 이어 "연봉협상을 했는데 물가는 엄청 올랐는데 월급은 쥐꼬리만큼 올려주면서 불황에도 인상했지 않느냐는 회사의 망언을 들으며 더 확실히 조용한 사직을 해야겠다는 마음을 굳혔다"고 머리를 긁적였다. 최근에 결혼한 직장인 4년차 B씨는 "윗분들은 그 당시 회사 월급으로 집도 사고 가족도 부양하니 회사에 충성했을 것"이라며 "지금은 회사 월급이 내 삶을 책임져줍니까"라고 되물었다. 이어 "그렇다고 일을 아예 안하고 월급만 챙겨가는 이른바 '월급 루팡'을 한다는 게 아니다"라며 "딱 돈 준 만큼 일하겠다는 것"이라고 덧붙였다.

출처 : 뉴스1/일부인용

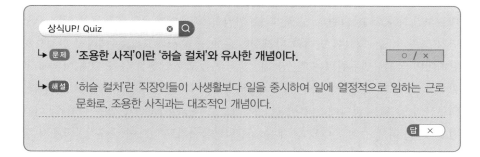

상식UP! Quiz

문제 '조용한 사직'이란 '허슬 컬처'와 유사한 개념이다.   o / x

해설 '허슬 컬처'란 직장인들이 사생활보다 일을 중시하여 일에 열정적으로 임하는 근로문화로, 조용한 사직과는 대조적인 개념이다.

답 x

 **103** NGO

때론 정부기구보다 더 큰 일하는 민간단체

NGO(Non-Governmental Organization)는 정부기관이나 관련 단체가 아닌 순수한 민간조직입니다. '비정부성'을 강조하며 자발적으로 조직된 비영리적 시민단체이지요. 이들은 정부의 간섭에서 벗어나 민간단체로서의 성격을 유지하며 환경보호, 개발원조, 인구, 거주지, 여성, 기아, 인권, 장애자 문제 등을 해결하기 위해 활동합니다.

NGO라는 말을 처음으로 사용한 것은 유엔에서 국제적인 비영리조직에 대해 정부기관(IGO)과 대비되는 말로 NGO를 사용하면서부터입니다. NGO는 1991년 12월 프랑스 파리에서 국제 NGO포럼이 개최된 이후 세계적으로 그 위상이 급부상하였습니다. 최근 들어 국내 민간단체, 시민조직도 NGO의 범주에 속하게 되었습니다.

대표적인 NGO로는 그린피스, 국제사면위원회, 세계자연보호기금 등이 있습니다. 먼저 그린피스는 핵실험 반대와 자연보호 운동 등을 펼치고 있는 세계적 환경보호단체이며 국제사면위원회는 인권침해, 언론과 종교 탄압행위 등을 세계 여론에 고발하고, 구제를 위해 노력하는 국제기구입니다. 이외에도 정치, 경제, 교통, 환경, 의료사업 등 모든 분야에 걸쳐서 전 세계적으로 다양한 NGO가 활동 중이죠. 이러한 NGO는 국제 관계 분야의 한 부분으로 받아들여지고 있으며 국내적 · 국제적 정책을 마련하는 데 큰 영향을 끼치고 있습니다.

남아공 세계최대 코뿔소 농장, NGO가 인수 "2천마리 야생화"

경매 매물로 나왔던 남아프리카공화국의 세계최대 코뿔소 농장이 야생동물 NGO에 인수됐다. 남아공의 야생동물 보호 · 보존단체인 '아프리카 파크(African Parks)'는 보도자료를 내고 세계최대 민간 코뿔소 농장인 '플래티넘 라이노(Platinum Rhino)'를 인수했다고 밝혔다. 남아공 노스웨스트주에 있는 이 농장은 여의도 면적의 약 27배에 달하는 78km² 규모로 2천여 마리의 남부흰코뿔소를 키우고 있다. 아프리카 파크는 "남아공정부의 지원을 받고 긴급모금, 철저한 실사를 거쳐 농장과 코뿔소 2천마리를 모두 사들이기로 합의했다"며 "향후 10년간 코뿔소들을 잘 관리되고 안전한 지역에서 야생으로 돌려보내는 것이 우리의 목표"라고 설명했다. 이어 "사육 프로그램은 단계적으로 중단하게 되며 모든 코뿔소를 야생으로 풀어놓게 되면 이 프로젝트는 종료된다"면서 "이는 아프리카에서 모든 종을 통틀어 가장 대규모로 진행되는 야생화 노력 중 하나"라고 덧붙였다.

출처 : 연합뉴스/일부인용

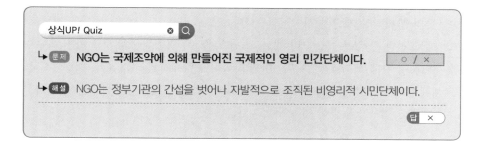

상식UP! Quiz

→ 문제 NGO는 국제조약에 의해 만들어진 국제적인 영리 민간단체이다.   ○ / ×

→ 해설 NGO는 정부기관의 간섭을 벗어나 자발적으로 조직된 비영리적 시민단체이다.

답 ×

돌연변이 농산물, 재앙인가? 축복인가?

유전자 변형이란 특정 작물이 갖고 있지 않은 유전자를 인위적으로 결합시켜 새로운 특성의 품종을 개발하는 유전공학적 기술입니다. 즉, 특정 생물이 갖고 있는 유전자 가운데 유리한 유전자만을 취하여 다른 생물에 삽입함으로써 강인한 특성을 지닌 새로운 품종을 만들어내는 것입니다.

프랑켄푸드는 생물체의 유전자 중 필요한 유전자를 변형하여 제초제와 병충해에 대한 내성과 저항력을 갖게 하거나 영양적인 가치와 보존성을 높이기 위해 해당 작물에 다른 동식물이나 미생물과 같은 외래 유전자를 주입하여 키운 농산물을 의미합니다.

역사를 거슬러 올라가 보면 1994년 무르지 않는 토마토를 시작으로 유전자 변형 농산물의 본격적인 개발이 시작되었습니다. 그 후 1995년 강력한 독성을 지닌 제초제에도 견딜 수 있는 콩을 개발했고, 스위스에서는 병충해에 내성을 가진 옥수수를 개발하여 판매를 허용했습니다. 현재 다국적 농약회사와 코카콜라, 맥도날드 등 전 세계적으로 유명한 식품회사들은 유전자 변형 농산물을 식품 제조에 사용하고 있으며 관련 연구가 활발히 이루어지고 있습니다.

자연의 섭리를 거슬러 해당 작물에 종을 뛰어넘는 유전자를 주입하는 것에 대한 두려움과 공포 때문에 유럽에서 '프랑켄슈타인' 박사가 만든 괴물에 빗대어 프랑켄푸드라고 부른 것입니다. 유전자 변형 농산물은 농작물의 품질을 향상시킨다는 장점이 있지만 알레르기를 유발하거나 예기치 않은 독성을 드러내는 등 인체와 환경에 대한 불확실성이 존재하기 때문입니다. 우리나라에서는 소비자들에게 올바른 정보를 제공하기 위해 2001년부터 콩, 옥수수, 콩나물, 감자 등에 대한 '유전자 변형 농산물 표시제(GMO)'를 시행하고 있습니다.

한국의 유전자 변형 제품 표시기준

구분	표시	미표시
농산물	식약 승인한 모든 GMO 농산물	GMO 농산물과 구분 관리된 농산물(구분유통증명서 또는 정부증명서 제출, 3% 이하는 비의도적 혼입치로 인정)
가공식품	GMO 농산물을 주요 원재료로 사용하여 제조 · 가공한 모든 식품	GMO 농산물과 구분 관리된 농산물을 사용한 경우(구분유통증명서 또는 정부증명서 제출, 3% 이하는 비의도적 혼입치로 인정)

정치 · 경제 · 사회 · 국제 · 문화 · 미디어 · 과학 · IT · 스포츠

GMO 옹호하는 목소리도 … 그냥 선택하게 하면 안 되나?

로버츠 교수는 GMO를 옹호하는 대표적 학자다. 노벨상 수상자들로 구성된 '친GMO 캠페인'을 이끌고 있다. 그는 100여 명의 노벨상 수상자와 함께 'GMO를 옹호하는 노벨상 수상자 공개서한'을 발표하기도 했다.

이들은 GMO 공포가 '조장'되고 있다는 주장을 하기도 한다. 확인되지 않은 공포를 부추겨 특정 이데올로기를 확산하는 데 활용한다는 주장이다. 실제로 반대론자들은 GMO를 '괴물식품'이란 뜻에서 '프랑켄푸드(프랑켄슈타인 + 푸드)'라고 부르기도 한다.

사실 이런 논쟁을 알고 나면 GMO를 먹기가 더 꺼림칙해진다. 돈을 더 주고서라도 GMO로부터 안전한 식품을 먹고 싶은 사람도 있을 것이다. 소비자들의 물음은 다시 원점으로 돌아간다.

"그냥 소비자가 선택할 수 있게 하면 안 되나요?"

출처 : 중앙일보/일부인용

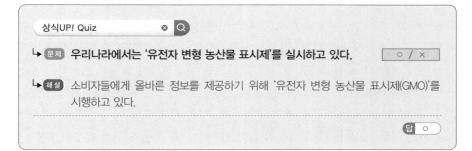

상식UP! Quiz

↳ 문제 우리나라에서는 '유전자 변형 농산물 표시제'를 실시하고 있다.   ○ / ×

↳ 해설 소비자들에게 올바른 정보를 제공하기 위해 '유전자 변형 농산물 표시제(GMO)'를 시행하고 있다.

답 ○

당연한 시민사회의 소양

문해력은 단어 그대로 문자를 읽고 쓸 수 있는 능력을 말합니다. 유네스코(UNESCO)는 "문해란 다양한 내용에 대한 글과 출판물을 사용하여 정의, 이해, 해석, 창작, 의사소통, 계산 등을 할 수 있는 능력"이라 정의했는데요. 최근 우리나라에서는 학생부터 성인까지의 문해력이 현저히 떨어진다는 지적이 제기되어 화제를 모았습니다.

과거 '사흘'이라는 단어를 사용한 뉴스 기사를 읽고 사흘이 '3일'이나 '4일'이냐를 두고 다투는 댓글들을 볼 수 있었는데요. 이후에는 한 인터넷 카페에서 웹툰 작가 사인회의 예약 오류에 대해 "심심한 사과 말씀 드린다"는 공지를 올렸다가 누리꾼들의 엇나간 조롱을 받은 일도 있었습니다. 매우 깊고 간절하다는 뜻의 '심심(甚深)하다'를, 하는 일이 없어 지루하고 재미가 없다는 것으로 해석해 카페 측을 비판한 것이죠. 그런가하면 오늘을 뜻하는 '금일(今日)'을 금요일로 착각해 벌어진 해프닝이 소개되기도 했습니다. 전국 만 18세 이상 성인 1만 429명을 대상으로 한 '2020년 성인문해능력조사' 결과에 따르면 초ㆍ중학교 수준의 학습이 필요한 성인은 20.2%에 달하는 것으로 나타났습니다.

청소년의 문해력 저하 문제도 심각하게 제기되는데요. 최근 초ㆍ중ㆍ고등학교에서 국어 과목 등의 수업을 할 때 학생들이 한자어를 비롯한 단어의 의미를 모르는 경우가 많아 수업에 지장을 겪는 경우가 많다고 합니다. 문자와 글보다는 영상 같은 직관적이고 시각적인 매체를 주로 접하게 되면서 글의 구조와 의미를 해석하고 습득하는 데 어려움을 겪는다는 겁니다. 일각에서는 시대가 변화함에 따라 세대가 사용하는 언어와 그 표현방식도 달라지므로, 단순히 문해력이 낮다고 비판하는 것은 지나친 처사라는 의견도 있습니다. 그러나 한편으로는 문해력이 시민사회의 일원으로서 소양을 갖추는 기본적인 능력인 만큼, 젊은 세대 또한 이 같은 능력 격차를 극복하기 위한 노력이 필요하다는 언급이 있었습니다. 아울러 어릴 적부터 문자 언어 생활에 익숙해지도록 지도하는 가정과 학교의 노력도 있어야 한다는 의견이 있었죠.

"무슨 말인지 몰라 수학 못 풀어요" ···
문해력 학원 1년 만에 300명 몰려

서울 동작구의 한 수학학원 강의실. 초등학교 1·2학년을 대상으로 한 수업이 한창이었다. 선생님이 질문을 하면 아이들이 대답하는 방식으로 수업은 진행됐다. 특이한 점은 교재가 동화책이란 것. 선생님은 아이들에게 수학 공식이 아닌 책의 중심 내용이나 감명 깊게 읽은 부분을 묻고 있었다. 학원 관계자는 "수학학원인데도 학생들에게 독서를 시키는 이유는 결국 문제를 이해해야 수학 문제도 풀 수 있기 때문"이라며 "자녀들에게 독서 교육을 할 시간이 없는 부모님들이 우리 학원을 찾아온다"고 말했다. **문해력** 저하 현상이 사교육 시장도 바꾸고 있다. 불안감을 느낀 학부모들이 학원가를 찾으면서 빚어진 현상이다. 최근 학원가에 등장하기 시작한 '문해력 학원'은 이미 특수를 맞았다. 실제로 서울 강남구 대치동 학원가의 한 문해력 학원은 개원 1년 만에 학생을 300명 넘게 모집했다고 한다.

출처 : 아시아경제/일부인용

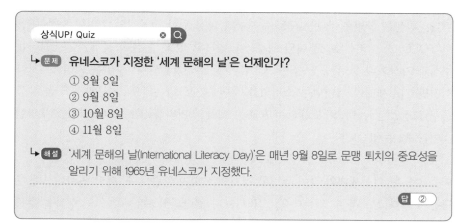

상식UP! Quiz

↳문제 유네스코가 지정한 '세계 문해의 날'은 언제인가?
① 8월 8일
② 9월 8일
③ 10월 8일
④ 11월 8일

↳해설 '세계 문해의 날(International Literacy Day)'은 매년 9월 8일로 문맹 퇴치의 중요성을 알리기 위해 1965년 유네스코가 지정했다.

답 ②

대한민국을 주름잡는 새로운 세대

MZ세대는 1980년대~2000년대 초 출생해 디지털과 아날로그를 함께 경험한 '밀레니얼 세대(Millennials)'와 1990년 중반 이후 디지털 환경에서 태어난 'Z세대(Generation Z)'를 아우르는 말입니다. 현재의 10대 후반부터 20·30대의 청년층이라고 볼 수 있죠. 밀레니얼 세대는 아날로그를 경험한 마지막 세대이며, 디지털 기술의 첨단화를 보고 느끼며 자랐습니다. Z세대는 어릴 때부터 인터넷을 자유롭게 경험하고 스마트폰 등의 첨단 기기를 손에 쥘 수 있었던 세대죠. 두 세대 모두 디지털 환경에 매우 익숙하며 새로운 기술에 대한 거부감을 거의 또는 전혀 느끼지 않습니다. TV와 라디오보다는 모바일로 정보를 검색하기를 선호하고, 텍스트보다는 동영상에 더 익숙한 세대이기도 합니다. 또한 SNS를 적극적으로 활용해 스스로를 표현하는 것을 즐기고 취향을 스스럼없이 공유하며 타인과 소통합니다.

삶에 대한 시각도 기성세대와 많은 차이가 있는데요. 먼저 불확실한 미래에 투자하고 이에 대비하기보다는 현재에 집중한다는 것입니다. 내가 살고 있는 현재의 만족감을 더 중요하게 여겨, 지금 내가 원하는 것이 있다면 과감하고 아낌없이 투자합니다. '인생은 한번뿐'이라는 모토로 지금의 나를 위한 적극적인 소비를 뜻하는 '욜로(YOLO)'가 이러한 MZ세대의 생각을 반영하고 있죠. 돈을 묵혀두는 적금보다는 주식과 가상화폐 등 유동성 높은 고위험 투자를 선호합니다. 수입은 기성세대보다 적지만 기성세대를 뛰어넘는 소비력을 보여주기도 하는데요. 최근까지도 젊은 층을 사로잡았던 '플렉스(Flex)'라는 풍조는 이들의 거리낌 없는 소비 심리를 투영한 것이라 볼 수 있습니다.

이들은 또한 기성세대와 같이 뚜렷한 정치색을 띠지 않습니다. 어떤 연령대보다 무당층이 많다고도 볼 수 있는데요. 그러다보니 집단의식보다는 개인의 행복을 추구하는 경향이 강합니다. 특별한 실익 없이 '연'이나 '정'이라는 의식으로 묶이는 것을 선호하지 않습니다. 과거의 사회적인 질서나 권위에 억눌리는 것에 강한 거부감을 느끼기도 합니다. 이러한 개인주의 때문에 결혼과 출산의 필요성에 대한 인식도 낮은 편입니다. 이 밖에도 MZ세대의 특징에는 여러 요소가 있습니다. 복잡함보다는 간편함, 단일성보다는 다양성, 소유보다는 공유를 더 선호하고, 정치색은 희미하지만 관심 있는 사안에 대해서는 의견을 거침없이 개진하는 세대입니다.

정치 · **경제** · **사회** · 국제 · **문화** · 미디어 · 과학 · IT · 스포츠

일상 공유하는 MZ세대 부상에 먹거리 '경험 소비' 뜬다

먹거리 시장에서 '공유'와 '경험' 소비가 주목을 받고 있다. 사회관계망서비스(SNS)에서 트렌드와 경험을 공유하며 소통하는 젊은 **MZ세대**가 주요 소비층으로 떠오르면서. 이미 인구 구성의 주축이 된 MZ세대의 비중은 향후 지속적으로 높아질 수밖에 없다. 경제활동인구(구직활동이 가능한 15세 이상 취업자 및 실업자) 약 2,857만명 중 MZ세대는 약 45%에 달한다. 우리금융경영연구소는 최근 'MZ세대가 주도하는 금융업의 미래' 보고서를 통해 "MZ세대는 오는 2030년 생산연령인구(15~64세)의 약 60%를 차지하며 경제활동의 중추적인 역할을 수행할 것으로 예상된다"고 전망하기도 했다.

MZ세대가 소비 계층의 주축으로 부상하면서 식품업계에서는 공유적 소비에 주목하고 있다. 이들 세대가 단순히 먹고 마시는 개인 소유적 소비에 그치지 않고 SNS 등을 통해 경험과 일상을 공유하는 소비 문화를 만들어 가기 때문이다. 브랜드 또는 제품 경험의 활발한 공유로 더욱 커진 소비 파급력에 편승하고 이들의 입맛을 공략하기 위해 새로운 소통법에 몰두하고 있는 것이다.

출처 : 이데일리/일부인용

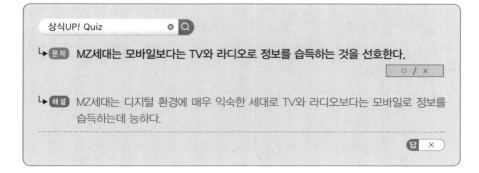

상식UP! Quiz

문제 MZ세대는 모바일보다는 TV와 라디오로 정보를 습득하는 것을 선호한다.

O / ×

해설 MZ세대는 디지털 환경에 매우 익숙한 세대로 TV와 라디오보다는 모바일로 정보를 습득하는데 능하다.

답 ×

소유보다 공유

언제부터인가 '공유경제' 또는 '셰어링'이라는 말이 보이며 관련 서비스들이 속속 등장하고 있습니다. 이 말이 '공유하다'라는 의미인 것은 바로 알 수 있지만 그 구체적인 내용에 대해서는 잘 모르는 경우가 많습니다. 공유경제를 한마디로 요약하면 '소유의 개념에서 벗어나 물품 등을 서로 대여 및 공유해 쓰는 것으로 인식하는 경제활동'이라고 할 수 있습니다.

2008년 하버드대학교의 로렌스 레식 교수가 그의 저서 〈리믹스〉에서 이 용어를 사용하면서 본격적으로 알려지기 시작했습니다. 한 번 생산된 제품을 여럿이 공유해 쓰는 협업소비를 기본으로 하여, 자동차나 빈방 등 활용도가 떨어지는 물품이나 부동산을 다른 사람과 함께 공유함으로써 자원 활용을 극대화하는 경제활동입니다. 과거 우리나라에서 활발하게 이루어졌던 '아나바다'와 유사한 활동이지요. 현대사회에 맞춘 합리적인 소비를 하자는 인식에서 부각되었고, 스마트폰의 발달이 활성화에 기여하면서 보편적인 개념으로 발전하게 되었습니다.

공유경제의 대표적인 서비스로 집을 공유하는 '에어비앤비'가 있습니다. 서비스 업체는 전 세계적인 숙박 서비스를 제공하지만 업체가 소유한 숙박시설을 대여하는 것이 아닙니다. 서비스를 원하는 사람이 머물 도시에 자신의 집을 빌려줄 수 있는 사람을 찾아 연결해주는 방식으로 서비스를 제공하는 것입니다. 에어비앤비뿐만 아니라 모바일 차량공유 서비스인 '우버', 카셰어링 서비스인 '쏘카' 등이 활발하게 운영되고 있습니다.

공유경제가 고용 줄인다고?
"우버 도입 후 되레 늘었다"

미국 주요 도시에서 우버(Uber)가 도입된 후 관련 일자리가 크게 늘었다는 연구 결과가 나왔다. **공유경제**가 고용을 축소할 것이란 세간의 우려와 배치되는 흥미로운 결과다.

영국 옥스퍼드대 마틴스쿨 연구진은 발표한 논문에서 "우버가 도입된 후 회사 택시 공급은 약 8%, (우버를 포함한) 개인택시 공급은 약 45% 증가한 것으로 나타났다"고 밝혔다. 그만큼 택시 산업 규모가 커지고 일자리가 증가했다는 뜻이다. 소비자 입장에서는 택시 수가 늘고 서비스 형태도 다양해지면서 더 편리하게 이동할 수 있게 된 셈이다.

우버는 스마트폰 애플리케이션으로 택시 기사와 승객을 연결해주는 서비스다. 에어비앤비 등과 함께 미래 공유경제의 대표적인 플랫폼으로 꼽히지만 차량을 가진 누구나 기사 역할을 할 수 있어 기존 택시 산업의 카르텔을 위협하는 존재로 여겨졌다. 산업혁명기 영국 노동자들이 러다이트 운동을 벌인 것처럼 상당수 택시 기사들이 우버 도입에 완강하게 반대했고, 불특정 다수가 차량을 운행하면서 범죄가 빈발할 수 있다는 우려도 제기됐었다.

이번 연구는 공유경제의 대명사인 우버의 확산이 실제 사람의 일자리를 빼앗는지 과학적인 방법론으로 검증한 결과물로서 의미가 큰 것으로 평가된다.

출처 : 연합뉴스/일부인용

상식UP! Quiz

↳ 문제 **다음 중 공유경제와 관련이 없는 것은?**

① 우버 ② 에어비앤비
③ 쏘카 ④ 아마존고

↳ 해설 '공유경제'라는 용어는 2008년 하버드대학교의 로렌스 레식 교수가 자신의 책 〈리믹스〉에서 사용하면서 부각되었다. 현대사회에 맞춘 합리적인 소비를 하자는 인식에서 관련 서비스가 등장했고 스마트폰의 발달이 활성화에 기여하면서 보편적인 개념으로 발전하였다. 모바일 차량공유 서비스인 우버, 집을 공유하는 에어비앤비, 카셰어링 서비스인 쏘카 등이 공유경제의 대표적인 사례이다.

답 ④

저출산 문제 해결방안 될까?

2023년 9월 정부가 서울시에 외국인 가사도우미를 시범적으로 도입한다는 방침을 밝혔습니다. 노동부의 시범사업 계획안에 따르면 외국인 가사 전문인력 약 100명이 입국해 최소 6개월간 서울에서 가사서비스를 제공한다고 했는데요. 이용대상은 직장에 다니면서 아이를 키우는 맞벌이 부부와 임산부, 한 부모 가정으로 정했습니다. 이들 외국인 노동자는 필리핀 등 가사서비스 관련 자격증을 운영하는 국가에서 온다고 했는데요. 입국 후 아동학대방지와 위생·안전교육 등 교육을 받은 뒤 현장에 투입한다고 밝혔죠. 시범사업이니만큼 이들 외국인에겐 한국의 최저임금이 보장된다고도 덧붙였습니다.

정부가 이러한 정책을 내놓은 이유는 내국인 가사·육아인력 취업자가 점차 줄고 있는 실정이고, 대개 50대 이상이 종사하는 고령화가 심각하기 때문입니다. 정부는 맞벌이가 거의 필수처럼 된 현실에서 외국인 가사도우미는 새로운 활력이 될 수있고, 여성의 경력단절 문제에 도움을 줘 출산율 회복을 이끌 수 있다고 설명했습니다. 그리고 실제 서구 선진국에서는 이러한 시도가 출산율 상승에 긍정적인 역할을 했다고도 설명했죠.

그러나 시범도입 전 이뤄진 공청회에서는 우려도 나왔는데요. 외국인 인력을 도입하기에 앞서 내국인 가사도우미들의 처우와 근무환경을 개선하는 것이 우선이라는 주장이 나왔습니다. 주 수요층인 맞벌이 부부 사이에서도 외국인 가사·육아도우미를 신뢰할 수 있을지, 서비스의 질이 떨어지지는 않을지 걱정하는 목소리가 컸습니다. 외국인이다 보니 문화적 차이나 육아 가치관의 간극을 극복할 수 있을지도 우려했죠. 또 한편으로는 정부가 내국인에 비해 값싼 외국인 인력을 끌고 들어와 저출산 문제를 해결하려는 것이 반인권적 인종차별이라는 지적이 나오기도 했습니다.

"저출산 초비상 한국, 외국인 가사도우미 투입" … 외신도 관심

정부가 저출산 대책의 일환으로 가사와 육아를 돕는 외국인 근로자를 시범 도입하기로 한 데 대해 주요 외신들도 상당한 관심을 보였다. 미국 CNN 방송은 한국정부의 **외국인 가사도우미** 시범사업을 소개하면서 "한국은 더 많은 아기와 노동자가 필요하며, 외국인 가사도우미가 이를 고쳐주길 바라고 있다"고 보도했다. CNN은 이르면 시범적으로 100여 명의 외국인 가사도우미가 서울에서 일을 시작한다면서 "경력단절을 꺼리는 고학력 여성 증가, 생활비 상승과 더불어 육아 · 가사부담은 한국의 혼인 및 출산감소의 한 요인으로 거론돼 왔다"고 설명했다. 다만, 외신들은 외국인 가사도우미의 급여와 처우 등과 관련해선 노동착취 우려 등 논란의 여지가 있다고 지적했다. CNN은 싱가포르 등지에선 해고돼 본국으로 강제송환될 것이란 두려움 때문에 최소임금조차 받지 못한 채 비인간적인 처우와 학대에 시달리는 입주 가사도우미가 적지 않다고 지적했다.

출처 : 연합뉴스/일부인용

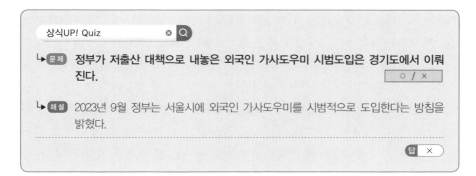

상식UP! Quiz

↳ 문제 정부가 저출산 대책으로 내놓은 외국인 가사도우미 시범도입은 경기도에서 이뤄진다. ○ / ×

↳ 해설 2023년 9월 정부는 서울시에 외국인 가사도우미를 시범적으로 도입한다는 방침을 밝혔다.

답 ×

점점 늙어가는 대한민국

고령화사회는 전체 인구 중에서 65세 이상의 인구가 7% 이상을 차지하는 사회를 말합니다. 우리나라는 세계에서 고령화가 가장 빠르게 전개되는 나라 중 하나로 이미 2000년에 고령인구가 전체인구의 7%인 고령화사회에 진입했고, 2008년 10.3%, 2014년 12.2%, 2016년 13.5%로 매년 급격한 증가세를 보이다 2017년 8월 조사에서 65세 이상의 인구가 전체 인구의 14.02%를 차지하며 본격적인 고령사회에 진입했습니다. 2000년 고령화사회 진입 후 17년 만입니다(2022년 우리나라의 노령인구 비율은 17.5%입니다). 고령화 속도가 빠르다는 일본의 경우(2024년)와 비교해도 무려 7년이 빠른 것입니다.

정부는 고령사회에 대응하기 위한 소득, 건강, 사회참여, 주거, 교통, 노후설계 등 5대 분야의 62개 핵심 과제를 선정해 고령사회 진입에 따른 갑작스런 혼란을 방지하겠다는 계획을 밝혔습니다. 한편 전체 인구 중에서 65세 이상인 인구가 20% 이상을 차지하는 사회는 초고령사회 혹은 후기고령사회라고 합니다.

사회적으로 살펴보면 2030년까지 생산연령 인구가 357만명 감소하고, 15세 미만 유소년 인구도 무려 198만명이나 감소할 것이라는 암울한 전망이 나왔습니다. 경제에 노화현상이 온다는 의미죠. 인구구조 고령화는 인구증가율 외에 연령별 인구 구성을 급격히 변화시켜 투자, 소비, 경상수지, 이자율 및 부동산 가격 등 주요 거시경제 변수에 막대한 영향을 미친다고 합니다. 여기에 사회보장성 지출이 증가할 수밖에 없어 재정에도 악영향을 끼칩니다.

고령사회 진입한 한국
상속 · 유언 · 치매 관련 금융상품 뜬다

우리나라가 고령사회 진입을 공식화하면서 금융권도 고령자 맞춤 금융상품 개발에 적극 나섰다. 연금 등 노후대비 상품은 물론이고 상속과 유언 등을 위한 신탁상품 등에 공을 들이고 있다. 우리나라보다 한발 앞서 고령사회에 진입한 일본의 사례를 연구하면서 한 사람의 일생을 위한 금융상품에 그치지 않고 2세대, 3세대에 걸쳐 제공할 수 있는 서비스 개발에 주력하는 모습이다.

통계청에 따르면 2020년 기준, 전체 인구 대비 65세 이상 인구의 비율은 15.69%이다. 유엔 분류상 65세 인구가 전체 인구에서 차지하는 비율이 7% 이상이면 **고령화**사회로, 14% 이상이면 고령사회에 들어간다. 20% 이상이면 초고령사회다.

이처럼 고령사회가 되면서 금융수요도 변화하고 있다. 은퇴 대비 연금 상품이나 예 · 적금, 펀드, 보험 상품에 대한 관심은 기본이고 최근 들어서는 상속과 증여, 사후 대비 관련 상품에 대한 수요가 증가하고 있다. 금융권도 이에 발맞춰 다양한 신탁상품 개발에 전력투구하고 있다.

출처 : 이데일리/일부인용

상식UP! Quiz

문제 다음 중 고령화사회와 초고령사회로 들어설 때의 65세 이상 노인인구 각각의 비율로 올바른 것은?

① 7%, 21% ② 14%, 21%

③ 7%, 14% ④ 7%, 20%

해설 65세 이상 인구 비율이 7% 이상이면 고령화사회, 14% 이상이면 고령사회, 20% 이상이면 초고령사회이다.

답 ④

이것은 어떻게 쓰는 물건인고

세상은 지금도 빠르게 변해가고 있습니다. 디지털 기술도 끊임없이 진화하면서 우리의 일상 속에 고스란히 침투하고 있습니다. 그러나 동시에 우리 사회에는 새로운 고민거리가 생겨났는데요. 바로 디지털 격차입니다. 젊은 세대들은 최신 기술을 부담 없이 수용하고 또 다른 새로운 기술을 원하지만, 이에 익숙하지 않은 고령층은 기술을 활용하는데 애를 먹기 마련입니다. 또한 시대의 변화에 따라가지 못한다는 우울감에 빠지기도 하죠. 비대면·온택트 트렌드가 사회 전방위로 확산되면서 이러한 간극은 더욱 깊어지고 있습니다.

요즘 젊은 사람들은 거의 은행에 가지 않습니다. 웬만한 금융 업무는 모바일뱅킹으로 해결할 수 있기 때문이죠. 그러나 여전히 많은 노년층은 은행 일을 보기 위해 은행 창구를 찾습니다. 디지털 금융으로의 전환 때문에 은행들이 창구의 직원들을 감축하고 있는 현실인데도 말이죠. 디지털 격차를 체감할 수 있는 또 한 가지 사례는 바로 키오스크입니다. 많은 점포들이 키오스크를 설치함으로써 인건비를 줄이고 있는 상황인데요. 노년층에게 키오스크는 커다란 장애물로 다가옵니다. 스마트폰 조작에도 어려움을 겪는 노년층에게 키오스크는 결코 친절한 시스템이 아니죠.

과학기술정보통신부의 2020년 조사에 따르면 우리나라 60대의 89.7%는 모바일 스마트 기기를 보유하고 있으나, 70대 이상은 44.9%만 갖고 있는 것으로 나타났습니다. 또한 한국은행에 따르면 60대 이상의 모바일뱅킹의 이용률은 13.7%에 그치는 것으로 조사됐는데요. 이에 반해 고령층이 이용하는 은행 지점은 계속 줄고 있는 실정입니다. 이런 추세는 계속해서 이어질 전망인데요. 금융뿐 아니라 생활 전반에서 필요한 정보들도 온라인으로 오가고 있는 상황인지라, 이에 대응이 더딘 노년층은 정보 수집에 취약할 수밖에 없습니다.

일각에서는 이러한 디지털 격차를 줄이기 위해 정부가 적극적으로 나서야 한다고 주장합니다. 실제로 정부는 2020년 디지털 취약계층을 위한 디지털포용 추진계획을 발표했는데요. 그러나 노년층을 고려한 실질적 디지털 교육방안은 미흡하다는 비판도 나왔습니다. 정부뿐 아니라 가정에서의 도움도 필요하다는 의견도 있었는데요. 지적만 하기보다는 노년층이 디지털 정보에 취약할 수밖에 없음을 인정하고 우선 어려움에 공감해주는 것이 중요하다고 전했습니다.

정치 · 경제 · 사회 · 국제 · 문화 · 미디어 · 과학 · IT · 스포츠

키오스크 앞에만 서면 진땀나는 디지털 소외계층

최근 패스트푸드점, 영화관 등 유통업계는 비대면 문화 확산과 최저임금 인상 등의 요인으로 키오스크, 무인점포 등 디지털 전환에 앞장서고 있으나 그에 따른 **디지털 격차**도 커지고 있다. 디지털 전환을 두고 소비자의 반응이 극과 극을 달린다는 것이다.

키오스크, 무인점포 등의 변화에 익숙지 않은 소비자들은 문제라고 짚은 반면, 디지털 전환에 익숙한 젊은 층은 점원을 접하는 것보다 편리해서 대면 주문보다 키오스크를 선호한다고 전했다. 업계 관계자들은 인건비를 줄이고 매장 내 회전율을 높이기 위해서 어쩔 수 없는 선택이라는 입장이다. 중고 키오스크를 매입해 최근 개인카페에 설치했다는 자영업자 최모(28 · 여)씨는 "가게 운영비용은 점점 더 늘어나는데 거리두기로 인해서 카페 내부에 손님을 받는 것도 제한적이라서 어쩔 수 없는 선택이었다"고 말했다. 이에 전문가는 소비자간 디지털 격차를 줄이고 변화의 흐름에 적응할 수 있도록 관련 조치를 취해야 한다고 설명했다.

출처 : 중부일보/일부인용

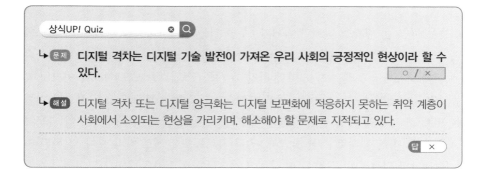

상식UP! Quiz

↳ **문제** **디지털 격차는 디지털 기술 발전이 가져온 우리 사회의 긍정적인 현상이라 할 수 있다.**

○ / ×

↳ **해설** 디지털 격차 또는 디지털 양극화는 디지털 보편화에 적응하지 못하는 취약 계층이 사회에서 소외되는 현상을 가리키며, 해소해야 할 문제로 지적되고 있다.

답 ×

남 물어뜯어 돈 버는 사람들

유튜브를 검색하다보면 갖가지 이슈나 사건의 전말을 정리하고 이에 대해 논평하는 유튜버 채널을 흔히 발견할 수 있습니다. 얼핏 이들의 콘텐츠는 해당 이슈를 나름대로 사실에 기반해 소개하고 해석하는 것처럼 보입니다. 또 언변이 좋아 그럴듯하게 들리기도 하죠. 이들은 영상의 말소리를 빠르고 간극 없이 이어 붙여, 재생을 시작하면 나도 모르는 사이에 끝까지 듣게 되는 경우가 많은데요. 이들은 연예, 사회, 정치, 스포츠 등 가릴 것 없이, 사건사고만 터졌다하면 해당 사건의 보도 자료와 커뮤니티 반응 등을 짜깁기해 영상을 만들고 이에 대해 비판·논평하는 콘텐츠를 제작합니다. 그리고 사람들의 클릭을 유도하고 조회 수를 올려 구독자를 모으죠. 이런 사람들을 우리는 '사이버 렉카'라고 부릅니다.

우리는 렉카(사설 견인차)를 고속도로에서 흔하게 볼 수 있습니다. 고속도로에서 교통사고가 나면 부르지도 않았는데 어떻게 알았는지 렉카들이 사이렌을 울리며 몰려오죠. 사이버 렉카라는 명칭은 이렇게 사건사고가 터지면 득달같이 달려들어 관련 콘텐츠를 제작하는 모습이 고속도로의 사설 견인차와 닮았다해 지어졌습니다. 사이버 렉카는 유튜브뿐만 아니라 각종 인터넷 커뮤니티에도 존재합니다. 이들은 이슈를 공론화해 관심을 모으고 또 수익을 올리죠.

이들은 최근 큰 비판을 받고 있습니다. 우선 이들이 제작하는 콘텐츠는 이슈에 대해 스스로 취재하거나 다각도로 분석한 결과물이 아닙니다. 누구보다 빠르게 이슈에 대해 소개하고 조회 수를 모아야 하기 때문에, 일단 각종 보도 자료나 인터넷 커뮤니티의 근거 없는 낭설들을 소재로 콘텐츠를 제작해 업로드합니다. 사실상 이들은 이슈 그 자체에 대해 관심이 있다기보다는 이를 통한 수익 올리기에 더 골몰하고 있는 셈이죠. 제대로 사실 확인이 안 된 자료들을 근거로 하다 보니, 잘못된 정보를 전달할 가능성이 큽니다. 또 이들이 건드리는 이슈들은 대개 자극적이고 선정적인 것들이 많다보니, 이슈에 얽힌 이가 무고한 희생양이 될 수도 있고 혐오를 만들 공산이 있습니다. 아울러 그러한 사태가 벌어진다 해도 제대로 된 후속조치를 하지 않는 경우가 많죠. 이들은 자신들의 콘텐츠가 국민의 알권리를 보장하기 위한 것이라 주장하지만, 정작 이들은 영상에서 모자나 가면 등으로 얼굴을 가린 경우가 많습니다.

지난 2020년 희대의 아동성범죄자 조두순이 출소했던 당시, 많은 사이버 렉카와 유튜버들이 그의 집에 몰려들었습니다. 그들은 욕설을 하고 소리를 지르는가하면 조두순의 관용차 위에 올라가 난동을 부리기도 했죠. 이들은 이 장면을 유튜브와 스트리밍 플랫폼으로 생중계하며 수익을 올렸습니다. 이는 인근 주민들에게 큰 불편과 고통을 주었죠. 이들은 채널 구독을 해주면 조두순의 집에 쳐들어가겠다는 공약을 하며 사람들을 자극했는데요. 참다못한 한 주민은 "12년 전 조두순이 성범죄를 저질러 수감될 때는 무엇하고, 이제 와서 이런 민폐를 끼치는 것이냐"고 일갈했습니다. 이슈를 소개하는 진정성과 의무감보다는 돈 벌기에 급급한 이들의 행태를 꼬집은 것이죠. 이 밖에도 지난 2021년 일어난 '한강 대학생 사망사고' 당시 일부 사이버 렉카들이 가짜뉴스를 퍼뜨리며 혼란을 야기했던 전력이 있습니다.

죽음도 고통도 그들에겐 조회 수 …
심리학자가 본 '사이버 렉카'

최근 여러 사회적 이슈 때마다 빠지지 않고 등장하는 이들이 있다. 바로 '사이버 렉카'다. '유튜버'라는 이름 뒤에 숨은 이들은 사고 현장에 신속히 나타나는 렉카처럼 이슈만 생기면 기다렸다는 듯 가짜뉴스를 찍어낸다. 이들에게는 타인의 고통이나 죽음도 오로지 조회 수, 돈벌이 수단이 된다. 무엇이 이들을 이토록 무감각하고 비도덕적이며 망상에 빠지도록 했을까. 심리학 전문가는 그들에게서만 원인을 찾아선 안 된다고 설명한다. 사이버 렉카의 목적은 단 하나, 조회 수를 높이는 것이다. 그들에게 조회 수는 곧 '돈'이다. 조회 수를 높여 수익을 올리기 위해서는 다른 영상보다 돋보여야 하며, 이를 위해 계속해서 자극적이고 엽기적인 내용들을 거짓으로 만들어낸다. 이 과정에서 피해자와 피해자 가족 · 주변인들의 고통, 거짓 사실 유포로 인한 처벌, 사회적 파장 등은 전혀 고려하지 않는다. 서울대 심리학과 곽금주 교수는 "그들(사이버 렉카)의 관심은 오로지 조회 수를 올리는 것에만 집중돼 있고, 윤리나 도덕적 가치, 피해, 파장에는 관심이 없다"며 "행동이 반복될수록 이 같은 성향이 심해지는 모습을 보인다"고 말했다. 이어 "그들끼리도 나름대로 의식하고 경쟁을 하다 보니, 수위를 높여 결국에는 불법적인 일까지 하게 된다"고 덧붙였다. 전문가는 이들이 공통적으로 당사자의 입장 · 감정이나 거짓말, 불법 등에 무감각한 모습을 보인다고 설명한다. 다른 사람의 입장이나 감정, 법적인 처벌을 신경 썼다면 쉽게 이 같은 행동을 할 수 없었을 것이라는 설명이다.

출처 : 헬스조선/일부인용

상식UP! Quiz

↳ 사이버 렉카는 이슈에 대한 사실 확인과 다각적 분석을 콘텐츠로 제작하는 크리에이터를 말한다.

〔 ○ / × 〕

↳ 해설 사이버 렉카는 제대로 된 사실 확인과 근거 없이, 수익을 올리기 위해 이슈를 소개하고 논평하는 이들을 말한다.

답 ×

기후변화는 누구의 책임일까?

산업화 이후 지구의 온도변화는 매우 극심하게 나타났습니다. 세계기상기구(WMO) 데이터에 따르면 1850년 이후 지구의 평균온도는 1.1℃ 올랐는데, 2011년부터 2015년 사이에만 0.2℃가 올랐습니다. 기후변화가 매우 가파르게 일어났기 때문에 사태의 심각성을 깨달은 국제사회는 1988년 유엔(UN) 총회에서 WMO와 유엔환경계획(UNEP)에 "기후변화에 관한 정부간 패널(IPCC)"을 설치했고, 1992년 6월 유엔환경개발회의(UNCED)에서 기후변화협약(UNFCCC)을 채택했습니다. 기후변화협약은 '기후변화에 관한 유엔 기본협약'의 약칭으로 온실가스로 인한 지구 온난화를 막고자 하는 국제사회의 약속입니다.

기후변화협약은 1995년 제1차 당사국총회(COP) 이후 매년 당사국들이 만나 총회를 열고 있습니다. 각국 정상들은 현재 기후변화 상황과 당면한 문제를 어떻게 해결할 것인지 논의하는데요. 1997년 일본 교토에서 열린 제3차 당사국총회에서는 감축할 온실가스 여섯 가지와 그 감축목표를 정한 '교토의정서(Kyoto Protocol)'를 채택하면서 구체적 이행방안을 마련했습니다. 감축대상으로 지목된 것은 이산화탄소(CO_2), 메탄(CH_4), 아산화질소(N_2O), 불화탄소(PFC), 수소화불화탄소(HFC), 육불화유황(SF_6)이었죠.

회원국별로 감축해야 할 온실가스의 양도 정했는데요. 특히 OECD와 동유럽 및 유럽경제공동체를 포함한 38개 선진국은 2008년부터 2012년까지 최소 5.2% 이하로 감축해야 했죠. 이 교토의정서는 법적인 구속력을 가지고 있어서 만약 이를 지키지 못하면 비관세 장벽이 허용되고, 2017년까지 추가적으로 더 높은 감축 이행안을 받아들여야 했습니다. 이 교토의정서에는 감축을 초과달성한 국가와 배출 허용범위를 넘은 국가가 서로 배출권을 거래할 수 있는 제도도 도입됐습니다.

그러나 교토의정서에는 한계점이 있었는데요. 일단 감축 의무국가에 주로 선진국

만이 포함됐는데, 목표를 달성하지 못하면 그만큼의 1.3배를 추가로 이행해야 하는 벌칙규정 때문에 가입을 꺼리는 국가가 많았습니다. 또한 중국과 인도 등은 온실가스배출이 많음에도 개발도상국이라는 이유로 의무국에서 제외됐죠. 급기야 설상가상 의무국이었던 미국은 이에 불만을 품고 교토의정서를 2001년 탈퇴해버립니다. 온실가스배출이 많기로 손꼽히는 세 나라가 의무국에서 빠지자 캐나다와 일본·러시아도 잇달아 탈퇴를 선언하게 되죠.

그래서 2015년 파리에서 열린 제21차 당사국총회에서 '파리협정(Paris Agreement)'을 채택합니다. 2020년까지 연장된 교토의정서가 만료될 예정이었고, 또 한계점이 많다는 점에 따라 새로이 약속을 정한 것이죠. 먼저 파리협정은 지구온도가 산업화 이전과 비교해 2℃ 이상 오르지 않게 하자고 의견을 모았습니다. 파리협정은 종료 시점을 특정하지 않았고, 선진국 위주가 아니라 모든 회원국(197개국)으로 이행 범위를 넓혔습니다. 또 감축목표도 국가마다 자발적으로 정할 수 있도록 했고요. 교토의정서가 감축에만 집중했던 것과 달리 감축과 감축에 따른 적응, 감축기술이전 등의 내용도 포함했습니다.

그런데 선진국뿐 아니라 개발도상국(개도국)에게도 감축의무가 주어지면서 또 다른 갈등양상도 불거졌는데요. 사실 현재의 기후위기는 미국이나 일본 등 선진국들의 과거 발전과정에서 야기된 측면이 있습니다. 선진국들이 발전하며 내뿜었던 온실가스가 결과적으로 현재 개도국들이 겪는 기후위기에 일조했다고도 볼 수 있죠. 게다가 개도국들 입장에선 당장 생존과 산업발전을 위해 화석연료 사용이 불가피한데, 온실가스 감축을 함께 이행하기에는 버겁다는 불만이 터져 나왔습니다. 2021년 총회에서는 2040년까지 석탄사용을 단계적으로 폐지하자는 논의도 나왔는데, 중국 등의 강력한 반대로 폐지가 아닌 '감축'으로 문구를 고치기도 했습니다. 결국 2022년 총회에서는 개도국이 석탄사용을 줄이고, 친환경발전으로 전환하도록 선진국이 지원하겠다는 계획이 나왔는데요. 그러나 개도국들은 선진국이 야기한 기후변화로 입은 피해부터 먼저 보상하라고 요구하고 있습니다.

"파리협정 충실히 지켜도 2100년까지 빙하 절반 녹을 것"

인류가 **기후변화협약**의 파리협정에 명시된 탄소배출량 감축목표와 지구온도 상승제한 목표를 지켜도 이번 세기 말까지 빙하의 절반이 녹을 것이라는 비관적인 연구결과가 발표됐다. 데이비드 라운스 미국 카네기멜론대 도시 및 환경공학과 교수팀은 지구 평균기온 상승을 산업화 이전 수준 대비 2℃ 이내로 제한하자는 파리협정 시나리오하에서도 2100년까지 빙하의 49%가 사라진다는 결론을 국제학술지 '사이언스'에 발표했다. 연구팀은 20년간 위성으로 수집한 정보를 토대로 그린란드와 남극대륙을 제외한 전 세계 21만 5,000개의 빙하를 분석했다. 기후변화에 따른 온도상승 시나리오에 따라 빙하의 용융과 해수면 상승을 예측했다. 시뮬레이션 결과 인류가 파리협정의 목표를 지키는 데 성공해도 2100년까지 전 세계 빙하의 49%가 사라졌다. 평균기온이 2.7℃까지 오르면 전 세계 빙하의 68%가 사라지고 유럽 중부, 캐나다 서부, 미국의 빙하가 모두 녹을 것으로 전망됐다.

출처 : 동아사이언스/일부인용

상식UP! Quiz

↳ 문제 **2015년 열린 제21차 기후변화협약 당사국총회에서 채택한 국제협정은?**

↳ 해설 파리협정은 2015년 제21차 기후변화협약 당사국총회에서 채택됐으며, 지구온도가 산업화 이전과 비교해 2℃ 이상 오르지 않게 하자고 의견을 모았다.

답 파리협정

 **113** 스미싱

공짜 좋아하다가 큰코다칠라

최근에는 직접 은행 창구를 방문하는 것보다 인터넷 뱅킹을 이용하는 분들이 많아졌죠. 스마트 기기의 확산으로 인해 모바일 뱅킹을 이용하는 금융소비자들도 크게 늘었습니다. 바쁜 일과 중에 휴대전화로 은행 업무를 볼 수 있다는 점은 분명 편리하지만, 이를 노린 새로운 유형의 사기 수법도 갈수록 진화하고 있습니다. 영화표나 아이스크림 할인쿠폰이 도착했다는 메시지를 받으면 일단 공짜선물이 생겼다는 생각에 기분이 좋아지죠. 하지만 신종 사기수법 중 하나인 스미싱일 가능성이 있습니다.

스미싱(Smishing)은 휴대전화 문자메시지(SMS)와 피싱(Phising)의 합성어로, 이동통신 시대에 등장한 휴대폰 해킹 기법입니다. 휴대전화로 웹사이트 링크를 포함한 문자메시지가 전송되면 사용자가 이를 통해 웹사이트에 접속하게 되는데, 이때 악성코드를 주입해 스마트폰을 감염시켜 결제를 하게 만드는 것입니다. 구체적인 수법을 살펴보면, 제과점이나 커피점 등을 사칭해서 무료쿠폰이나 할인쿠폰, 경품 등에 당첨되었다는 문자메시지를 보냅니다. 이 문자에는 쿠폰을 다운받는 주소가 링크되어 있습니다. 이 링크를 클릭하는 순간 악성코드에 감염되면서 수십만원이 결제됩니다. 피해를 막기 위해서는 경품과 할인쿠폰이 올 경우 바로 클릭하지 말고 발신문자번호로 전화를 걸어서 직접 확인해야 합니다. 또 애플리케이션을 다운받을 때 신뢰성 있는 곳을 이용해야 악성코드가 포함된 애플리케이션을 설치할 가능성을 없앨 수 있습니다.

한편 스미싱과 더불어 선량한 금융소비자들을 눈물짓게 하는 신종 사기수법은 파밍(Pharming)입니다. 파밍은 인터넷 뱅킹을 이용하는 사람들을 가짜 금융기관 사이트에 접속하도록 해 주요 금융정보를 빼내는 수법입니다. 악성코드에 감염된 컴퓨터는 사용자가 정상적인 홈페이지 주소로 접속할지라도 가짜 사이트로 자동적으로 연결되도록 하기 때문에 일반인이 알아차리기 어렵습니다.

'스미싱' 피해, 경찰 확인 있으면 구제받는다

스마트폰 해킹으로 인한 '**스미싱**' 피해자들이 경찰의 확인을 받으면 피해를 구제받을 수 있게 됐다. 이동통신업계에 따르면 이동통신사들은 경찰 확인을 거쳐 스미싱 피해액을 돌려주는 방안을 시행하기로 했다. 스미싱 피해자가 경찰에 피해 사실을 알리고 사건사고 사실확인원을 발급받은 뒤 이동통신사의 고객센터 · 대리점 등에 제출하면 결제액 청구 보류 · 취소나 환급절차를 진행하는 방식이다. 이는 이동통신3사와 전화결제산업협회, 경찰청이 협력해 도입한다. 다만 스미싱을 통한 결제가 주로 이뤄지는 게임회사 등에서는 반발할 가능성도 남아 있다. 정상적인 결제를 스미싱 피해로 주장하는 등의 사례가 생길 수 있기 때문이다. 한편 스미싱은 스마트폰으로 전송된 이벤트 알림이나 쿠폰 제공 등의 링크를 터치하면 악성코드가 설치되고, 이를 통해 해커가 스마트폰 이용자의 정보를 수집해 소액결제에 활용하는 범죄다.

출처 : 동아일보/일부인용

상식UP! Quiz　　　　　⊗ ☌

↳ 문제　보이스피싱 사기에 이어 '이것' 사기까지 기승을 부리고 있다. '이것'은 웹사이트 링크가 포함된 문자메시지를 발송해 악성코드가 깔린 사이트로 접속을 유도하거나 개인정보를 빼내는 방식을 말한다. '이것'은 무엇인가?

① 피싱　　　　　　　　　　② 파밍
③ 스미싱　　　　　　　　　④ 멀버타이징

↳ 해설　스미싱은 휴대폰 사용자에게 악성코드를 주입해 스마트폰을 감염시켜 결제를 하게 만드는 신종 사기수법이다.

답　③

예쁜 남자 전성시대! 꾸미는 남자들

화장과 패션이 여성들만의 관심사인 시대는 지났습니다. 이제는 남자들도 얼마나 자신을 잘 가꿀 수 있는지가 중요해지고 있습니다. 이러한 현상과 함께 생긴 용어가 바로 '그루밍족'입니다. 그루밍족은 패션과 미용에 아낌없이 투자하는 남자들을 의미합니다. 피부·두발·치아관리는 물론 성형수술까지 마다하지 않으면서 자신을 꾸미는 데 투자를 아끼지 않는 남성들이죠. 그루밍(Grooming)은 원래 원숭이가 서로의 털을 고르거나 마부가 말의 털을 빗질하는 것을 뜻하는 용어로, 요즘에는 남성들의 미용에 대한 관심을 나타내는 신조어로 쓰이고 있습니다.

이러한 그루밍족이 증가하면서 남성들의 성형수술이 급증하고, 남성들을 위한 화장품 판매가 늘어나면서 남성 뷰티시장이 크게 성장하고 있습니다. 이러한 그루밍족을 잡기 위한 마케팅이 활발히 펼쳐지고 있죠. 또한 명품 패션의 판매율에 있어서도 남성 고객들이 차지하는 비중이 늘어나면서 그루밍족은 최근 가장 각광받는 소비자층으로 떠오르고 있습니다. 이러한 현상을 반영하여 남성 전문 뷰티쇼 〈겟잇 뷰티 옴므〉가 방송되기도 했습니다.

그루밍족과 유사한 용어로는 '메트로섹슈얼족'이 있습니다. 메트로섹슈얼족은 패션이나 헤어스타일을 가꾸는 것에 관심을 두며 내면의 여성성을 즐기는 현대 남성들을 의미합니다. 이외에도 젊고 세련된 외모나 생활방식을 지향하는 중년 남성들을 가리키는 '노무족', 연애에는 소극적이지만 패션에 관심이 많은 남성을 가리키는 '초식남' 등의 용어들도 있습니다.

백화점 "큰 손 그루밍족 잡자"

백화점과 패션업계가 불황 속에서도 패션 관련 소비에 지갑을 닫지 않는 '**그루밍족**'을 공략하기 위해 럭셔리 의류 매장을 앞다퉈 도입했다. 백화점 전체 의류 부문은 불황의 직격탄을 맞아 역신장했지만 남성복 부문은 불황이 무색한 모습이다. 이처럼 남성들이 백화점에서 큰 손으로 부상하자 각 업체들은 이들을 공략하기 위한 중고가 브랜드 매장을 잇따라 확보하고 있다.

해외 고가 브랜드들도 이 같은 남성 고객들을 불황의 돌파구로 삼고 이들을 공략하기 위한 전용 매장을 잇따라 설치하고 있다. 현대백화점 무역센터점에 신설된 루이비통의 맨스유니버스가 대표적이다. 루이비통 관계자는 "청담동 매장 외 남성 의류가 들어간 매장은 처음"이라며 남성 시장의 중요성을 강조했다.

출처 : 서울경제/일부인용

상식UP! Quiz

↳ 문제 경제력을 바탕으로 패션과 문화에 신경 쓰는 남자들을 무엇이라고 부르는가?

① 위버섹슈얼족
② 보보스족
③ 소호족
④ 그루밍족

↳ 해설 그루밍족은 패션과 미용에 투자를 아끼지 않는 남성들을 가리키는 신조어이다.

답 ④

우리는 코로나19 이전으로 돌아갈 수 없다

지난 2021년 미국 연방준비제도 제롬 파월 의장은 "이제 우리는 코로나 이전의 경제로 돌아갈 수 없다"고 말했습니다. 파월 의장 뿐 아니라 많은 전염병 전문가들과 경제석학들은 코로나19 사태 이전으로 돌아가는 것은 불가능하다고 말했죠. 이 말은 코로나19를 극복하고 팬데믹 이전의 세상으로 돌아갈 수 없다는 뜻일까요?

코로나19로 인해 우리의 삶은 많이 바뀌어 왔는데요. 비대면으로 사람과 만나고 업무를 처리하는 경우가 늘었으며, 많은 기업들이 재택근무를 시행했습니다. 디지털 기술의 발달로 손쉽게 집 거실에 앉아 재화와 서비스를 주문하는 시대가 도래했습니다. 영화관에 가기보다는 '넷플릭스' 같은 OTT서비스를 통해 최신영화를 감상하고요. 이것은 이제 우리의 일상입니다. 전혀 새롭고 낯선 모습이 아니라, 우리가 실제로 누리는 현실이 된 것입니다. '새 기준' 혹은 '새 일상', 바로 '뉴 노멀(New Nomal)'이죠.

뉴 노멀은 시대의 변화에 따라 새롭게 떠오르고 정립되는 표준을 일컫는 말입니다. "이것이 새 시대의 일상이다"라고 말할 수 있는 기준을 의미하는 것이죠. 뉴 노멀은 지난 2008년 세계경제위기 이후 생겨난 말인데요. 경제위기가 터지고 난 뒤 저성장, 낮은 소비율과 높은 실업률, 위험성과 규제의 강화 등이 전 세계를 가로지르는 표준으로 자리 잡았습니다. 이것이 당시의 뉴 노멀이었죠. 그리고 코로나19 팬데믹을 지나 뉴 노멀은 다시 정립되고 있습니다. 앞서 말한 비대면, 온택트, 인공지능이 우리가 현재 살고 있는 일상을 이루어가고 있는 것입니다. 이러한 경향은 앞으로 더욱 보편화되겠죠. "우리는 코로나 이전으로 돌아가지 못할 것이다"는 말은 코로나19와 함께 살아가는 우리의 삶의 변화가 앞으로도 이어질 것이고 또 보편화될 것이라는 의미입니다. 사람과 산업은 이 새로운 일상에 더 적응하게 될 것이고, 코로나19가 종식되더라도 그 이전의 일상의 모습으로 되돌아가기는 어려울 것으로 전망됩니다.

인플레와 싸움 본격화, 차분히 '뉴 노멀' 대응해야

미국 연방준비제도(Fed · 연준)가 3연속 '자이언트스텝'을 단행하자 글로벌 금융시장이 패닉에 가까운 반응을 보이기 시작했다. 영국 파운드화 가치는 달러 대비 역대 최저 기록을 갈아 치웠고, 한국 원화, 일본 엔화, 중국 위안화가 줄줄이 금융위기 수준에 근접했다. 실물경기도 본격적으로 얼어붙고 있다. 시장이 이제 경기 침체를 기정사실로 받아들이고 있다. 한국도 곤경에 빠졌다. 하지만 좋건 싫건 미국을 쫓아갈 수밖에 없다. 글로벌 시장이란 한 배를 탄 이상 미국의 인플레는 곧 한국의 인플레이기 때문이다. 가만히 있으면 원화 가치가 하락해 해외에서 발생한 인플레가 고스란히 수입된다. 최근 파운드화 폭락 사태가 여실히 증명했듯 이번 위기는 정부가 돈을 풀어 적당히 넘어갈 수 있는 성질의 것도 아니다. 임시방편적 시장 개입과 재정 지출은 문제를 더 악화시킬 뿐이다. 하루빨리 현실을 직시하고 장기적 호흡으로 차분하게 뉴 노멀에 적응을 시작해야 한다.

출처 : 동아일보/일부인용

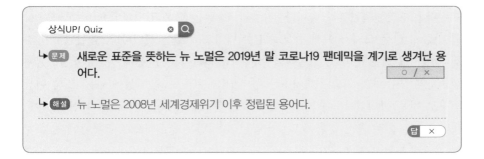

상식UP! Quiz

문제 새로운 표준을 뜻하는 뉴 노멀은 2019년 말 코로나19 팬데믹을 계기로 생겨난 용어다.

○ / ×

해설 뉴 노멀은 2008년 세계경제위기 이후 정립된 용어다.

답 ×

사람이 없으면 도시도 없다

저출산은 여러 가지 국가적 문제를 야기합니다. 먼저 저출산은 고령화와도 맞물리는 문제입니다. 태어나는 인구가 줄고 고령인구가 늘면 인구 구성의 불균형이 심화되면서 노동력을 제공할 수 있는 인구는 점점 적어집니다. 그러면 이들에게 지워지는 노동 부담은 가중되겠죠. 그로써 노인이든 청년이든 할 것 없이 누릴 수 있는 복지와 삶의 질은 악화될 것입니다. 저출산이 일으키는 문제는 이 밖에도 더 있는데요. 그 중에 한 가지가 바로 지역의 소멸입니다.

지방의 고령화와 인구감소 문제가 오르내린 것이 어제오늘일은 아닙니다. 그러나 인구감소를 넘어 지방소멸이 본격적으로 논의된 것은 얼마 되지 않았는데요. 2023년 말을 기준으로 전국 228개 시·군·구 중 무려 121곳이 인구소멸위험지역으로 분류된다는 통계결과가 나왔습니다. 지방인구소멸은 더욱 가속화되고 있는데요. 사람이 살지 않는 도시가 이제 현실로 점차 다가오고 있는 것입니다. 대한민국이 점점 작아지고 있는 것이죠. 소멸위험지역은 소멸위험지수를 통해 한국고용정보원이 산출하게 되는데요. 소멸위험지수는 한 지역의 20~39세 여성 인구를 65세 이상 인구로 나눈 값입니다. 이 지수값이 1.5 이상이면 저위험, 1.0~1.5인 경우 보통, 0.5~1.0인 경우 주의, 0.2~0.5는 위험, 0.2 미만은 고위험으로 분류됩니다. 수치가 낮으면 낮을수록 인구가 유입되거나 유출되는 등의 큰 변화가 없는 한, 약 30년 뒤에는 지역이 사라질 위기에 처한다는 의미를 갖죠. 2023년 말 고위험지역으로 분류된 지역은 시·군·구 52개입니다.

우리정부는 지역소멸과 지역균형발전을 위해 52조원이 넘는 예산을 투입하기로 결정했습니다. 지역의 청년 일자리를 확충하면서, 빈약한 인프라를 구축하고 확대하는데 온 힘을 기울이기로 했죠. 그러나 현재도 수도권에 인구가 몰려드는 상황에서 이 같은 정책이 얼마나 힘을 발휘할 수 있을지는 미지수인데요. 감사원의 보고에 따르면, 현재와 같은 수도권 인구 편중과 고령화·저출산이 지속될 경우, 2047년에는 우리나라의 모든 지역이 소멸위험지역이 된다고 합니다. 정부의 정책도 효과를 보여야 하겠지만, 계속될 경우 결국 이에 대한 부담은 우리가 지어야 한다는 것도 반드시 기억해야 할 것입니다.

정치 · 경제 · **사회** · 국제 · 문화 · 미디어 · 과학 · IT · 스포츠

지방소멸 위기 '국가비상사태적 정책설계' 추진해야

국회 농림축산식품해양수산위원회 소속 더불어민주당 서삼석 의원과 광주전남연구원은 국회 의원회관에서 **지방소멸** 위기 원인 진단 및 해법 모색을 위한 정책토론회를 개최했다.

이날 토론회에서 발제를 맡은 김현호 전 한국지방행정연구원 부원장은 "기존의 사회정책적 접근만으로는 지방소멸 문제 해결이 불가능하다"고 진단했다. 김 전 부원장은 "문제 해결을 위해서는 국가와 지자체 간 협업이 필요하고, 장기적으로 저출산 대응조직과 지방소멸 대응조직을 일원화해야 한다"며 "국가비상사태적 정책 설계를 추진해야 한다"고 제시했다. 민현정 광주전남연구원 지역공동체문화연구실장은 "단순히 특정 사업에 대한 지원만으로는 지역인구 감소 문제 해결에 한계가 있다"며 "지역의 지속적인 성장 · 발전을 위해서는 행정, 재정, 세제 등 다양한 지원정책 수립과 동시에 정부의 시의성 있는 지원이 가능해야 한다"고 주장했다.

출처 : 뉴시스/일부인용

상식UP! Quiz   ⊗ Q

↳ **문제** 한 여성이 가임기간에 낳을 것으로 기대되는 평균 출생아 수를 설정한 지표는?

① 합계출생아   ② 평균출산율
③ 합계출산율   ④ 가임출산율

↳ **해설** 합계출산율이란 인구동향조사에서 15~49세의 가임 여성 1명이 평생 동안 낳을 것으로 추정되는 출생아 수를 통계화한 것이다.

답 ③

외국인 범죄 늘어나니 혐오도 커지고…

제노포비아란 '낯선 것' 혹은 '이방인'이라는 의미의 '제노(Xeno)'와 '싫어한다'는 뜻의 '포비아(Phobia)'가 합성된 말로서 이방인에 대한 혐오현상을 나타냅니다. 즉, 외국인이나 이민족 집단을 혐오·배척하거나 증오하는 것을 의미하죠. 다문화 사회로 접어든 우리나라에서도 제노포비아는 중요한 사회문제 중 하나로 떠올랐습니다. 제노포비아는 악의가 없는 상대방을 자기와 다르다는 이유만으로 무조건 경계하는 심리상태의 하나로, 이는 자기 자신에 대한 과보호의식 때문에 일어나기도 하고 지나친 열등의식에 기인하기도 합니다.

최근에는 외국인들의 범죄 발생률이 증가하면서 제노포비아 현상이 더욱 심화되고 있습니다. 가장 대표적인 것이 2013년 번졌던 '차오포비아' 현상인데요. 차오포비아란 중국 조선족을 혐오하는 현상으로, 수원 여성 살인사건의 범인이 조선족 오원춘임이 밝혀지면서 중국동포들에 대한 혐오 인식이 급속히 확산된 것입니다. 국내에 상당수 유입된 중국인의 범죄가 급속히 증가하면서 조선족에 대한 부정적 인식이 일파만파 퍼져 나갔던 것이죠.

비슷한 용어로 제노사이드는 종교나 인종·이념 등의 대립으로 특정 집단을 완전히 없애기 위해 그 구성원을 대량 학살하는 행위를 의미합니다. 호모포비아는 동성애 혹은 동성애자에 대한 무조건적인 혐오와 그로 인한 차별을 일컫는 말이며 동성애혐오증이라고도 합니다.

이방인 혐오, 제노포비아 현상

이방인에 대한 혐오현상을 뜻하는 **제노포비아**(Xenophobia)는, 이방인이라는 뜻의 제노 (Xeno)와 기피한다는 뜻의 포비아(Phobia)를 합쳐 만든 말이다. 전 세계적으로 경기 침체 속 내국인의 실업률 증가 등 사회적 문제의 원인을 외국인 노동자에게 전가하거나, 외국인과 관련한 범죄가 증가하면 제노포비아 현상은 심화된다. 우리나라도 예외는 아니다. 2018년 제주에 입국해 난민 지위를 신청한 예멘인들에 대해 잠재적 테러리스트나 강간범으로 매도하는 가짜뉴스가 판을 치면서 제노포비아가 극성을 부린 적이 있다. 이 같은 혐오를 동반한 두려움은 전염력이 매우 커 각종 루머도 끊임없이 양산된다.

나와 생각이나 생김새가 다르다고 차별하거나, 출신지가 다르다고 무시해서는 안 된다. 정작 우리가 경계해야 할 것은 근거 없는 제노포비아다. 우리가 남을 증오하고 배척한다면 역으로 남에게 버림받을 수 있다는 사실을 분명히 알아야 한다.

출처 : 제주일보/일부인용

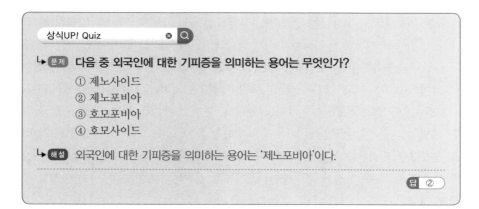

상식UP! Quiz

↳ 문제 다음 중 외국인에 대한 기피증을 의미하는 용어는 무엇인가?
　① 제노사이드
　② 제노포비아
　③ 호모포비아
　④ 호모사이드

↳ 해설 외국인에 대한 기피증을 의미하는 용어는 '제노포비아'이다.

답 ②

마약류 의약품도 잘못 사용하면 마약입니다

마약성 진통제와 식욕 억제제, 마취제 등 의료용 마약류의 오남용 문제가 점점 심각한 사회 문제로 대두되고 있습니다. 마약류 가격이 생각보다 저렴하고 어렵지 않게 구할 수 있어 특히나 젊은 층에서 마약에 손을 대는 일이 늘어나고 있는데요. 2021년 건강보험심사평가원 자료에 따르면 마약 중독으로 치료받은 10~20대 환자 수가 최근 5년간 92% 증가한 것으로 나타났습니다. 같은 기간 전체 마약중독 환자 수가 32%(469명 → 618명) 증가한 것과 비교하면 10~20대 마약중독이 더 가파르게 증가한 것을 확인할 수 있죠. 조규홍 보건복지부 장관은 최근 젊은 층의 마약 투약 문제가 불거지면서 2023년에는 청소년을 대상으로 마약 실태조사를 하겠다고 밝히기도 했습니다.

마약류로 분류되는 것들에는 필로폰이나 헤로인 같은 전통적 마약도 있습니다. 그러나 병원에서 처방받는 마약류 의약품도 최근 문제가 되고 있습니다. '펜타닐 패치'라는 진통-마취제를 처방받는 젊은 층이 늘어나고 있는데요. 식품의약품안전처(식약처) 자료에 따르면 20대 펜타닐 패치 처방량은 2019년 4만 4,105개에서 2021년 6만 1,087개로 38.5% 늘어났다고 합니다. 펜타닐 패치는 아편, 모르핀 등과 같은 계열의 진통·마취제인데, 피부에 부착하는 패치 형태로 되어 1매당 72시간 정도 통증을 완화하는 효과를 냅니다. 약효가 헤로인의 100배, 모르핀의 200배 이상으로 효과가 큰 만큼 중독성이 강한데, 이용이 간편하다 보니 10대 이하에서도 꾸준히 처방되고 있습니다. 특히 같은 기간을 봤을 때 20대 펜타닐 패치 처방 건수와 환자 수는 비슷하지만, 처방량은 늘어나 오남용이 늘어난 것으로 풀이할 수 있죠. 식약처 기준에 따르면 펜타닐 패치는 18세 미만 소아청소년에게 투여가 금지돼 있지만, 치료를 위해 사용이 필요하면 예외로 허용하고 있습니다. 구하면 구할 수 있다는 이야기죠. 마약류 의약품으로 분류된 식욕 억제제도 의료기관에서 무분별하게 처방하면서 10~20대 접근을 부추기고 있다는 지적이 나왔습니다.

식약처에서는 마약류 의약품 오남용을 막기 위한 제도를 도입했지만, 현장에서 잘 이용되지 않는 상황입니다. 식약처는 마약류를 과다·중복해서 처방하는 등 오남용이 우려될 때 처방·투약하지 않도록 의사가 환자의 마약류 투약 이력을 확인할 수 있는 '마약류 의료쇼핑 방지 정보망'을 운영하고 있습니다. 그러나 의료 현장에서는 정보망 사용 절차가 복잡하다는 이유 등으로 이력 검토가 잘 이뤄지지 않고 있죠. 우리나라도 점차 '마약 청정국'에서 벗어나고 있는 만큼 특단의 대책이 필요해보입니다.

정치 · 경제 · **사회** · 국제 · 문화 · 미디어 · 과학 · IT · 스포츠

마약성 진통제, '처방 잘해주는 병원' 리스트 돌기도

"일부 마약 중독자 사이에선 '펜타닐 패치 처방이 쉬운 병원 리스트'가 돌아다니는 실정입니다." 의료기관을 통한 **마약류 의약품 오남용**이 심각하다는 지적이 나온다. 일부 중독자 사이에선 말기 암 환자에게 쓰는 마약성 진통제인 펜타닐 패치나 비만치료제인 식욕억제제 등을 구하는 방법이 암암리에 공유되고 있다. 특히 펜타닐의 경우 중독성이 헤로인의 100배 이상으로 알려져 있는 만큼 의사 처방이 필수적인데, 일부 병원에선 무분별하게 처방을 내주는 실정이다. 경남에선 '청소년들이 공원에서 마약을 하는 것 같다'는 신고를 받고 수사에 나선 경찰이 10대 청소년 56명을 검거했다. 이들은 '허리가 아프다'는 등의 이유로 병원에서 펜타닐 패치를 처방받은 후 공원과 상가, 심지어 학교에서까지 투약한 것으로 드러났다. 부산·경남 지역 28개 병원을 돌아다니며 처방받은 패치를 10배 가격에 팔기도 했다.

출처 : 동아일보/일부인용

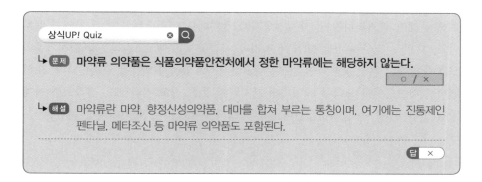

상식UP! Quiz

문제 **마약류 의약품은 식품의약품안전처에서 정한 마약류에는 해당하지 않는다.**

ㅇ / X

해설 마약류란 마약, 향정신성의약품, 대마를 합쳐 부르는 통칭이며, 여기에는 진통제인 펜타닐, 메타조신 등 마약류 의약품도 포함된다.

답 X

교육현장에 때 아닌 대혼란

2023년 교육계는 이른바 '킬러문항' 논란으로 뜨거웠습니다. 킬러문항은 대학수학능력시험(수능)의 변별력을 갖추기 위해 출제기관이 최상위권 수험생들을 겨냥해 의도적으로 출제하는 초고난도 문항을 말합니다. 그런데 2023년 6월 윤석열 대통령이 '공정수능'을 언급하면서 2023년 6월 모의평가에 킬러문항이 사전 지시대로 배제되지 않았다고 해 파장이 일었죠.

이에 서둘러 정부는 2024학년도 수능에서 사교육을 받아야만 풀 수 있는 킬러문항을 배제하겠다고 발표했는데요. 교육부는 킬러문항을 '공교육 과정에서 다루지 않는 내용으로 사교육에서 문제 풀이기술을 익히고 반복적으로 훈련한 학생들에게 유리한 문항'으로 정의하고, 교육부와 현장교원 중심으로 점검팀을 구성해 6월 모의평가의 킬러문항을 골라냈다고 설명했습니다. 한국교원과정평가원은 "수능은 학생들이 학교교육을 충실히 받고 EBS 연계교재와 강의로 보완하면 문제를 해결할 수 있도록 적정난이도를 갖춘 문항을 출제할 계획"이라고 했는데요. 이에 킬러문항을 없애는 대신 덜 어려운 준킬러문항이 늘어날 것이라는 예측이 많았죠. 그리고 정부의 공언대로 2024학년도 수능에서는 킬러문항이 출제되지는 않은 것으로 평가됐으나, 변별력 확보를 위해 '불수능'을 택한 것으로 분석됐습니다.

교육계에서는 킬러문항 배제방침 자체는 대체로 찬성했습니다. 최상위권 변별을 위해 출제가 불가피하지만, 대학전공자가 풀기에도 어렵다는 지적이 있었기 때문이죠. 다만 이러한 내용을 발표한 시기가 적절하지 못했고, 킬러문항 선정기준이 모호해 공개된 문항들을 과연 킬러문항으로 볼 수 있을지 의문을 표했습니다. 또한 변별력 확보방안을 교육부가 명확히 제시하지 못한 점도 지적됐죠. 갑작스런 출제방침 변경에 수능을 불과 5개월여 앞둔 학생과 학부모들은 혼란에 빠졌습니다.

앞서 2022년 사교육비가 역대최대를 기록했고, 킬러문항 논란까지 터지면서 정부는 '사교육비 경감 종합대책'을 내놨는데요. 여기엔 수능 출제위원들의 사교육 영리활동을 금지하고 유아를 대상으로 한 영어유치원 편법운영을 단속하겠다는 등의 방침도 담겼죠. 그러나 일각에선 킬러문항의 기준 자체가 모호하고 '킬러문항을 없앤다고 해서 과연 사교육비를 효과적으로 경감할 수 있는가'에 대해선 의구심을 표했습니다. 또 사교육 문제는 교육열과 학벌주의·노동임금격차 등이 복합적으로 얽힌 문제라 이 대책이 근본적인 해결방안이 될 수 없다는 비판도 나왔습니다.

정치 · 경제 · **사회** · 국제 · 문화 · 미디어 · 과학 · IT · 스포츠

"망했다" … 수능의 배신

올해 대학입시는 대학수학능력시험 '**킬러문항**' 논란으로 수험생들이 적지 않은 혼란을 겪었다. 입시현장의 관심은 킬러문항 논란을 일으키지 않고 변별력을 확보하는 방식에 모였다. 일각에선 '쉬운 수능' 전망을 내놓기도 했지만, 막상 뚜껑을 열어보니 상당히 까다로웠다. 킬러문항 논란을 최소화하면서 동시에 변별력도 확보했다는 평가가 많다. 입시 전문가들은 '킬러 요소의 다양화'를 비결이라고 설명한다. 과거 킬러문항 한두 개로 손쉽게 최상위권을 변별해오던 방식에서 벗어나 수험생들이 어려워할 만한 요소들을 고루 추가했다는 설명이다. 이런 출제전략은 적어도 대입정책이 바뀌는 2028학년도 이전 입시까지 이어질 전망이다.

출처 : 국민일보/일부인용

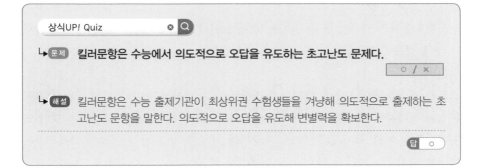

상식UP! Quiz

↳ 문제 킬러문항은 수능에서 의도적으로 오답을 유도하는 초고난도 문제다.

○ / ✕

↳ 해설 킬러문항은 수능 출제기관이 최상위권 수험생들을 겨냥해 의도적으로 출제하는 초고난도 문항을 말한다. 의도적으로 오답을 유도해 변별력을 확보한다.

답 ○

가해자 처벌은 강하게! 피해자 보호는 언제쯤?

2022년 9월 서울 지하철 2호선 신당역의 여자화장실에서 20대 여성 역무원이 살해당하는 비극적인 사건이 발생했습니다. 용의자는 피해 역무원에게 만남을 요구하며 스토킹해왔던 동료 역무원인 것으로 확인됐는데요. 용의자 전주환은 피해자를 스토킹한 혐의 등으로 기소돼 1심 재판 선고를 하루 앞두고 범행을 저질렀습니다. 이 사건을 계기로 우리나라의 스토킹 범죄에 대한 심각성이 제고되었습니다. 또한 부실했던 스토킹 피해자 보호와 허술한 추가 범행 방지에 대해서도 비판이 쏟아졌죠.

피해자와 입사 동기로 서로 알고 지내던 사이였던 전씨는 불법 촬영 영상을 유포하겠다며 피해자를 협박하고 만남을 강요한 혐의로 두 차례 피해자로부터 고소당한 것으로 조사됐습니다. 2021년 10월 처음 고소됐을 때 경찰은 전씨를 긴급체포하고 구속영장을 신청했으나, 법원은 '주거가 일정하고 증거인멸 및 도주 우려가 없다'는 이유로 영장을 기각했죠. 첫 고소 직후 경찰은 피해자를 신변보호 112시스템에 등록하는 등 안전조치를 한 달간 실시했는데요. 다만 잠정조치나 스마트워치 지급, 연계순찰 등 다른 조치는 피해자가 원치 않아 이뤄지지 않았다고 합니다. 경찰이 수사를 개시하면서 전씨는 곧 직위해제 됐지만, 이후에도 회사 내부망 접속 권한을 그대로 갖고 있었기 때문에 바뀐 피해자의 근무지를 파악한 것으로 전해졌습니다. 서울교통공사의 내부망 접속 권한은 재판이 끝나고 징계 절차가 개시돼야 박탈되는 탓에 접속이 가능했다고 하죠.

스토킹 피해자를 보호하는 문제는 이러한 범죄가 일어날 때마다 터져 나왔습니다. 문제는 피해자의 자발적인 참여가 있어야 보호 제도가 실효성을 갖는다는 것이죠. 가해자들은 이를 이미 알고 있고, 피해자가 보호 신청을 하면 신청을 취소하라며 협박을 저지르는 경우가 많습니다. 피해자는 기관의 보호조치가 결코 안전하지 않다고 느끼고, 신청을 자연스레 꺼리게 됩니다. 스토킹 범죄가 비교적 가벼운 처벌을 받는다는 것도 피해자가 신고를 망설이게 되는 원인 중 하나로 지목됐죠. 정치권에서는 스토킹을 피해자가 처벌을 원치 않으면 처벌하지 않는 '반의사불벌죄'에서 제외하는 스토킹처벌법 강화 법안을 통과시켰습니다. 하지만 가해자 처벌을 가중하는 것 외에도 피해자의 신변 보호를 담보할 수 있는 법안 개정이 필요하다는 목소리도 높습니다.

정치 · 경제 · **사회** · 국제 · 문화 · 미디어 · 과학 · IT · 스포츠

"스토킹 피해자 보호, 언제까지 가해자 '양심'에 기댈건가요"

신당역 **스토킹** 살인사건이 발생한 지 1년이 되도록 누군가는 일터에서, 집 앞에서 여전히 스토킹 피해에서 벗어나지 못하고 있다. 신당역 사건을 일으킨 전주환의 범행 이후 스토킹처벌법에서 '반의사불벌죄' 조항이 폐지되는 등 일부 법 개정이 이뤄졌지만, 정작 스토킹 강력범죄를 예방할 수 있는 '피해자 보호' 제도는 여전히 갈 길이 멀다. 스토킹 범죄에서는 가해자와 피해자 간의 분리가 무엇보다 중요하다. 이를 위해 경찰은 직권으로 '긴급응급조치'를 내릴 수 있다. 스토킹 가해자의 피해자 주거지 등 100미터 이내로 접근 금지, 통신 접근 금지하도록 하는 명령이다. 그러나 스토킹처벌법이 시행된 2021년 10월부터 2023년 8월까지 결정된 긴급응급조치 위반율은 10.6%(승인 6,442건 중 위반 688건)에 달했다. 10명 중 1명은 경찰명령을 어기고 다시 스토킹 한 셈. 피해자 보호를 가해자가 알아서 스토킹을 자제하도록 호소하는, 가해자의 자발적 의사에 기댈 수밖에 없는 현실이다.

출처 : 노컷뉴스/일부인용

상식UP! Quiz

↳ **문제** 스토킹은 반의사불벌죄에 해당한다.   ○ / ×

↳ **해설** 스토킹 범죄를 가해자의 처벌을 원치 않는 경우 처벌할 수 없는 '반의사불벌죄'에서 제외하는 스토킹처벌법 개정안이 2023년 6월 국회에서 통과됐다.

답   ×

일상 속 쓰레기 줄이기!

쓰레기 없는 삶, 가능할까요? 제로 웨이스트(Zero Waste)는 일상생활에서 배출되는 쓰레기를 최소화하는 사회운동을 이릅니다. 쓰레기를 인식하지 않았을 때는 모르지만, 쓰레기를 막상 줄이려고 하면 얼마나 많은 쓰레기들이 존재하는 지 깜짝 놀랄 겁니다. 시원한 음료수를 담았던 일회용 컵, 배달시킨 도시락에서 나온 포장 용지, 심지어는 방금 사용한 휴지까지! 생각보다 하루에 버리는 쓰레기양은 상당합니다. 제로 웨이스트는 바로 이런 생활습관에서부터 재활용 가능한 재료를 사용하기, 포장을 최소화하기, 생활 쓰레기를 없애기 등을 실천하며 지구 환경 보호를 위해 노력하는 행동들을 일컫습니다.

환경 보호가 중요시되면서 제로 웨이스트 관련 캠페인이 일어났습니다. 실제로 쓰레기를 줄인 사례를 게시한 뒤 자신의 소셜네트워크서비스에 '#제로웨이스트챌린지', '#Zerowastechallenge' 등의 해시태그를 다는 방식이었죠. 제로 웨이스트를 실천하는 사람들은 비닐을 쓰지 않고 장을 보거나 포장 용기를 재활용하고, 대나무 칫솔과 천연 수세미를 사용하는 등의 방법을 통해 자신의 실천을 지인들과 공유하고 있습니다. 친환경 제품을 사는 것도 좋지만 무엇보다 소비를 줄이는 일이 중요하다는 의견도 공감을 얻고 있습니다.

제로 웨이스트는 코로나19 이후 일회용품 사용이 늘어나며 더욱 주목받기 시작했습니다. 이제는 한 개인의 행동을 넘어서 기업 단위에서도 관심을 가지고 있습니다. 예를 들어 기업에서는 제품을 생산할 때 환경을 고려하여 에코 프렌들리 제품을 생산한다거나 재활용과 재사용을 통해 폐기물을 줄이는 것이죠. 기업들의 이러한 환경보호 소식에 소비자들 역시 일부러 제로 웨이스트 제품을 구입하는 등 긍정적으로 화답하고 있습니다.

'제로 웨이스트' 삶이 뜬다

택배와 배달 수요가 늘어나면서 일회용품, 포장재가 매일 쏟아져 나오고 있다. 환경부에 따르면 포장폐기물은 지난해 대비 비닐류 11.1%, 플라스틱류는 15.6% 증가했다. **제로 웨이스트** 확산에는 일회용품 폭증이 있다. 제로 웨이스트는 아주 작은 실천으로도 시작할 수 있다. 면 소재의 손수건, 간식으로 먹을 떡을 담은 유리통, 커피를 담은 텀블러를 에코백에 담는다. 텀블러를 사용하는 덕분에 플라스틱과 종이 사용량이 크게 줄게 된다. 제로 웨이스트 상점의 한 운영자는 "늘어나는 쓰레기를 보면서 문득 두렵다는 생각이 들었다"며 "환경운동가는 아니지만, 아이를 키우는 입장에서 다음 세대가 걱정돼 제로 웨이스트의 삶을 시작했다. 아이들에게 편한 삶 뒤에는 불편한 진실이 있다는 것을 알려주고, 함께 일상 속 쓰레기를 줄이기 위해 노력하고 있다"고 말했다.

출처 : 국민일보/일부인용

상식UP! Quiz

 에코 프렌들리 제품을 구매하거나, 제로 웨이스트를 실천하는 회사를 후원하는 등 친환경 소비를 추구하는 소비자를 일컫는 말은?

① 그린슈머　　　　　　　　　　　　② 블랙컨슈머
③ 폴리슈머　　　　　　　　　　　　④ 트라이슈머

해설 그린슈머(Greensumer)는 자연을 상징하는 말인 '그린(Green)'과 소비자라는 뜻을 가진 '컨슈머(Consumer)'의 합성어로, 환경보호에 도움이 되는 제품의 구매를 지향하는 소비자를 일컫는 말이다. 우리말 순화어는 '녹색소비자', '친환경소비자'이다.

답 ①

이제는 기록에 오래 남아요!

얼마 전부터 우리사회와 언론에서는 학교폭력문제가 자주 도마에 오르고 있습니다. 여기에 학폭을 다룬 드라마도 큰 주목을 받게 되면서 학폭에 대한 우리사회의 경각심이 더 높아졌죠. 보통 학교에서 학폭이 신고·고발되면 각 교육지원청 단위로 설치된 '학교폭력대책심의위원회'를 소집합니다. 흔히들 '학폭위'라고 부르죠. 학폭위는 전임 장학관이나 변호사, 학부모, 관내 경찰 등으로 구성됩니다. 보통 학교장의 요청이 있거나 학폭위에 학폭이 직접 고발·신고되는 경우, 피해학생이나 보호자가 요청할 때 학폭위가 소집됩니다. 학폭위가 모이면 일단 사건에 대한 심의와 분쟁조정을 하는데요. 먼저 사건을 조사하기 위해 담임·상담교사를 조사하고, 교내에 학폭을 전담하는 기구를 조사합니다. 이렇게 피해사실과 근거자료를 모아 그 심각성을 평가하고, 가해학생에게 어떤 징계를 내릴지 심의합니다. 동시에 피해학생에 대한 상담과 보호조치를 실시하게 되죠.

가해학생이 받는 징계는 경중에 따라 1호부터 9호까지 있는데요. 서면사과부터 퇴학조치까지 가능합니다. 퇴학조치의 바로 아래 단계가 강제전학인데, 사실 웬만해서는 이 정도의 징계는 잘 내려지지 않는다고 합니다. 보통 3호인 교내봉사와 4호 사회봉사가 이뤄진다고 하는데요. 징계는 정도에 따라 학교생활기록부(학생부)에 기재되는 기간도 다릅니다. 일단 모든 징계는 졸업 전에는 삭제되지 않고요. 사회봉사, 전문가의 특별교육, 출석정지, 강제전학은 졸업 후 2년이 지나 삭제됩니다. 퇴학은 영구적으로 남는다고 하는데요. 그러나 사실 학폭위의 이런 조치가 법률적 강제성은 없기 때문에 가해학생 측이 이에 불복할 경우, 법적분쟁으로 이어지게 되죠. 때문에 학폭을 해결하는 시스템에 관한 실효성 문제는 계속 불거져 왔습니다.

2023년 4월 정부는 11년 만에 학교폭력 근절 종합대책을 대대적으로 개편했습니다. 국가수사본부장에 임명됐다가 낙마한 정순신 변호사 아들의 학폭 파장이 직접적인 계기가 됐는데요. 가해자 처벌과 피해자 보호를 강화하는 데 초점이 맞춰졌죠. 먼저 2026학년도 대입부터 가해학생의 처분결과를 수시·정시모집 전형에 의무적으로 반영합니다. 아울러 중대한 징계 내용(6호 출석정지, 7호 학급교체, 8호 강제전학)의 학생부 기재 보존기간을 졸업 후 2년에서 4년으로 연장했죠. 아울러 가해학생과 피해학생의 즉시분리기간을 7일로 늘리고, 가해학생의 불복절차에서 피해학생의 진술권을 보장하는 등 피해자 보호 내용도 한층 강화됐습니다.

정치 · 경제 · **사회** · 국제 · 문화 · 미디어 · 과학 · IT · 스포츠

학교폭력 가해 기록, 정시에 반영한다

정부는 한덕수 국무총리 주재로 제19차 **학교폭력**대책위원회를 개최하고 '학교폭력 근절 종합대책'을 심의·의결했다. 이번 종합대책에 따르면 중대한 학교폭력을 일으킨 가해학생에게 내려지는 출석정지(6호), 학급교체(7호), 전학(8호)의 학생부 기록 보존기간은 졸업 후 2년에서 4년으로 연장된다. 교육부 관계자는 "학교폭력 시 '대학입학뿐만 아니라 졸업 시까지도 불이익을 받는다'는 경각심을 강화하는 것"이라고 설명했다. 또한 가해학생이 반성하지 않고 조치사항 기재를 회피할 목적으로 자퇴하는 것을 막기 위해 심의위원회가 조치를 결정하기 전에는 자퇴할 수 없도록 한다. 학교폭력 조치사항은 학생부 위주 전형뿐만 아니라 수능, 논술 위주 전형에서도 반영한다.

출처 : 파이낸셜뉴스/일부인용

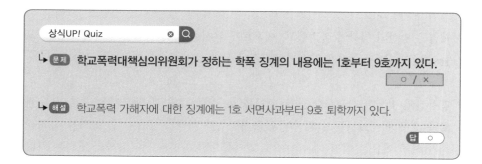

상식UP! Quiz

↳ **문제** 학교폭력대책심의위원회가 정하는 학폭 징계의 내용에는 1호부터 9호까지 있다.

○ / ×

↳ **해설** 학교폭력 가해자에 대한 징계에는 1호 서면사과부터 9호 퇴학까지 있다.

답 ○

이제 더는 참지 않겠다는 교사들의 외침

2023년에는 사회 곳곳에서 무겁고 슬픈 사건들이 많았습니다. 교육현장에서도 비극적 사건이 발생했는데요. 7월 서울 서초구의 한 초등학교에서 1학년 담임교사가 스스로 목숨을 끊은 일이 있었죠. 그리고 극단적 선택의 이면에 교실에서 발생한 학교폭력과 이로 인한 학부모의 갑질과 폭언, 악성민원이 있었다는 의혹이 불거졌는데요. 가해·피해학생의 학부모 모두 자기 자녀만 극단적으로 감싸고, 학폭의 근본 원인을 교사에게 돌리며 학교로까지 찾아와 폭언을 퍼붓는 등 극심한 스트레스에 시달렸다는 의혹이 제기됐죠.

이 사건을 시작으로 교사들이 폭로한 교권침해 사례가 봇물 터지듯 쏟아지기 시작했습니다. 상상을 초월하는 학부모들의 갑질이 속속 드러났는데요. 한 교사는 교실에서 한 학생이 가위로 다른 학생을 위협해 이를 제지하자, 학부모는 "제지하는 과정에서 소리를 질러 아이가 밤에 경기를 일으킨다"며 아동학대로 신고했다고 하죠. 또 편식하는 학생에게 다른 반찬도 먹어보라 급식지도를 해도 아동학대가 성립될 수 있다는 말이 나왔습니다. 그런가 하면 학부모 전화상담을 하는데 교사의 밝은 목소리가 거슬려 교육청에 민원을 넣었다는 어처구니없는 일도 있었죠. 그러나 위 사례들은 빙산의 일각에 불과했고, 이후로도 유사한 사건에 휘말려 목숨을 끊는 교사들이 나타나면서 안타까움을 자아냈습니다.

사망사건이 발생한 학교 교문에는 고인을 추모하는 화환과 발길이 이어졌고, 교권보호를 요구하는 교사들의 외침이 들불처럼 번지기 시작했습니다. 교사들은 교권침해가 하루 이틀 이어진 게 아님에도 교사를 보호하려는 정부당국의 노력은 턱없이 부족했다고 했죠. 상황이 심각해지자 교육부는 '학생생활지도 고시안'과 '교권회복·보호강화 종합방안'을 발표했습니다. 또 여야는 교원지위법과 초·중등교육법을 개정하는 이른바 '교권회복 4법' 마련에 나섰고, 9월 21일 정기국회에서 이를 통과시켰습니다. 교사의 정당한 생활지도를 아동학대로 보지 않는 것이 골자죠.

초중고 교사들은 실질적인 대책마련을 촉구하며 전국 곳곳에서 대규모 시위를 벌였는데요. 9월 4일에는 사망 교사의 49재에 맞춰 '공교육 멈춤의 날'을 선언하고 집단파업을 예고했습니다. 그러나 법적으로 공무원의 파업은 불법이기에 교사들은 병가와 연가를 내 합법적으로 파업에 참여하겠다고 했습니다. 이번 사태를 계기로 교권침해가 개선될지 주목되는데, 학칙과 법률을 뜯어고치는 것도 중요하지만 우선 학부모와 학생 등 사회 전반적인 의식개선 노력이 이뤄져야 할 것으로 보입니다.

정치 · 경제 · 사회 · 국제 · 문화 · 미디어 · 과학 · IT · 스포츠

교권추락에 전국 16개 시도 '교사 명퇴' 급증

교권침해가 심화되면서 교사들의 명예퇴직(명퇴)이 급증하고 있다. 교사들의 명퇴 증가는 교권추락과 생활지도의 어려움에서 기인한다. 한국교원단체총연합회(교총)가 지난 스승의날을 앞두고 실시한 교원인식 설문조사 결과 교직생활에 만족하는가란 질문에 23.6%(1,591명)만 동의했다. 현장 교사들은 2014년 아동학대처벌법 제정 이후 생활지도가 어려워졌다고 입을 모은다. 대구에서 20년째 초등교사로 재직 중인 A씨는 "고연차 교사조차 아동학대로 신고당하는 상황"이라며 "기회가 되면 교직을 탈출해야 한다고 보는 교사가 늘고 있다"고 했다. 경기도 중학교 교사 이모(47)씨도 "교직 황폐화가 교사들의 명퇴 러시(Rush)를 불렀다"며 "아동학대법 개정을 통해 교사들에게 가르칠 수 있는 환경을 만들어 줘야 한다"고 말했다.

출처 : 연합뉴스/일부인용

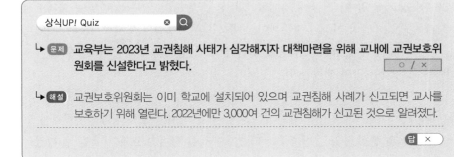

상식UP! Quiz

↳ **문제** 교육부는 2023년 교권침해 사태가 심각해지자 대책마련을 위해 교내에 교권보호위원회를 신설한다고 밝혔다.

O / X

↳ **해설** 교권보호위원회는 이미 학교에 설치되어 있으며 교권침해 사례가 신고되면 교사를 보호하기 위해 열린다. 2022년에만 3,000여 건의 교권침해가 신고된 것으로 알려졌다.

답 X

건축물에 도시의 운명을 걸다

전국 각지에서 도시재생 뉴딜사업이 속속 추진되고 있습니다. 도시재생 뉴딜사업이란 기존에 이루어지던 재건축·재개발 사업과는 다릅니다. 낙후된 지역을 개발하여 환경을 개선시킨다는 점은 비슷하지만 도시의 기본 틀을 유지하되 주거환경을 개선하고 쇠퇴한 구도심 지역을 살려 일자리를 창출하는 등 경제적 효과를 유도한다는 점에서 차이가 있습니다. 우리 정부는 어떻게 이러한 사업을 구상하게 된 것일까요? 그 답은 바로 스페인의 도시 '빌바오(Bilbao)'입니다. 도시재생 사업의 대표적인 성공모델이죠.

스페인 북부 대서양 해변의 소도시 빌바오는 원래 철강과 조선 산업의 메카였습니다. 하지만 우리나라를 비롯한 아시아 국가들의 철강·조선 산업이 성장하면서 글로벌 경쟁력을 상실했고, 이에 따라 실업률은 급격히 상승했으며 도시 경제는 동력을 잃게 됐습니다. 이에 고민하던 지방정부는 도시를 살리기 위해 재생추진협회를 설립했고, 1991년 모험을 감행했죠. 그것은 바로 1억달러의 건축비를 부담하는 파격적인 조건으로 미국의 구겐하임 미술관을 유치한 것입니다. 당시에는 반대도 만만치 않았지만 1997년 구겐하임 빌바오 미술관이 세계적인 건축가 프랭크 게리에 의해 완공되면서 도시의 운명은 달라졌습니다. 비틀어진 곡면 외형에 티타늄 패널 3,300여 장을 붙인 이 건물은 세계적인 관심을 끌었고, 인구 36만명에 불과했던 도시가 연간 100만명 이상의 관광객이 찾아오는 문화예술의 도시로 변신한 것입니다. 이 사실로부터 인상적인 건축물 하나가 도시 전체의 운명을 바꿀 수 있다는 '빌바오 효과'라는 말이 생겼습니다.

물론 독특한 디자인의 미술관 때문만은 아닙니다. 하지만 도시를 재생시키려는 노력에 사람들의 관심을 끄는 건축물이 더해져 확실한 시너지 효과가 생길 수 있었던 것이죠. 여전히 빌바오는 꾸준히 관광객들을 발길을 끌고 있고 수십억달러의 관광 수입으로 인프라를 구축하면서 살기 좋은 도시로 손꼽히고 있습니다.

눈부신 조형적 실현 또는 빛 좋은 개살구

문화와 역사, 예술을 총망라하는 이런저런 이름들을 전전하다 겨우 정착한 '디자인플라자'라는 어정쩡한 건물의 종류는 명칭이 말해주듯, 전시시설인지, 상업시설인지, 요식업장 아니면 유적 박물관인지 명확하지 않다. 뭐든 하나는 얻어걸리길 바라며 잡히는 대로 상자에 넣어 포장한 종합선물세트.

사업자들은 별 볼 일 없던 스페인 지방도시 빌바오가 스타 건축가 프랭크 게리가 디자인한 구겐하임 미술관을 유치해, 하루아침에 세계의 이목을 끄는 일급 관광도시로 떠오른 **'빌바오 효과'**를 꿈꿨을 것이다. 하지만 그 성공이 단지 구겐하임 미술관 하나 때문이라 생각하면 오산이다. 빌바오는 오래전부터 기본 설계(마스터플랜)를 마련해 수로를 다듬고 거리 환경을 개선하고 경전철을 놓으며 도시를 다져왔고, 미술관은 그 계획의 일부였다.

출처 : 한겨레/일부인용

↳ 문제 **다음 정책과 관련 있는 현상은?**

> 도시재생 뉴딜사업은 단순 주거환경의 개선에 그치는 것이 아니라 도시기능을 재활성화시켜 도시의 경쟁력을 회복시키고 지역에 기반한 좋은 일자리를 창출하는 데 중점을 둔다. 이러한 재생 과정에서 소유주와 임차인 간 상생체계 구축을 통해 이익의 선순환 구조를 정착시킬 수 있도록 하겠단 계획이다.

① 빌바오 효과   ② 풍선 효과
③ 헤일로 효과   ④ 나비 효과

↳ 해설 스페인의 도시 빌바오는 1970년대 경제위기로 실업률이 35%를 육박했고, 인구는 급감하는 등 도시 전체가 낙후되기 시작했다. 빌바오시는 재생추진협회를 구성했고, 곧 독특한 디자인의 구겐하임 미술관을 유치했다. 이 건축물을 보기 위해 관광객들이 몰렸고, 이와 동시에 폭발적인 경제적 이익을 얻었다. 빌바오시의 도시재생 성공담이 알려지며 건축물이 지역에 미치는 영향을 '빌바오 효과'라고 표현하기 시작했다.

답 ①

신문으로 공부하는
말랑말랑 시사상식
종합편

CHAPTER 06

문화·미디어

세계를 아우르는 부드러운 힘

지난 2021년, 넷플릭스의 오리지널 시리즈인 〈오징어 게임〉이 전 세계를 강타했습니다. 외국인들이 길거리에 모여 작품에 나온 딱지치기를 하거나, 심혈을 기울여 달고나를 쪼개는 모습이 등장했죠. 거기서 그치지 않고 극중의 '깐부 할아버지'역으로 출연한 오영수 배우는 제79회 미국 골든글로브 시상식에서 TV부분 남우조연상을 수상하는 쾌거를 이루기도 했습니다. 또 2022년 에미상 시상식에서는 비영어권 작품 최초로 작품상과 남우주연상 등 6관왕을 차지했습니다. 이렇게 우리나라에서 만든 드라마 한 편이 세계인을 사로잡고 해외 매체의 대호평을 받으면서, 한 국가가 세계에 미치는 문화적 영향력이 다시금 화두에 올랐습니다. 이를 바로 '소프트파워(Soft Power)'라고 합니다.

소프트파워는 교육 · 학문 · 예술 등 인간의 이성 및 감성적 능력을 포함하는 문화적 영향력을 말합니다. 군사력이나 경제력과 같은 '하드파워(Hard Power)'에 대응하는 개념으로 설득을 통해 자발적 순응을 유도하는 힘을 말하는데요. 21세기에 들어서며 세계가 군사력을 바탕으로 한 하드파워, 즉 강성국가의 시대에서 소프트파워를 중심으로 한 연성국가의 시대로 접어들었다는 의미를 갖습니다. 이 용어는 하버드대 케네디스쿨의 '조지프 나이' 교수가 처음 사용했는데요. 대중문화의 전파와 특정 표준의 국제적 채택, 도덕적 우위의 확산 등을 통해 그 중요성이 점점 커지고 있습니다. 세계 여러 나라에서는 자국의 소프트파워를 키우고 활용하기 위한 노력을 계속하고 있죠. 나이 교수도 우리나라를 언급하며 한국의 대중문화가 강력한 소프트파워를 생산하고 있으며 더욱 세계적인 관점과 태도로 소프트파워를 창출해야 한다고 강조했습니다.

우리나라의 소프트파워 사례는 〈오징어 게임〉말고도 더 있습니다. 지난 2020년 아시아 영화 최초로 미국 아카데미 작품상을 비롯해 시상식을 휩쓸었던 봉준호 감독의 〈기생충〉이 있고, K-pop의 선두주자 방탄소년단(BTS)은 빌보트 차트 꼭대기를 점령하며, 이제는 K-pop의 대명사로 자리 잡고 있습니다. 더 이전으로 거슬러 올라가면 가수 싸이의 〈강남스타일〉이 있죠. 〈강남스타일〉 뮤직비디오의 유튜브 조회수는 2020년 이미 40억회를 넘어섰고, 현재도 누적되고 있습니다. 2012년에 발표된 곡이 10년이 넘게 지난 지금까지도 세계인의 눈과 귀를 즐겁게 해주고 있는 것이죠.

정치 · **경제** · 사회 · 국제 · **문화** · 미디어 · 과학 · IT · **스포츠**

한류 이끄는 K-컬처 기업,
선한 영향력 확산으로 韓 소프트파워 강화 지원

대한민국의 국가 브랜드 제고를 위해 K-컬처 기업들이 해외 소비자들을 대상으로 선한 영향력을 실천하고 있는 것으로 나타났다. 전국경제인연합회는 'K-컬처기업 ESG 경영의 현재와 미래' 세미나를 개최해 해외시장에서 활약하고 있는 K-팝, K-콘텐츠, K-푸드 등 K-컬처 대표기업들의 ESG 경영사례를 살펴보고, 대한민국의 미래 먹거리인 문화산업의 ESG 경영 활성화 방안을 모색했다. 권태신 전경련 상근부회장은 개회사를 통해 "반도체 시장(5,950억달러)의 약 4배에 달하는 전 세계 콘텐츠 시장(2조 3,417억달러)에서 K팝과 영화, 드라마, 음식이 세계인의 주목을 받는 것은 매우 고무적인 일이자 기회"라면서, "한류 등 대한민국 **소프트파워**를 더욱 강화하기 위해, K-컬처 기업들의 ESG 경영을 통한 소비자들의 신뢰 확보가 중요하다"고 주장했다.

출처 : 워크투데이/일부인용

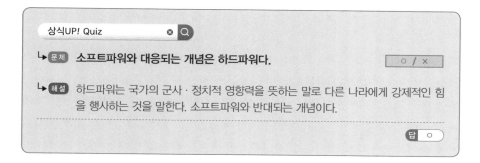

상식UP! Quiz

↳ **문제** **소프트파워와 대응되는 개념은 하드파워다.**   ○ / ×

↳ **해설** 하드파워는 국가의 군사 · 정치적 영향력을 뜻하는 말로 다른 나라에게 강제적인 힘을 행사하는 것을 말한다. 소프트파워와 반대되는 개념이다.

답 ○

인류가 보호해야 할 보편적 가치

우리가 흔히 유네스코라고 부르는 유엔교육과학문화기구(United Nations Educational Scientific and Cultural Organization, UNESCO)는 국제연합(UN)의 산하기구입니다. 교육, 과학, 문화 등의 분야에서 국제 협력을 통해 인류의 발전과 세계평화를 증진하기 위한 기구죠. 이러한 유네스코에서는 인류가 보호해야 할 인문 · 자연 유산을 지정함으로써, 인류의 발자취를 되새기고 그 보편적 가치를 보존하려 합니다. 그중 유네스코 세계유산은 문화유산, 자연유산, 복합유산으로 나누어지죠. 우리나라의 세계유산에는 2024년 4월 기준으로 총 16개가 등재되어 있습니다. 2022년 말에는 '한국의 탈춤'이 인류무형문화유산으로 등재되었고, 2023년 9월에 '가야고분군'이 16번째 세계유산에 등재됐죠.

세계유산으로 등재된다는 것은 여러 의미가 있습니다. 먼저 뛰어난 보편적 가치를 가지고 있다는 의미이기 때문에, 국내외적 관심과 지원을 받을 수 있습니다. 또한 등재국의 문화 수준이 그만큼 높다는 증명과 자부심이 되는 것이죠. 또한 세계유산 목록에 등재된 유산들은 유네스코의 영향력 아래 국제적 협력의 대상이 됩니다. 때문에 유산을 보호하기 위한 사업들에 국제기구 및 단체들의 기술 · 재정적 지원을 받을 수 있게 되죠. 등재국은 유산에 대한 상태를 정기적으로 세계유산위원회에 보고해야 하며, 상태에 영향을 끼치는 요소가 있을 경우에도 보고해야 합니다.

최근 우리나라는 일본과 문화유산에 대한 갈등을 빚었는데요. 일본이 일제강점기 조선인 강제노역 현장인 일본 니가타현의 '사도광산'을 세계문화유산으로 등재하기 위해 애쓰고 있기 때문입니다. 일본은 2022년 9월 사도광산을 세계유산으로 지정하기 위한 잠정 추천서를 유네스코에 다시 제출했다고 하는데요. 일본 정부는 사도광산 추천서에서 대상 기간을 16~19세기 중반으로 한정해 일제 강점기 조선인 강제 노동을 사실상 배제했습니다. 우리나라는 그간 사도광산의 세계유산 등재 추진에 대한 문제점을 유네스코와 일본에 지속적으로 제기해왔죠. 아직 일본이 사도광산을 등재할 수 있을지는 확실치 않습니다. 유네스코가 역사 문제를 둘러싼 한일 대립을 세계유산위원회로 끌어들이는 것에 대해 부담을 갖고 있고, 일본은 우리나라가 이 문제를 심사하는 2024년 세계유산위원회 위원국이 될 가능성을 우려하는 것으로 알려졌죠.

정치 · 경제 · 사회 · 국제 · 문화 · 미디어 · 과학 · IT · 스포츠

정부, 日사도광산 세계유산 재추진에 "기존 약속 이행이 우선"

우리 정부는 일본이 일제 강점기 조선인 강제노역 현장인 일본 니가타현의 사도광산을 **세계문화유산**으로 재추천한 것에 대해 "군함도 세계유산 등재 당시에 한 약속 이행이 먼저"라는 기존 입장을 재차 강조했다. 외교부 당국자는 일본이 사도광산을 세계유산으로 지정하기 위한 잠정 추천서를 유네스코에 다시 제출한 것과 관련 "일본에 대해선 항상 사도광산 등재를 추진하기에 앞서 2015년에 군함도 등재 때 한 기존 약속 이행이 우선이다는 점을 계속 강조하고 있다"고 말했다. 일본은 군함도 세계유산 등재 당시 조선인 강제노역이 있었다는 사실을 인정하고 희생자들을 기리는 정보센터를 설치하겠다고 약속했지만 이를 제대로 이행하지 않고 있다.

출처 : 연합뉴스/일부인용

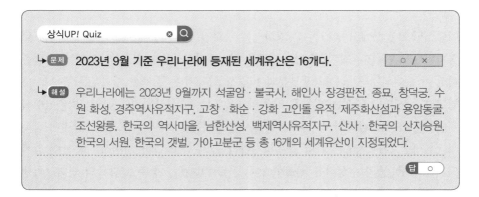

상식UP! Quiz

↪ 문제 **2023년 9월 기준 우리나라에 등재된 세계유산은 16개다.**   ㅇ / ✕

↪ 해설 우리나라에는 2023년 9월까지 석굴암 · 불국사, 해인사 장경판전, 종묘, 창덕궁, 수원 화성, 경주역사유적지구, 고창 · 화순 · 강화 고인돌 유적, 제주화산섬과 용암동굴, 조선왕릉, 한국의 역사마을, 남한산성, 백제역사유적지구, 산사 · 한국의 산지승원, 한국의 서원, 한국의 갯벌, 가야고분군 등 총 16개의 세계유산이 지정되었다.

답   ㅇ

세계가 주목하는 레드카펫!

2020년 2월 미국 아카데미 시상식에서 한국 영화 〈기생충〉과 봉준호 감독이 작품상·감독상·각본상·국제영화상을 수상했습니다. 아카데미 시상식이 미국 내 상영된 작품만을 대상으로 하는 '로컬 영화제'였던 만큼, 국산 영화의 수상은 더 대단한 기록이었죠. 우리나라의 영화는 놀랄 만큼 눈부신 발전을 이뤄 점차 전 세계의 인정을 받고 있습니다. 그렇다면 매년 세계의 이목을 집중시키는 국제영화제에는 어떤 것들이 있을까요?

세계 3대 영화제에는 베니스 영화제, 칸 영화제 그리고 베를린 영화제가 있습니다. 먼저 이탈리아에서 매년 8~9월에 열리는 베니스 영화제는 세계 최초의 영화제로 오랜 역사를 지니고 있습니다. '예술성'을 주된 평가 기준으로 한다고 합니다. 최고의 작품상에는 '황금사자상'이 수여되고, 감독상에는 '은사자상'이, 남여주연상에는 '볼피컵상'이 수여됩니다. 2012년 김기덕 감독의 〈피에타〉가 '황금사자상'을 수상했습니다.

매년 5월 프랑스에서 열리는 칸 영화제는 영화감독의 재능과 창의성을 중점적으로 평가한다고 합니다. 작가 위주로 작품을 선정한다고 볼 수 있죠. 대상에는 '황금종려상'이 수여되며 시상은 경쟁부문과 비경쟁부문, 주목할 만한 시선부문 등으로 나뉩니다. 우리나라에서는 박찬욱 감독의 〈올드보이〉(심사위원대상)와 〈박쥐〉(심사위원상), 이창동 감독의 〈시〉(각본상)와 〈밀양〉(여우주연상-전도연), 임권택 감독의 〈취화선〉(감독상), 김기덕 감독의 〈아리랑〉(주목할 만한 시선상), 홍상수 감독의 〈하하하〉 등의 수상작을 배출했습니다. 2019년에는 봉준호 감독의 영화 〈기생충〉이 최고작품상인 황금종려상을 받았고, 2022년에는 〈브로커〉의 송강호 배우가 남우주연상을, 〈헤어질 결심〉의 박찬욱 감독이 감독상을 받았습니다.

베를린 영화제는 매년 2월 독일에서 열립니다. 비평가를 기준으로 예술성이 큰 영화를 주로 초청하며 영화의 가치와 철학 그리고 시대성을 중시한다고 합니다. 최우수 작품상에는 '금곰상'이 수여되고, 심사위원 대상·감독상·주연·조연상 등에는 '은곰상'이 수여됩니다. 2020년에는 홍상수 감독이 〈도망친 여자〉로 은곰상(감독상)을, 2021년에는 〈인트로덕션〉으로 은곰상(각본상)을 수상했습니다. 또 2022년에 〈소설가의 영화〉, 2024년 〈여행자의 필요〉로 은곰상(심사위원대상)을 거머쥐기도 했습니다.

정치 · 경제 · 사회 · 국제 · 문화 · 미디어 · 과학 · IT · 스포츠

"세계 5대 영화제 도약과 '문화의 일상화' 계기로"

"칸, 베를린, 베니스 영화제가 **세계 3대 영화제**라면, 우리는 토론토 영화제와 함께 비경쟁 영화제이자 미래 영화제로 전 세계 5대 영화제의 경쟁력을 확보할 수 있도록 노력하겠습니다." 부산국제영화제(BIFF) 초창기 멤버이자 현재까지 BIFF를 이끌고 있는 이용관 이사장의 말이다. 그동안 BIFF는 정치적 부침뿐만 아니라 재정적 위기, 오래된 조직에서 초래하는 경직된 조직 문제를 겪었다. 또 세계적인 영화산업의 패러다임 전환으로 변화에 대한 압박도 받아왔다. 매번 위기가 닥칠 때마다 완벽하진 않지만 조금씩 문제를 해결해가며 지금까지 왔다. 그는 "칸이나 베를린처럼 글로벌 스폰서와 손을 잡고 BIFF 개최를 위한 안정적인 재정을 마련하는 것이 가장 큰 목표다"라고 강조했다. 그러면서 "지난 5~6년간 어려움과 코로나 시대를 겪으며 BIFF의 체질이 그래도 강해지지 않았느냐는 생각을 한다"며 "영화제를 통해 '문화의 일상화'를 이뤄내고 코로나 시대 이후 해외 경쟁력을 확보하는 일에도 힘쓰겠다"고 말했다.

출처 : 부산일보/일부인용

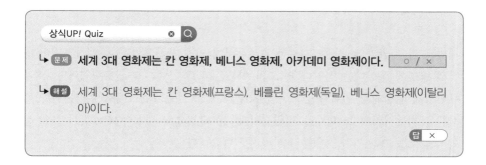

상식UP! Quiz

↳ **문제** 세계 3대 영화제는 칸 영화제, 베니스 영화제, 아카데미 영화제이다. ○ / ✕

↳ **해설** 세계 3대 영화제는 칸 영화제(프랑스), 베를린 영화제(독일), 베니스 영화제(이탈리아)이다.

답 ✕

시간이 지나도 변하지 않는 명작!

뮤지컬이란 연기와 노래, 춤이 어우러진 종합예술입니다. 해마다 다양한 뮤지컬들이 관객들의 마음을 사로잡고 있지요. 수많은 작품 가운데 전 세계인들의 꾸준한 사랑을 받는 세계 4대 뮤지컬이 있습니다. 세계 4대 뮤지컬로 꼽히는 작품은 〈캣츠〉, 〈레 미제라블〉, 〈미스 사이공〉, 〈오페라의 유령〉입니다.

먼저, 〈캣츠〉는 영국의 대문호 T. S. 엘리어트의 시 '지혜로운 고양이가 되기 위한 지침서'를 바탕으로 하여 고양이로 분장한 배우들을 통해 인간의 구원이라는 주제를 표현한 작품입니다. 전 세계 30여 개 국가에서 공연되어 5,000만명 이상의 관객들이 관람했고, 공연 수입으로 22억달러를 올리는 등 경이로운 기록을 세웠습니다. 〈미스 사이공〉은 베트남 전쟁 속에서 꽃피운 베트남 여인 킴과 미군 장교 크리스의 아름답지만 비극적인 사랑 이야기를 그린 뮤지컬로, 일본 여인 초초상과 미군 해군 장교와의 비극적인 사랑을 그린 오페라 〈나비부인〉의 현대판으로 불립니다. 〈오페라의 유령〉 역시 많은 사람들에게 알려진 뮤지컬입니다. 이 작품은 프랑스의 작가 가스통 르루의 원작 소설을 찰스 하트가 뮤지컬 극본으로 만들어 무대에 올린 작품입니다. 한때 오페라 작곡가로 명성을 날렸으나 잊힌 천재가 되어버린 '오페라의 유령'이 호숫가에서 은둔 생활을 하던 중 미모의 오페라 가수 크리스틴에게 반하지만 결국 사랑은 실패로 끝난다는 내용을 담고 있습니다. 4대 뮤지컬 가운데 가장 늦게 국내 무대에 오른 〈레 미제라블〉은 빅토르 위고의 소설을 뮤지컬화한 작품으로, 영화로도 제작되며 큰 사랑을 받았습니다.

재밌는 점은 위의 네 작품 모두 한 프로듀서에 의해 제작되었거나, 재창작되어 명작의 반열에 올랐다는 점입니다. 그의 이름은 바로 카메론 매킨토시입니다. 세계 뮤지컬계의 절대적 권위자인 그는 1980년대 영국 웨스트엔드에서 수많은 뮤지컬 작품을 히트시키며 그 명성을 알렸습니다. 1996년 영국 왕실에서는 이런 그의 문화적 공로를 기려 기사 작위를 수여하기도 했습니다.

'레 미제라블' … 뮤지컬이 영화로 탄생하다

세계 4대 뮤지컬이라 불리는 레 미제라블, 오페라의 유령, 캣츠, 그리고 미스 사이공은 모두 프로듀서 카메론 매킨토시의 손에서 태어났다. 이 시대 최고의 영향력을 지닌 뮤지컬 프로듀서로 손 꼽히는 그에게 알란 파커(버디, 에비타 감독)를 비롯한 수많은 감독들이 뮤지컬 레 미제라블의 영화화를 제의했지만, 초연 공연으로부터 25주년이 지날 때까지도 영화 레 미제라블은 진척이 보이지 않았다. 그때, 아카데미 4관왕에 빛나는 영화 '킹스 스피치'의 톰 후퍼 감독이 나타났다.

카메론 매킨토시는 톰 후퍼 감독의 진가를 알았다. 카메론 매킨토시는 "톰 후퍼 감독은 먼저 영화 레 미제라블에 대한 수많은 아이디어를 가지고 나를 찾아왔다. 그는 젊고 유능한 감독이며 뜨거운 열정을 지니고 있기도 했다"며 보는 순간, 이 사람이 바로 영화 레 미제라블 감독의 적임자라는 사실을 깨달았다고 밝혔다. 그리고 톰 후퍼 감독과 프로듀서 카메론 매킨토시에게 힘을 실어준 것이 바로 다시는 한 자리에 모일 수 없을 것 같은 할리우드 최고의 초호화 캐스팅이다. 휴 잭맨, 앤 해서웨이, 러셀 크로우, 아만다 사이프리드, 그리고 헬레나 본햄 카터까지! 이름만으로도 영화를 신뢰할 수 있는 명배우들이 영화 레 미제라블에 대거 참여한 것이다.

'레 미제라블'는 2012년에 개봉해 국내 누적관객수 5,921,376명(2019.03.29. 영화진흥위원회 영화관입장권통합전산망)을 기록. 관람객 평점 10, 기자 · 평론가 평점 7.15, 네티즌 평점 8.35점을 기록했다.

출처 : 톱스타뉴스/일부인용

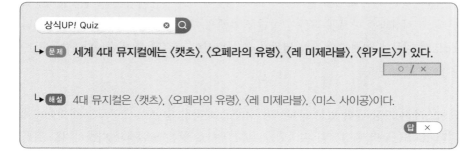

상식UP! Quiz

↳ **문제** 세계 4대 뮤지컬에는 〈캣츠〉, 〈오페라의 유령〉, 〈레 미제라블〉, 〈위키드〉가 있다.
ㅇ / ✕

↳ **해설** 4대 뮤지컬은 〈캣츠〉, 〈오페라의 유령〉, 〈레 미제라블〉, 〈미스 사이공〉이다.

답 ✕

위대한 문학가에게

2016년 한국 문학계가 오랜만에 열기를 띠었던 걸 기억하나요? 소설가 한강이 소설 〈채식주의자〉로 번역가 데보라 스미스와 함께 맨부커상 인터내셔널 부문을 수상하였기 때문이었죠. 우리나라 작가의 수상 소식에 국내는 물론 세계의 이목이 집중되었습니다. 유독 문학에서 제대로 된 평가를 받지 못했다고 평가되는 우리나라는 한강의 맨부커상 수상으로 비로소 첫 세계 3대 문학상 수상이라는 빛을 보게 되었습니다.

부커상(Booker Prize , 2018년 맨부커 → 부커 이름 변경)은 1969년 영국의 부커사가 제정한 문학상입니다. 노벨문학상, 프랑스의 공쿠르 문학상과 함께 세계 3대 문학상 중의 하나입니다. 해마다 영국연방국가에서 출판된 영어 소설들을 대상으로 시상했습니다. 그러다 2005년에는 영어로 출간하거나 영어로 번역한 소설을 대상으로 상을 수여하는 인터내셔널 부문을 신설했습니다. 신설된 후에 계속 격년으로 진행되다가 2016년부터 영어 번역 소설을 출간한 작가와 번역가에 대해 매년 시상하는 것으로 변경했습니다.

노벨문학상은 알프레드 노벨의 유언으로 설립된 노벨재단에서 시상하는 문학상입니다. 부커상과는 다르게 작품이 아닌 작가에게 시상합니다. 아무래도 노벨상이라는 명성 때문에 세계에서 가장 권위가 큰 문학상이라고 할 수 있습니다. 상금도 10억원에 달하죠.

프랑스에서 가장 권위 있는 문학상인 '공쿠르 문학상'은 프랑스 공쿠르 아카데미에 의해 1903년부터 시상되기 시작했습니다. 공쿠르 상은 노벨상과 마찬가지로 작품이 아닌 작가에게 수여합니다.

정치 · 경제 · 사회 · 국제 · 문화 · 미디어 · 과학 · IT · 스포츠

세계 3대 문학상 수상자
"코로나로 유명 작가 더 잘 팔려 … 난 덕 봤지만 문제"

"코로나 사태로 인해 독자들의 선택 폭이 확 줄었습니다. 이전엔 10만권 중 한 권 선택했다면 지금은 유명 작가 작품 100권 중 하나를 고르는 식이 됐지요. 나는 그 덕을 봤지만 미디어가 조명하는 몇몇 책만 관심 받는 건 안타깝습니다." 방한한 공쿠르상 수상작가 에르베 르 텔리에(65 · 프랑스)가 팬데믹으로 인한 문학계의 빈익빈 부익부 현상을 날카롭게 꼬집었다. 공쿠르상은 노벨문학상, 영국의 부커상과 함께 **세계 3대 문학상**으로 꼽히는 프랑스 최고 권위 문학상으로 그는 2020년 수상자다.

출처 : 조선일보/일부인용

상식UP! Quiz ⊗ 🔍

↳ 문제 **2016년 맨부커상 인터내셔널 부문의 수상작은?**

① 〈소년이 온다〉　　　　　　② 〈채식주의자〉
③ 〈한밤의 아이들〉　　　　　④ 〈파이 이야기〉

↳ 해설 작가 한강의 〈채식주의자〉가 2016년 맨부커상 수상작으로 선정되면서 한강은 한국인 최초로 맨부커상을 수상하게 되었다. 작가 한강의 맨부커상 수상 소식으로 그녀의 다른 작품들까지 화제가 되었다. 〈소년이 온다〉 역시 그녀의 작품이다. 〈한밤의 아이들〉은 맨부커상 3회 수상이라는 기록을 가진 작품이고 〈파이 이야기〉는 2002년 맨부커상 수상작이다.

답 ②

꿈의 시상, 최고의 명예

매년 연말이면 누군가에게는 환희를, 누군가에게는 아쉬움을 남기는 시상식이 있습니다. 바로 모두가 꿈꾸는 상, '노벨상' 수상자가 결정되는 시상식이 있기 때문입니다. 그렇다면 노벨상은 어떻게 시작된 걸까요? 다이너마이트를 발명한 스웨덴의 알프레드 노벨은 '인류 복지에 가장 구체적으로 공헌한 사람들에게 나누어 주라'는 유언과 함께 자신의 유산(3,200만 스웨덴 크로나)을 스웨덴의 왕립과학아카데미에 기부하였습니다. 당시 노벨은 다이너마이트가 무시무시한 군사적 무기로 사용되면서 '더러운 상인'이라고 불리기도 했지만 이 때문에 그는 속죄하는 의미에서 노벨상을 만들기로 결심했다고 합니다. 스웨덴의 왕립과학아카데미는 노벨의 유산을 바탕으로 노벨재단을 설립하였고, 1901년부터 노벨상을 수여하기 시작했습니다.

노벨위원회는 물리학 · 화학 · 생리의학 · 경제학 · 문학 · 평화의 6개 부문에서 인류 문명의 발달에 공헌한 사람이나 단체를 선정합니다. 선정 기준으로 '독창성'을 가장 중시하는 것으로 알려져 있습니다. 즉, 인류에 큰 기여를 한 연구를 했을 경우 그 아이디어를 가장 처음 실현한 사람에게 상을 수여합니다. 또한 노벨상은 반드시 살아있는 사람에게만 주어집니다. 따라서 아무리 위대한 업적을 남겼어도 사망한 이후에는 수여하지 않습니다. 다만 수상자로 지정된 후 사망한 경우에는 상을 수여할 수 있습니다.

시상식은 매년 노벨의 사망일인 12월 10일에 스톡홀름에서 열립니다. 단, 평화상만 같은 날 노르웨이의 오슬로에서 시상합니다. 우리나라 사람으로는 최초로 김대중 전 대통령이 민주주의 및 북한과의 평화와 화해를 위해 노력한 공로를 인정받아 2000년에 노벨평화상을 받았습니다.

한편, 노벨상을 패러디하여 만들어진 상도 있습니다. 바로 '이그노벨상'입니다. 1991년 미국의 유머과학잡지인 〈기발한 연구 연보(The Annals of Improbable Research)〉가 제정한 이 상은 '흉내낼 수 없거나 흉내내면 안 되는 업적'에 수여되며 매년 진짜 노벨상 수상자가 발표되기 1~2주 전에 시상식이 열립니다. 이그노벨상은 상금이 주어지지 않으며 실제 논문으로 발표된 과학 업적 가운데 재미있거나 엉뚱한 연구에 수여합니다.

정치 · 경제 · 사회 · **국제** · 문화 · 미디어 · **과학** · IT · 스포츠

왜 한국엔 노벨과학상 수상자가 없을까

우리나라가 기초연구사업에 2조 5,000억원을 투자한다고 발표했다. **노벨상** 수상자가 발표되는 10월이면 나라에서 이렇게 큰 투자를 함에도 우리나라 과학계는 왜 아직 수상자를 배출하지 못하는지에 대한 분석을 내놓는다. 먼저 노벨과학상 수상자들이 해당 연구업적을 수행한 연령을 조사해보면 대략 30~44세로, 이 연령대 과학자가 전체 수상자의 70%를 차지한다. 따라서 우리나라가 노벨상 수상자를 배출하려면 젊은 연구자가 초기에 안정적인 연구 환경을 갖추도록 지원하는 것이 중요하다. 이 점에서 우리나라 기초연구사업의 주요 추진방향 중에서 최우선으로 제시된. '젊은 연구자에 대한 지원을 확대해 안정적인 초기 연구 환경을 조성토록 지원'은 매우 바람직하다. 그리고 노벨상은 기존 기초과학 분야에 새 화두를 던진 '퍼스트(first)'에 헌정하는 상이다. 따라서 우리나라가 노벨상 수상자를 배출하려면 성공이 보장되는 뻔한 연구보다 혁신적이고 도전적인 연구를 지원해야 한다.

출처 : 세계일보/일부인용

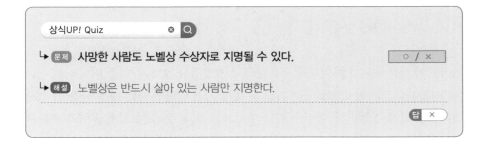

상식UP! Quiz

↳ 문제 사망한 사람도 노벨상 수상자로 지명될 수 있다.   ○ / ✕

↳ 해설 노벨상은 반드시 살아 있는 사람만 지명한다.

답 ✕

특종을 잡아라! 그래도 지킬 건 지켜야지~

특종을 잡기 위한 언론사들의 경쟁은 항상 치열합니다. 특종을 위해서는 경쟁 언론사보다 빠르게 정보를 입수하는 것이 가장 중요하지요. 이처럼 보도기관에서 다른 언론사보다 빠르게 정보를 입수하여 독점 보도하는 특종기사를 '스쿠프'라고 합니다. 스쿠프(Scoop)란 일반적으로 특종기사를 다른 신문사나 방송국에 앞서 독점 보도하는 것을 말하며, 비트(Beat)라고도 합니다. 스쿠프는 그 범위가 매우 다양합니다. 대기업이나 정치권력 등 뉴스 제공자가 숨기고 있는 사실을 정확하게 폭로하는 것, 발표하려는 사항을 빠르게 입수해 보도하는 것, 이미 공지된 사실이지만 새로운 문제점을 찾아내 새로운 의미를 밝혀주는 것 등이 있습니다. 다른 경쟁 언론사가 취급하지 못한 특수한 기사를 찾아내는 것을 의미하죠.

엠바고는 일정 시간까지 뉴스의 보도를 미루는 것입니다. 본래 특정 국가에 대한 무역·투자 등의 교류 금지를 뜻하는 단어인데 언론에서는 뉴스기사의 보도를 한시적으로 유보하는 것을 말합니다. 정부기관 등의 정보제공자가 뉴스의 자료를 제보하면서 일정 시간까지 공개하지 말 것을 요구할 경우 그때까지 보도를 미루는 것입니다. 흔히 "엠바고를 단다"고 말하며 정보제공자 측과의 관계를 고려하여 되도록 지켜주는 경우가 많습니다.

엠바고의 종류에는 보충 취재가 필요한 경우 보도를 유보하는 '보충 취재용 엠바고'와 알려지면 공공의 이익에 해를 끼칠 수 있는 사건이 진행 중일 경우 사건 해결 전까지 보도하지 않는 '공공이익을 위한 엠바고'가 있고, 사건이 일어난 뒤에 기사화하는 조건으로 보도자료를 제공받는 '조건부 엠바고'와 해외공관장의 이동 등과 관련해 정부가 양국의 발표가 있을 때까지 보도를 중지하는 '관례적 엠바고'가 있습니다.

거꾸로 날아간 현무2 … 軍신뢰 추락

북한이 중거리탄도미사일(IRBM)을 발사한 것에 대응하기 위해 우리 군이 발사한 지대지미사일 '현무2C'가 발사 직후 전방이 아닌 후방으로 약 1km 날아가 추락하는 바람에 체면을 구겼다. 자칫 주변 민간인 거주지역으로 떨어졌다면 대형 참사가 발생할 수도 있었던 아찔한 순간이었다. 북한을 향해 "단호한 대응"을 하려던 당초 계획이 틀어진 것은 물론, 미사일 전력에 대한 신뢰 위기까지 자초한 모양새다. 훈련과 사고로 인해 강한 불꽃과 소음, 섬광이 발생하면서 강릉 시민들은 밤새 공포에 떨어야 했다. 119상황실에는 밤 11시쯤부터 '비행장에서 폭탄 소리가 난다', '비행기가 추락한 것 같다' 같은 신고가 10여 건 접수됐다. 이 과정에서 군에서는 당초 예정했던 '오전 7시 엠바고(보도 유예)'를 이유로 7시까지 제대로 된 설명을 내놓지 않아 혼란을 부채질했다.

출처 : 연합뉴스/일부인용

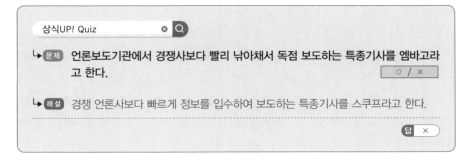

문화재만은 파괴하면 안 돼요!

반달리즘은 다른 문화·예술 등에 대한 무지로 인해 문화유적 및 공공시설을 파괴하는 행위를 말합니다. 5세기 초 로마를 침략해 문화를 파괴하고 약탈행위를 거듭한 반달족에서 유래한 것으로 알려져 있죠. 후대 역사가들에 따르면 반달족이 무자비한 파괴행위를 하지 않은 것으로 보인다는 주장도 나오고 있습니다만, 역사적 사실이 다르더라도 이미 사용하는 용어로 굳어졌으니 이제 와 용어를 바꾸긴 힘들지 않을까 싶습니다.

오늘날 반달리즘은 도시의 문화유적이나 공공시설 등을 파괴하는 행위를 가리키는 용어로 쓰이고 있습니다. 대체로 다른 문화나 종교·예술 등의 가치를 모르거나 무시하는 데서 벌어지는 행동들입니다. 먼 과거에서부터 이어져오는 문화재는 다시 만들어낼 수도 없는 소중한 인류의 유산인데 이렇게 무차별적으로 파괴하는 행동은 결코 방치해서는 안 되겠지요. 대표적인 사례로는 2010년대 중반 중동을 암흑으로 몰고 갔던 IS의 종교 문화재 파괴행위를 들 수 있습니다. 이들은 다른 종교의 문화재를 파괴했을 뿐만 아니라 자신들의 교리에 맞지 않는다면 같은 이슬람의 문화재도 거침없이 파괴하여 모두의 공분을 샀죠. 역사 속에서 반달리즘의 예시를 찾아보자면 중세에 동로마의 성상파괴운동과 근대에 중국에서 벌어진 문화대혁명을 들수 있습니다.

우리나라에서 발생한 반달리즘의 대표적인 사례로는 2008년 있었던 숭례문 방화 사건이 있습니다. 당시 방화를 일으킨 60대 노인은 국가와 사회에 대한 반감을 표출하기 위해 문화재 방화라는 반달리즘 범죄를 저질렀다고 밝혔죠. 역사 속에서 살펴보자면 1866년 병인양요 당시 프랑스군이 외규장각의 도서를 약탈하고 불을 지른 사건을 예로 들 수 있습니다. 당시 흥선대원군이 천주교를 탄압하자 이에 대한 보복으로 프랑스 함대가 강화도에 침입하였는데, 외규장각 도서를 약탈하고 훼손하는 등 반달리즘 행위를 한 것으로 알려져 있습니다.

반달리즘에 무방비, 프랑스 가톨릭교회

프랑스 가톨릭교회들이 이어지는 기물 훼손 행위(**반달리즘**)로 수난을 겪고 있다. 최근에만 파리 생 쉴피스 성당에 방화로 보이는 불이 나고, 남부도시 님의 노트르담 데 장팡 성당 내부 벽이 사람 배설물로 더럽혀졌으며, 파리 외곽 생드니 대성당의 오르간이 훼손되는 일 등이 발생했다.

이에 따라 프랑스 정부에 적극적인 대처를 요구하는 목소리도 커지고 있다고 영국 일간 더 타임스가 보도했다. 프랑스 경찰 통계에 따르면 2018년 프랑스 내 4만 2,258개 성당 중에서 875가 기물 훼손 행위로 수난을 겪었다. 절도는 별도로 129건으로 집계됐다. 내무부는 묘지 59곳 역시 훼손됐다고 전했다. 제1야당인 중도 우파 공화당 소속 발레리 부아예 의원은 "매일, 최소 성당 2곳이 불경스러운 일을 겪고 있다"라고 말했다.

가톨릭교가 수세기에 걸쳐 누려왔던 영향력을 잃어가면서 교회를 상대로 한 이런 문제가 사회에서 외면을 받고 있다는 평가도 나온다. 프랑스인들의 약 5%만이 가톨릭 신도지만 성당은 여전히 '사회적 지표들의 보고'로, 다른 공동체에 비교해 분노를 겉으로 드러내기 어렵다는 주장도 있다. 역사학자인 프랑수와 위그냉은 반(反)가톨릭 행위는 종교적 근본주의와 다를 게 없는 근본주의적 세속주의(Fundamentalist Secularism)의 확산과 맞물려 나타나고 있다고 밝혔다.

출처 : 매일경제/일부인용

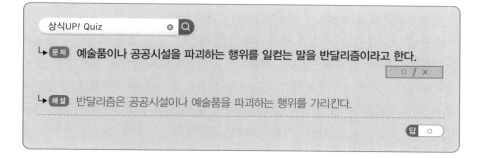

상식UP! Quiz

↳ 문제 예술품이나 공공시설을 파괴하는 행위를 일컫는 말을 반달리즘이라고 한다.

ㅇ / X

↳ 해설 반달리즘은 공공시설이나 예술품을 파괴하는 행위를 가리킨다.

답 ㅇ

깊이 있는 감상을 위한 전문가

박물관, 미술관, 갤러리에서는 유물, 그림, 건축 작품, 사진 등 다양한 전시가 열립니다. 전시회에 가보면 안내문에 일정한 시간을 명시해 두고 '도슨트'라고 적혀 있지요. 도슨트 시간이 되면 전시를 보고 있던 관람객들이 특정한 사람 주위로 모여드는 것을 볼 수 있습니다. 사람들이 모이는 것은 다 이유가 있을 텐데요. 도슨트가 무엇이기에 사람들을 발길을 끄는 것일까요?

도슨트(Docent)는 '가르치다'라는 뜻을 가진 라틴어 'Docere'에서 유래한 말로, 전시 작품에 대해 일정 수준의 지식을 갖춘 안내인을 말하는 용어입니다. 1845년에 영국에서 처음 시작되었고, 1900년대 초 미국으로 이어진 후 세계 각국으로 확산되었다고 합니다. 우리나라의 경우 1995년 광주비엔날레에서 처음으로 선보였죠. 도입 초기에는 도슨트 프로그램이 활발하게 운영되지 않았지만 도입 후 20년이 넘게 지난 지금은 대부분의 전시에 도슨트 프로그램이 있을 정도로 전시의 필수 요소로 자리 잡았습니다.

도슨트는 전시에 대해 해박한 지식을 갖추지 않은 일반 관람객들에게 전시 작품의 감상 방법이나 특징 또는 작가 등에 대해 설명해주어 좀 더 넓은 시각으로 작품을 감상할 수 있도록 합니다. 설명이 더해지니 자연스럽게 작품이나 작가 또는 전시 자체에 대해 이해하기가 수월합니다. 단순히 작품을 보기만 한다면 표현 등 평면적인 감상에 그쳤겠지만 도슨트의 설명으로 인해 깊이 있는 감상이 이루어지기 때문이죠. 이렇게 중요한 역할만큼 직업으로서도 각광받고 있습니다. 도슨트가 되기 위해서는 예술 등 각종 문화에 대한 일정 수준의 전문 지식이 필요하고, 도슨트 교육과정을 수료하여야 합니다. 그리고 무엇보다 중요한 것은 예술작품이나 문화재 등에 대한 애정이 필요하겠네요. 일반인도 교육과정 수료를 통해 도슨트로 활동할 수 있어 직업으로서의 진입장벽이 높지는 않습니다.

도슨트 교육은 기본적으로 서비스를 제공함에 있어 필요한 태도와 '전시'에 대한 교육이 이루어지고, 안내 지역에 따라 미술관의 경우는 미술사에 대한 전반적인 교육, 고궁의 경우 관련 역사 교육 등이 이루어집니다.

정치 · 경제 · 사회 · 국제 · 문화 · 미디어 · 과학 · IT · 스포츠

예술을 사랑한 까르띠에 … 황홀한 유혹을 전시하다

호주 출신 극사실주의 작가 뮤익의 가로 6.5m, 세로 1.6m, 높이 3.9m의 거대한 조각인 〈침대에서〉. 작품은 나른하면서도 깊은 생각에 빠진 표정으로 관객과 마주한다. 피부 위로 비치는 핏줄과 잔주름, 미간 주름, 팔꿈치 주름, 속눈썹, 갈색 눈동자 등을 충격적일 정도로 사실적으로 묘사한 이 작품은 그래서 오히려 몽환적인 느낌으로 다가온다. 황지원 도슨트는 관객들에게 "이 작품을 보면 모든 것이 크게 보였던 어린 시절 엄마가 침대에 누워 고민하고 있던 모습을 봤던 장면을 떠올리는 등 기억이나 상상, 꿈속 어떤 순간을 건드린다"면서 "인간의 근원적 모습에 대한 어떤 감각적인 느낌을 불러일으키는 작품"이라고 설명했다. 하이라이트 전에서는 40여 점뿐인 뮤익의 작품 중 3점을 감상할 수 있다.

일본의 앤디 워홀이라 불리는 요코오 다다노리(横尾忠則)의 〈113 초상 연작〉은 과거 그래픽 디자이너로 활약한 경험과 회화 작가로서의 실험적 도전들이 더해져 마치 포스터 같으면서도 각각 회화 기법이 다른 재밌는 시도를 엿볼 수 있다.

출처 : 문화일보/일부인용

상식UP! Quiz

▶ **문제** 박물관이나 미술관 등에서 전시물에 대한 소정의 지식을 가지고 관람객에게 설명해 주는 안내인을 지칭하는 말은?

① 큐레이터   ② 아트디렉터
③ 도슨트   ④ 콘서베이터

▶ **해설** '가르치다'를 의미하는 라틴어 'Docere'에서 유래한 말로 각종 전시회에서 관람객들에게 전시물에 대해 설명하여 이해를 돕는 안내인을 도슨트라 한다.

답 ③

콩 한 쪽도 나눠 먹고, 정보도 나눠줄게!

카피레프트(Copyleft)는 저작권(Copyright)에 반대되는 개념으로, 저작권을 기반으로 한 정보의 공유 조치입니다. 저작권이란 만든 이의 권리를 보호하기 위해 다른 사람의 복제·공연·전시 등의 이용을 허가하거나 금지하도록 하는 것인데, 배타적 저작권의 보호를 주장하는 카피라이트와 달리 카피레프트는 지식과 정보가 독점되어서는 안 되며 모든 사람들에게 열려 있어야 한다는 인식에서 비롯되었습니다. 이에 따라 저작권자들은 정보를 사용하는 것을 막지 않는 규칙·공지 등을 내립니다.

카피레프트는 1984년 리눅스의 대부이자 자유소프트웨어연합의 창설자인 미국의 리처드 스톨먼이 소프트웨어 프로그램을 자유롭게 사용하자는 뜻에서 자유 소프트웨어 개발에 나서는 등 카피레프트 운동을 펼치면서 시작됐습니다. 카피레프트 운동이 소프트웨어뿐만 아니라 모든 저작권 공유 운동으로 확대되면서 우리나라에도 카피레프트가 도입되기 시작했지요.

카피라이트(Copyright)	구분	카피레프트(Copyleft)
저작권 독점. 창작자에게 독점적 권리를 줘야 창작 활동이 활발해진다고 봄	개념	저작권 공유. 지식·정보·저작물은 자유롭게 공유돼야 한다고 봄
15세기 이탈리아 베네치아에서 정부가 세수를 늘리기 위해 인쇄업자에게 배타적 권리를 준 것이 시초	등장 배경	1984년 미국의 프로그램 개발자 리처드 스톨먼이 소프트웨어의 자유로운 이용 주창
세계무역기구(WTO) 지적재산권 협정 등 국제사회는 저작권 강화 추세	특징	저작권제도 자체를 부정하지 않으며, 저작권 혜택을 받는 소수 창작자에 의한 정보 독점 폐해 강조
• "창작자에게 저작권이라는 배타적 권리를 줘야 창작 활동이 늘고 궁극적으로 문화 발전을 유도할 수 있다" • 지식·정보·저작물은 개인 재산이다.	논거	• "저작권제도 자체가 창작 행위를 유인하는 게 아니다. 창작을 활성화하는 최선책은 정보·저작물을 자유롭게 이용하도록 하는 것이다" • 지식·정보·저작물은 사회의 공유 자산이다.

"노랑나비 소녀상 저작권 공유하겠다"
미국 뮤지컬 '컴포트 우먼'

일본계 뮤지컬 배우가 3D 컴퓨터로 제작해 화제를 모은 '노랑나비 위안부소녀상'이 널리 보급될 전망이다. 한국 창작뮤지컬로는 사상 처음 오프브로드웨이에 올려져 큰 반향을 일으킨 '컴포트 우먼'의 김현준 연출가가 "노랑나비 소녀상이 보다 많은 이들에게 알려질 수 있도록 **카피레프트**(저작권 공유)'로 제공하겠다"고 선언했다. 김현준 연출가는 뉴시스와의 인터뷰에서 "뮤지컬 개막과 함께 선보인 노랑나비 소녀상에 대해 많은 분들이 관심을 보였다"며 "노랑나비 소녀상을 만들거나 이미지를 활용할 의사가 있는 분들에게 상업적 목적으로 사용하지 않는 것을 전제로 저작권을 포기하겠다"고 밝혔다.

노랑나비 소녀상은 '컴포트 우먼'에 출연한 일본계 배우 에드워드 이케구치가 직접 제작해 화제를 모았다. 외국인이, 그것도 일본계 배우가 위안부 소녀상을 만든 것은 처음 있는 일인 데다가 기존의 엄숙하고 정적인 이미지와는 확연히 다른 모습으로 형상화했기 때문이다.

김현준 연출가는 "똑같은 소녀상이 기왕이면 미국 등 세계 곳곳에 많이 만들어지면 좋겠다"면서 "소녀상 미니어처나 이미지를 활용한 열쇠고리 등 기념품들을 만들어 판매 수익을 기부하는 방법도 생각하고 있다"고 말했다.

출처 : 뉴시스/일부인용

상식UP! Quiz

↳ **문제** 저작권에 반대되는 개념으로 지적 창작물에 대한 권리를 모든 사람이 공유할 수 있도록 하는 것은?
① 베른조약 　　　　　② WIPO
③ 실용신안권 　　　　④ 카피레프트

↳ **해설** 카피레프트(Copyleft)는 저작권(Copyright)에 반대되는 개념이며 정보의 공유를 위한 조치이다.

답 ④

가짜뉴스의 발원지?

방송의 형태에는 세 가지가 있는데요. 먼저 국가가 방송주체가 되어 국가재원으로 운영하거나 국가의 통제를 받는 '국영방송'이 있습니다. 우리나라에서는 KTV 국민방송, TBS 교통방송 등이 있죠. 또 방송광고를 통해 이윤을 얻고 방송을 운영하는 SBS 서울방송 같은 '민영방송'이 있고요. 끝으로 영리를 직접목적으로 하지 않고 국가와는 독립적으로 운영되는 '공영방송'도 있죠. 한국교육방송공사 EBS, 한국방송공사 KBS, MBC 문화방송이 이에 해당합니다.

윤석열정부 들어 이 공영방송과 관련된 이슈는 뜨거웠는데요. 먼저 MBC는 2022년 9월 윤석열 대통령의 미국 순방 중 욕설 발언논란을 왜곡해 보도했다며 정부·여당의 거센 비난을 받았습니다. 대통령실은 MBC 기자들의 대통령 전용기 탑승을 배제하는 등 공개적으로 MBC에 제재를 가했습니다. 이후로도 정부·여당은 MBC가 확인되지 않는 가짜뉴스를 양산하고 정부를 근거 없이 비판하는 등 공영방송으로서의 공정성을 잃었다고 주장했습니다.

그런가 하면 KBS와 EBS는 오랫동안 논쟁이 이어지던 수신료 분리징수로 홍역을 치렀습니다. 시청자의 수신료로 방송경영을 하는 두 공영방송의 TV 수신료는 방송법에 따라 '텔레비전 수상기를 소지한 사람'에 대해 매달 2,500원을 의무적으로 내도록 되어 있었죠. 이 수신료를 분리징수하는 문제가 윤석열정부 들어 재가열됐는데요. 윤 대통령은 "공영방송의 위상정립과 공적책무이행을 위해 경영평가, 지배구조, 수신료 등 관련 법·제도를 개선하겠다"고 했습니다. 이어 정부·여당이 분리징수에 대한 분위기 조성에 나섰고, 방송통신위원회가 수신료 징수방식을 변경하는 방송법 시행령 개정을 추진했습니다. 이렇게 수신료 분리징수는 결국 윤 대통령이 개정안을 재가함에 따라 2023년 8월부터 현실화됐는데요. KBS 측은 분리징수를 하게되면 수입이 급감해 방송운영에 타격이 클 것이라 반발했고, 야권도 정부의 공영방송 장악 시도라며 반대에 나섰었죠.

정부는 공영방송이 정치적 편향성을 갖고 가짜뉴스로 국론분열을 일으켜 왔다는 주장을 굽히지 않았습니다. 또 공영방송의 공정성 확립을 위해 경영진을 개편하고 방송노조로부터도 독립시키겠다고 공언했죠. 공영방송의 경영진 추천 권한을 방송·미디어 관련단체 등 외부로 확대시키기 위해 야당이 통과시킨 이른바 '방송3법'에 대통령이 거부권을 행사하기도 했고요. 새로 취임한 박민 KBS 사장도 그동안 불공정 편파보도로 공영방송이 국민의 신뢰를 잃었다고 사과하기도 했습니다. 그러나 야권과 언론노조는 이를 정부의 언론장악 시도로 규정하면서 박 사장의 즉각적인 사퇴를 촉구하고 나섰습니다.

정치 · 경제 · 사회 · 국제 · 문화 · **미디어** · 과학 · IT · 스포츠　|　

"박민 KBS 사장 보도정보 검열 · 400명 감축 규명해야"

박민 KBS 사장이 보도정보 관여와 인력 400명 감축을 계획 중이라는 의혹이 제기됐다. 전국언론노동조합 KBS본부는 박 사장이 업무용 노트북에 보도정보 설치를 요구했다며 KBS 보도를 일일이 검열 · 관여할 수 있다는 우려를 전했다. KBS본부는 "박 사장이 보도정보에 접속해 실시간으로 중요기사를 직접 들여다보고, 마음에 안 들면 보도본부장에게 바로 연락하겠다는 것은 아닌지 의심이 든다"며 "사실로 밝혀진다면 편성규약을 위반한 중대한 보도 개입이며, 방송법 위반으로 고발대상에 해당할 수 있다"고 했다. 그런가 하면 임원회의에서 '400명 퇴직' 언급이 나오는 등 구조조정 윤곽이 나오고 있지만 이 역시 절차를 무시했다고 비판했다. KBS본부는 "돌고 있는 풍문 하나하나가 도저히 **공영방송** 내부에서는 일어나서는 안 되는 일들이고, 법 위반에 해당할 수도 있는 엄중한 문제들"이라며 "사측은 이를 철저히 규명하고 구성원들에게 공개하라"고 강조했다.

출처 : 노컷뉴스/일부인용

상식UP! Quiz　⊗ Q

↳ **문제** **공영방송은 국가가 방송주체가 되어 직접 통제 · 관리하는 방송형태다.**

↳ **해설** 공영방송은 시청자의 수신료로 운영되며 영리를 직접목적으로 하지 않고 국가와는 독립적으로 운영되는 방송형태다.

답 ✕

문화재를 가상공간에서 만난다

디지털 복원은 첨단 과학기술을 이용하여 문화재의 원형을 복원하는 것인데요. 문화재의 세세한 형상을 컴퓨터에 저장되는 데이터로 기록하고 고증자료를 통해 복원한 뒤 가상공간에서 구현할 수 있도록 하는 것입니다. 디지털 복원이 가능한 문화재는 매우 다양한데요. 건축물과 회화부터 장신구나 공예품 같은 작은 유물까지 내·외부 형상의 데이터를 스캔하고 고증할 자료가 있다면 복원이 가능합니다. 심지어는 무용처럼 형태가 없는 문화재도 복원할 수 있죠.

디지털 복원은 해당 문화재가 어떤 상태냐에 따라 복원 과정도 다릅니다. 문화재가 현존하는 경우 정밀 3D 스캔기술로 문화재 구석구석을 촬영한 뒤에 이 데이터 조각들을 한 데 모아 문화재 전체의 3D 형상을 완성합니다. 오랜 풍파를 겪은 문화재들은 대개 훼손되고 손실된 부분이 있기 마련인데요. 이때에는 고증자료를 수집해 훼손된 부분을 따로 떼어 모델링을 진행합니다. 그리고 온전한 다른 부분들과 비교하여 제 모습을 갖추게 만들죠. 시간이 흐르며 칠이 벗겨지거나 변색된 부분들을 보정할 수도 있습니다. 복원된 문화재는 디지털 공간에서 이미지의 형태로 저장돼 사람들과 만납니다. 아예 흔적조차 찾을 수 없이 완전히 소실된 문화재들은 문헌과 기록 등에 의존할 수밖에 없습니다. 고증기록을 바탕으로 증강현실(AR)을 통해 구현해내죠.

디지털 복원은 현존하는 문화재보다는 고대건축물 같은 상당 부분 소실된 문화재 복원에 적용하는 편이 더 합리적이라는 의견이 있는데요. 손실된 지 오래된 문화재들은 고증자료가 적어 아무래도 정확한 복원이 어렵습니다. 이 때문에 실물로 복원할 경우 이후 새로운 고증이 나오게 되면 복원한 부분을 철거하고 재복원해야 하는데, 시간과 비용이 많이 소비되겠죠. 그러나 디지털 복원은 그럴 우려가 적습니다. 쉽게 새로운 고증으로 수정할 수 있죠. 또한 문화재를 현재 고증대로 실물 복원했을 때 문제점이나 잘못된 점은 없는지 사전에 파악하게 합니다.

잠든 문화유산에 디지털 숨결을 불어넣다

지난 2008년, 당시 국보 1호였던 숭례문에 화재가 일어나 전부 불타는 사건이 발생했다. 전 국민이 충격과 슬픔에 빠진 와중에 숭례문 복원 및 복구에 대한 이슈가 뜨겁게 떠올랐다. 그런데 불행 중 다행으로 화재사건이 있기 6년 전 숭례문 전체를 '3D 레이저 스캔'으로 기록한 적이 있었다. 스캐너를 이용한 3차원 촬영을 하면 건축물의 3D 입체 도면이 제작되는데, 이 기술 덕분에 숭례문의 완벽한 복원에 많은 도움이 되었다고 한다. 이전에 수기로 작성된 도면은 불완전한 기록이 많았기 때문이다. 문화재청은 그 이후로 주요 문화재의 3차원 촬영을 진행했다. **디지털 문화재 복원**에 대한 개념이 국내에 잘 알려지게 된 것도 이때부터다.

출처 : 한겨레/일부인용

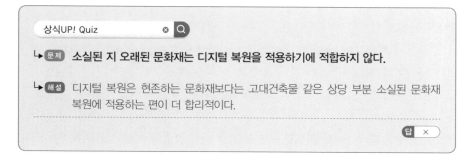

상식UP! Quiz

문제 소실된 지 오래된 문화재는 디지털 복원을 적용하기에 적합하지 않다.

해설 디지털 복원은 현존하는 문화재보다는 고대건축물 같은 상당 부분 소실된 문화재 복원에 적용하는 편이 더 합리적이다.

답 ✕

빛과 어둠을 함께

우리의 역사를 되돌아보면 좋았던 때보다 어렵고 힘들었던 때가 더 많았다는 것을 알 수 있습니다. 일제강점기, 동족 간의 전쟁 등의 고난과 그것으로부터 비롯된 숱한 역경들을 생각하면 가슴이 먹먹해집니다. 저마다 그 모습은 다르지만 역사를 바로 보자는 인식이 자리 잡으며 다크투어리즘이 인기를 끌고 있습니다. 다크투어리즘이란 비극적인 사건이 벌어졌던 역사적 장소나 큰 재해가 발생했던 현장을 돌아보는 여행을 말합니다. 'Dark(어두운)'라는 단어가 '빛을 보다'라는 의미의 관광(觀光)과 조금 동떨어진 것 같기도 하지만 어두운 역사를 제대로 인식하고 느껴봄으로써 교훈을 얻는 것이야말로 진정한 의미의 '빛을 보는' 것이 아닐까요?

우리나라에는 일제강점기 독립운동가들이 수감되었던 대전형무소, 한국전쟁 전후로 수만명이 희생당한 제주 4 · 3사건을 되돌아보게 하는 제주 4 · 3평화공원 등이 이미 다크투어리즘의 명소로 자리 잡았고, 고문수사로 악명 높은 옛 중앙정보부가 있었던 남산에도 다크투어 코스가 조성되었습니다.

세계 곳곳에도 다크투어리즘의 명소가 많습니다. 약 만명이 희생되고 40만명이 방사능 후유증을 앓게 만든 원자로 폭발사고가 있었던 체르노빌 원자력 발전소, 2차 세계대전 당시 독일의 나치 정권에 의해 유대인 등 400만명이 학살당한 아우슈비츠 수용소, 9 · 11테러로 사라진 뉴욕 세계무역센터를 기린 그라운드 제로(Ground Zero) 등입니다.

과거에는 부끄럽거나 아픔이 많은 역사는 숨기고 지우려는 경향이 컸지만 교육 수준과 시민의식이 높아짐에 따라 있는 그대로를 마주하고 바로 보자는 인식이 확산하며 다크투어리즘 장소 개발이 계속되고 있습니다. 즐겁기만 한 여행은 아니겠지만 역사라는 거울을 통해 과거를 반성하고 같은 일이 반복되지 않도록 할 수 있다면 밝은 여행이 될 수도 있을 것입니다.

다시 주목받는 '다크투어리즘', 비극의 현장 찾아나서는 여행

최근 **다크투어리즘**이 자주 거론되는 것은 역사적 비극을 다룬 콘텐츠가 흥행하면서 참상의 현장을 찾아 지나간 과오를 기억하고자 하는 사람이 늘어났기 때문이다. 이 같은 추세는 영화 〈1987〉 속 주요 장소인 남영동 대공분실을 찾는 방문객 수가 부쩍 늘어난데서도 알 수 있다. 남영동 대공분실은 군사정권 시절 수많은 민주 열사가 갇혀 고문당한 곳으로 하루 평균 15명 정도이던 대공분실 방문객은 영화 개봉 이후 5배가량 늘었다. 이처럼 다크투어리즘은 반성과 깨달음이라는 교육적 효과 외에 정치 · 경제적 효과도 갖는다. 단적으로 남영동 대공분실만 해도 쇠락한 남영동 상권에 기운을 불어넣으며 무뎌질 수 있는 정치의식에 경각심을 불러일으킨다. 이 경우는 특정 인기 콘텐츠가 다크투어리즘을 만든 것이지만 비극적 역사가 있는 곳에서는 지역 주도로 다크투어리즘을 콘텐츠화한다. 스토리텔링을 통해 이해와 공감의 폭을 넓혀 다양한 사람과 소통하고 의미 있는 여행지로도 거듭나는 것이다. 군산과 목포에 조성된 근대역사거리, 서울시의 서대문형무소 역사관, 광주 망월동 묘역 등이 그렇다.

출처 : 머니S/일부인용

↳ **문제** 비극적인 참상이 있었던 역사적 장소 등을 여행지로 하여 돌아보고 교훈을 얻는 여행을 무엇이라 하는가?

① 그린투어리즘   ② 지오투어리즘
③ 블루투어리즘   ④ 다크투어리즘

↳ **해설** 비극적인 사건이 벌어졌던 역사적 장소나 큰 재해가 발생했던 현장을 돌아보는 여행을 다크투어리즘이라 한다.

- 그린투어리즘 : 자연, 문화 등 농촌 지역의 특성을 이용해 도시민과 농촌주민의 교류 형태로 이루어지는 활동
- 지오투어리즘 : 천연의 지질 자원을 관광 상품으로 활용하여 관광객을 유치하는 관광
- 블루투어리즘 : 해양 생태를 이용하는 관광

답 ④

나를 위한 작은 사치

경제 불황기에는 조금 특이한 소비패턴이 나타난다고 합니다. 소비자 만족도가 높으면서도 가격이 저렴한 사치품(기호품)의 판매량이 증가하는 것입니다. 불황기에 고가의 상품의 매출은 떨어져도 상대적으로 저가인 립스틱의 매출은 오히려 상승한다고 하여 '립스틱 효과'라 일컬어지기도 합니다. 스몰럭셔리는 이 립스틱 효과가 전 범위로 확장된 개념이지요.

스몰럭셔리는 패션이나 뷰티상품뿐만 아니라 식음료, 잡화, 생필품 등 다양한 분야에서 프리미엄 제품을 구입하는 소비행태를 말합니다. 높은 실업률과 경기침체 등의 불황 속에서 비싼 가격의 명품들 대신 커피 등의 음료, 치약이나 양말과 같은 비교적 작은 것에서 사치를 누리는 새로운 소비트렌드와 이러한 소비트렌드로부터 나타나는 현상들을 통틀어 표현하는 것이죠.

사람은 누구나 삶의 가치를 높이고자 하는 마음을 가지고 있습니다. 하지만 경제적 여유가 없는 상태에서도 삶의 가치를 높인다고 명품가방이나 자동차를 사는 사치를 부리는 것은 불가능에 가까운 일입니다. 그런데 커피는 어떨까요? 예를 들어 식사 후에 한 잔에 5,000원인 커피를 마신다고 해봅시다. 밥값만큼의 커피값이니 '사치'라고 생각될 수도 있습니다. 하지만 금액대 자체가 다른 소위 '명품'들에 비하면 매우 작은 것이죠. 비록 이 커피가 약간의 사치일지라도 사람들에게는 힘든 삶을 위로해 주는 것이자 가격 대비 큰 만족을 주는 소비가 되는 것입니다. 이러한 경향이 가장 뚜렷하게 나타나고 있는 분야는 식음료 업계입니다. 경기는 불황임에도 다른 식품들에 비해 가격이 높은 프리미엄 디저트 업계의 호황이 바로 그것이죠.

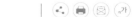

작은 돈으로 사치 누리는 '스몰럭셔리', MZ세대 사이에서 인기

침체된 기분을 전환시켜줄 수 있는 '스몰럭셔리(Small Luxury)' 상품들이 주목받고 있다. 특히 MZ세대에게 자신을 위해서라면 기꺼이 투자하는 구매심리가 작용해 '스몰럭셔리' 상품이 인기를 얻고 있다.

스몰럭셔리란 작다는 뜻의 '스몰(small)'과 사치를 뜻하는 '럭셔리(luxury)'의 합성어로 본인이 좋아하는 작지만 예쁜 물건들을 구매해 행복감을 느끼는 것을 말한다. 대표적인 예가 고가의 명품을 구입하는 현상이다. 명품 자동차, 의류, 가방 등을 구매하기에는 가격이 부담스럽기 때문에 식료품, 화장품과 같이 비교적 작은 제품에서 사치를 부리는 것. MZ세대들은 타인과 차별을 두고 싶지만, 명품 제품들의 가격이 부담될 때 비슷한 만족감을 얻기 위해 스몰럭셔리 제품을 찾는다.

기존의 저가 명품에는 향수나 립스틱 같은 화장품 등이 많았지만, 최근에는 '명품 에어팟 케이스' 등 새로운 명품 아이템들이 속속 등장하면서 MZ세대 소비자들의 마음을 사로잡았다. 소비자들은 기존의 수백만원대를 웃도는 명품 제품에 비해 100만원을 넘지 않는 작은 명품 아이템들이 실속 있다고 생각하는 것이다.

출처 : 시빅뉴스/일부인용

상식UP! Quiz

문제 스몰럭셔리는 경기가 불황일 때 오히려 값비싼 명품의 소비가 증가하는 현상을 말한다.
O / X

해설 스몰럭셔리는 경기가 불황일 때 상대적으로 값은 저렴하지만 높은 만족도를 주는 제품의 소비가 증가하는 것을 말한다.

답 X

139 스낵컬처

과자처럼 가볍게 맛보는 콘텐츠

짧은 길이의 동영상 콘텐츠인 이른바 '숏폼(Short-form)'이 콘텐츠 시장의 대세로 떠올랐습니다. 숏폼 열풍은 중국의 IT 기업 바이트댄스가 출시한 플랫폼 '틱톡(TikTok)'에서부터 시작했다고 할 수 있는데요. 틱톡은 15초에서 1분 사이의 짧은 동영상 서비스로 주목 받으면서 전 세계 이용자를 끌어 모았습니다. 2021년 9월을 기준으로 전 세계 이용자수가 10억명을 넘어섰다는 보도도 있었죠. 이렇게 숏폼이 시장을 주름잡는 트렌드로 자리 잡으면서, 경쟁 플랫폼들도 이 숏폼 전쟁에 뛰어들고 있습니다. 유튜브는 틱톡의 대항마를 자처하며 '유튜브 쇼츠(Shorts)'를 선보였고 인스타그램은 숏폼 서비스인 '릴스(Reels)'를 운영하고 있죠.

이렇게 사람들이 향유하는 콘텐츠의 길이는 점점 더 짧아지고 있습니다. 스마트폰이 보편화되면서 인터넷에 유통되는 콘텐츠의 양은 더욱 방대해졌는데요. 이런 방대한 양의 콘텐츠가 빠르게 소비되고 또 원활히 순환되기 위해서 자연스레 길이가 짧아졌다고도 볼 수 있습니다. 콘텐츠 제작자는 짧은 분량과 시간 안에 강렬한 인상을 주어야 하죠. 사람들은 이러한 짧은 콘텐츠들을 시간과 장소에 구애 없이 마치 과자를 먹듯이 소비할 수 있는데요. 이에 등장한 용어가 '스낵컬처(Snack Culture)'입니다.

스낵컬처는 장소를 가리지 않고 가볍고 간단하게 즐길 수 있는 문화스타일입니다. 과자를 의미하는 '스낵(Snack)'과 문화를 의미하는 '컬처(Culture)'를 더한 합성어죠. 출퇴근시간이나 점심시간은 물론 잠들기 직전에도 향유할 수 있는 콘텐츠로 시간과 장소에 구애받지 않는 것이 스낵컬처의 가장 큰 장점입니다. 방영시간이 1시간 이상인 일반 드라마와 달리 10~15분 분량으로 구성된 웹드라마, 빠르게 넘겨보는 웹툰, 웹소설 등이 대표적인 스낵컬처로 꼽히는데요. 최근의 숏폼 열풍도 스낵컬처와 유사한 맥락을 띠고 있다고 할 수 있습니다. 스낵컬처와 숏폼이 주류가 되어가면서 콘텐츠 제작의 진입장벽도 낮아지고 있는 추세입니다.

5분 만에 소설 즐겨볼까? '웹소설 플랫폼' 인기

그야말로 웹소설 전성시대다. B급 문화로 취급받던 웹소설이 드라마, 영화 등 다양한 콘텐츠로 확장하는 사례가 늘면서 독자들의 관심을 끌어 모으고 있다. 최근 네이버, 카카오 등 대기업의 웹소설 플랫폼 인수 행보가 이어지며 웹소설에 대한 관심은 더욱 커졌다. 웹소설 플랫폼은 로맨스, 판타지, 무협 등 다양한 장르를 제공하며 독자들을 사로잡는다.

웹소설 플랫폼의 수요는 어느 정도일까? 빅데이터 전문기업 TDI(티디아이)가 웹소설 플랫폼 문피아, 조아라, 네이버시리즈, 카카오페이지를 중심으로 올해 상반기 앱 이용 현황을 알아봤다. 1월 대비 7월 설치자 수를 분석한 결과, 네 개의 플랫폼 모두 수요가 늘어났다. 그중 가장 큰 폭으로 설치자 수가 증가한 앱은 '문피아'로 45.6%를 기록했다. '조아라' 28.1%, '네이버시리즈' 19.0%, '카카오페이지' 9.6%로 집계됐다.

웹소설 플랫폼의 수요 증가는 다양한 사회 변화가 반영된 결과임을 시사한다. 스마트폰, 태블릿PC 등을 통한 독서 활동 선호, 짧은 호흡의 빠르게 읽히는 **스낵컬처**(Snack Culture) 지향, 비대면 문화로 인해 실내에서 혼자 즐기는 콘텐츠 서비스 증가 등이 영향을 미친 것으로 해석된다.

매일경제/일부인용

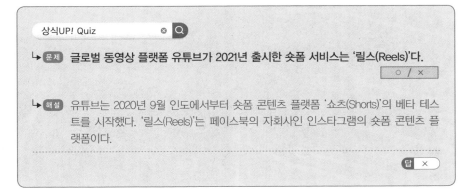

상식UP! Quiz

↳ 문제 글로벌 동영상 플랫폼 유튜브가 2021년 출시한 숏폼 서비스는 '릴스(Reels)'다.

○ / ×

↳ 해설 유튜브는 2020년 9월 인도에서부터 숏폼 콘텐츠 플랫폼 '쇼츠(Shorts)'의 베타 테스트를 시작했다. '릴스(Reels)'는 페이스북의 자회사인 인스타그램의 숏폼 콘텐츠 플랫폼이다.

답 ×

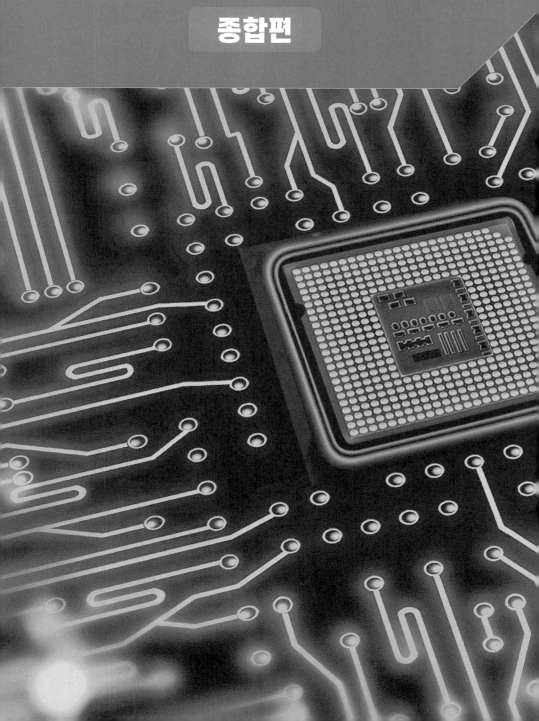

신문으로 공부하는
말랑말랑 시사상식
종합편

적당히 먹으면 괜찮아요

2023년 7월 14일 세계보건기구(WHO) 산하 국제암연구소(IARC) 식품첨가물합동 전문가위원회(JECFA)가 인공감미료 중 하나인 아스파탐을 '발암가능물질 2B'로 분류했습니다. 2B군은 '암을 유발할 가능성이 있다'는 의미입니다. 그러나 인체 및 동물실험을 통해 그 가능성이 충분히 입증되지는 않은 경우 지정되죠. 2B군에는 김치와 오이피클 같은 절임음식도 포함됩니다.

그런데 IARC에서 아스파탐을 발암물질로 분류한다는 소식이 들리면서 식품산업, 보건계는 충격에 휩싸였습니다. 아스파탐이 최근 유행하는 '제로슈거' 음료나 술, 껌, 아이스크림 등 일상에서 흔히 접하는 음식에 널리 사용되고 있기 때문이죠. 인공감미료는 설탕보다 훨씬 더 적은 양으로도 설탕의 몇 백배에 달하는 단맛을 낼 수 있는데요. 그런 반면 칼로리는 거의 없는 비영양물질입니다. 그렇기 때문에 당뇨와 비만을 일으키는 설탕의 대체제로서 각광을 받았는데요. IARC에서 인공감미료를 발암가능물질 2B군으로 분류하긴 했지만, 사실 학계에서는 아스파탐 등 인공감미료와 암 발병과의 인과관계가 확실히 증명된 바 없다고 말하죠. 전문가들은 2B군 정도면 일상적으로 섭취해도 크게 위험하지는 않다고 합니다. 아스파탐의 경우 당장 먹으면 안 된다는 수준은 아니라는데요.

또 JECFA에선 아스파탐의 일일섭취허용량을 40mg으로 지정했는데 우리나라 사람은 그 양의 1%도 먹지 못하는 수준이라며 같은 2B군인 김치와 젓갈처럼 먹어도 무방하다고 합니다. 식품의약품안전처 역시 국내 아스파탐 섭취 수준은 해외에 비해 상당히 낮은 수준이라며 35kg인 어린이가 다이어트 콜라(250ml · 아스파탐 함유량 43mg 기준)를 하루에 33캔 이상 마셨을 때야 허용치를 초과한다고도 말했죠. 그러나 이러한 위해 수준과는 관계없이 식품업계는 아스파탐의 대체재를 찾는 등 대책마련에 분주한 모습입니다. 아무래도 발암가능물질이라는 용어에 소비자들은 민감할 수밖에 없기 때문이죠.

'아스파탐 안전 논란', 빈자리 채운 인공감미료는?

제로 열풍과 함께 인기를 끌던 아스파탐이 유해성 논란으로 주춤하는 사이 다른 **인공감 미료**가 빈자리를 채우고 있다. 식음료업계에 따르면 아스파탐 대신 사카린나트륨, 아세 설팜칼륨, 수크랄로스 등이 제로 열풍을 이어가고 있다. 그렇다면 사용량이 늘어난 다른 인공감미료들은 안전할까. 우선 사카린나트륨은 발암물질이라는 오명을 벗었다. 사카린 나트륨은 1970년대 캐나다 보건연구소에서 쥐의 종양을 발생시킨다는 연구결과를 발표 해 사용이 금지됐다. 하지만 1995년 유럽식품안전청은 재평가 결과 "캐나다의 실험은 오류이며 사카린나트륨은 인체에 암을 유발하지 않는다"고 발표했다. 이후 2000년 국 제암연구소는 사카린나트륨을 발암물질 목록에서 제외했고 현재 100개국 이상에서 감 미료로 사용하고 있다.

출처 : 뉴시스/일부인용

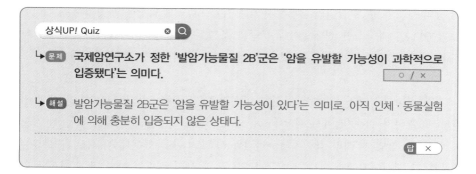

상식UP! Quiz

↳ **문제** 국제암연구소가 정한 '발암가능물질 2B'군은 '암을 유발할 가능성이 과학적으로 입증됐다'는 의미다.

`O / X`

↳ **해설** 발암가능물질 2B군은 '암을 유발할 가능성이 있다'는 의미로, 아직 인체 · 동물실험 에 의해 충분히 입증되지 않은 상태다.

답 `X`

신비하고 광활한 알고리즘의 세계

우리는 흔히 웹 검색이나 유튜브, SNS를 이용하며 알고리즘을 체감합니다. 인터넷 검색창에 검색어를 입력하면 내가 원하는 정보를 출력해주고, 자동으로 콘텐츠를 추천받을 수 있죠. 명실상부 세계 최대 동영상 플랫폼인 유튜브의 알고리즘이 어떻게 작동하는지는 구체적으로 알려지지 않았지만 현재도 꾸준히 변화하는 것으로 알려져 있습니다. 그래서 이를 두고 추측도 많았는데, 미국 퓨리서치센터(Pew Research Center)가 일정 구독자수 이상을 보유한 1만개 이상의 영어권 유튜브 채널을 선정해 분석한 결과, 어떤 주제의 동영상을 시청하든 상대적으로 더 긴 러닝타임의 동영상이 추천되는 것으로 알려졌습니다. 이는 유튜브의 알고리즘이 단순히 조회수가 아닌 동영상 시청시간 자체를 더 중요하게 여긴다는 방증이 됩니다. 영상의 광고가 주 수익원인 유튜브는 이용자가 더 오래 영상을 시청할수록 수익이 느는데다가, 자극적인 썸네일이나 문구로 조회수만 노린 영상보다는 이용자가 더 오래 체류한 영상이 양질의 콘텐츠임을 파악하고 추천한다는 것이죠.

우리가 날마다 이용하는 검색 엔진은 어떨까요? 구글은 입력된 키워드의 검색 결과를 도출하기 위해 '페이지 랭크(Page Rank)'라는 기술을 활용했습니다. 이 기술은 구글의 창립자 '래리 페이지(Larry Page)'의 이름을 땄는데요. 페이지 랭크는 키워드가 웹페이지에 얼마나 많이 포함되었는가 따지는 것이 아닌 '링크'에 주목합니다. 키워드를 포함한 웹페이지가 다른 웹페이지에 링크가 되었는지를 따져보고 점수를 매겨 검색결과를 내놓죠. 내가 만든 웹페이지를 누군가가 링크를 복사해 자기 웹페이지에 걸어두었다면 점수가 올라갑니다. 링크가 많이 될수록, 또 링크를 복사한 웹페이지가 유명 블로그나 대형 웹 사이트라면 점수는 더 크게 상승합니다. 이용자는 이러한 알고리즘으로 자신이 원하는 중요도 높은 검색 결과를 빠르게 얻어낼 수 있죠. 알고리즘은 이밖에도 SNS 등 여러 IT 분야에서 다양한 형태로 활용돼 이용자들을 끌어 모읍니다. 이용자의 성향을 파악해 콘텐츠를 추천하고, 반사회적인 콘텐츠는 걸러내는 일련의 작업들이 알고리즘으로 이루어지는데요. 이처럼 알고리즘은 더 효과적으로 활용하기 위해 꾸준히 개선되고 있습니다.

정치 · 경제 · 사회 · 국제 · 문화 · 미디어 · 과학 · IT · 스포츠

네이버 '양질 뉴스' 배열 위해 알고리즘 개선한다

특정 언론의 기사가 지나치게 많이 추천되고, 양질의 뉴스를 찾기 힘들다는 비판을 받은 네이버가 **알고리즘** 개선에 나선다. 네이버는 뉴스 추천 서비스와 뉴스 검색 개선 계획을 공개했다. 이는 포털 뉴스 알고리즘 투명성 강화를 위해 만들어진 '제2차 뉴스 알고리즘 검토위원회' 권고사항에 따른 결정이다. 위원회는 뉴스 검색 및 추천 알고리즘에 적용되는 다양한 자질 목록 등 네이버 뉴스 전반의 알고리즘을 검토했다. 위원회는 검토 결과 언론의 정치적 성향을 알고리즘에 반영하고 있지 않다고 밝히면서도 송고되는 기사의 양이 많고 온라인 대응에 적극적인 언론의 기사가 더 많이 추천되고 있어 개선이 필요하다는 입장을 밝힌 바 있다. 구체적으로는 대안 언론사 및 지역 언론사들이 기사가 노출될 수 있도록 뉴스 생태계 문제점을 고려한 뉴스 자질을 개발하고, 양질의 기사를 제대로 추천할 수 있도록 알고리즘을 개선해야 한다고 지적했다.

출처 : 미디어오늘/일부인용

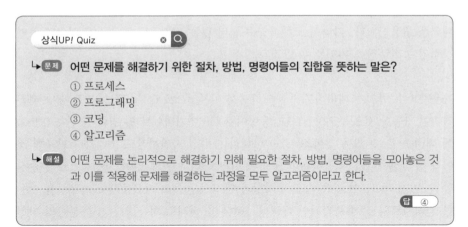

상식UP! Quiz

↳ 문제 어떤 문제를 해결하기 위한 절차, 방법, 명령어들의 집합을 뜻하는 말은?
① 프로세스
② 프로그래밍
③ 코딩
④ 알고리즘

↳ 해설 어떤 문제를 논리적으로 해결하기 위해 필요한 절차, 방법, 명령어들을 모아놓은 것과 이를 적용해 문제를 해결하는 과정을 모두 알고리즘이라고 한다.

답 ④

이제는 5G를 넘어 6G의 시대!?

통신기술의 핵심은 누구보다 빠르게 더욱 많은 양의 정보를 주고받는 것이죠. 무선통신기술의 발전은 현재 우리가 누리고 있는 기술의 차원에서 벗어나 미래의 가시적인, 또는 아직은 멀게만 느껴지는 첨단기술들을 가능케 하는 촉매제가 됩니다. 현재 우리나라를 비롯한 세계 주요국은 2030년 이내 상용화를 목표로 6세대 이동통신, 즉 6G 연구개발에 몰입하고 있습니다.

무선통신에서는 데이터를 전파로 변조해 송출하고 이를 수신하는 측에서 복조해 원래의 데이터로 되살립니다. 주파수는 이 전파가 초당 진동하는 정도를 말하고 진동수가 많을수록, 다시 말해 주파수가 높을수록 더 많은 정보를 더 빠르게 전달할 수 있습니다. 다만 빠르게 진동하는 만큼 그 파장이 짧아 멀리 갈 수 없고, 직진성이 높아져 장애물에 쉽게 방해를 받습니다. 현재 5G는 밀리미터파(주파수가 20~100GHz)를 사용하고, 향후 6G는 그보다 더 빠른 테라헤르츠(100GHz~10THz) 대역을 활용합니다. 따라서 고주파일수록 더 많은 기지국이 촘촘하게 설치돼야 안정적인 통화품질을 유지할 수 있죠.

가용주파수 범위가 테라비트에 도달하면서 이론적으로 6G는 5G보다 50배나 빠른 전송이 가능할 것으로 전망됩니다. 용량이 20GB(기가바이트)인 영화 한 편을 0.16초에 내려 받을 수 있는 것이죠. 뿐만 아니라 송수신 지연시간도 10배가량 단축될 것이라 알려졌습니다. 즉, 막대한 양의 데이터를 더욱 지체 없이 안정적으로 송수신할 수 있게 되죠. 이 같은 속도의 향상과 안정성은 특히 자율주행이나 로봇을 이용한 원격치료와 같이 즉각적인 데이터 송수신을 전제로 하는 첨단기술 분야의 발전을 앞당길 것이라 예상됩니다.

그러나 국내에서는 아직 기존 5G의 망 구축도 제대로 되지 않은 상황에서 6G 개발은 그저 뜬구름 잡는 논의에 불과하다는 의견도 있습니다. 현재 상용화된 5G의 통화품질에 대한 여론은 여전히 좋지 못한데요. 5G의 네트워크도 완벽히 구축하지 못한 상황에서 한층 수준 높은 기술력이 필요한 6G를 온전히 감당할 수 있을지 물음표가 떠오릅니다. 게다가 애초 5G가 상용화될 때 기업과 정부가 이야기했던 첨단미래기술도 현재로서는 가시적인 성과를 보이지 못했습니다. 당시에도 자율주행, 로봇, 드론 등 5G가 이뤄낼 신세계 같은 기술들이 홍보됐으나, 망 구축도 제대로 되지 않은 상황에서 여전히 국민들이 체감할 만한 변화는 가져오지 못했는데요. 때문에 고가의 5G 서비스가 그저 기업의 돈벌이 수단에 그친 것이 아니냐는 비판도 나오는 중입니다.

정치 · 경제 · 사회 · 국제 · 문화 · 미디어 · 과학 · IT · 스포츠

삼성 압도하는 유럽 · 중국 통신장비 … 6G 패권전쟁 가열

스페인 바르셀로나에서 개막한 모바일월드콩그레스(MWC) 2023은 첫날부터 통신의 미래를 엿볼 수 있는 전 세계 빅테크 기업들의 신기술 경연으로 후끈 달아올랐다. 노키아는 업계 최초로 관련 안테나 장비를 부스에 직접 설치하고 6G 네트워크를 실제로 구현해 보였다. 화면을 통해 가상으로 이동하던 차량이 현실 속 보행자 위치를 실시간으로 감지하고 충돌을 피하기 위해 이동을 멈추는 형태로 시연했다. 노키아 관계자는 "네트워크가 사물 위치를 정밀하게 감지해 직접 반응하는 것이 6G의 핵심"이라고 말했다. '세계 최초 달 통신사업자'로서의 비전도 소개했다. 현재 노키아는 미 항공우주국(NASA) 파트너로서 달 표면에 4G LTE망을 구축하는 작업을 진행하고 있다. 달에 착륙할 로봇이 주변 환경을 파악하기 위해 데이터를 수집 · 처리하는 데 활용될 전망이다.

출처 : 매일경제/일부인용

상식UP! Quiz

↳ **문제** 모바일로 인터넷에 접속하고 멀티미디어를 감상하게 된 것은 2세대 이동통신이 등장하면서부터다.

O / X

↳ **해설** 2000년대 중반 3세대 이동통신이 등장하면서부터 모바일상에서 자유로운 인터넷 접속과 음악, 영상 등 멀티미디어를 감상할 수 있게 됐다.

답 ✕

최첨단 디지털 부검 수사

디지털 포렌식은 주로 범죄수사에 적용되는 디지털 수사 기법입니다. 디지털 증거를 수집·보존·처리하는 과학적·기술적 방법이라 할 수 있는데요. '포렌식(Forensic)'은 '법의학적인', '범죄 과학수사의', '재판에 관한' 등의 의미를 갖고 있습니다. 법정에서 범죄의 증거로 사용되려면 증거능력(Admissibility)이 있어야 하는데, 이를 위해 증거가 법정에 제출될 때까지 변조 혹은 오염되지 않는 온전한 상태(Integrity)를 유지하는 일련의 절차 내지 과정을 디지털 포렌식이라 부릅니다. 디지털 포렌식에서 다루는 증거물은 매우 다양한데요, 초기에는 개인이 사용했던 컴퓨터나 하드디스크를 중심으로 증거를 수집했지만, 현재는 이메일부터 전자결재, 메신저와 통화 기록, 네트워크의 트래픽, 데이터베이스는 물론이고, 스마트폰이나 태블릿PC 등의 모바일 기기에 이르기까지 디지털 포렌식의 대상이 되고 있습니다. 범죄 혐의점을 찾기 위해서 모든 기록 매체와 통로를 파헤치는 것이죠.

디지털 포렌식이 시작되면 마치 시신을 부검하듯이 디지털 기록 매체에 삭제된 부분들을 복원하고 암호를 해독하며 숨겨진 범죄의 증거를 찾게 되는데요. 먼저 저장 매체 안에 묻힌 증거들을 추출하여 이것이 변조되거나 손상되지 않도록 무결성을 유지합니다. 그리고 찾아낸 증거에서 수사에 도움이 될 정보를 분석하고 도출하는 과정을 거치죠. 이 과정에서 암호를 해독하고 데이터를 복원하는 수순을 밟게 됩니다. 그리고 마지막으로 증거들을 분석한 과정과 결과를 종합적인 보고서로 작성해 제출하는 것이죠.

디지털 기술이 발달하고 기기가 다양화되면서 디지털 포렌식의 영역도 확장되고 있습니다. 아울러 디지털 범죄는 물론이고 갖가지 다양한 유형의 범죄 수사에 디지털 포렌식을 활용할 여지도 늘어나고 있는데요. 이에 따라 포렌식 전문가에 대한 인력 수요도 점차 늘어나고 있고, 디지털 기술 발전에 대응할 진보된 수사 기법도 연구를 거듭하고 있는 추세입니다.

근로감독관도 '디지털 포렌식' 교육

고용노동부 근로감독관이 노동 관련 수사 전문성을 키우기 위한 **디지털 포렌식** 교육을 받았다. 한국고용노동교육원은 고용노동부 근로감독관의 수사역량과 전문성을 키우는 '근로감독 행정 전문 과정 교육'을 시행했다고 밝혔다. 근로감독관은 사법경찰직무법에 정한 사법경찰관으로, 노동관계법을 위반한 사건을 수사하고 검찰에 송치할 권한이 있다. 교육은 근로감독 3년 이상 경력자 가운데 업무 성과가 우수한 20여 명의 근로감독관을 대상으로 진행한다. 강제수사와 디지털 포렌식 등 수사역량 강화에 중점을 뒀다고 교육원은 설명했다. 이 밖에 개별적 근로관계법과 집단적 노사관계법, 형법 등 법률지식 등의 실무 운영 사례를 함께 다룬다.

노광표 원장은 "노동환경의 변화와 새로운 고용 형태의 증가 등으로 근로감독관의 대응 역량이 더욱 중요해졌는데 이번 교육이 근로감독관의 노동법률 지식향상과 수사 실무 역량 강화를 통한 현장 문제 해결에 도움이 되길 바란다"고 말했다.

출처 : 한겨레/일부인용

상식UP! Quiz　　　　⊗ Q

↳ 문제 **디지털 기록과 정보를 범죄 단서를 찾는데 활용하는 수사기법은?**

① 다크웹　　　　　　　　② 디가우징
③ 디지털 포렌식　　　　　④ 디지털디바이드

↳ 해설 ① 다크웹(Dark Web) : 특정 환경의 인터넷 브라우저에서만 접속되는 비밀 웹사이트
② 디가우징(Degaussing) : 자기장으로 하드디스크를 물리적으로 복구 불가능하게 지우는 것
④ 디지털디바이드(Digital Divide) : 디지털 기기의 소유 유무에 따라 정보접근 격차가 커지는 현상

답 ③

인류 역사상 최강의 우주망원경

허블 우주망원경을 능가하는 가장 크고 강력한 제임스 웹 우주망원경(JWST)이 우주에 대한 인류의 호기심을 안고 발사됐습니다. 웹 망원경은 2021년 12월 25일 밤 9시 20분께 프랑스령 기아나 쿠루 인근 유럽우주국(ESA) 발사장인 기아나 우주센터의 아리안 제3발사장(ELA-3)에서 아리안5호 로켓에 실려 우주로 향했는데요.

망원경은 보름에 걸쳐 우주 전개를 진행했고, 이후 2주간 더 비행해 한 달 뒤 지구와 태양이 중력균형을 이루는 약 150만km 밖 제2라그랑주점(L2) 궤도에 진입했습니다. 이곳에서 궤도를 돌며 주경을 구성하는 18개의 육각형 거울이 하나처럼 움직이도록 미세조정하고, 시험관측으로 근적외선카메라(NIRCam)를 비롯한 과학장비를 정밀하게 점검하는 과정을 거쳐 6개월 뒤부터 본격적인 관측을 시작해 포착한 이미지를 지구로 송신했죠. 웹 망원경은 10년간 작동하도록 설계됐습니다.

웹 망원경은 관측대상의 빛을 모으는 역할을 하며 망원경의 감도와 직결되는 주경의 크기가 6.5m에 달합니다. 이는 지름 1.32m의 금도금 베릴륨 거울 18개를 벌집 모양으로 이어붙인 형태인데요. 허블망원경(2.4m)이나 스피처망원경(0.85m)과는 비교가 안 될 정도로 큽니다. 여기에다 파장이 길어 가시광선보다 우주의 먼지와 가스구름을 뚫고 더 멀리 가는 근적외선과 중적외선을 포착할 수 있어 가시광선 관측에 집중한 허블망원경보다 성능이 100배 더 뛰어난 것으로 알려졌습니다. 이런 성능은 열에 민감한 적외선망원경을 5겹의 차광막으로 태양빛을 막아 −235℃의 초저온상태로 유지할 수 있어 가능했죠. 하지만 역대 가장 큰 차광막과 주경을 아리안 로켓의 지름 5.4m 페어링 안에 넣느라 종이접기처럼 접었으며, 이를 우주에서 펼쳐 고정하는 과정에서 50차례의 주요 전개와 178차례 방출이 이뤄졌습니다.

웹 망원경은 역대 최강 성능을 바탕으로 135억년 전 초기 우주의 1세대 은하를 관측할 수 있습니다. 이를 통해 은하의 형성과 진화를 이해하고 은하의 분포를 파악해 암흑물질과 암흑에너지의 실체에 한 걸음 더 다가설 수 있을 것으로 기대됐습니다. 또 외계행성 대기의 구성성분을 분석해 생명체가 존재할 수 있는 행성인지 파악할 수 있고 더 멀리, 더 깊이 우주 곳곳을 들여다볼 수 있죠. 이런 관측능력은 기존 망원경의 한계로 미뤄뒀던 우주의 수수께끼를 풀어내 우주에 대한 이해를 크게 바꿔놓을 것으로 보입니다.

정치 · 경제 · 사회 · **국제** · 문화 · 미디어 · **과학** · IT · 스포츠

제임스 웹 · 허블 망원경
소행성 충돌 장면을 최초로 동시에 잡았다

소행성 충돌 위험에서 지구를 구하는 인류 첫 프로젝트로 꼽혀온 '쌍소행성 궤도 수정 시험'을 **제임스 웹 우주망원경**과 허블 우주망원경이 동시에 담았다. 제임스 웹과 허블이 우주의 같은 대상을 동시 포착한 것은 이번이 처음이다. 미 항공우주국(NASA)이 최근 공개한 다트(DART) 우주선과 소행성 디모르포스의 충돌 직후 사진에 따르면, 허블은 충돌 직후 디모르포스에서 광선처럼 빛이 나는 장면을 담았다. 나사는 "충돌 후 소행성이 3배 밝게 빛났고, 그 빛이 약 8시간 이어졌다"고 밝혔다. 가시광선을 주로 감지하는 허블은 다트의 소행성 충돌 전후 45장면을 담았다. 이번에 제임스 웹은 소행성 충돌 전후 약 5시간 동안 이미지 10가지를 포착했다. 나사는 "근적외선 카메라(NIRCam)와 중적외선 측정기(MIRI)를 갖춘 제임스 웹은 앞으로 몇 달 동안 더 관측할 계획"이라고 전했다. 허블도 다트 우주선과 충돌한 소행성 디모르포스를 향후 3주 동안 10여 차례 확인할 예정이다.

출처 : 조선일보/일부인용

상식UP! Quiz ⊗ 🔍

↳ 문제 **허블 우주망원경은 현존하는 최대 크기의 우주 망원경이다.** ` ○ / × `

↳ 해설 제임스 웹 우주망원경은 적외선 천문 관측을 하는 우주망원경으로 현존하는 광학 우주 망원경 중에서 가장 큰 규모다.

답 ×

슬기로운 가상생활

'메타버스(Metaverse)'는 가상 · 초월을 뜻하는 '메타(Meta)'와 현실세계를 뜻하는 '유니버스(Universe)'를 더한 용어입니다. 현실세계와 가상세계를 더한 3차원 가상세계를 의미하죠. 메타버스라는 용어는 미국 작가 닐 스티븐슨이 1992년 출간한 소설 '스노 크래시(Snow Crash)'에서 처음 등장했습니다. 메타버스라는 가상공간에서 제2의 삶을 사는 사람들과 사건을 그린 작품이죠.

인터넷에 마련된 가상공간에서 자신만의 캐릭터나 아바타로 다른 이들과 소통하는 방식은 예전부터 있어왔습니다. 사회 관계망 서비스(SNS)도 따지고 보면 그런 형태로 운영되고 있다고 볼 수 있는데요. 메타버스는 현실세계에 2 · 3차원의 가상의 사물을 겹쳐 보여주는 증강현실(AR ; Augmented Reality)과 실제 현실과는 완전히 다른 환경을 체험하게 하는 가상현실(VR ; Virtual Reality) 기술이 발달하면서 주목을 받고 있고, 이를 활용하려는 각계의 적극적인 움직임도 일어나고 있습니다.

메타버스가 기존의 증강현실이나 가상현실과 다른 점은 가상 속 공간에서 실제 현실에서 생활하듯이 정치, 경제, 사회, 문화 활동을 할 수 있다는 것입니다. 단편적인 사물이나 정체된 상황만을 보여주는 것에 그치지 않고, 정말 '제2의 나'로서 현실과는 다른 삶에 참여할 수 있다는 것이죠. 아직은 스티븐 스필버그 감독의 2018년 영화 〈레디 플레이어 원〉처럼 실제 내 몸을 움직이고 모든 감각을 느끼듯이 할 수는 없지만, 그러한 가상공간에서 일상생활을 누릴 수 있는 수준까지 발달한 것입니다.

비대면 · 온택트 문화가 개인의 생활 반경을 줄이고 시간은 증대시키면서 아바타를 통해 메타버스에 참여하는 이들이 늘어나고 있습니다. 네이버제트(Z)가 운영하고 있는 증강현실(AR) 아바타 서비스 제페토(ZEPETO)는 우리나라의 대표적인 메타버스 전용 플랫폼으로 성장했는데요. 2018년 출시된 제페토는 얼굴인식 및 3D 기술 등을 이용해 '3D 아바타'를 만들어 다른 이용자들과 소통하거나 다양한 가상현실을 경험할 수 있는 서비스를 제공하고 있습니다. 2021년 9월에는 전 세계 이용자가 2억명을 돌파했다는 놀라운 소식도 들렸습니다.

기재차관 "가상융합기술, 메타버스와 연계해 새 시장 창출"

정부가 가상현실(VR), 증강현실(AR) 등을 포괄하는 가상융합기술(XR)을 3차원 가상세계인 **메타버스**와 연계해 새 비즈니스 모델과 신 시장 창출로 이어지도록 지원한다. 이억원 기획재정부 1차관은 서울 상암동 한국가상증강현실콤플렉스(KoVAC)를 현장방문해 간담회를 열고 이같이 밝혔다. KoVAC은 실감콘텐츠 개발부터 사업화 단계까지 전 주기 지원을 위한 기능을 집적한 VR · AR 산업육성 종합거점이다.

이 차관은 "올해 4,000억원 규모 예산투입을 통해 XR 플래그십 프로젝트 추진 · XR펀드 신규조성(400억원 규모) 등 XR기술 확산과 킬러콘텐츠 개발을 지원할 계획이다"라고 밝혔다. 특히 "XR이 기술에 그치지 않고 MZ세대를 중심으로 빠르게 성장하고 있는 메타버스 등과 연계해 새 비즈니스 모델과 신 시장 창출로 이어지도록 하겠다"고 말했다. 정부는 범정부 차원 태스크포스(TF)를 통해 XR과 실감콘텐츠 산업의 경쟁력을 확보하고, 서비스산업의 고부가가치화와 양질의 일자리 마련을 위한 대책을 발표할 예정이다. 또 이 차관은 "시공간 제약을 넘어서는 XR기술을 비대면의 한계, 지역격차, 장애 등 사회문제 해결에 활용해 포용사회로 한 걸음 더 다가서겠다"고 언급했다.

출처 : 뉴스1/일부인용

상식UP! Quiz

> **문제** 소설 〈스노 크래시〉에서 등장한 개념으로 사회 · 경제적 교류를 하는 가상세계를 뜻하는 말은?
> ① 메타버스   ② 버츄얼리티
> ③ 레디유니버스   ④ 논월드

> **해설** 메타버스는 '가상 · 초월'을 뜻하는 메타(Meta)와 '세계'를 의미하는 유니버스(Univese)를 합친 말로, 1992년 닐 스티븐슨이 발표한 소설 〈스노 크래시〉에서 등장했다.

답 ①

물티슈는 종이로 만들지 않아요

여러분은 물티슈를 자주 사용하나요? 손이나 책상, 식탁 등을 간단하게 닦아낼 수 있어서 흔히 쓰이는데요. 그런데 이 물티슈가 종이가 아닌 플라스틱으로 만들어진다는 사실을 모르는 사람들이 많습니다. 물티슈는 부직포와 플라스틱의 일종인 '폴리에스테르'로 만들어집니다. 그래서 펄프로 제조되는 휴지와 달리 버려지면 썩는데 수백년이 걸리죠. 더 큰 문제는 물티슈가 버려진 뒤 잘게 찢어지고 분해되면 '미세플라스틱'이 된다는 것입니다.

일반적으로 미세플라스틱은 크기가 5mm 이하인 플라스틱을 말합니다. 미세플라스틱은 제조될 때부터 작게 만들어지기도 하고, 플라스틱 제품이 폐기된 후 분해되면서 만들어지기도 합니다. 전자를 1차 미세플라스틱, 후자를 2차 미세플라스틱이라고 부르는데요. 피부의 각질을 제거해준다는 세안제나 치약에 들어가는 작은 알갱이(마이크로비즈)도 1차 플라스틱에 해당합니다. 이러한 것들은 사용 후 고스란히 하수도로 흘러가는데요. 크기가 작기 때문에 정제과정에서 걸러지지 않고 그대로 강·바다로 흘러갑니다. 나일론이나 폴리에스테르 같은 합성섬유로 만들어진 의류도 분해되면서 미세플라스틱이 됩니다.

바다에 유입된 미세플라스틱은 해양 생태계에 악영향을 끼치고 있는데요. 새나 물고기가 이를 먹이로 오인해 섭취하거나 토양에 쌓이면서 바다를 더럽힙니다. 산호초나 해조류의 생장을 방해한다는 연구결과도 나왔는데요. 더 심각한 문제는 우리가 마시는 물에도 섞여 들어갈 수 있다는 것입니다. 실제로 2021년에는 수도권의 상수원인 강원도 춘천시 의암호에서 무려 11억개에 달하는 미세플라스틱이 발견되기도 했죠. 이 미세플라스틱은 도로에 칠해진 페인트가 벗겨지고 물에 유입되면서 의암호에까지 흘러간 것으로 추측됐습니다.

또 식수뿐만 아니라 미세플라스틱에 오염된 수산식품을 통해서도 섭취하게 됩니다. 실제로 2019년 세계자연기금(WWF)의 '미세플라스틱 섭취에 대한 연구'에 따르면 사람은 매주 2,000여 개의 미세플라스틱을 섭취하고 있다고 하는데요. 이는 플라스틱 카드 한 장 정도의 분량이라고 합니다. 그러니 우리는 매주 카드 한 장씩을 먹고 있는 셈이죠. 물론 이것이 너무 과장된 연구결과라는 주장도 있습니다만, 단순한 우려가 아니라 실제로 미세플라스틱이 지구와 우리 삶을 위협하고 있는 게 엄연한 현실입니다. 최근에는 미생물에 분해되는 플라스틱이 개발되어 포장재나 일회용 컵, 빨대 같은 가벼운 일상용품에 적용하는 연구가 진행되고 있습니다.

정치 · 경제 · **사회** · 국제 · 문화 · 미디어 · **과학** · IT · 스포츠

우리는 매일 미세플라스틱을 먹고 있다. 몰랐다고요?

배달 주문할 때 주로 사용하는 일회용기의 **미세플라스틱** 검출량이 다회용기보다 2.9~4.5배 많은 것으로 조사됐다. 한국소비자원(소비자원)은 시중에 유통되는 플라스틱 재질의 일회용기 16종과 다회용기 4종을 시험 평가한 결과 이같이 나타났다고 밝혔다. 소비자원에 따르면 일회용기의 경우 종류에 따라 1개당 1개~29.7개의 미세플라스틱이 검출됐다. 다회용기는 0.7개~2.3개의 미세플라스틱이 검출됐다. 소비자원은 미세플라스틱의 뇌 · 신경 질환 등 위해성은 아직 과학적으로는 밝혀지지 않았지만 선제적인 안전관리가 필요하다고 조언했다. 소비자원 관계자는 "배달 포장 시 일회용기 대신 다회용기를 사용하면 미세플라스틱 섭취를 줄일 수 있을 것"이라고 말했다.

출처 : 경향신문/일부인용

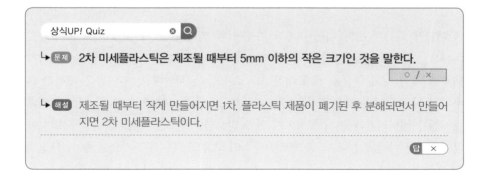

상식UP! Quiz

↳ 문제 2차 미세플라스틱은 제조될 때부터 5mm 이하의 작은 크기인 것을 말한다.

○ / ×

↳ 해설 제조될 때부터 작게 만들어지면 1차, 플라스틱 제품이 폐기된 후 분해되면서 만들어지면 2차 미세플라스틱이다.

답 ×

안전과 효율, 두 마리 토끼를 잡아라!

현재 우리가 사용하는 스마트폰이나 전기차, 전기자전거에 주로 쓰이는 배터리는 2차 배터리인데요. 2차 배터리는 화학배터리의 일종으로 배터리 내부의 화학반응을 이용합니다. 2차 배터리는 방전된 후 충전하여 재사용이 가능하도록 만들어졌습니다. 이 2차 배터리 가운데서도 주로 사용되는 것은 '리튬이온배터리'인데요. 리튬이온이 전지의 양(+)극과 음(−)극을 이동하면서 일어나는 화학반응을 이용해 전기를 방출하고 충전하게 됩니다. 양극에서 음극으로 이동하면 충전되고 그 반대가 될 때 방출되면서 외부에 에너지를 공급하죠. 리튬은 금속원소 가운데 가장 가볍고 전압발생효율이 좋아 현재까지 애용되고 있습니다.

그런데 리튬이온배터리는 꾸준히 안전성에 대한 지적을 받아왔습니다. 그간 미디어에도 보도됐다시피 휴대폰에 탑재된 리튬이온배터리가 폭발하는 사고가 종종 있었죠. 최근에는 전기자동차도 배터리에 화재가 발생하는 사건이 잇따르면서 안전성에 관한 문제가 도마에 올랐습니다. 배터리의 어떤 부분이 문제인지 정확한 화재 원인을 규명하는 데도 어려움을 겪었죠. 또 2022년 10월 카카오톡 먹통 대란의 원인으로 지목된 판교 SK C&C 데이터센터의 화재 또한 리튬이온배터리에서 유발된 화재 때문이라는 분석결과가 나오면서 우려는 더 커졌습니다.

이 때문에 리튬이온배터리를 대체할 차세대배터리에 관한 개발논의에도 불이 붙었는데요. 그 가운데 거론되는 것이 '전고체배터리'입니다. 전고체배터리는 배터리 내부에 차 있는 전해질을 액체 대신 고체로 만드는 것인데요. 전해질은 배터리 내부에서 이온이 양쪽 극으로 수월하게 이동하도록 돕는 역할을 하는데, 기존의 액체 전해질은 배터리가 외부의 압력이나 열을 받으면 부풀고 폭발할 가능성이 있기 때문에 비교적 위험했습니다. 하지만 전해질이 고체일 경우 구조적으로 좀 더 안정되기 때문에 훼손되더라도 그 형태를 유지할 수 있죠. 다만 이온이 이동하기에는 고체보다는 액체를 타는 편이 더 유리하기 때문에 '이온을 저장하는 양극의 소재와 방출하는 음극의 소재를 어떻게 개선하느냐'가 또 하나의 숙제로 지목되고 있습니다.

물론 안전성만이 전고체배터리 개발 목적의 전부는 아닙니다. 현재 차세대배터리는 시장을 한창 넓혀가고 있는 전기자동차의 핵심이기 때문에 경쟁력을 위해서는 저장용량을 늘리는 것 또한 매우 중요한데요. 전고체배터리는 기존 리튬이온배터리보다 크기가 작기 때문에 에너지 밀도를 높일 수 있고, 결과적으로는 자동차의 출력도 증가시킬 수 있습니다.

정치 · 경제 · 사회 · 국제 · 문화 · 미디어 · **과학** · IT · 스포츠

차세대 전기차 배터리 내구성 3배 올렸다

국내 연구팀이 리튬메탈전지의 내구성을 3배 향상시키는 기술을 개발했다. 리튬메탈전지는 현재 전기차 배터리로 쓰이는 리튬이온전지보다 이론상 10배 높은 용량을 갖고 있어 **차세대배터리**로 주목받는다. 이성호 한국과학기술연구원(KIST) 전북 분원 복합소재기술연구소 탄소융합소재연구센터장 연구팀은 리튬메탈전지의 내구성을 대폭 끌어올렸다고 밝혔다. 리튬메탈전지는 차세대 전기차 배터리로 주목받고 있지만 충 · 방전 중 리튬 표면에 결정돌기가 생성되면서 분리막을 찢는 현상이 일어난다. 분리막은 배터리 내부의 양극과 음극이 접촉하지 않도록 하는 절연 소재의 얇은 막으로 배터리 안전성과 직결된다. 연구팀은 결정돌기가 생성되는 현상을 잡았다. 리튬메탈전지의 음극소재로 쓰이는 구리 박막을 얇은 탄소섬유로 대체했다. 탄소섬유는 종잇장 같은 형태로 탄소 단섬유 위에 무기 나노입자인 비결정질 탄소와 탄산나트륨으로 표면 처리를 한 것이다.

출처 : 동아사이언스/일부인용

상식UP! Quiz

↳ 문제 **전고체배터리는 배터리 내부에 차 있는 전해질을 고체로 만드는 것이다.**

ㅇ / ✕

↳ 해설 전고체배터리는 배터리 내부의 전해질을 액체 대신 고체로 만드는 것이다. 액체 전해질에 비해 안정적이고 폭발 위험이 적다.

답 ㅇ

꿈의 신소재가 떴다!

'꿈의 나노물질'이라 불리는 그래핀(Graphene)은 탄소원자들로 이루어진 아주 얇은 막으로, 활용도가 매우 뛰어납니다. 탄소섬유의 소재로 잘 알려져 있으며 탄소를 육각형의 벌집 모양으로 층층이 쌓아올린 구조로 이루어져 있지요. 흑연에서 스카치테이프를 붙였다 떼면 접착력으로 그래핀을 떼어낼 수 있다고 합니다. 이러한 그래핀은 구리보다 100배 이상으로 전기가 잘 통하고 실리콘보다 100배 이상 전자를 빠르게 이동시킵니다. 또한 강도는 강철보다 200배 이상 강하고, 열전도성은 다이아몬드보다 2배 이상 높죠. 탄성 역시 매우 뛰어나서 늘리거나 구부려도 고유의 성질을 잃지 않아 활용도가 아주 높습니다.

2010년 안드레 가임 교수와 콘스탄틴 노보셀로프 교수가 '2차원 물질 그래핀에 대한 물리적 박리법'으로 노벨물리학상을 수상한 바 있습니다. 그만큼 그래핀은 뛰어난 신소재로 꼽히고 있으며 그 연구는 매우 큰 의미를 지닌다고 볼 수 있죠. 그래핀의 가장 큰 장점은 늘이거나 접어도 전기 전도성을 잃지 않는다는 것입니다. 따라서 그래핀을 이용하면 휘어지는 액정화면을 구현하는 것은 물론, 손목시계 모양의 휴대전화를 만드는 등 다양하게 활용할 수 있습니다.

꿈의 신소재 그래핀 – 접히는 모니터

그래핀은 셀로판지처럼 얇은 두께의 컴퓨터 모니터나 시계처럼 찰 수 있는 휴대전화, 종이처럼 접어 지갑에 넣고 휴대할 수 있는 컴퓨터 등을 만들 수 있는 소재로 큰 기대를 받고 있다.

그래핀 OLED 원리

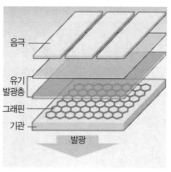

〈출처 : 연합뉴스〉

'꿈의 물질' 그래핀 반도체 상용화 가능성 열려

탄소나노물질인 '그래핀'에서 반도체 핵심 특성이 확인돼 작고 빠른 반도체 전자소자의 개발 가능성이 열렸다. 교육과학기술부와 한국연구재단은 김근수 로렌스버클리 국립연구소 박사와 염한웅 포항공대 교수가 참여한 연구팀이 그래핀에서 반도체 핵심특성인 '터널링 다이오드 효과'를 발견해 그래핀이 고속소자로 쓰일 수 있다는 사실을 확인했다고 밝혔다. 그래핀은 흑연의 표면층을 떼어낸 탄소나노 물질로 철보다 단단하면서도 유연하고 전기가 잘 통해 실리콘을 대체할 수 있는 '꿈의 물질'로 불린다.

그러나 그래핀에는 전자의 에너지 차이인 밴드갭이 없고 나노물질에 전압을 걸면 전자가 빠른 속도로 흐르는 터널링 다이오드 효과를 접목하기도 어려워 반도체 소자로 이용하기에는 한계가 있었다. 연구팀은 2층으로 배열한 그래핀에 수직으로 전기장을 걸고 뾰족한 나노 침으로 그래핀을 통과하는 전기신호를 조사하는 방법으로 손쉽게 터널링 다이오드 효과의 대표적인 특성인 '부저항'을 유도해냈다. 이 실험을 통해 그래핀에서 전압이 증가해도 전류는 감소하는 부저항이 확인됨에 따라 얇고 작은 반도체 소자를 만들 길이 열렸다.

출처 : 연합뉴스/일부인용

 상식UP! Quiz

↳ 문제 **다음 신문기사의 빈칸에 들어갈 내용으로 적절한 것은?**

> 국내 연구팀이 수억원대의 투과전자현미경 없이도 (　　)의 조각 경계면을 광학현미경으로 관찰할 수 있는 방법을 개발하여 네이처지에 발표했다. (　　)은/는 연필심에 쓰이는 흑연 등에서 추출할 수 있는 물질로, 두께가 얇고 전기 전도성이 뛰어나 휘어지는 디스플레이를 구현하는 데 활용할 예정이다.

① 탄소나노튜브　　　　　　② 풀러렌
③ 인조흑연　　　　　　　　④ 그래핀

↳ 해설 꿈의 신소재라고 불리는 '그래핀'에 대한 설명이다.

답 ④

대한민국, 우주강국의 반열에 오르다

한국형 발사체 누리호(KSLV-Ⅱ)에 실린 성능검증위성과 위성모사체가 2022년 6월 21일 2차 발사에서 궤도에 안착했습니다. 이로써 대한민국은 세계 7번째로 1톤(t) 이상인 실용적 규모의 인공위성을 우주발사체에 실어 자체기술로 쏘아올린 우주강국의 반열에 올랐죠.

누리호는 오후 4시 전남 고흥군 나로우주센터에서 발사돼 성능검증위성과 위성모사체 분리를 성공적으로 마쳤습니다. 누리호 위성모사체와 성능 검증위성은 계획대로 지표면 기준 700km 고도에서 초속 7.5km의 속도로 지구 주위를 돕니다. 누리호는 순수 국내기술로 설계·개발된 한국 최초의 우주발사체인데요. 앞서 2013년 3차 발사에 성공한 나로호(KSLV-Ⅰ)는 2단만 국내기술로 개발됐고 1단은 러시아에 의존했습니다. 이와 달리 발사에 성공한 누리호는 위성을 쏘아올린 75t급·7t급 액체연료 엔진부터 발사체에 탑재된 위성을 보호하는 덮개인 페어링에 이르기까지 핵심기술과 장비 모두 국내 연구진이 개발한 것입니다. 특히 향후 대형·소형 발사체 개발에 지속적으로 활용할 수 있는 75t급 엔진의 성능을 성공적으로 입증함에 따라 향후 진행될 우주개발의 발판을 만들었다는 평가가 나왔습니다. 해당 엔진은 1단에 엔진 4기가 '클러스터링'으로 묶여 마치 하나의 300t 엔진처럼 작동했고, 2단에는 1기가 쓰였습니다.

발사 하루 뒤인 22일 새벽에는 누리호에 실려 궤도에 오른 성능검증위성과 지상국 사이의 쌍방향 교신도 성공적으로 이뤄졌습니다. 누리호 발사 성공과 위성의 궤도 안착에 이어 쌍방향 교신을 통해 위성의 정상작동까지 확인됨에 따라 우리나라는 실용위성 자체발사 역량을 완벽하게 갖추게 됐죠. 성능검증위성은 발사체인 누리호의 궤도 투입성능을 검증하기 위해 국내 기술로 제작된 위성으로 임무수명기간인 2년 동안 지구 태양동기궤도에서 하루에 약 14.6바퀴 궤도운동을 하도록 설계됐으며, 한 달간 초기 운영기간을 거친 후 본격적인 임무를 수행하게 됐습니다.

한화, 누리호 기술이전 받는다 …
'한국판 스페이스X' 탄생할까

한화에어로스페이스가 앞으로 한국항공우주연구원과 한국형발사체 **누리호**(KSLV–II)를 4차례 발사하고 설계 · 제작 · 발사 기술을 이전 받는다. 한화에어로스페이스는 한국항공우주산업(KAI)과 정부 입찰 경쟁에서 치열한 접전을 펼친 끝에 우선협상대상자로 선정됐다. 과학기술정보통신부는 "우주발사체사업추진위원회를 개최해 기술능력평가 결과에 대해 사전 검토했으며, 우주개발진흥실무위원회에선 체계종합기업 선정 과정 전반에 대한 검토 및 심의를 진행했다"며 "심의 결과 기술능력 점수와 입찰가격 점수를 합산해 고득점을 받은 한화에어로스페이스가 우선협상대상자로 확정됐다"고 밝혔다. 정부의 체계종합기업 선정은 누리호 설계 · 제작 · 총조립 · 발사 등 기술 전 과정을 민간에 이전하기 위한 목적이다. 한국도 미국항공우주국(NASA)이 과거 기술 공유를 통해 스페이스X와 같은 우주 기업을 만든 것처럼, 점진적 기술이전으로 우주 산업을 조성한다는 계획이다.

출처 : 머니투데이/일부인용

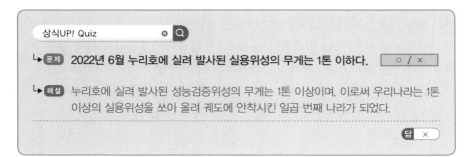

상식UP! Quiz

↳ 문제 2022년 6월 누리호에 실려 발사된 실용위성의 무게는 1톤 이하다. ○ / ×

↳ 해설 누리호에 실려 발사된 성능검증위성의 무게는 1톤 이상이며, 이로써 우리나라는 1톤 이상의 실용위성을 쏘아 올려 궤도에 안착시킨 일곱 번째 나라가 되었다.

답 ×

에너지 위기의 대안이 될까?

소형모듈원자로(SMR, Small Modular Reactor)는 쉽게 말해 작은 규모의 원자력 발전소를 말합니다. 현재의 원자력발전은 '핵분열' 에너지를 주로 이용합니다. 기존의 대형 원전은 핵분열 발전과정을 위해서 원자로와 증기발생장치, 냉각제 펌프 등 갖가지 장치가 각각의 설비로서 설치돼야 합니다. '모듈'이라는 단어에서 알 수 있듯이 SMR는 이 장치들을 한 공간에 몰아넣어 크기를 대폭 줄일 수 있죠. 하지만 발전용량도 300MW(메가와트) 정도로 적은데요(대형 원전은 1,000~15,000MW). 그렇다면 크기도, 발전용량도 작은 SMR이 주목받는 이유는 무엇일까요?

SMR의 장점 중 하나는 대형 원전에 비해 방사능유출 위험이 적다는 것입니다. 원전의 중심에는 핵연료인 방사능물질이 들어가는 '노심'이 있는데요. 방사능물질이 핵분열하며 노심에 많은 열이 발생하는데 이를 냉각제로 식혀주는 게 중요합니다. 노심이 과열되면 결국 녹아내리는 '노심 용융'이 일어나게 되고, 방사능물질이 유출되는 재앙이 터질 수 있죠. 대형 원전에서는 보통 열을 식히기 위해 배관을 설치하고 바닷물을 끌어오는데, 이 배관이 파손되면서 방사능이 유출될 위험도 있습니다. 하지만 배관을 쓰지 않는 SMR은 노심이 과열되면 아예 냉각수에 담가버릴 수 있죠. 과열될 만한 설비의 수 자체도 적고, 나아가 원전 크기가 작은 만큼 노심에서 발생하는 열도 낮아 대형 원전에 비해 식히기도 쉽습니다.

또 하나의 장점은 굳이 강물이나 바닷물을 끌어올 필요가 없기 때문에 입지를 자유롭게 고를 수 있다는 겁니다. 우리나라 원전의 위치를 살펴보면 모두 해안가 근처에 있는데, 냉각수인 바닷물을 쉽게 끌어오기 위함입니다. 반면 냉각수가 비교적 적게 필요한 SMR은 내륙에도 건설할 수 있죠. 또 공산품처럼 모듈 안에 들어갈 각 설비를 공장에서 제조한 다음 건설장소에 옮겨 조립할 수 있어 건설기간이 짧고 비용도 적게 든다고 합니다. 뿐만 아니라 출력조절이 가능해 유연하고 융통성 있는 발전이 가능하다는 것도 SMR의 장점 중 하나입니다.

그러나 아무리 작다 해도 원전은 원전이기 때문에 각종 사고와 방사능유출 가능성을 아예 배제할 순 없습니다. 또 발전용량이 적으니 대형 원전과 맞먹으려면 그만큼 많이 지어야 할 텐데, 결국 비용이 추가로 드는 것은 매한가지라는 주장도 있죠. 원전의 크기가 작아진 만큼 건설단가도 높고, 입지선정이 자유롭다고 해도 많은 SMR을 수용하려면 결국엔 한계가 있을지 모릅니다. 이러한 이유로 SMR이 진정으로 에너지 위기의 대안이 될지는 지켜봐야 합니다. 이와 함께 정말 안전하고 효율 높은 신재생에너지를 개발하는 것도 시급합니다.

정치 · 경제 · 사회 · 국제 · 문화 · 미디어 · **과학** · IT · 스포츠　　|　

혁신형 SMR 기술개발 본격시동

정부가 민관합동으로 차세대 원전기술인 혁신형 **소형모듈원자로**(i-SMR)와 해양용 용융염원자로(MSR) 기술개발을 본격 추진한다고 밝혔다. 2026년까지 SMR 표준설계 신청을 완료하고 최종적으로 2028년 인가를 마무리한다는 계획이다. SMR은 발전규모가 300MW 이하로 원자로와 증기발생기 등이 원자력 압력용기에 함께 담겨 있는 일체형 원전을 말한다. 대형 원전보다 안전하며 건설기간이 짧고 비용도 덜 든다는 이점이 있다. 특히 i-SMR은 중대한 사고의 발생 가능성이 10억년에 1회 미만으로 현재 신형원전 대비 1,000배의 안전성을 목표로 한다.

출처 : 매일경제/일부인용

상식UP! Quiz

↳ 문제 **다음 중 발전용량 300MW급의 소형원자로를 뜻하는 용어는?**
　① RTG　　　　　　　　② SMR
　③ APR+　　　　　　　④ BWR

↳ 해설 SMR은 발전용량 300MW급의 소형원자로로서 차세대 원전으로 떠오르고 있다. 대형 원전에 비해 크기는 작지만, 그만큼 빠른 건설이 가능하고 효율이 높다.

답 ②

AI 챗봇 전쟁이 시작됐다

최근 IT업계의 화두는 단연 '챗GPT(ChatGPT)'입니다. 챗GPT는 인공지능 연구재단 오픈AI(Open AI)가 개발한 대화 전문 생성형 인공지능 챗봇입니다. 사용자가 대화창에 텍스트를 입력하면 그에 맞춰 대화를 나누는 인공지능 서비스죠. 오픈AI가 직접 개발한 대규모 인공지능 모델 'GPT-3.5' 언어기술을 기반으로 합니다. 챗GPT는 인간과 자연스럽게 대화를 나누기 위해 수백만개의 웹페이지로 구성된 방대한 데이터베이스에서 사전 훈련된 대량생성 변환기를 사용하고 있죠. 또 사용자가 대화 초반에 말한 내용을 기억해 답변하기도 합니다. 다만 GPT-3.5 기술 하에서는 이미지를 인식하거나 생성하는 것은 불가능하죠.

챗GPT가 학습기술을 활용해 MBA와 로스쿨, 의사면허 시험에 합격했다는 소식에 이어 소설이나 논문, 기사 등의 문서작성까지 가능하다는 사실이 알려지면서 출시 2개월 만인 2023년 1월에 이미 사용자가 1억명을 돌파했죠. 챗GPT가 선풍적인 인기를 끌면서 유수의 IT기업들도 각자의 인공지능 기술을 이용해 생성형 AI 챗봇 서비스를 개발·출시하기 시작했습니다. 2023년 2월 마이크로소프트가 챗GPT기술을 탑재한 검색엔진 '빙(Bing)'의 새 버전을 내놓자 구글은 AI 챗봇 검색서비스 '바드(Bard)'를 부랴부랴 출시하기도 했습니다.

챗GPT는 침체에 빠진 글로벌 반도체업계에 활기를 불어넣을 새로운 수요처로도 주목받고 있는데요. 그러나 한편으론 과제도 많이 남아 있죠. 우선 현재의 챗GPT는 2021년까지의 정보만 분석해 최신정보 탐색에 제한적인 데다 인터넷상에서 확률적으로 분석해 답변을 찾다 보니 잘못되거나 편향된 정보를 제공할 수 있고, 가치판단을 할 수 없어 혐오 또는 차별적인 내용을 기술할 수도 있습니다.

저작권 문제 역시 해결할 숙제인데요. AI가 데이터베이스를 기반으로 정보를 대량으로 학습하는 과정에서 기존의 저작물이 무단으로 이용될 수 있기 때문입니다. 이로 인해 저작물의 독창성과 고유성을 둘러싼 저작권과 표절문제를 재정의하는 과정이 필요하다는 의견이 대두되고 있죠. 현재의 저작권법에서 '저작자'는 인간만 인정하고 있어 챗GPT가 쓴 소설을 그대로 낸다고 해도 저작권법 위반에 해당하지는 않습니다. 그러나 챗GPT와 같은 생성형 AI가 진화를 거듭하면서 인간과 비슷하거나 혹은 그것을 뛰어넘는 수준의 창작물을 만들어낼 수 있게 되면 AI의 창작물에 대한 저작권 인정문제는 첨예한 쟁점의 대상이 될 수 있습니다.

정치·경제·**사회**·국제·문화·미디어·과학·IT·스포츠

챗GPT 석달 연속 접속량 줄더니 개학하니 증가세

로이터통신은 웹 트래픽 분석 서비스를 제공하는 시밀러웹(Smilarweb) 분석 결과를 인용해 **챗GPT**의 월간 웹사이트 방문자 수가 3개월 연속 줄었지만, 그 감소세가 끝나가는 조짐을 보이고 있다고 보도했다. 데이비드 F. 카 시밀러웹 분석가는 "숙제 도움을 받으려는 학생들의 챗GPT 사용이 증가했기 때문"이라며 "여름 동안 챗GPT를 사용하는 학생들의 비율이 감소했다가 개학으로 다시 반등하기 시작했다"고 설명했다. 챗GPT 등장 이후 교육계에선 과제나 시험에 악용 우려 때문에 경계의 목소리가 커졌지만, 일부 학교에서는 선제적으로 수업에 접목하는 곳도 늘고 있다. AI의 확산을 더는 외면하기 어렵다는 판단에서다.

출처 : 이데일리/일부인용

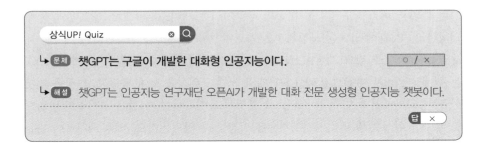

상식UP! Quiz

↳ 문제 **챗GPT는 구글이 개발한 대화형 인공지능이다.**

o / x

↳ 해설 챗GPT는 인공지능 연구재단 오픈AI가 개발한 대화 전문 생성형 인공지능 챗봇이다.

답 x

152 저궤도 위성통신

그냥 인공위성과는 달라!

한국항공우주연구원에 따르면 2020년을 기준으로 우주에서 지구를 돌고 있는 전 세계의 인공위성은 2,666개라고 합니다. 뿐만 아니라 매년 150기가 넘는 위성들이 우주로 나가고 있죠. 인공위성은 지구의 자기장이나 기상을 관측하는 과학 연구용 으로 쓰이기도 하고, 군사 정보를 수집하는 역할도 합니다. 또한 전자통신을 주목 적으로 하는 위성들도 있는데요. 사실 기존에 운용되던 위성통신은 이용하려면 가 격도 비싸고 속도도 빠르지 않으며 망을 구축하는데도 큰 비용이 소모되었습니다. 우선 인공위성을 하나 쏘아 올리는데 만도 어마어마한 돈이 들어가니까요.

이러한 단점을 보완하기 위해 고안된 것이 저궤도 위성통신입니다. 말 그대로 지상 에서 200~2,000km인 지구의 저궤도를 도는 위성인데요. 낮은 궤도를 도는 만큼 데이터를 송수신하는 시간도 짧아지고, 지구를 더 빠르게 돌 수 있으며 통신망 운 용에 소요되는 비용도 내려갑니다. 또 기지국이 지상이 아닌 하늘에 있어 어디서나 데이터 중계가 가능한데요. 다만 위성을 더 촘촘하게, 또 더 많이 배치해야 한다는 단점이 있긴 하죠.

그런데 일론 머스크가 설립한 미국의 우주기업 스페이스X는 2020년대 말까지 무 려 4만 2,000개에 달하는 군집위성을 궤도에 올려 통신망을 구축한다는 계획을 내 놓았습니다. '스타링크(STARLINK)'라고 불리는 이 사업을 진행하면서 스페이스X 는 실제로 2022년 1월까지 약 1,800개의 저궤도 위성을 쏘아 올렸고, 미국을 비롯 한 일부 국가에서 이미 통신 서비스를 제공하고 있습니다. 이들은 획기적인 방법으 로 무수한 위성을 발사시키고도 비용을 절감할 수 있었는데요. 바로 재사용이 가능 한 발사체를 개발한 덕분입니다.

통상 인공위성이든 탐사선이든 발사체 즉 로켓에 실려 우주로 나아가야 합니다. 그 리고 로켓에서 분리되어 목적지로 향하게 되는 것이죠. 기존의 로켓은 위성을 분리한 뒤 버려졌지만, 스페이스X가 개발한 로켓 '팰컨 9(Falcon 9)'은 발사되어 위성을 궤도에 올린 후 다시 지구로 착륙할 수 있습니다. 무려 수직 착륙이 가능하다고 하는데요. 이 기술로 위성 발사에 따르는 비용을 절감할 수 있었죠. 스페이스X는 앞으로도 꾸준히 저궤도 위성을 올려 전 세계 어디서든 1Gbps의 통신 속도가 가능하도록 한다는 계획입니다. 한편 저궤도 위성통신이 향후 통신기술의 첨단화를 가능케 한다는 전망에 세계의 여러 기업들도 경쟁에 뛰어들고 있습니다.

정치 · 경제 · 사회 · 국제 · 문화 · 미디어 · **과학** · IT · 스포츠　　　|

한화, 저궤도위성으로 '한국형 스타링크' 노려

정부가 5G 28GHz 주파수 대역을 쓰는 **저궤도 위성통신** 시장을 열어줄 계획인 가운데 한화시스템이 이 시장에 진출해 기간통신사업자 지위 확보에 나선다. 한화시스템이 지분투자를 한 영국 위성통신 사업자 원웹과 협력하는 동시에, 최근 정부로부터 한국형 발사체 체계종합 사업자로 선정된 한화에어로스페이스와 연계해 '한국형 스타링크' 서비스를 펼칠 것으로 보인다. 과학기술정보통신부는 저궤도 위성통신사업자 허가기준과 주파수 사용 승인방식을 담은 가이드라인을 검토해 내놓을 계획이다. 이에 따라 유 · 무선 통신사업자에 이어 위성통신사업자가 기간통신사업자로 추가 등록될 전망이다. 해외에서는 이미 미국 스페이스X와 영국 원웹 등이 저궤도 위성통신을 확보해 경쟁에 나서고 있다. 우리 정부도 저궤도 위성통신 서비스 관련 기준을 만듦으로써 관련 기업들이 진출할 수 있도록 열어줄 계획이다.

출처 : 디지털타임스/일부인용

상식UP! Quiz　　　　　　✕ 🔍

↳ **문제** 저궤도 위성통신망은 앞으로의 6세대 이동통신 기술의 핵심으로 평가받는다.

〔 ○ / × 〕

↳ **해설** 기존 5세대 이동통신(5G)보다 수십 배 더 빠를 것이라 알려진 6세대 이동통신(6G)은 그 데이터 이동량과 속도를 감당하기 위해 저궤도 위성통신망 구축이 필요할 것으로 전망됐다.

답 ○

세상을 보는 거대한 눈

우리가 평상시 영위하는 모든 것과 우리의 행보, 마지막으론 우리 그 자체가 정보가 됩니다. 그리고 기업이나 정부 같은 누군가는 이렇게 기록된 우리의 데이터를 모아 분석하고 활용하는데요. 온라인상에서 이루어지는 거래와 사회활동이 활발해지면서 우리가 생성하는 데이터의 양도 폭발적으로 증가하고 있습니다. 그 데이터에는 단순한 거래 기록 같은 정형적 데이터도 있겠지만, 사진이나 음성, 영상처럼 비정형적인 것들도 있죠. 데이터의 총량뿐 아니라 유형도 다양해지면서 기존의 단순한 방식으로는 데이터를 다루기 힘들어졌습니다. 그래서 사람들은 이 다루기 버거운 '빅데이터'에 주목하기 시작했는데요. 다루기는 어려워도 그것이 분명히 이곳저곳에 쓸모가 많다는 것을 깨달았기 때문입니다.

빅데이터는 이른바 '5V'라는 다섯 가지 특징을 가지고 있습니다. 규모(Volume)와 다양성(Variety), 속도(Velocity)와 함께 최근에는 정확성(Veracity)과 가치(Value)가 거론됩니다. 일단 총량이 커야 하고, 다양한 유형으로 이루어져야 하며, 데이터를 수집하는 속도도 거의 실시간으로 이루어져야 하죠. 또한 데이터가 정확하게 현실을 반영해야 하고, 이용할만한 가치가 있어야 합니다. 이러한 빅데이터는 주로 기업들의 비즈니스 모델 구축과 마케팅에 이용되고 있는데요. 빅데이터를 새로운 유전이라고 부르는 것은 한계를 모르고 진화하는 정보화 사회에서 기업 간 경쟁에서 살아남기 위해 필수불가결한 요소이기 때문입니다. 고객들의 정보가 넘쳐흐르는 빅데이터는 기업들이 보석을 캐내는 광산이자 중대한 도전과제가 되었습니다. 빅데이터는 단순히 그 크기가 중요한 것이 아니라 상술한 정형 · 비정형 등 모든 유형의 정보를 이용하는 것이 핵심이죠. 고객을 끌어들이기 위해 빅데이터 안에 수록된 갖가지 정보를 분석하는 것입니다. 실제로 기업들은 빅데이터를 분석해 고객의 성향을 파악하고 마케팅에 활용하기 위한 다양한 용도로 사용하고 있습니다.

온라인 소상공인 매출 20배 올리는 방법, 빅데이터에 있다

"스토어링크 솔루션을 통해 매출이 10~20배 증가한 업체들이 다수 나왔습니다." 정용은 대표가 말한 창업 이후 약 2년 반 동안 이룬 성과의 한 대목이다. 스토어링크는 이커머스의 오픈마켓에 특화된 **빅데이터** 분석과 마케팅 솔루션을 제공한다. 코로나19를 거치며 이커머스에 입점한 중소상공인들의 경쟁이 치열해졌다는 점을 감안하면, 매출 20배 증가를 이끌었다는 것은 눈에 띄는 성과다. 온라인 기반 비즈니스를 하는 많은 이들의 관심이 쏠릴 수 있는 부분이기도 하다. 정 대표는 "기존에는 이커머스 입점 기업들의 마케팅이 포털이나 SNS 광고 등에만 초점이 맞춰져 있었는데, 다양한 방법으로 소비자들의 구매가 일어난다는 점에 주목했다"고 말했다. 스토어링크는 빅데이터로 소비자 구매 패턴을 분석해 매출로 연결되는 다양한 루트를 확인하는 기술을 보유하고 있다.

출처 : 아시아경제/일부인용

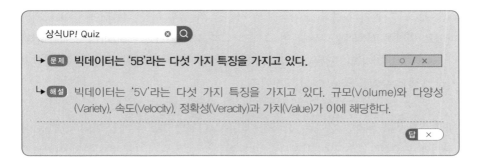

상식UP! Quiz

↳ **문제** 빅데이터는 '5B'라는 다섯 가지 특징을 가지고 있다.   ○ / ×

↳ **해설** 빅데이터는 '5V'라는 다섯 가지 특징을 가지고 있다. 규모(Volume)와 다양성(Variety), 속도(Velocity), 정확성(Veracity)과 가치(Value)가 이에 해당한다.

답 ×

거품인가, 혁신인가

NFT(Non-Fungible Token, 대체불가토큰)는 가상화폐와 같은 일종의 가상자산입니다. 그러나 보통의 가상화폐와는 달리 상호교환이 불가능하죠. 각각의 NFT가 저마다 고유한 가치를 가지고 있어 서로 대체할 수 없는 것입니다. 고로 대체불가토큰이라는 이름이 붙었는데요. 블록체인 기술에 바탕을 둔 이 NFT는 삭제나 수정을 하는 등의 위·변조를 할 수 없고 모든 거래 내역이 저장되어 누구나 투명하게 이 기록들을 열람할 수 있습니다. 이러한 NFT를 다른 디지털 재화 또는 자산에 부여하면 해당 재화·자산에 대한 희소성을 인정받게 되죠. 동시에 무단 복제도 불가능해져 원본 재화·자산만이 가진 고유한 가치를 보장받을 수 있습니다. 다시 말해 NFT는 디지털 재화를 온전히 나만 소유하고 있다는 일종의 공식 인증서가 되는 셈입니다. 가령 레오나르도 다빈치의 걸작 '모나리자'의 사진을 찍은 후 이를 컴퓨터에 넣어 디지털 파일로 변환하고 NFT를 부여하면 그 '모나리자 사진'은 고스란히 나의 소유가 됩니다. 물론 '모나리자'의 진품은 아니지만 적어도 내가 찍은 사진이 진품임을 인정받고 시장에 넘겨 수익을 얻을 수 있는 것이죠.

NFT는 대부분 온라인 경매로 거래되는데 주로 디지털 아트나 게임 아이템, 한정 상품 거래를 중심으로 시장이 성장했습니다. 특히 예술품은 NFT로 변환하기 여러모로 용이한데, 희소성 있는 진품임을 인정받기 수월하고 실물과 달리 보관하기도 편하며 온라인으로 거래가 이루어진다는 점에서 자유롭습니다. 이러한 특수성 때문에 NFT로 거래될 수 있는 디지털 재화는 무궁무진합니다.

한편 게임업계에서는 이 NFT를 새로운 수익 모델로 창출하기 위한 시도를 하고 있는데요. 게임 안에 존재하는 아이템이나 영상, 콘텐츠 등의 지식재산권에 NFT를 접목시켜 매매가 가능하도록 한다는 것입니다. 이들은 이것을 'Play to Earn' 즉, '게임을 하며 돈을 번다'는 말로 설명했습니다. 게임업계는 게임을 하며 얻는 아이템에 NFT를 붙여 시장에서 거래할 수 있는 가상화폐로 환전할 수 있도록 한다는 계획입니다. 이 과정에서 유저는 게임사에 수수료를 지불해야 합니다. 그러나 우리나라에서는 법률상 환금성과 사행성이 있다고 판단되어 현재로서는 이 시스템을 서비스 할 수 없습니다.

정치 · **경제** · 사회 · 국제 · 문화 · 미디어 · 과학 · IT · 스포츠

"NFT, 富의 기득권 바꾸는 기폭제 될 것"

"소수 인원이 호가를 부르던 예술품 · 자산 경매 시장이 **NFT**의 등장으로 수백만명이 참여하는 시장으로 바뀌고 있습니다. NFT는 앞으로 부의 기득권을 바꾸는 기폭제가 될 겁니다." '한경 글로벌마켓 콘퍼런스 NYC'엔 세계 NFT 대가들이 한자리에 모였다. 세계에서 가장 큰 NFT 프로젝트를 이끄는 기업 외에 세계 최대 블록체인 전문 매체, 글로벌 1위 미술품 경매회사 고위 인사들이 NFT 미래에 대해 열띤 토론을 벌였다. 이들은 "NFT가 미술품 투자뿐만 아니라 부동산 거래, 기업 마케팅 등 실물경제에 광범위하게 영향을 미쳐 사람들의 일상생활을 바꿔놓을 것"이라고 예상했다. 앞으로 시장 상황이 어려워도 독창성과 탄탄한 스토리텔링으로 무장한 NFT는 빛을 발하게 될 것이라는 점에 의견을 같이했다.

출처 : 한국경제/일부인용

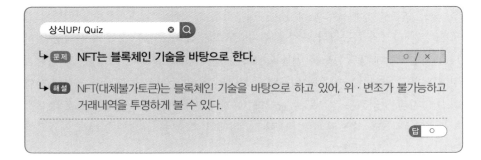

상식UP! Quiz

↳ **문제** NFT는 블록체인 기술을 바탕으로 한다. (○ / ×)

↳ **해설** NFT(대체불가토큰)는 블록체인 기술을 바탕으로 하고 있어, 위 · 변조가 불가능하고 거래내역을 투명하게 볼 수 있다.

답 ○

IT 시장의 블루칩

2021년 7월 국내의 한 금융사 광고에 등장한 모델이 큰 화제를 모았습니다. 모델의 이름은 '로지'. 그러나 로지는 사람이 아니었죠. 그는 한 기획사의 스튜디오에서 컴퓨터 그래픽과 인공지능으로 제작한 가상인간이었습니다. 이러한 사실이 알려지자 사람들은 놀라워했는데요. 로지의 외모와 표정, 춤사위가 실제 사람처럼 자연스러웠기 때문입니다. 이런 가상인간들을 우리는 이제 흔하게 접할 수 있죠. 광고부터 이들이 출연하는 무대와 음반까지 우리와 동일한 세계를 살아가는 셀러브리티(Celebrity)처럼 존재하고 있습니다. 많은 기업들이 마케팅을 위해 이 가상인간들을 적극적으로 기획·개발하는 중입니다. 가상인간 제작업체에서는 이들의 SNS계정을 개설해, 실제 사람처럼 꾸민 일상을 게시합니다. 그래서 가상인간들은 '가상인플루언서'로도 활동하고 있는데, 게시물을 구독하는 사람들의 숫자도 만만치 않습니다.

가상인간의 외형은 3D 모델링을 통해 만들어집니다. 단순히 얼굴과 신체의 겉면을 만드는 것이 아니라, 골격부터 근육, 피부까지 섬세하고 조직적으로 빚어냅니다. 또한 실제 사람의 몸동작과 표정을 캡처하고 반영해서 조잡한 로봇의 움직임이 아니라 자연스럽게 동작하도록 만들죠. 물론 신체의 모든 부분이나 의상, 그 질감까지 구현하기 위해서는 엄청난 비용이 들기 때문에 얼굴 부분만 제작하고 실제 사람의 이미지에 덧씌우는 경우도 있습니다. 여기에 인공지능이 주입돼 스스로의 목소리를 갖고 감정을 내보일 수 있게 됐죠. 현재의 가상인간은 인공지능을 시각화한 것으로도 볼 수 있습니다.

기업들이 가상인간을 모델로 선호하는 이유는 무엇보다 리스크가 적기 때문입니다. 실제 사람을 모델로 기용할 경우 모델이 사고를 일으키거나 사회적 물의를 빚게 되면 광고주인 기업 입장에서도 난처할 수밖에 없죠. 그런 면에서 사회적 분란을 일으킬 염려가 없는 가상인간은 기업에겐 매력적인 존재입니다. 미디어 속에 한

정되긴 하지만 활동에 시공간적인 제약이 없다는 것도 장점인데요. 또 언제든지 외모를 재설정하는 것이 가능해 기업의 이미지를 알맞게 표현할 수 있다는 것도 특기할 만 합니다.

정치 · **경제** · 사회 · 국제 · 문화 · 미디어 · 과학 · **IT** · 스포츠

솔루션 업체도 '가상인간' 화두 '한계 없다'

가상인간은 메타휴먼, 즉, 증강 공간에서 사용자와의 상호작용이 가능한 인공지능(AI) 캐릭터를 의미한다. 국내에도 '로지', '샘'과 같은 가상 인플루언서들이 방송, 교육, 금융, 유통 등 국내 산업 현장의 다양한 업종으로 빠르게 확산 중이다. 글로벌 시장조사업체 이머진리서치에 따르면 2020년 약 12조 5,000억원이던 전 세계 가상인간 시장 규모는 2030년 50배가 넘는 약 659조 4,750억원에 이를 것으로 전망했다. 가상인간은 이미 많은 기업이 활용 범위를 넓히고 있는 분야다. 삼성전자와 LG전자는 각각 가상인간 '샘'과 '김래아'를 공개하며 사업을 키우고 있다. 장점은 전 세계 고객과의 소통이 용이하고, 새로운 팬덤을 형성할 수 있다는 점이다. 여기에 사람이 범할 수 있는 실수나 위험 부담도 없다. AI · 가상현실(VR) · 증강현실(AR) 등 관련 기술의 발전, 팬데믹 기간 비대면의 일상화와 함께 부상한 메타버스의 성장과도 맞물린다.

출처 : 프라임경제/일부인용

상식UP! Quiz ✕ 🔍

↳ **문제** 현재 흔히 볼 수 있는 가상인간은 독자적인 의사표현과 감정표현이 가능하다.

〇 / ✕

↳ **해설** 아직까지 가상인간들은 실제 인간이기보다는 캐릭터로 활용되며 독자적인 감정표현이 불가능하고, 사람이 정해놓은 연출대로 행동하며 그려지고 있다.

답 ✕

좋은 책을 만드는 길, 독자님과 함께 하겠습니다.

신문으로 공부하는 말랑말랑 시사상식 종합편

개정12판3쇄	2024년 05월 10일 (인쇄 2024년 04월 17일)
초 판 발 행	2013년 06월 20일 (인쇄 2013년 04월 09일)
발 행 인	박영일
책 임 편 집	이해욱
편 저	시사상식연구소
편 집 진 행	김준일 · 이보영 · 남민우
표지디자인	김지수
편집디자인	홍영란 · 곽은슬
발 행 처	(주)시대고시기획
출 판 등 록	제10-1521호
주 소	서울시 마포구 큰우물로 75 [도화동 538 성지 B/D] 9F
전 화	1600-3600
팩 스	02-701-8823
홈 페 이 지	www.sdedu.co.kr

I S B N	979-11-383-5968-9 (13030)
정 가	17,000원